REVISTA TRIMESTRAL DE DIREITO PÚBLICO

5

MALHEIROS EDITORES

Revista Trimestral de Direito Público

Órgão do

IDEPE
INSTITUTO INTERNACIONAL
DE DIREITO PÚBLICO E EMPRESARIAL

INSTITUTO DE DIREITO ADMINISTRATIVO PAULISTA
IDAP

REVISTA TRIMESTRAL DE DIREITO PÚBLICO
publicação trimestral de MALHEIROS EDITORES LTDA.
Rua Paes de Araújo, 29, cj. 171
CEP 04531-940
São Paulo, SP — Brasil — Tel. 822-9205
Fax 829-2495

Assinaturas e comercialização:
CATAVENTO DISTRIBUIDORA DE LIVROS S.A.
Rua Conselheiro Ramalho, 928
CEP 01325-000
São Paulo, SP — Brasil — Tel. 289-0811
Fax 251-3756

Diretor Responsável: Álvaro Malheiros
Diretora: Suzana Fleury Malheiros
Supervisão Gráfica: Vânia Lúcia Amato

Composição: GraphBox
Impressão: Gráfica e Editora FCA
(Fundação de Ciências Aplicadas)

SUMÁRIO

DOUTRINA

CONTROLE DO PODER JUDICIÁRIO — ***Josaphat Marinho***, 5

CERTIDÃO NEGATIVA — PRAZO — ***Geraldo Ataliba e Rosolea Folgosi***, 17

POLITICIDADE DO DIREITO E O PROBLEMA DO DIREITO NATURAL — ***Nelson Saldanha***, 24

ADMINISTRAÇÃO PÚBLICA NO ESTADO DE DIREITO — ***Adilson Abreu Dallari***, 33

QUALIFICAÇÃO TÉCNICA DA EMPRESA NA NOVA LEI DE LICITAÇÕES E CONTRATOS ADMINISTRATIVOS (LEI 8.666/93) — ***Antônio Carlos Cintra do Amaral***, 42

CRISE DO ESTADO: DA MODERNIDADE CENTRAL À MODERNIDADE PERIFÉRICA — ANOTAÇÕES A PARTIR DO PENSAMENTO FILOSÓFICO E SOCIOLÓGICO ALEMÃO — ***Marcelo Neves***, 49

PARECERES

ESTACIONAMENTO PÚBLICO — REGIME JURÍDICO — ***Caio Tácito***, 59

COMISSÕES PARLAMENTARES DE INQUÉRITO — LIMITES — ***Fábio Konder Comparato***, 66

CONCESSÃO DE DIREITO REAL DE USO — CONCESSÃO, PERMISSÃO E AUTORIZAÇÃO DE SERVIÇO PÚBLICO E EMPRESAS ESTATAIS PRESTADORAS DE SERVIÇO PÚBLICO — ***Eros Roberto Grau***, 75

TERRENO DE MARINHA — AFORAMENTO (DO CABIMENTO DO CAUCIONAMENTO DO DIREITO REAL DE USO, ESPECIALMENTE QUANDO VINCULADO A PROMESSA DE CESSÃO DE AFORAMENTO DE TERRENO DE MARINHA) — ***Arnoldo Wald***, 98

ENTIDADES FECHADAS DE PREVIDÊNCIA PRIVADA NO CONTEXTO DA ASSISTÊNCIA SOCIAL — ***Mozart Victor Russomano***, 109

BANCO CENTRAL — AUTARQUIA — REGIME DOS SERVIDORES — ***Moacir A. Machado da Silva***, 124

AUTO-EXECUTORIEDADE E PRUDÊNCIA ADMINISTRATIVA — ***Carlos Mário Filho***, 143

PRINCÍPIO DA IMPESSOALIDADE E ABUSO DO PODER DE LEGISLAR — ***Carlos Ari Sundfeld***, 152

ESTUDOS & COMENTÁRIOS

ESTÁGIO PROBATÓRIO DOS SERVIDORES PÚBLICOS — ***Carlos Ari Sundfeld***, 179

DIREITO AO NOME (SENTIDOS DA LIBERDADE) — ***Maria Garcia***, 188

DECLARAÇÃO DE INCONSTITUCIONALIDADE — ***Antonio Cezar Lima da Fonseca***, 193

CONTRATOS INTERNACIONAIS — CARTAS DE INTENÇÃO NO PROCESSO FORMATIVO DA CONTRATAÇÃO INTERNACIONAL — GRAUS DE EFICÁCIA DOS CONTRATOS — RESPONSABILIDADE PRÉ-NEGOCIAL — ***Judith Martins-Costa***, 207

RESPONSABILIDADE ADMINISTRATIVA E "IMPEACHMENT" — ***Sérgio Sérvulo da Cunha***, 225

ÉTICA DEMOCRÁTICA: A CONSTITUIÇÃO DE 1988 — ***Eduardo Silva Costa***, 234

REVISÃO CONSTITUCIONAL: QUESTÃO POLÍTICA OU QUESTÃO JURÍDICA? — ***Carlos Eduardo Caputo Bastos***, 242

HONORÁRIOS DE ADVOGADO EM MANDADO DE SEGURANÇA — CABIMENTO — ***Marcelo Figueiredo***, 245

JURISPRUDÊNCIA

— SUPREMO TRIBUNAL FEDERAL, 247

— SUPERIOR TRIBUNAL DE JUSTIÇA, 265

DOUTRINA

CONTROLE DO PODER JUDICIÁRIO *

JOSAPHAT MARINHO
Professor Emérito da Universidade de Brasília — Senador Federal

Sede do problema — Fatores consideráveis — A Constituição e o Poder Judiciário — Estatuto da Magistratura — Regime disciplinar e Conselho da Justiça — Independência do Judiciário e controle interno — O controle externo legítimo — Erros e correções necessárias — Autonomia do Judiciário nas crises — Reflexão final.

Sede do problema

1. O problema do controle do Poder Judiciário, para ser examinado corretamente, há de situar-se no quadro da Constituição Federal, mediante exegese compatível com seu sistema. A sede da questão e da solução adequada está na Carta Política, em seu contexto: na parte orgânica definidora dos poderes do Estado e de sua competência, e na parte dogmática, especificativa de direitos e deveres. Se a Constituição cria os Poderes e lhes traça o campo de ação, nela reside também o núcleo de idéias e providências por meio das quais os atos deles e seus agentes ficam sujeitos a fiscalização. Tais idéias e providências podem ser desdobradas em leis, porém sempre em harmonia com o espírito da Constituição, que é fonte ou eixo e o limite do controle possível ou legítimo, interno e externo. A hierarquia, de origem constitucional, entre órgãos e normas do Estado impõe essa delimitação, para que se evite subversão de valores e de autoridade.

Íntima a relação entre *controle interno* e *controle externo*, sobretudo por sua destinação aos mesmos órgãos, o exame de um implica, necessariamente, o do outro, pelo menos nos seus elementos essenciais.

Fatores consideráveis

2. Razões políticas, aspirações de grupos e motivos circunstanciais, como falhas ou irregularidades no mecanismo judiciário, mesmo relevantes, podem concorrer para a apreciação objetiva da matéria, mas a decisão jurídica ou legislativa repousará, basicamente, no feixe de princípios do regime institucional. Dados de fato, ocasionalmente apurados, influem na aplicação severa ou atenuada da norma discutida, mas não têm força de alterar a natureza desta, nem a posição, diante dela, de quem sofre sua incidência. Para suprir as deficiências do direito positivo insanáveis por

* Exposição no IV Congresso Nacional da Magistratura Trabalhista, em Belo Horizonte, em 14 de maio de 1993.

interpretação, o caminho é a reforma constitucional ou das leis, conforme for apropriado. Erguido o Judiciário ao nível de Poder, não é lícito que se lhe dê outro tratamento, direta ou indiretamente. João Mangabeira, que fez restrições ao papel do Poder Judiciário em certos momentos da República, reconheceu, contudo, diante de procedimento de mudança, que, admitida "em nossa Constituição a existência do Judiciário, como Poder Político, e independente como os outros, é um "princípio fundamental", que uma simples emenda não pode eliminar ou subverter".[1]

Demais, a verdade que Marshall afirmou no caso *Marbury v. Madison*, em 1804 — "todos os que têm formulado constituições escritas, sempre o fizeram com o intuito de assentar a lei fundamental e suprema da nação"[2] — hoje está generalizada e com projeção singular no Brasil.

A Constituição e o Poder Judiciário

3. Sob o título "Dos Princípios Fundamentais", a Constituição de 1988 abre seu texto declarando, no art. 1º, que a República Federativa do Brasil se caracteriza como "Estado Democrático de Direito", e no art. 2º, que "são Poderes da União, independentes e harmônicos entre si, o Legislativo, o Executivo e o Judiciário". No § 4º, inciso III, do art. 60, proíbe "deliberação" sobre proposta de emenda constitucional "tendente a abolir a separação dos Poderes". Eleva, assim, a cláusula pétrea, portanto inatingível, o princípio dos Poderes distintos, embora coordenados.

4. Em conseqüência dessas normas basilares, quando o Constituinte delineou o capítulo "Do Poder Judiciário", a começar do art. 92, já havia tornado explícita a igualdade dos Poderes entre si, ou seja, a paridade de situação no plano político-institucional. Não obstante isso, reforçou a posição do Poder Judiciário com a adoção de normas especiais, ora divisando a função jurisdicional, ora a de índole administrativa, de qualquer modo o abroquelando contra o arbítrio. Enumerou os órgãos componentes do Poder Judiciário — Tribunais e Juízes (art. 92). Atribuiu ao Supremo Tribunal Federal a iniciativa de lei complementar que disponha sobre o Estatuto da Magistratura (art. 93), e com o cuidado de indicar "princípios" a ser observados, entre os quais o de motivação das "decisões administrativas dos tribunais, sendo as disciplinares tomadas pelo voto da maioria absoluta de seus membros" (inc. X). Precisou as garantias que protegem a individualidade funcional dos juízes, genericamente considerados (art. 95), estabelecendo a vedação dos atos ou procedimentos suscetíveis de enfraquecê-los (parágrafo único). Distribuiu competências a Tribunais e Juízes, inclusive pelo critério da especialização (arts. 96-126). Ainda, o constituinte julgou próprio realçar outros aspectos sobre a dimensão do Poder. Assegurou autonomia administrativa e financeira ao Poder Judiciário (art. 99). Deferiu aos tribunais, a par de outras tarefas, a incumbência de "organizar suas secretarias e serviços auxiliares e os dos juízos que lhes forem vinculados, velando pelo exercício da atividade correicional respectiva" (inc. I, "b", do art. 96). Proclamou que compete ao Supremo Tribunal Federal, "precipuamente, a guarda da Constituição" (art. 102). Ampliou a relação dos titulares da ação de inconstitucionalidade (art. 103), propiciando maior volume de apelos à Corte Suprema. Por sua vez, o legislador de reforma acaba de criar a "ação declaratória de constitucionalidade", alargando mais a competência do Supremo Tribunal (EC n. 3 de 1993, art. 1º de referência ao art. 103 da CF, a que se acresceu o § 4º).

1. João Mangabeira, "Carta a Raul Pilla", *in Idéias Políticas de João Mangabeira*, ed. do Senado Federal, Fund. Casa de Rui Barbosa e MEC, 1980, 3º v., p. 279.

2. Marshall, *in* Rui Barbosa, *A Constituição e os atos inconstitucionais do Congresso e do Executivo*, 2ª ed., Atlântida Editora, Rio, s/d, p. 47.

Note-se que a Constituição, assegurando prerrogativas aos magistrados, por igual os submeteu — juízes e membros dos Tribunais — a *crime de responsabilidade*, com definição da respectiva competência para processá-los e julgá-los, sem omitir a relativa aos *delitos comuns* (arts. 96, III; 102, I, "c"; 105, I, "a"; 108, I, "a").

5. Logo, o Constituinte gizou a estrutura e a competência dos órgãos do Poder Judiciário, bem como previu a forma de disciplinar e punir os seus membros, inclusive mediante o "exercício da atividade correicional" e o processo por crime de responsabilidade, tudo dentro da ordem hierárquica criada. Reservou-lhe, enfim, com a *independência funcional* e a *autonomia administrativa* e *financeira*, o desempenho do *controle interno* do procedimento de seus integrantes, sem prejuízo da participação fiscalizadora da sociedade, e prevendo uma regulamentação legal adequada.

Estatuto da Magistratura

6. A Constituição, no art. 93, além de exigir "lei complementar" para compor o Estatuto da Magistratura, limitou a iniciativa dela ao Supremo Tribunal Federal e ordenou a observância de "princípios", que enumerou. Desse modo, submeteu a disciplina do assunto a lei que é aprovada por "maioria absoluta" dos membros de cada Casa do Congresso Nacional (art. 69), originária da Corte Suprema e sujeita a "princípios" enunciados, que abrangem desde o ingresso na carreira (inc. I) até a determinação de serem as decisões "disciplinares" tomadas pelo voto da maioria dos membros dos tribunais (inc. X). Assim dispondo, a Constituição prescreveu a elaboração de diploma de modificação difícil, conferiu ao Supremo Tribunal amplo poder regulador e revestiu a Magistratura de direitos e deveres insuscetíveis de alterações por meios ordinários. Vale dizer: estabeleceu requisitos, condições e parâmetros resistentes ao arbítrio do legislador.

Atento a esse comando normativo superior, o Supremo Tribunal Federal encaminhou ao Congresso Nacional, em dezembro de 1992, o Projeto de Lei Complementar que "dispõe sobre o Estatuto da Magistratura Nacional", e que recebeu o n. 144 na Câmara dos Deputados, onde se encontra.[3]

A exposição de motivos, que o acompanha, de início salienta "o caráter nacional do Poder Judiciário", bem como sua "unidade" no plano federal e estadual, delineada "em torno de princípios e valores fundamentais e de critérios comuns de organização".

"Dessa visualização do Poder Judiciário — prossegue a exposição de motivos — na perspectiva de sua independência como Poder Político, de sua autonomia administrativa e financeira e de seu caráter nacional, resulta que — definido em estatuto próprio o regime jurídico da Magistratura brasileira, da União e dos Estados, distinto do estatuto dos servidores federais e estaduais — de acordo com a vontade da Constituição, hão de ceder espaço as disciplinas de legislação ordinária federal não autorizadas na Lei Complementar prevista no referido art. 93, ou de leis locais sobre magistrados, em ambos os casos, desde que em conflito com os preceitos e disposições do Estatuto, editado por imperativo do art. 93 da Lei Magna".

Para que não haja dúvida sobre a dimensão da "unidade" do Poder, a fundamentação do Projeto acentua: "Disciplinado em Estatuto próprio o regime jurídico da Magistratura nacional, de todos os graus e categorias, assentam-se, nesse diploma, assim, também os princípios e parâmetros a serem seguidos na legislação dos Estados, sempre que disposições desse plano se tornarem necessárias à efetiva

3. Projeto de Lei Complementar n. 144, de 1992 (Do Supremo Tribunal Federal), pub. da Câmara dos Deputados.

aplicação de normas constantes da Lei Complementar em referência".

Regime disciplinar e Conselho da Justiça

7. Ao lado de outros esclarecimentos, alguns dos quais ainda serão postos em relevo, a exposição acentua, a propósito do Capítulo VII, "Do Regime Disciplinar", a "autonomia" existente entre a responsabilidade disciplinar, a civil e a criminal dos magistrados, em rigorosa sintonia com o Projeto, que dispõe, limitativamente, no "art. 49. Este capítulo regula a responsabilidade disciplinar do magistrado, sem prejuízo da responsabilidade civil e criminal".

Dentro desse contorno, o Projeto preceitua, no art. 53, que "a atividade censória dos Tribunais e seus órgãos disciplinares será exercida por membros vitalícios", prevendo no art. 54 penas de advertência, censura, disponibilidade e demissão. Adiante, conjugando a atividade disciplinar com a de comando geral do Poder, informa a justificação do projeto sobre a criação do *Conselho Nacional* de *Administração* da *Justiça*:

"Situado no plano administrativo do Poder Judiciário, o Conselho proposto em nada afetará a intocável independência dos magistrados, singularmente considerados, ou dos tribunais, no exercício de sua competência jurisdicional. A independência dos juízes, no desempenho da atividade de distribuir justiça, não os torna imunes a censura; ao contrário, órgãos de um dos Poderes do Estado, cumpre-lhes dar contas dos serviços que lhes incumbe prestar, com probidade e eficiência. Integram-se, todavia, em uma estrutura hierárquica. Seus atos estão sujeitos a recursos e reclamações previstos na Constituição e nas leis. Não é possível, no interesse dos cidadãos, cujos direitos, liberdades, garantias e prerrogativas são amparados, precisamente, pela ação independente dos magistrados e dos tribunais, que órgãos estranhos ao Poder Judiciário ou integrados por autoridades não-judiciárias logrem condições de exercer qualquer forma de constrangimento, influência ou pressão no ânimo dos julgadores, já pela fiscalização do merecimento das decisões, já pela aferição de seu conteúdo, com base em razões de conveniência política ou, o que será ainda pior, por fundamentos ideológicos. De outra parte, é certo, existem órgãos censórios, nos tribunais, abertos a queixas das partes e de seus representantes pelo procedimento dos magistrados. As cortes, a seu turno, quando solicitadas, prestam à opinião pública esclarecimentos sobre seus atos e decisões que hão de ser sempre motivados, de acordo com o art. 93, X, da Constituição. Releva, ainda, notar, no que concerne à atividade administrativa, que os Tribunais de Contas da União e dos Estados, no desempenho de suas atribuições, podem "realizar, por iniciativa própria, da Câmara dos Deputados, do Senado Federal, de Comissão técnica ou de inquérito, inspeções e auditorias de natureza contábil, financeira e orçamentária, operacional e patrimonial, nas unidades administrativas dos Poderes Legislativo, Executivo e Judiciário", conforme dispõe o art. 71, inciso IV, da Constituição".

8. Como instrumento de ação do Poder Judiciário, no domínio administrativo, o Conselho sugerido será composto de onze membros da Magistratura, compreendendo a federal e a estadual (art. 81). Exercerá, entre outras, segundo o art. 82, as funções de:

"I — zelar pela autonomia do Poder Judiciário, bem como pelo respeito às prerrogativas e pelo cumprimento dos deveres da Magistratura;

"II — coordenar, no âmbito administrativo, a aplicação deste Estatuto pelos tribunais federais e estaduais;

"III — conhecer de questões relativas a interesses de ordem institucional do Poder Judiciário."

É evidente que o Conselho, zelando "pelo cumprimento dos deveres da Magistratura" e devendo "conhecer de questões relativas a interesses de ordem institucional do Poder Judiciário", o que já envolverá a coordenação na prática do Estatuto, não trata apenas, nem preponderantemente, de direitos ou prerrogativas dos juízes. Pode submetê-los, não raro, a verificações destinadas a resguardar o Poder Judiciário, a sociedade ou direitos de cidadãos, mesmo que a função punitiva seja reservada ao órgão disciplinar específico.

Para garantir, precisamente, a participação da comunidade na função de controle, o Projeto estabelece, no art. 83, que "poderão dirigir-se ao Conselho, sobre qualquer matéria de sua competência", além dos tribunais e de órgãos representativos dos Estados, o Procurador-Geral da República, o Procurador-Geral da Justiça dos Estados e do Distrito Federal e o Conselho Federal ou seccional da Ordem dos Advogados do Brasil. Os órgãos do Ministério Público e os Conselhos da Ordem dos Advogados, pelo que lhes incumbem a Constituição e as leis, na defesa da ordem jurídica e dos direitos sociais e individuais (CF, arts. 127 e 133, e Lei n. 4.215, de 27.4.63, art. 18, I, e arts. 20 e 28, I), se revestem da condição de delegados da sociedade e do cidadão. E o Conselho lhes deve comunicação das deliberações, consoante obriga o art. 84 do Projeto de Lei Complementar.

Desta sorte, entrelaçadas, a "atividade censória" e a função de administração da justiça coordenam-se para garantir a ação adequada dos mecanismos do Poder.

Independência do Judiciário e controle interno

9. como se vê, o Supremo Tribunal — "guarda da Constituição" e lhe cumprindo a "vontade" — preserva a idependência e a autonomia do Poder Judiciário, inclusive em benefício da comunidade e do indivíduo, e simultaneamente ressalta a importância da função disciplinar e da administrativa, indissociáveis por seus objetivos idênticos de resguardar a ordem institucional, o Poder Judiciário e os direitos dos cidadãos.

A atitude da Corte, preservando com equilíbrio a independência do Poder Judiciário, sobre ser fundada na Constituição, repousa no lastro doutrinário que caracteriza a moderna ordem jurídica democrática. Já em 1975, o professor Pablo Lucas Verdù, examinando "a luta pelo Estado de Direito", com suas transformações depois da última grande guerra, situou entre as principais "afirmações" dele a "separação de Poderes como garantia da liberdade ou freio de possíveis abusos".[4]

Esta afirmação, nutrida sobretudo pela reação aos excessos do poder autoritário no período intermédio aos dois conflitos mundiais, somente se tem consolidado, depois de 1945. Recentemente, o professor Mathias Herdegen, em conferência de 1991, salientou que "o princípio do Estado de Direito não vive de proclamações abstratas no texto constitucional, mas de suas manifestações concretas nas normas de organização do Estado e no âmbito dos direitos fundamentais". Em desdobramento dessa tese, "de uma perspectiva histórica", e não por simples convicção, realçou "o núcleo do princípio do Estado de Direito", entre cujos "componentes formais" incluiu "a divisão de poderes" e "uma Justiça independente". Asseverou, com firmeza, que: "O pilar do Estado de Direito é uma Justiça independente e eficiente, que proporciona proteção também contra atos do Poder Público. Aqui, a posição jurídica pessoal do juiz reflete a posição da Justiça na estrutura da ordem estatal e social".[5]

4. Pablo Lucas Verdù, *La lucha por el Estado de Derecho*, Publicaciones del Real Colegio de España, Bolonia, 1975, pp. 23-24.

5. Matthias Herdegen, "O Estado de Direito e o Direito Constitucional: uma perspectiva alemã", in *Federalismo e Estado de Direito*, Pub. da Fundação Konrad Adenauer-Stiffund, Papers, n. 3, 1993.

Não obstante a criteriosa ressalva constante do título do estudo, de que se trata de "uma perspectiva alemã", na verdade retrata a concepção generalizada dos elementos formadores do Estado de Direito. Tanto que o catedrático de Direito Administrativo Luciano Parejo Alfonso, no prólogo ao livro *Estado de Derecho y Control Judicial*, do professor Allan Brewer-Carías, observou, em 1987, com a concisão de um mestre: "A existência de um poder judicial independente, capaz de controlar realmente o exercício do poder público e de oferecer aos cidadãos tutela e proteção eficazes a seus direitos, constitui um requisito indispensável à realização dessa capital concepção do Estado".[6]

Importa acrescentar que a questão da responsabilidade disciplinar do magistrado não fere, nem justifica que se pretenda ferir essa tese na sua integridade lógica. A autonomia do Poder não há de sofrer fratura por efeito de ação disciplinar sobre pessoas e atos, que incidem na sua irrecusável competência. Sabino Alvarez Gendim informa que na Espanha, na Real Academia de Jurisprudência e Legislação, no início do curso—1958-59, Don Manuel de la Plaza esclareceu, a respeito da responsabilidade disciplinar, que se decidira "confiar sua exigência aos próprios organismos judiciais (*custodes ipsos custodes*)", a fim de "pôr a salvo o princípio constitucional de inamovibilidade dos juízes, e com ele o de sua independência funcional".[7] Na França, o testemunho de Charlier, num estudo em obra coletiva de 1974, assinala que a instituição do Conselho Superior da Magistratura, com a presença, na sua composição, de membros do Ministério Público (*parquet*), apesar da "excelente intenção" de oferecer garantias, "prejudicou a completa independência e unicidade de fim dos juízes propriamente ditos" ("nuit là aussi à la compléte indépendance et unicité de préoccupation des juges proprement dites: ceux assis").[8]

10. Relembradas essas noções fundamentais, em tentativa de corrigir equívocos em curso, é certo afirmar-se que a independência do Poder Judiciário repele a existência, *na sua organização*, de Conselho *misto*, ou, fora dela, de qualquer entidade, de *caráter disciplinar*, com a participação de representantes de outros Poderes ou instituições. Superiormente não o permite a função jurisdicional do Poder, que para ser exercida com real autonomia e tranqüilidade somente há de subordinar-se à ordem legal e hierárquica fundada na Constituição. Seria anomalia que investigassem o Poder instituições cujos representantes exercem atividades que se vinculam, amplamente, aos órgãos fiscalizados, e com interesses, muitas vezes, contrastantes, como o Ministério Público e a Ordem dos Advogados.

Em parecer que emitimos, em 1989, por solicitação da Associação dos Magistrados da Bahia e em virtude de haver na Assembléia Constituinte do Estado a idéia — afinal desprezada — da criação de Conselho dessa índole, fixamos a mesma conclusão, ora sustentada. Escrevemos, então:

"Conselho desse tipo assemelha-se aos "controles inter-órgãos", só admissíveis, em regimes constitucionais como o nosso de independência dos Poderes, quando cláusula expressa do próprio texto maior o permita, ou se não há incompatibilidade com a índole da instituição sobre que incide a fiscalização.

"Karl Loewenstein, que estuda largamente essa espécie de controle, demonstra, com clareza e segurança, a impossibilidade de aplicá-la ao Poder Judiciário. Assinala, de princípio, que: 'A independência dos juízes no exercício das funções que lhes têm sido atribuídas e sua liberdade

6. Luciano Parejo Alfonso, "Prologo" a *Estado de Derecho y Control Judicial*, de Allan Brewer-Carías, Instituto Nacional de Administración Pública, Madrid, 1987, p. V.

7. Sabino Alvarez Gendim, *La Independencia del Poder Judicial*, Instituto de Estudios Políticos, Madrid, 1966, p. 124.

8. R. E. Charlier, "Le juge et le service", in *Mélanges offerts Marcel Waline*, t. II, 1974, p. 326.

diante de todo tipo de interferência de qualquer outro detentor do poder constituem a pedra básica no edifício do Estado Democrático constitucional de Direito'.

"Observa, em seguida, que 'a independência tradicional dos juízes tem um significado pessoal e funcional', empresta relevo à garantia de que se reveste a ocupação do cargo, e ressalta, conclusivamente: 'A independência da função judicial significa, ademais, que o juiz no cumprimento de sua tarefa há de estar livre de influência e intervenção estranhas, quer provenham do governo, do parlamento, do eleitorado ou da opinião pública'.

"E esclarece: 'A remessa de um caso pelo tribunal de apelação ao tribunal inferior para nova sentença, a ordem dada por um tribunal de revisão para examinar-se outra vez uma situação, de acordo com a exigência legal obrigatória, e a observância da regra de *stare decisis* onde esta existe, são conseqüências da configuração jurídica do processo judicial, e não influências estranhas ou ilícitas na independência dos juízes'".

No mesmo parecer, depois de assim fortalecido o raciocínio, e para demonstrar que houve mudança na Assembléia Nacional Constituinte de 1988, acrescentamos: "Por essas razões, decerto, é que a Assembléia Nacional Constituinte abandonou a idéia, constante dos Projetos iniciais, de criação do Conselho Nacional de Justiça, como "órgão de controle da atividade administrativa e do desempenho dos deveres funcionais do Poder Judiciário e do Ministério Público" (por ex., Proj. A da Com. de Sistematização, art. 15). Por igual motivo terá desprezado o texto que previa a criação do Conselho Nacional de Justiça incumbido, em forma genérica, "do controle externo do Poder Judicário", e dos Conselhos Estaduais à semelhança daquele (Proj. Subst. do Relator, arts. 172 e 173)".[9]

9. Josaphat Marinho, *À Margem da Constituinte*, Liv. e Edit. Brasília Jurídica Ltda., 1992, pp. 128-129 e 131.

11. O Constituinte, pois, tendo repelido a iniciativa da criação de Conselho heterogêneo, ao tempo em que retraçou o princípio da separação de poderes e envolveu o Judiciário na armadura da independência descrita, sob a proteção declarada do Estado Democrático de Direito, impõe silêncio sobre a idéia adversa ao regime estabelecido. E não será demasiado lembrar que as decisões de tal Conselho estariam sujeitas à apreciação dos órgãos competentes do Poder Judiciário, em decorrência do postulado inscrito no art. 5º, inciso XXXV, da Constituição, que não exclui desse exame "qualquer lesão ou ameaça a direito".

O controle externo legítimo

12. A impugnação a Conselho ou órgão disciplinar de natureza estranha à vinculação hierárquica não significa, porém, que o Poder Judiciário seja ou deva ser imune a controle externo.

A Constituição prevê ambas as formas de controle: o interno e o externo, abrangendo os atos administrativos e os jurisdicionais. O que não admite é um Conselho esdrúxulo como veículo do controle externo.

Prevê o controle interno, privativo dos órgãos do Poder Judiciário, para apuração do procedimento e dos atos de seus integrantes e servidores. O art. 93 estipula a elaboração de Estatuto da Magistratura, com especificação de princípios a respeito do ingresso e ascensão na carreira e de exigências sobre as decisões de índole judicial e as de natureza administrativa, nomeadamente as *disciplinares*. O art. 96 obriga ao exercício da atividade *correicional* (inc. I, "b"). O art. 105 ordena, no parágrafo único, que "funcionará junto ao Superior Tribunal de Justiça o Conselho da Justiça Federal, cabendo-lhe, na forma da lei, exercer a supervisão administrativa e orçamentária da Justiça Federal de primeiro e segundo graus".

No campo propriamente judicial, por meio dos recursos interpostos pelas partes, na Justiça comum como nas Justiças especializadas — a eleitoral, a militar e a do trabalho —, segundo previsto na Constituição e nas leis, cada Tribunal, de acordo com sua competência, fiscaliza outro órgão, confirmando, revendo ou anulando julgados. E em revisão criminal e em ação rescisória cada Tribunal pode reexaminar e modificar seus próprios julgados (CF, arts. 102, I, "j"; 105, I, "e"; 108, I, "b"). Se partes ou interessados interferem necessariamente nos recursos judiciais e podem fazê-lo nos processos administrativos, não desfiguram o controle interno, antes confirmam sua legitimidade e eficácia, com participação adequada do meio social.

13. No âmbito do controle externo, a Constituição, ao garantir recursos das partes entre as instâncias (arts. 102, II e III; 108, III), ou ao prevê-los conforme dispuser a lei (arts. 113, 121, 124), propicia intensa atividade fiscalizadora aos advogados e aos membros do Ministério Público, que desenvolvem livremente argumentos e críticas, abrangentes, muitas vezes, além da matéria estrita do processo, de comportamento censurável de juízes e tribunais.

Considere-se, de modo especial, que o Ministério Público, a que cabe "a defesa da ordem jurídica, do regime democrático e dos interesses sociais e individuais indisponíveis" (art. 127), e a Ordem dos Advogados, porque o advogado foi erguido à categoria constitucional de fator "indispensável à administração da justiça" (art. 133), são órgãos qualificadamente privilegiados, ainda à margem de processos pendentes, para representar ou reclamar, a juízes e tribunais, pleiteando providências corretivas de irregularidades. No que concerne à administração financeira e orçamentária, o Poder Judiciário está sujeito, como os demais Poderes, à fiscalização do Tribunal de Contas da União, por iniciativa própria ou originária da Câmara dos Deputados ou do Senado Federal (art. 71, IV).

Também a Constituição, no art. 5º, assegura a "todos" o "direito a receber dos órgãos públicos informação de seu interesse particular, ou de interesse coletivo ou geral" (inc. XXXIII), assim como o direito de petição "em defesa de direitos ou contra ilegalidades ou abuso de poder" (inc. XXXIV) — o que há de ser tido, em princípio, por extensivo ao Poder Judiciário quanto ao procedimento de suas entidades componentes, com as restrições oriundas da natureza e da fase dos processos. De esquecer não é, igualmente, a influência da liberdade de crítica, sobretudo a dos meios de comunicação social (art. 5º, IV, e art. 220).

Essas formas de agir e pedir perante os órgãos da Justiça, ou de fiscalizá-los, uma de caráter específico, outras genéricas, representam, diferentemente, expressivos modos de controle externo, sem necessidade de um Conselho anômalo, nem ofensa à autonomia do Poder.

Não há que argüir, portanto, no quadro jurídico e institucional brasileiro, e para criação de Conselho extravagante, falta de mecanismos de controle do Poder Judiciário, nem situação de irresponsabilidade dos juízes. Antes mesmo da Constituição de 1988, a Lei Orgânica da Magistratura (Lei Complementar n. 35, de 1979) já estabelecida a responsabilidade civil dos magistrados por perdas e danos (art. 49).

14. Assegurado, como está, em forma constitucional, o controle externo, reclamações, pedidos e sugestões de providências podem ser dirigidos aos órgãos do Judiciário, segundo sua competência. O Ministério Público e a Ordem dos Advogados — repita-se — são instituições especialmente habilitadas ao exercício direto e coordenador dessa tarefa, a um tempo, fiscalizadora e de cooperação.

Converter a função de controle externo em exagero não convém ao interesse público, até para que, amanhã, não se pretenda também criar órgãos estranhos, como o examinado, para fiscalizar o Poder Legislativo, ou o Ministério Público.

Erros e correções necessárias

15. Decerto, há, e com freqüência, erros, vícios, deficiências, morosidade nos serviços da Justiça, sem providências corretivas, se não reparadoras, ao menos condenatórias dos efeitos maléficos, que atingem pessoas e, não raro, a sociedade. Sem dúvida, há falhas e desvios, uns institucionais, outros provenientes do homem e de sua educação, que reclamam correção enérgica. Não há que negar as deformações e os desacertos, reprovados, em regra, pelos dirigentes do Poder Judiciário.

Seria injusto ocultar que também ocorrem punições. Entre os que lesaram a Previdência, ao lado de funcionários, procuradores e advogados condenados, há um juiz na prisão. No Estado da Bahia, de que tenho informações documentadas, a partir de 1988 — quando promulgada a atual Constituição — foram instaurados, pelo menos, 27 processos disciplinares contra juízes. Daí já resultou que 8 titulares estão afastados, 2 se aposentaram, 4 foram aposentados compulsoriamente, 1 sofreu a pena de advertência, outro a de censura, 1 obteve absolvição, arquivando-se seis processos. Além disso, o Tribunal de Justiça afastou um Desembargador, que responde a processo. E vários serventuários da justiça foram também punidos. Situação assemelhada há de verificar-se em outros Estados e apurações devem ocorrer, por igual, nos domínios da Justiça Federal.

É sabido que em face desses óbices e do volume crescente de processos, não raro são postas em prática medidas de emergência, no intuito de reduzir o atraso nas decisões. Ao assumir na Bahia, em 1991, a direção do Tribunal Regional do Trabalho, o Presidente José Joaquim de Almeida conseguiu que dobrasse o número de audiências das Juntas de Conciliação e Julgamento da Capital, funcionando paralelamente o Juiz Titular e o Substituto e suspendendo férias e licenças especiais no período estabelecido para as "pautas duplas". Ao mesmo tempo, recomendou serviço mais extenso, durante a semana, às Juntas do interior. E aumentou a produção de sentenças. Tais medidas, porém, embora reveladoras de eficiência e espírito público, não podem ter duração ilimitada, urgindo soluções de caráter permanente.

Se as investigações não correspondem, no país, ao volume de irregularidades e omissões, cumpre observar que grande parte das desfigurações decorre de pessoal insuficiente, da falta de recursos financeiros e técnicos e de condições normais de trabalho, ou de leis defeituosas. Essencial, pois, é que sejam sanadas essas causas, inclusive para que cesse o álibi invocado, comumente, pelos desidiosos e incorretos.

16. Estudos diversos, provindos do Poder Judiciário ou de outras fontes, encerram valiosas observações e propostas, informativas de medidas inovadoras convenientes. A exposição de motivos do Presidente do Supremo Tribunal Federal, já referida, instrutiva do Projeto de Lei Complementar sobre o Estatuto da Magistratura Nacional, realça pontos de sentido reformador e de conteúdo ético. Além de dar relevo ao "regime disciplinar", descreve as funções do Conselho Nacional de Administração da Justiça, o qual, "embora sem a competência punitiva" do extinto Conselho Nacional da Magistratura, "exercerá atribuições de significativa importância para o bom desempenho do Poder Judiciário, inclusive no que concerne à unidade de sua ação administrativa". Acentua o valor de instituição do "sistema de formação dos magistrados", com a criação da Escola Nacional da Magistratura e a previsão de estabelecimentos semelhantes nas unidades federadas. Ressalta, no Projeto de Lei, a proibição de "terem assento, na mesma Turma, Câmara, Grupo ou Seção, cônjuges e parentes consangüíneos ou afins, em linha reta, ou em linha colateral até o terceiro grau". Justifica também a proibição de nomeação de parentes "para cargo em comissão", "salvo se servidor efetivo de juízo ou tribunal". Em largo trecho, também, de seu discurso de posse na presidência do Supremo Tribunal, o Ministro Sydney Sanches examina vários problemas do Judiciário, registrando observações que requerem exame.[10] No estudo "Aspectos institucionais e estruturais do Poder Judiciário brasileiro", o Ministro José Néri da Silveira desenvolve substanciosa explanação. Entre outras considerações, assinala "o deficiente número de juízes" e assevera "que a celeridade na prestação jurisdicional não se alcançará, sem alterações nas leis do processo e a ampla utilização dos Juizados Especiais de Pequenas Causas e da Justiça de Paz"[11] — a respeito desta e dos juízes leigos, por sinal, dispondo o Projeto sobre o Estatuto da Magistratura (arts. 91-96).

Em *A Justiça no Limiar de Novo Século*, o Professor e Desembargador José Carlos Barbosa Moreira trata, com objetividade, das questões que atormentam a instituição, e recomenda, a par de muitas medidas, a simplificação de fórmulas e procedimentos judiciais, bem como, no plano administrativo, "escalas de prioridades no emprego das verbas". Com superior visão e experiência, acrescenta ser "impossível falar de melhoras na qualidade do serviço judiciário sem aludir à necessidade de utilização mais intensa dos modernos recursos tecnológicos".[12] Fixando a "Justiça do Trabalho — Projeto e Realidade", o Juiz e Professor Aroldo Plínio Gonçalves traça a perspectiva geral do organismo especializado e cuida de problemas gerais do Poder Judiciário, como "a racionalização e limitação dos recursos".[13] Já em entrevista recente ao *Jornal de Brasília*, o Ministro Torreão Braz, Presidente do Superior Tribunal de Justiça, declara "prioritárias três providências", que assim enumera:

"A *primeira* consiste no aprimoramento das práticas de trabalho através da informatização, da capacitação dos recursos humanos e da racionalização dos serviços e procedimentos. A *segunda*, no aumento do quadro de juízes, ainda incompleto, para que haja uma certa simetria, uma correspondência, entre o volume de processos e um desempenho de razoável qualidade em curto espaço de tempo. E a *terceira*, na simplificação do processo em geral, na eliminação de procedimentos e recursos inúteis, que não contribuem para o estabelecimento da verdade ou afastar injustiças, tendo função exclusivamente protelatória".[14]

Sem embargo de novas propostas, é próprio mencionar as sugestões do Conselho Federal da Ordem dos Advogados, de 1976. É certo que umas já foram admitidas e outras porventura perderam atualidade. Merece reexame, contudo, a que declara "vedado ao juiz, sob pena de perda de sua competência", "reter os autos em seu poder por mais de 30 dias, além do prazo legal, salvo motivo amplamente justificado", a critério da autoridade disciplinar e ressalvada a aplicação de outra sanção pelo Tribunal.

17. As idéias expostas nesses documentos, a que outras hão de ser acrescidas, envolvem propostas de decisões e medidas aconselhadas pela experiência, com o ob-

10. Sydney Sanches, "O Poder Judiciário", *Rev. de Inf. Legislativa* n. 112, 1991, p. 5.

11. José Néri da Silveira, "Aspectos institucionais e estruturais do Poder Judiciário brasileiro", in *Correio Braziliense* de 9.9.91.

12. José Carlos Barbosa Moreira, "A Justiça no limiar do novo século", in Jornal *Magistratura do Trabalho* (Ass. dos Mag. da Just. do Trabalho da 2ª Região), SP, n. 4, nov.-dez. 1992.

13. Aroldo Plínio Gonçalves, "Justiça do Trabalho — Projeto e Realidade", *in Rev. Anamatra*, Órgão oficial das Ass. Nac. dos Mag. do Trabalho, n. 16, out. 1992.

14. Torreão Braz, entrevista ao *Jornal de Brasília* de 26.4.93.

jetivo de aperfeiçoamento da estrutura e das práticas do Poder Judiciário. Adotadas, se conveniente modificadas, poderão sanar ou reduzir desacertos, ou seja, beneficiar os indivíduos e a coletividade. Muitas dessas idéias concorrerão para maior eficiência do controle e de seu alcance social, que visam à produção correta do serviço, e não a intuito preponderantemente punitivo. O controle interno poderá ser recomposto ou revigorado, com participação ampliada de interessados, de acordo com a sugestão do Juiz e Professor Aroldo Plínio Gonçalves — talvez suscetível de redução —, ou por outra forma inovadora, mas que preserve a autonomia do Poder Judiciário. Nem o controle externo impõe a criação de Conselho heterogêneo, combatido também, em conferência deste ano, na Bahia, pelo Ministro Francisco Peçanha Martins, do Superior Tribunal de Justiça.[15]

Colaborando com essa tendência reformadora, o Poder Legislativo aprovou o Projeto que se converteu na Lei n. 8.455, de 24 de agosto de 1992, modificativa do Código de Processo Civil, para tornar mais simples e rápida a realização de prova pericial. Está em curso no Congresso Nacional, e já em revisão no Senado, o Projeto de Lei que amplia o uso de carta, pelo correio, para citações e intimações. A coordenação de esforços há de ampliar as revisões úteis.

Autonomia do Judiciário nas crises

18. É sempre prudente notar, também, que a autonomia do Poder Judiciário, continuamente necessária, avulta nos momentos de crise, quando as instituições livres são abaladas, ou sucumbem, como já temos experimentado. Então, ameçados os cidadãos, os juízes e os tribunais corporificam, por vezes com riscos, as garantias da liberdade e dos direitos em geral. Assim o fizeram ainda sob o regime autoritário de 1964, apesar das restrições correntes. Na Bahia, um Juiz digno — agora já falecido — Arivaldo Andrade de Oliveira, deferiu mandado de segurança em favor do Prefeito da Capital, Virgildásio de Senna, para que retornasse ao cargo, de que fora afastado por deliberação ilegal e de fraqueza da Câmara de Vereadores. O Supremo Tribunal Federal cortou velas ao arbítrio. Concedeu *habeas corpus* aos Governadores Miguel Arraes e Mauro Borges. Absolveu, em processo originário da Justiça Militar, o escritor comunista Caio Prado Júnior. Por "falta de justa causa", cassou a prisão do cidadão comum Mário Roriz Soares de Carvalho, indiciado em inquérito policial militar como "agitador e subversivo" (HC 41.879). Por igual motivo protegeu com *habeas corpus* o Padre espanhol Tomás Domingo Rodrigues, tendo o Relator do processo, Ministro Vilas Boas, acentuado: "a Justiça não pode ser instrumento de perseguições desta ordem" (HC 42.159). Seguramente decisões semelhantes ocorreram em diversos Estados e Tribunais. Os exemplos referidos apenas mostram a importância de ser preservada a independência do Judiciário, como couraça dos direitos da cidadania, para que não a fulmine a preocupação de corrigir erros.

Daí a excepcional oportunidade das ponderações do advogado Esdras Dantas de Souza, que tem a responsabilidade de presidir a Seção da Ordem, no Distrito Federal: "O controle de juízes e promotores — adverte — deve ser exercido sempre que, contrariando a lei e agindo com culpa ou dolo, causem dano às partes ou à coletividade. Todavia, a pretexto do controle dos atos judiciais, jamais se poderá cercear-lhes a independência funcional. Convém lembrar que, sem as garantias constitucionais que asseguram a independência da Magistratura e do Ministério Público, a

15. Francisco Peçanha Martins, "Controle externo da Magistratura: negação da autonomia do Poder Judiciário", in *Correio Braziliense* de 12.4.93 (Cad. Direito & Justiça).

independência da Advocacia ficaria reduzida a simples figura de retórica".[16]

Reflexão final

19. Em resumo e conclusão: não é constitucional, nem prudente ou necessário, que se crie órgão misto na estrutura do Poder Judiciário, ou entidade alheia a seus quadros, com a finalidade de exercer o controle externo da Justiça ou da Magistratura. A independência do Poder não suporta interferência dessa índole sem desnaturá-lo, prejudicando a liberdade de consciência, essencial à aplicação das leis e ao resguardo do direito das pessoas. O controle externo, indicador de erros e deficiências, além de traduzir-se ou manifestar-se por meio de recursos legais no processo sob julgamento, pode ser desempenhado, independentemente de ações em curso, por quaisquer instituições idôneas, entre as quais sobressaem o Ministério Público e a Ordem dos Advogados do Brasil. Mesmo a demora no julgar, de ordinário atentatória de uma das partes, e sempre de correção necessária, não justifica procedimento que deforme a instituição judiciária.

A independência da Justiça, como demonstrado, é um direito constitucional, que protege o Poder e acautela contra o abuso o patrimônio moral e material dos indivíduos. Fiscalizar o exercício desse "direito constitucional" não significa destruir sua afirmação e sua existência. Num instante em que direitos do indivíduo eram "varridos na onda negra da tirania", Rui Barbosa ensinou — e vale considerar essa verdade para todas as horas: "Quando um direito constitucional desaparece, nenhum dos outros se deve presumir seguro".[17]

É preciso, pois, no trato do grave assunto discutido, que a paixão, mesmo impulsionada pela verificação de erros, não substitua o critério racional de conquista da solução adequada: constitucionalmente certa e eticamente isenta.

16. Esdras Dantas de Souza, "Estado Democrático de Direito", artigo no *Jornal de Brasília* de 8.5.93.

17. Rui Barbosa, Obras Comp., *A Ditadura de 1893*, XX, t. IV, 1893, MEC, Rio, 1949, p. 138.

DOUTRINA

CERTIDÃO NEGATIVA — PRAZO

GERALDO ATALIBA
ROSOLEA FOLGOSI

Edital — Certidões — Habilitação — Prazo de aceitabilidade de certidões não é prazo de validade — Finalidade das certidões — Dívidas com a seguridade social.

O problema

Tema que tem suscitado dúvidas, especialmente em relação a procedimentos de licitação, diz respeito ao *prazo de validade das certidões* referentes a contribuições sociais e tributos em geral, certidões essas exigidas nos procedimentos de *licitação*.

Certos editais têm estabelecido a *exigência de certidões expedidas no máximo há três meses*. Surgem dúvidas sobre se essa orientação é correta, em face do que dispõem a Constituição Federal (art. 195, § 3º), a Lei federal 8.212/91 — que dispõe sobre a organização da seguridade social e dá outras providências — e legislação respeitante às licitações públicas.

Em caso concreto, chegou a manifestar-se insurgência contra isso, tendo havido um licitante que apresentou sua contrariedade ao estabelecido pelo edital, sob o argumento de que o Ministério da Fazenda, ao expedir as certidões a ele solicitadas, estabeleceu para elas o prazo de validade de 180 dias.

Advertência preliminar

É importante bem situar a questão, nas suas premissas jurídicas, para apontar-lhe a solução adequada.

Em geral, as entidades licitadoras estaduais não fixam prazo de validade para certidões federais. Não! Não é assim que se deve entender o estabelecido em editais de licitação. O que elas fazem é prescrever que só aceitarão, nas suas licitações, certidões expedidas há menos, por exemplo, de 90 dias. Nada mais.

As certidões todas terão o prazo de validade que seus órgãos expedidores declarem, conforme as normas próprias. A licitadora não questiona isso. O que ela faz — no exercício de dever poder próprio e indeclinável — é exigir que os que queiram com ela (licitadora) tratar exibam certidões passadas em prazo, anterior a seu uso, de no máximo "x" dias, conforme as peculiaridades de cada licitação.

Assim, as certidões podem ter o prazo de validade que as normas pertinentes prescreverem. Nada se objeta a isso. O que se exige — corretamente, como aqui se demonstrará — é que, no momento em que sejam utilizadas pelos licitantes, tenham menos de 90 dias de sua exibição. Nada mais.

Bem esclarecido esse ponto, que nem sempre é percebido pelos insurgentes contra isso, torna-se possível discussão objetiva sobre os ângulos jurídicos da questão.

Colocação constitucional do tema

1. Pelo art. 37, inciso XXI, da Constituição Federal, só podem ser exigidos, dos concorrentes em *licitação pública, documentos* referentes à *qualificação técnica* e *econômica* indispensáveis à garantia do cumprimento das obrigações. Diz explicitamente o Texto Magno:

"Art. 37 — A *Administração pública* direta, *indireta* ou fundacional, de qualquer dos Poderes da União, *dos Estados*, do Distrito Federal e dos Municípios obedecerá aos princípios de legalidade, impessoalidade, moralidade, publicidade e, também ao seguinte: (...)

"XXI — ressalvados os casos especificados na legislação, as obras, serviços, compras e alienações serão contratados mediante processo de licitação pública que assegure igualdade de condições a todos os concorrentes, com cláusulas que estabeleçam obrigações de pagamento, mantidas as condições efetivas da proposta, nos termos da lei, o qual *somente permitirá as exigências de qualificação técnica e econômica* indispensáveis à garantia do cumprimento das obrigações".

A Constituição, ao assim dispor, determinou categoricamente qual a finalidade das exigências que a lei pode consentir às entidades licitadoras: garantir o cumprimento das obrigações contratuais conseqüentes à licitação; assegurar que o vencedor tenha condições técnicas e financeiras para dar cabal cumprimento ao contrato de fornecimento de bens, obras ou serviços objeto da licitação. Nada mais. Só isso. Tal é a *única finalidade* prestigiada e promovida pelo categórico mandamento constitucional restritivo contido na parte final do preceito do art. 37, inciso XXI.

A contrario sensu — critério não só cabível como induzido pela norma examinada — não podem essas exigências servir a outras finalidades. É vedado à lei — e, com maior razão, ao edital — visar a outras finalidades. Disso decorre que: *a finalidade das certidões não é compelir ninguém a pagar tributo.*

2. Ora, o Decreto-lei 2.300/86 (art. 25, § 4º) e a Lei estadual 6.544/89 (art. 27, IV) estabeleceram exigências pertinentes à *regularidade fiscal*. Diplomas distorcidamente inspirados deliraram do espírito constitucional.

Celso Antônio Bandeira de Mello, ao cuidar da *habilitação* de licitante, põe a situação da *regularidade fiscal* nos seus devidos limites. Deixa claro que a interpretação teleológica impõe reconhecer que *só cabem* exigências referentes à *idoneidade financeira, garantidora* das condições de execução do contrato. Escrevendo já após a Constituição de 1988, diz o mestre:

"A existência de débitos fiscais, entretanto, segundo nos parece, só poderá ser inabilitante *se o montante deles puder comprometer a garantia do cumprimento das obrigações* que possam resultar do eventual contrato. Isto porque o art. 37, XXI, da Constituição só admite exigências que previnam este risco" (*Elementos de Direito Administrativo*, 3ª ed., Malheiros Editores, 1992, p. 193).

Fica claro que o fim objetivado pelas exigências não é impedir que o alegado devedor da Fazenda participe dos certames, mas sim assegurar que o montante do débito levantado não comprometa sua saúde financeira. Só isso; não mais que isso.

Donde se vê que a exigibilidade de certidões — seja de débitos fiscais, seja de outra natureza (trabalhista, comercial, civil, etc.) — tem em vista o único objetivo constitucionalmente consentido: permitir exame da situação econômico-financeira da licitante, para avaliar suas condições objetivas de cumprimento do objeto do contrato emergente da licitação.

Débito com a Seguridade Social

3. Por outro lado — não cuidando especificamente de *licitação pública*, mas tratando de matéria que a ela interessa — a Constituição Federal, em seu artigo 195, § 3º, proibiu que pessoas jurídicas, em débito com o sistema de Seguridade Social, contratem com o Poder Público. Tal preceito é excepcional. Ora, *exceptiones sunt strictissimae interpretationis*. Só se aplica à hipótese expressamente prevista: contribuições sociais. Toda analogia é, aí, vedada.

Em consonância com essa norma proibitiva, a legislação paulista de licitação já prevê a apresentação de documentação relativa a cumprimento dos encargos sociais (art. 27, V, da Lei 6.544/89) na própria fase de *habilitação dos licitantes*.

4. Não se trata aí, nem precípua, nem exclusivamente, de comprovação da *idoneidade econômica* exigida pelo art. 37, inciso XXI, da Constituição Federal.

Trata-se, isso sim, de cumprimento a exigência constitucional, visto que o Poder Público está impedido de celebrar contrato com pessoa jurídica em débito com a Previdência Social, ainda que esta seja vencedora de licitação, e ainda que demonstre idoneidade econômica e técnica. Essa proibição, porém, não pode ser considerada como se existisse avulsa, desligada do sistema.

Vejamos o conteúdo, sentido e alcance da regra. É óbvio que — como a Constituição não tira com a mão esquerda o que deu com a direita (Rui Barbosa) — o licitante pode discutir judicialmente os alegados débitos, dado que isso é direito fundamental, irredutível, previsto no art. 5º, inciso XXXV, da Constituição. De sorte que, se o licitante provar por certidão que está em juízo, exercendo seu inquestionável direito constitucional de discutir seus débitos, mesmo com a previdência social, eventual certidão positiva não o exclui de licitação.

Entender de modo diverso seria fazer prevalecer interesse fiscal contra direito fundamental irrestrito. Seria negar, ao produtor de bens e serviços de interesse da Administração, um direito que a Constituição dá generalizadamente a todos, sem restrições (art. 5º, *caput*).

Logo, a própria certidão implementadora do art. 195, § 3º, da CF deve ser levada em conta como mais um dado, elemento ou fator de avaliação da idoneidade financeira dos licitantes. Entretanto, se o alegado débito (com a seguridade social) não estiver sendo judicialmente discutido, a certidão positiva referente ao § 3º do art. 195 será impeditiva da participação na licitação (e, logicamente, do contrato a que ela tende).

5. Se o Poder Público só pode contratar com pessoa jurídica sem débito com a seguridade social, e necessário, já no *procedimento de licitação* — anterior à contratação — que tal condição seja previamente comprovada, evitando-se assim a *adjudicação* do objeto da licitação a uma pessoa jurídica sem condições de efetivar a contratação conseqüente à licitação.

Fique claro que o débito que impede a contratação é débito aceito tacitamente pelo devedor, ou o declarado judicialmente em decisão final. Não é débito impeditivo da contratação o simplesmente alegado, de modo unilateral, pelo credor, por mais conspícuo que ele seja. Repita-se que a Constituição, com esse preceito, não está excluindo do direito de acesso ao Judiciário certos cidadãos ou empresas.

6. Nesse sentido perfilham-se editais, impondo aos licitantes a obrigação de apresentar — na fase de *habilitação* — as certidões relativas ao cumprimento dos encargos sociais (PIS, INSS etc.); certidões essas que podem ser singelas negativas ou positivas, acompanhadas de prova de regular processo judicial ou administrativo tributário ainda não concluído.

Prazo de aceitabilidade

7. Com a cautela que lhe é imposta pelo interesse público, na busca dos fins colimados pela licitação, o ente licitador deverá estabelecer um *prazo de aceitabilidade* dos documentos (certidões) apresentados. E deve fazê-lo considerando o interesse público que foi posto a seu cuidado.

Ensina o saudoso Oswaldo A. Bandeira de Mello que: "certidão é o ato administrativo unilateral pelo qual se fornece ao interessado documento, que merece fé, no qual se afirma a existência de fato e a sua modalidade, com fundamento em verificação feita" (*Princípios Gerais de Direito Administrativo*, 1ª ed., Forense, Rio de Janeiro, 1969, vol. 1, p. 519).

Ora, se *certidão* é mero ato administrativo declaratório, e se se refere à existência ou não de fatos ou situações jurídicas, não se poderia, em princípio, estabelecer *prazo de validade* para tal declaração. Ou é, ou não é. É o que é (é crime expedir certidão materialmente falsa).

Vale a declaração — contida na certidão — até a data em que foi expedida; ou seja: até aquela data constavam (ou não) tais fatos no bojo de tais ou quais arquivos ou processos administrativos. A certidão não cria, não extingue e não modifica direito. Meramente *atesta* situação de fato, com absoluta objetividade. É como uma fotografia, retrata o que é, sem lhe tirar ou acrescentar nada. E retrata no momento. Não pode espelhar o futuro. É impossível certificar-se o futuro; logo, é injurídico fazê-lo.

8. Entretanto, para fins práticos e ensejadores de segurança jurídica — tanto do órgão ou ente licitador, como dos propósitos licitantes — o que ocorre é o estabelecimento (pelo ente licitador) de termo "a quo" da certidão, i.e., de termo inicial de expedição da certidão, visto que o termo "ad quem" (termo final) será o da data da abertura da licitação (com a apresentação dos documentos).

Fala-se erradamente em *prazo de validade de certidão*, que é o prazo que medeia entre a data de sua emissão e a data em que ela é apresentada para os fins pretendidos, i.e., comprovação de um *fato* jurídico.

No contexto jurídico que estamos considerando, o mal-designado *prazo de validade* de certidão, por óbvio, só pode ser estabelecido pelo próprio órgão ou ente licitante, visto caber a ele — e só a ele — *habilitar* os licitantes sopesando os documentos por eles apresentados, na forma, modo, tempo e prazo estabelecidos pelo edital licitatório. E este fixa os prazos em vista do tipo, natureza e peculiaridades do interesse público em jogo, à vista do claro e peremptório preceito do art. 37, inciso XXI, da Constituição Federal.

Razoabilidade dos prazos

9. Ao estabelecer o termo "a quo", i.e., ao estabelecer o *prazo de aceitação das certidões*, deve o ente licitador usar de toda a cautela necessária, evitando a imposição de prazo que comprometa, restrinja ou frustre o caráter competitivo da licitação (art. 3º, § 1º, I, do Dec.-lei 2.300/86). Para tanto, deve obedecer, o ente licitador, ao *princípio da razoabilidade*. Conforme o ramo de negócios, a conjuntura, a situação de um setor econômico ou região geográfica, poderão variar os elementos informadores da situação financeira de um universo de possíveis contratantes.

10. É o princípio da *razoabilidade* que deve nortear a imposição do prazo de aceitabilidade de certidões, à luz das sugestões que emerjam da consideração dos dados supra, exemplificativamente, mencionados. E tal razoabilidade é plenamente contrastável judicialmente, exatamente para impor prudência à Administração.

11. Sabe o Poder Público que não poderá contratar com empresa devedora da seguridade social que tenha sido relapsa no levar a juízo seus alegados débitos, ou que, por ação ou omissão, os reconheça.

Deve, assim, o licitador exigir uma *certidão atualíssima*, evitando a frustração do processo de licitação, com a impossibilidade de contratar a licitante, vencedora que — apresentando uma certidão negativa antiga na fase de habilitação — venha, por ocasião da contratação, a apresentar-se como devedora da Seguridade Social, tendo surgido o débito em data posterior à expedição da certidão, sem que o devedor esteja discutindo em juízo.

12. Por outro lado, não se poderá estabelecer um prazo por demais exíguo e que dificulte a obtenção da certidão exigida, restringindo o universo de licitantes. Deve-se buscar um equilíbrio entre o interesse da licitadora e os dos licitantes.

13. É dentre esses dois limites — prazo muito longo e prazo muito curto — que o ente licitador deve estabelecer a *aceitabilidade* da certidão e demais documentos exigidos, tendo em vista as finalidades constitucionais e legais dessa formalidade indispensável.

Deve, de todo modo, ficar claro para todos os envolvidos que a exigência também serve à demonstração da *idoneidade financeira* do licitante e não para qualquer outra coisa. Portanto, o licitador não está negando validade a uma certidão, nem desconhecendo os prazos estabelecidos pelos órgãos expedidores, para *seus* fins. Não! A entidade licitadora não tem nada a ver com os interesses dos fiscos. Não age em seu proveito. A regularidade dos contribuintes perante os fiscos é assunto ao qual a entidade licitadora está alheia. Não lhe interessa, juridicamente. Cada fisco deverá respeitar as próprias certidões e acatar os prazos que elas estabeleçam. A licitadora, como terceiro alheio à relação fiscal, só tem interesse — mais do que legítimo — em certidões recentes. Não recusa a validade intrínseca das certidões com mais de 90 dias: limita-se a não aceitá-las, induzindo o licitante a obter outra mais recente, para habilitar-se em suas licitações.

14. Postas estas premissas — essenciais para o deslinde da questão sob análise — analisemos a Lei federal 8.212 de 14.7.91, que, ao dispor sobre a organização da Seguridade Social, assim estatui:

"Art. 47. É exigido documento comprobatório de inexistência de débito relativo às contribuições sociais, fornecido pelos órgãos competentes, (...)

"§ 5º O prazo de validade do documento comprobatório de inexistência de débito é de 3 (três) meses contados da data de sua emissão."

Diferença entre prazo de validade e prazo de aceitabilidade

15. Ora, se, por imposição legal federal, estabeleceu-se que o prazo de validade do documento comprobatório de inexistência de débito para com a Previdência Social é de *três meses*, que razão teria determinada entidade licitadora estadual para *encurtar* ou *aumentar* o prazo de validade das certidões exigidas sob essa rubrica? Poderia, é bem verdade, estabelecer prazo até *menor*, visto que a comprovação de inexistência de débito para com a Seguridade Social deve ser efetivada por ocasião da *contratação*, que, como se sabe, só ocorrerá posteriormente à abertura da licitação.

O termo "ad quem" portanto, não é a

abertura da licitação, e sim a data da celeração do contrato que se segue à licitação. Isto *permite* que o ente licitador *estabeleça prazo de validade menor* do que os três meses estabelecidos pela Lei 8.212/91.

16. Todavia, pode assim não entender a licitadora, visto que um prazo mais reduzido poderia acarretar diminuição do universo de licitantes.

17. Se considerar *razoável* (à luz da avaliação de *seus* interesses) o prazo de "validade" estabelecido para a documentação referente às contribuições sociais, a licitadora fixará o mesmo prazo (3 meses) também para as certidões referentes aos demais tributos federais — que, como se sabe, por questões de praticidade, são emitidas conjuntamente com as certidões de contribuições sociais.

Poderia estabelecer prazo maior ou menor, desde que também razoável, e sempre segundo o *seu* interesse (quer dizer, o interesse de uma segura execução de obra sua).

Pode optar, todavia — dentro da competência que lhe é própria — pelo prazo de 3 meses, assim como pelo prazo menor de 60 (sessenta) dias para apresentação de certidão referente a pedidos de falência ou concordata e pelo prazo maior de 6 meses para apresentação de certidões referentes a tributos estaduais e municipais.

18. Ao assim fazer, fundamenta-se em critérios que entenda razoáveis para os fins pretendidos, na busca do maior número possível de licitantes corretamente habilitados, sem estabelecer — nas cláusulas do edital — condições restritivas ou comprometedoras do amplo caráter competitivo do procedimento licitatório.

19. O argumento — eventualmente levantado por uma licitante — de que o órgão federal expedidor das certidões exigidas estabeleceu para elas o prazo de validade de 180 dias não tem nenhuma significação jurídica, perante a licitante (pelas razões expostas).

Quem estabelece as diretrizes, condições, prazos e forma dos documentos que devem ser apresentados em uma licitação é o ente licitador e não o órgão que expede tais documentos. Até porque, conforme o lugar e condições em que é apresentado, serve a uma finalidade diferente.

Um órgão que expede uma certidão pode, inclusive, não estabelecer prazo de sua validade. Já vimos que a indicação de prazo de validade não se faz necessária. A certidão retrata, como visto, uma situação de fato, num momento. Os fins nos quais ela pode ser utilizada é que inspirarão a razoabilidade do seu prazo de validade ou aceitabilidade, que, inclusive, poderá ser diferente (conforme a finalidade).

Para cada licitação, a finalidade de permitir avaliar a saúde financeira da empresa e a sua condição de devedora, ou não, de contribuições sociais é que leva a prazos de aceitabilidade diversos dos proporcionados a outras finalidades.

Não é o ente licitante proibido de estabelecer prazo de aceitabilidade até para documento expedido sem prazo. Se servir para informar-se do estado financeiro da licitante, em época recente, já satisfaz aos fins da licitante.

20. Em outra hipótese, pode o órgão expedidor de um documento dar a ele prazo de validade muito amplo, prazo esse que não consulta aos interesses do licitador (embora sirva perfeitamente a outras finalidades).

Calha aqui um exemplo rústico.

A carteira de motorista tem o prazo de validade de 10 anos. Isso não impede que um ente público, ao realizar um concurso (que se identifica com a licitação), faça ele próprio um exame de habilitação do candidato a motorista, reprovando-o, em sendo o caso, mesmo que este apresente uma carteira de habilitação vigente e válida. A validade da carteira de habilitação — servindo ao poder de polícia do Estado — pode não servir para os fins de um concurso de motorista, com objetivos próprios e específicos.

Vinculabilidade ao edital e isonomia

21. Deveras, cabe ao licitador estabelecer o prazo que entender razoável para a apresentação da documentação exigida, à vista dos seus (do licitador) específicos fins.

Estabelecido o prazo no edital, não poderá o ente licitador aceitar de um licitante certidões com prazos diversos (além do estabelecido), sob pena de desrespeito ao princípio da *estrita vinculação ao instrumento convocatório* (art. 3º da Lei 6.544/89 e do Dec.-lei 2.300/86) e afronta ao *princípio da isonomia*, com prejuízo daqueles licitantes que diligentemente cumpriram as condições impostas pelo edital.

O *desrespeito ao prazo* estabelecido no edital caracterizar-se-ia como tratamento desigual dos licitantes. É o que professa José Roberto Dromi: ".. el *trato igualitario* se traduce en una serie de derechos en favor de los ofertantes: 1) consideración de su oferta en competencia con la de los demás concorrentes; 2) *respeto de los plazos establecidos para el desarrollo del procedimiento*" (*La Licitación Pública*, Astrea, 2ª ed., p. 137).

Licitação, como procedimento que é, deve submeter-se a formas e trâmites estabelecidos por lei. São normas procedimentais que traduzem *segurança jurídica* tanto para a Administração como para os licitantes. Fixam a forma dos atos administrativos, o *momento e prazo para a sua prática* e as suas condições de validade.

Celso Antônio Bandeira de Mello assinala a necessidade de a Administração fixar exigências e pautas que assegurem, com rigor, a relação jurídica que decorrerá da licitação: "Portanto, é inquestionável assistir ao promotor do certame licitatório certa margem de liberdade para estabelecer, no edital, padrões mínimos de idoneidade financeira e técnica, condicionais ao ingresso no certame e à disputa do objeto licitado. Por sem dúvida, quadra-lhe fixar os parâmetros necessários, *a bem da firmeza e segurança que devem presidir* a relação jurídica ulterior a ser firmada com o vitorioso" (*Licitação*, Ed. RT, 1980, p. 38).

Cada licitadora — que deve contratar empresas *atualmente* idôneas (do ponto de vista financeiro) e adimplentes perante a Seguridade Social — avaliará as condições dos seus licitantes conforme critérios (inclusive temporais) *seus*, porque *sua* é a responsabilidade por essa avaliação.

Por isso tem o poder-dever jurídico de fixar os prazos de "aceitabilidade" de qualquer documento. Isso nada tem a ver com o eventual "prazo de validade" de certidões, prazo esse que só vincula a entidade emitente e não terceiros. Isso, exatamente, porque as finalidades em que podem ser utilizadas as certidões são diversas: para a licitadora, a finalidade é avaliar condições financeiras de *atuais* licitantes e eventuais futuros contratantes seus; para o fisco federal, por exemplo, o interesse é garantir a arrecadação de tributos.

Se são diferentes as finalidades, diversos os entes que as avaliam, é óbvio que variados podem ser os critérios, inclusive temporais.

Conclusão

Logo, é direito de qualquer licitador estabelecer prazos de aceitabilidade de quaisquer documentos, públicos ou privados, e definir peremptoriamente as condições, formas e modos de sua apresentação e suas conseqüências, em cada certame, observado o *princípio de razoabilidade*, princípio esse que deve reger todo ato administrativo.

POLITICIDADE DO DIREITO E O PROBLEMA DO DIREITO NATURAL

NELSON SALDANHA
Professor Titular da Faculdade de Direito da Universidade Federal de Pernambuco

1. Politicidade, Direito, jusnaturalismo

Comecemos pela noção de Política. Definida como arte ou como processo, como dimensão da vida social, como dominação de classes ou como dominação *tout court*; como organização da ordem, ou do bem comum, como relação amigo/inimigo. A Política, definida de tantas formas, veio sendo marcada pela presença do *Estado*: o Estado, no "sentido amplo", seria a própria estruturação do poder e nele se concentraria a essência da politicidade. Assim tendeu a pensar a teoria política moderna, fazendo retroagir sobre contextos "antigos" e "medievais" a imagem do Estado moderno.

Por outro lado, sempre se pensou a Política com alguma relação com o Direito, e vice-versa: contra os esforços dos que pretendem afastar os dois conceitos, não se pensa o Direito com plenitude sem se ter em mira sua relação com a Política, nem se pensa a Política integralmente sem considerar alguns traços jurídicos. Seria o caso de citar Julien Freund, para quem — e a frase é interessante — o Direito é a dialética entre a Política e a ética.[1] Aliás, Freund alude a uma essência do Direito, em sentido fenomenológico, advertindo esclarecedoramente que ele *não é* uma essência em sentido ontológico (como o são a Política, a Moral, a Economia, a Arte), não é uma *praxis* humana originária.[2]

Retornemos, contudo, à referência ao Estado: entendemos que estatalidade não é o mesmo que politicidade. Del Vecchio esteve perto deste equívoco. A estatalidade concerne à presença de uma estrutura política específica, que surge dentro de um processo de transformação do poder (Burdeau escreveu sobre isto) e que funciona dentro de — ou ao lado de — outras estruturas: o Estado é uma ordenação de funções, que se dão como poderes em função de um *poder*

1. Julien Freund, "Droit et Politique. Essai de définition du Droit", in *Archives de Philosophie du Droit*, Paris, Sirey, n. 16, 1971, p. 17. V. também, no mesmo número, R. Maspétiol, "Le Droit et la Politique, deux visions partielles et fragmentaires d'une même réalité sociale". Mais: Maurício G. Delgado, "Direito e Política: integração e ruptura na história do pensamento", *Revista Brasileira de Estudos Políticos* 72/83 e ss., Belo Horizonte, UFMG, janeiro/91, princ. pp. 95 e ss. Sobre a "politização" de certos ramos do Direito, em especial o Direito Civil, v. Rudolf Wiethoelter, *Le Formule Magiche della Scienza Giuridica*, trad. de L. Amirante, Bari, ed. Laterza, 1975, p. 98.

2. J. Freund, loc. cit., p. 18. Daí, acrescentamos, ser necessária uma perspectiva formalista para falar-se em uma "autonomia" do Direito: a *autopoiesis* jurídica, de que se tornou moda falar-se (e que corresponde a observações feitas por Bobbio há muitas décadas), somente tem sentido com base no pressuposto de que o Direito seja apenas um sistema formal composto de normas.

que as fundamenta. Daí podermos distinguir entre ordem política e ordem estatal.

Atribuímos ao termo *politicidade* um sentido mais amplo, em conexão ao menos parcial com a velha noção de *polis*, uma realidade complexa e integrada, que abrangia todos os lados da vida humana. Todos os lados institucionais, bem entendido: o familiar, o pedagógico, o econômico, o religioso. O conceito de cidade, no pensamento clássico, não indicava propriamente (ou necessariamente) a estrutura "urbana", material, da *polis* ou da *urbs*; indicava o convívio social estruturado sob determinados padrões. Com isto podemos, retomando a idéia de institucionalidade, entender por politicidade em sentido amplo o conjunto das estruturas institucionais que têm vigência na vida social.

Na verdade, os *valores* provêm da dimensão política da vida social. Mesmo sem aprofundar reflexões sociológicas nem recordar a teoria social durkheimiana, é consabido que crenças e condutas são formadas pela influência dos grupos e das "representações coletivas". Valores morais, culturais e mesmo estéticos têm relação com modelos e pautas, que são o *ethos* e que se fixam por conta da estabilização de coordenadas institucionais.

Deste modo, não é apenas pelo fato de implicar a existência de funções e órgãos (estatais), ou de estruturas parlamentares, que o Direito se relaciona com a Política: mas também pelo sentido dos *valores*. Certos autores colocam a idéia de uma ligação entre valores jurídicos e valores políticos, o que se torna evidente quando se percebe que coisas como liberdade e justiça ou paz e segurança, que são valores jurídicos, são igualmente valores políticos. No fundo, porém, o problema radica na relação entre os valores e a politicidade. Os valores jurídicos *são* valores políticos, como o são, *grosso modo*, todos os valores sociais.

Diríamos, por outro lado, que tanto o Estado como o Direito são expressões da politicidade. No caso do Estado, o problema central corresponde à relação entre funções e poderes (entre funções e órgãos se se pensa na "administração"), à relação entre os poderes e o poder, para o tema das formas de governo. No caso do Direito, onde a politicidade se revela na própria existência de uma *ordem*, a ocorrência de uma *hermenêutica* tem sentido específico.

A tradição doxo-historiográfica destacou, de dentro da noção de Política, o problema das formas de governo, de onde a correlação Estado/governo. Do mesmo modo, a presença do componente poder, dentro da Política (*lato sensu*), levou em alguns casos à identificação entre Estado e Política. A imagem do que seja o Direito, dentro das formas historicamente assumidas pela politicidade e pelo "governo", resulta condicionada por variáveis, ora aparecendo o Direito como ordem *geral*, vinculada apenas à "racionalidade" e à "natureza", ora como relação entre pretensões e ações (era mais ou menos o sentido inicial do *ius* latino) ou ainda como dimensão *normativa* do poder governamental.

Deste modo temos a politicidade como quadro genérico onde (dentro do "social") se formam os valores e onde ocorrem, como expressões características, o Estado e o Direito. O componente "poder" robustece, nestas expressões, o sentido *político*. E como o conjunto de formas institucionais do viver precisa ter uma instância unificadora, o poder estatal se sobrepõe aos outros — aqui entra a conhecida frase de Weber sobre o monopólio do uso legítimo da violência — e o Direito, cuja realidade inclui poder em sentido funcional, acompanha esta sobreposição.

A constante preocupação da teoria jurídica com o tema do *fundamento* do Direito corresponde precisamente à relação entre ordem jurídica e politicidade — a politicidade como estrutura de institucionalidades e como repertório essencial de valores (isto é, de "conteúdos"). A cada grande tipo histórico de Política, ou de politicidade, temos como correlato uma fundamentação para o Direito. A afirmativa lembra a correlação, em Weber, entre tipos de poder e formas de legitimação. E na verdade o problema do fundamento do Direito, que se liga ao da legitimidade, envolve a questão do fundamento do poder: o poder se "funda" sobre valores que se dão como generalidade e que alcançam a justificação ou legitimação das formas e dos atos.

Evidentemente, os formalismos conseqüentes não tratam do problema dos fundamentos, na realidade um problema legado ao pensar moderno e contemporâneo pelo jusnaturalismo clássico.

Diz-se que na Idade Média o poder do monarca era controlado pelo Direito Natural, de raiz divina, e pelos costumes criados pela comunidade. Temos aí os Parlamentos, como instâncias limitadoras do poder real, mais a lei natural e as regras costumeiras, formando um conjunto de *fontes* (em sentido amplo) do Direito. O racionalismo moderno, eliminando a regra costumeira, entronizou a lei como expressão da *vontade geral* e ao mesmo tempo como produto da *representação*, chegando a produzir em cada ordenamento um específico "sistema de fontes".

Evidentemente, a ordem política fundamental, no primeiro caso, estava em conexão com pautas teológicas e com uma concepção estática da sociedade; no segundo, a Política, entendida como negócio humano, se relaciona com uma visão mais dinâmica e, portanto, mais instável da sociedade. Valores estáveis e mudanças de "longa duração" se associavam, no medievo, a um Direito Natural ontológico (ou teo-ontológico) vinculado a uma ordem social tida como natural. No mundo moderno, apesar das pretensões da razão — ou por causa delas — os valores são relativos, daí instáveis; o Direito é sempre obra reformulável; o Direito Natural se torna questionável e precário. Na sociedade moderna, o sentido do *jurídico*, dentro de um marco político secularizado, torna-se objeto de um saber peculiar, expressamente voltado ao sistema mas internamente alimentado por referências históricas.[3] Dentro deste saber, a teoria passou a distinguir entre fontes formais e fontes materiais, diferenciando as expressões técnicas dos condicionamentos "reais", e sobretudo vinculando o tema das fontes — o que é muito significativo — com o da interpretação.

Aludimos pouco acima ao Direito Natural. Em cada grande contexto histórico, cabe dizer, o Direito Natural é concebido em função de um fundo político, ou seja, de uma politicidade genérica. O dilema entre leis humanas e leis não-escritas, em Antígona, refletia um *ethos*, um fundo de tradições onde a sacralidade das leis mais antigas se confundia com a da ordem cósmica. Em Platão havia uma alusão a paradigmas que eram um mundo arquetípico, ao qual se ligava o empenho do filósofo em manter uma ordem essencialmente (racionalmente) justa.[4] A racionalidade em Santo Tomás era só um vestíbulo em relação à divindade, do mesmo modo como a Política, ordenada pela divindade, refletia degraus ontológicos. Já Grotius, expressando a conexão entre o "natural" e o racional (também vista por Spinoza), respaldava implicitamente a racionalidade do Estado Moderno, com sua amplitude e seu *esprit de geométrie*.

Se admitirmos — o que é de certo modo válido — uma longa linha que prende ao pensamento de Platão (Sócrates/Platão) o processo histórico do racionalismo "ocidental", teremos a Grécia como uma espécie de pré-Ocidente (na verdade, preferimos distinguir o mundo greco-romano do mundo ocidental, como fizeram Spengler e Toynbee), e teremos o racionalismo

3. Cf. nosso livro *O Problema da História na Ciência Jurídica Contemporânea*, 2ª ed., Porto Alegre, Escola Osvaldo Vergara, 1978.

4. Já em Aristóteles a Política e o Direito aparecem, não tanto como coisas racionais, mas especialmente como formações "naturais", em ligação com o que é "naturalmente" justo (cf. inclusive R. Maspétiol, loc. cit., p. 49).

ocidental como algo específico. Um dos lados da *crise* do Ocidente, desenvolvida mais ou menos a partir da Revolução Francesa, foi o abandono do problema do "fundamento", com o correspondente surgir de duas tendências distintas: o pragmatismo, isto é, a crítica transformada em desconfiança da teoria (Marx, Nietzsche), e o formalismo, isto é, a substituição do problema do fundamento pela fundamentalidade da forma — a doença da forma.

Quando certos autores afirmam que o jusnaturalismo é uma ideologia, estão em parte certos, mas não pelos motivos que aduzem, e sim pelo fato de que, como os valores jurídicos e a própria ordem jurídica, a imagem de um Direito Natural pressupõe um contexto político genérico. Na História, ora o Direito Natural aparece como *base* do Positivo (os autores do Código Napoleão falando das leis que refletem a razão), ora aparece como contraste, fundando alegações revolucionárias (seja o caso de Antígona, seja a concepção de E. Bloch sobre o jusnaturalismo das classes dominadas).

2. Politicidade e valores

Dissemos que a presença de valores, em determinado contexto social, pressupõe um fundo político: a politicidade, em sentido genérico, produz símbolos e valores, inclusive os que aparecem na estruturação do Estado e do Direito. Tais símbolos, e tais valores, correspondem a algo como uma consciência axiológica, que se acha mais ou menos difusa na sociedade e que se expressa na dimensão institucional. Expressa-se consoante as dominações vigentes (políticas e culturais, inclusive), e a variabilidade destas nos remete a uma teoria que ficou estigmatizada sem mais como "reacionária", mas que possui uma boa parte de verdade — a teoria paretiana da circulação das elites.

Os homens fazem a História e são feitos por ela: não tentemos desfazer este círculo, no fundo um pseudoproblema. Fazem a Política (*lato sensu*) e são feitos por ela. Podemos, entretanto, ver a cultura como obra do homem (embora o inverso seja também óbvio), e ver a politicidade como algo tão "extenso" quanto a cultura. Eric Voegelin, recorrendo ao conceito de *physei dikaion*, insistiu sobre a conexão, acentuada por Aristóteles, entre a *polis* e a justiça. E a politicidade do valor justiça leva à politicidade do Direito, visível nas teorizações clássicas.[5] Sem isto não se teria o problema de legitimidade, que é sempre uma questão política.

Todas as legitimações se situam dentro da dimensão genericamente institucional da sociedade, à qual estamos fazendo corresponder a politicidade. Os valores, vigentes em cada esfera, fundam as legitimações, que se dão em termos éticos, em termos jurídicos, em termos políticos *stricto sensu*. No conhecido esquema de Weber, concernente aos tipos de dominação e de legitimação, as diferenças entre os tipos são correlatas de alterações na mentalidade geral (aludimos acima ao plano cultural) e na concepção específica do poder.

No século XIX se chamavam de ciências *morais* os estudos sobre o homem e as instituições, e neste sentido — ainda válido — são genericamente morais (ou "éticas", não distingamos agora) todas as questões da vida humana ligadas à consciência axiológica difusa na sociedade. São morais tanto pelo que têm a ver com instituições, quanto no que concernem a comportamentos.

Na medida em que a História é obra do homem *urbano* (como certos autores pensam), caberá dizer que a configuração *histórica* dos valores é produto da vida urbana. O que não significa dizer que o mundo "rural" não possui ou não tenha possuído valores: no caso, a configuração de pautas axiológicas

5. Sobre a estreita conexão, no Estagirita, entre a *polis* e os problemas da justiça, Eric Voegelin, *Anamnesis — Teoria della Storia e della Politica*, trad. de C. Amirante, Milão, Giuffrè, 1972, pp. 75 e ss.

no mundo urbano teve certamente mais eficácia histórica. Veio das cidades o ideal libertário, veio também o igualitário, desmontador de hierarquias. O relativismo "burguês", ligado à crítica e à secularização, propiciou um igualitarismo sempre crescente, que vem atravessando os *ismos* contemporâneos e gerando equívocos diversos.

3. Política, Direito, direitos

Retomemos o que ficou dito acima: a experiência *política* em sentido amplo corresponde à dimensão institucional da sociedade, e, portanto, tem âmbito maior do que o que concerne ao "Direito" e ao "Estado". O Estado moderno tendeu a absorver a politicidade pelo fato de se estruturar como uma ordem autoritária (e "absoluta"), primando sobre as espontaneidades sociais e as respectivas normas. O Direito aparece, em certas teorias, como algo "paralelo" à Política, em função de pensar-se a Política como "ordem estatal". Aliás, a teoria do Direito, nos séculos XVII e XVIII — isto é, a doutrina jusnaturalista clássica — apresentou-se como uma verdadeira teoria da sociedade. Ou, como disse Wieacker, "uma teoria da sociedade que tende ao conhecimento do Direito".[6]

Tem sido um problema árduo para certas teorias jurídicas o tema das relações entre a "estrutura geral", que corresponde ao que alguns chamam normas-de-organização, e a experiência real do Direito, que Cossio situou no plano existencial da conduta.

Não pensar no Direito em relação com a politicidade tem sido um equívoco em certos jusnaturalistas, preocupados com o caráter *ideal* do Direito Natural em que crêem. Na Egologia de Cossio também encontramos esta lacuna: o genial Autor da Egologia não incluiu em sua teoria uma meditação sobre as relações entre o jurídico e o político.

6. Franz Wieacker, *Historia del Derecho Privado de la Edad Moderna*, trad. de F. Jardón, Madri, Aguilar, 1957, p. 219.

Já nos referimos, em outros trabalhos, ao advento da idéia dos *direitos* dentro do itinerário da noção moderna de Direito Natural. O processo se situa dentro de época de formação dos "ismos" políticos e jurídicos modernos, ao mesmo tempo, pressupõe o aparecimento do conceito de direito subjetivo, que corresponde — segundo Villey, entre outros — aos resultados doutrinários do Renascimento.

O pleito por direitos ("direitos do homem") e o desejo de conter o poder do Estado fizeram surgir o liberalismo. Enquanto isto, o socialismo, vindo de tempos mais antigos, conduzia o pleito pela igualdade. Com o tempo, as complicações administrativas dos Estados, no Ocidente contemporâneo, trouxeram problemas novos, inclusive para a idéia de *direitos*, que durante o século XIX teve de atravessar várias oscilações.

Evidentemente, a idéia dos direitos recebeu forte estímulo com os movimentos *democráticos*.[7] A concepção de sociedade peculiar à democracia favorecia de algum modo a conversão da velha idéia de uma *lex naturalis* (ou de um *jus naturale*) na noção de *direitos*, prerrogativas inerentes a cada indivíduo — tomando-se o indivíduo como parte do hipotético e fundamental contrato originário, ou como portador do título de cidadão. A democracia, de certo modo, corresponde ao que Weber chamou "minimização do poder": a convivência idealmente igualitária embasa o Direito e o poder (embasa-os como esfera política fundante), e o que Direito e Estado têm de fazer é reconhecer e garantir, na convivência, os direitos inerentes aos conviventes.

A imagem dos direitos é, portanto, decorrência da politicidade. No caso, um tipo de contexto que se desenvolveu na Europa com o incipiente capitalismo industrial, o

7. Visão geral em N. M. Lopez Calera, "Derecho y democracia", in *Filosofía del Derecho y Democracia en Iberoamérica*, número esp. da *Revista de Ciencias Sociales*, org. por Agustin Squella, Valparaiso, 1989-1990 (1992).

luteranismo individualizante e o liberalismo que se expressaria exemplarmente na Revolução Francesa. A incontornável necessidade de manter o Estado, e em contrapartida a preservação dos *direitos*, gerou nos países liberais dos séculos XVIII e XIX o esquema do chamado "Estado de Direito": redução do Estado (e do poder) ao Direito. Uma concepção individualista — mas não tanto — da sociedade, um jusnaturalismo liberal e um pensamento político secularizado-racionalista, eis os pressupostos do Estado de Direito.

A ênfase sobre *direitos* parece ser, historicamente, fruto da secularização, do iluminismo e do liberalismo. A perspectiva teológica se prende aos *deveres*, e como ela (ou com ela) a conservadora, tal como se encontra, p. ex., na ética de Comte.

O surgimento de uma ênfase sobre os *direitos* nos revela também, por outro lado, uma mudança na *linguagem* do Direito e da Política. A comportada simetria dos tratados de Direito Natural dos séculos XVII e XVIII ceda vez ao tom por vezes polêmico dos liberais, desde Locke aos revolucionários franceses, e dos antiliberais, incluindo Burke.[8] O sentido da idéia de *direitos* resulta de fato especificamente moderno.[9]

8. Sobre a *linguagem* do jusnaturalismo seiscentista e setecentista, com suas metáforas, Pietro Costa, *Il Progetto Giuridico. Ricerche sulla Giurisprudenza del Liberalismo Classico*, v. I, seção sexta, princ. pp. 296-297, Milão, Giuffrè, 1974. Sobre a transformação do ideal revolucionário de liberdade em uma lista de "direitos", Pierre Lasserre, *Le Romantisme Français*, nova edição, Paris, Garnier, s/d (1919?), parte III, cap. VII, pp. 337 e ss. Vale registrar, confirmando por exclusão o vínculo da idéia dos direitos com o racionalismo "continental", a observação de H. Laski segundo a qual na Inglaterra, do ponto de vista estritamente jurídico, não existem "direitos fundamentais" (*El Gobierno Parlamentario en Inglaterra*, trad. de E. Ingster, Buenos Aires, ed. Abril, 1947, p. 39).

9. "Si a nuestros ojos resulta ya casi ininteligible la idea aristotélica de que el ciudadano es aquél que participa de las magistraturas, igualmente ininteligible resultarían para el ciudadano griego las Declaraciones de Derechos" — diz lucidamente Umberto Cerroni (*Introdución al Pensamiento Político*, 10ª ed., trad. de A. Córdova, Siglo XXI, 1979, p. 16).

A irrupção da idéia de direitos necessitou, portanto, de novos contextos políticos ou sócio-políticos, uma nova experiência da politicidade, para se expressar: Jean-Marc Trigeaud alude aos direitos do homem manifestando o limite do *político*, que faz sua grandeza e que expressa seu caráter público.[10] A atribuição, aos homens, de direitos que são anteriores ao Estado é antes de tudo um acontecimento político. O conceito de "direitos", aí, implica uma projeção específica do valor justiça, e revela um novo modo do jusnaturalismo — não o antigo *Jus Naturae* como amplo horizonte cósmico, mas a crença na "dignidade humana" como correlato de prerrogativas anteriores ao Direito Positivo.[11]

4. Jusnaturalismo, ordem e hermenêutica

A partir da idéia de que o mundo jurídico se enquadra sobre um fundo genericamente político e de que as mutações políticas de grande escala conduzem consigo mutações jurídicas, cabe colocar em face destas mutações o problema das transformações do Direito Natural.

A questão das relações históricas entre o Direito e a Política — *lato sensu*, *stricto sensu* — não é, entretanto, uma coisa simples. A imagem da *lei*, como portadora da juridicidade e expressadora de um poder político, não se aplica por igual a todos os contextos: certos autores vêem no Direito

10. Jean Marc Trigeaud, "Philosophie Politique et Philosophie du Droit", *Revista Brasileira de Filosofia* 159/215, setembro/90.

11. Norberto Bobbio, em artigo escrito com sua habitual ótica analítica, reconhece, entretanto, a influência das "condições históricas" sobre a modificação do "elenco dos direitos": "Sul fondamento dei diritti dell'uomo", *Rivista Internazionale di Filosofia del diritto*, ano XLII, S. III, 1965, pp. 301 e ss. Sobre a "determinação normativa dos direitos constitucionais", v. o artigo de Marcus Faro de Castro in *Revista de Informação Legislativa* 111, ano 28, Brasília, setembro/91. Aliás, Bobbio volta ao tema no recente *A Era dos Direitos*, trad. de C. N. Coutinho, Rio de Janeiro, ed. Campus, 1992.

Romano, p. ex., mais um fruto da técnica jurídica específica (manifestada na jurisprudência e na doutrina), do que da Política.[12] O que se tem no caso, contudo, é a variabilidade do sentido do *jus* nas diversas fases de Roma; por outro lado, ninguém negará a relação daquela jurisprudência e daquela doutrina com o quadro político-social geral, no qual se desenvolveram como experiência.

Evidentemente, há uma diferença profunda entre a noção de cidadania em contextos como o grego e o romano, onde era fundamental o culto aos mortos,[13] e nos contextos modernos, onde um "Direito Constitucional" organiza formalmente as relações entre o poder estatal e os direitos dos homens. Nos contextos "clássicos" o todo absorvia a parte, carregando de deveres o homem politicamente (e socialmente) *livre*.[14]

Podemos talvez dizer que a relação *direta* com a politicidade, vigente no mundo clássico, foi substituída por uma fragmentação de formas, diante da qual se tenta encontrar um "fundamento" para o Direito e para o Estado. Um dos lados positivos do modelo moderno de sociedade, o pluralismo, recoloca de algum modo o tema do Direito Natural;[15] mas o pluralismo tem por preço a fragmentação — algo afim ao "prosaísmo" burguês[16] — e com ela, de certo modo, a crise dos conceitos *gerais*.[17]

A busca do fundamento teve característica presença nas teorias contemporâneas. O Direito Natural germânico, ainda ao tempo de Wolf, fornecia com seus enunciados a base dos *deveres* do cidadão;[18] na linha francesa, como na inglesa, irrompia durante o século XVIII a idéia dos *direitos*. Continua sugestivo dizer que em contextos estáveis o jusnaturalismo aparece como fundamento do Direito Positivo, em tempos instáveis como recusa a ele.

O que nos parece mais perceptível é a passagem, nos contextos contemporâneos, de um Direito Natural genérico e ontológico, baseado em uma metafísica pré-crítica e uma política pré-liberal, a um Direito Natural hermenêutico, oriundo das críticas e do relativismo, fundado sobre novas bases.[19] A crise das metafísicas clássicas trouxe dificuldades para a crença católica (também a protestante) em um Direito Natural expressado em termos aristotélico-tomistas, apesar do pretendido "renascimento" do Direito Natural anunciado em nosso século por Maritain, Messner e outros.[20] É certo que a inflexível estreiteza do juspositivismo normativista, apoiado pelos neopositivistas, provocaria posições contrárias, algumas delas fundadas sobre o jusnaturalismo assumido por certos autores após o nazismo (Gustav Radbruch e Eberhard Schmidt, entre outros); mas não foi possível o retorno, a sério e integral, ao *Jus Naturale* clássico.

12. Cf. Roland Maspétiol, loc. cit., p. 43.

13. Antes de tudo, o clássico Fustel de Coulanges, *La Cité Antique* (18ª ed., Hachette, 1903), principalmente o livro I. Mais recentemente, Nicole Loraux, *L'Invention d'Athènes — Histoire de l'Oraison Funèbre dans la Cité Classique* (Paris, Mouton, 1981, *passim*).

14. Fustel de Coulanges, *passim*. V. também C. Nicolet, *Le Métier de Citoyen dans la Rome Républicaine*, NRF, Paris, Gallimard, 1976.

15. Andrés Ollero, "Derecho Natural y sociedad pluralista", in *Filosofía del Derecho y Democracia en Iberoamérica* cit., pp. 129 e ss.

16. Sobre os chamados valores burgueses e seu contraste com os da antigüidade clássica, Anna Maria Battista, "El poder moral: el modelo clásico de Bolivar", in S. Schipani (org.) e outros, *Constitucionalismo Latino e Liberalismo*, Bogotá, Univ. Externado de Colombia, 1990, princ. pp. 66 e 67.

17. L. Recaséns Siches refere-se criticamente ao "fetichismo do geral", presente no pensamento jurídico do racionalismo moderno (*Nueva Filosofía de la Interpretación del Derecho*, México, Dianoia-FCE, 1956, p. 153).

18. F. Wieacker, *Historia* cit., p. 285.

19. Cf. nosso estudo "O Direito Natural como ordem e como hermenêutica", in *Conferências do III Congresso Brasileiro de Filosofia do Direito*, João Pessoa, 1988, pp. 239 e ss. (publ. em trad. italiana no *Archivio Giuridico Filippo Serafini*, v. LLIX, 1989).

20. Pietro Piovani, *Giusnaturalismo ed Etica Moderna*, Bari, Laterza, 1961. Um panorama sucinto em L. Recaséns Siches, *Iusnaturalismos Actuales Comparados*, ed. Univ. de Madrid, 1970.

Ao ocorrerem mudanças de perspectiva e de linguagem, com as revoluções liberais e com os *ismos* iluministas e pós-iluministas, o que se verificava era o surgimento de um novo modo de ver as relações entre as estruturas e sua interpretação. Uma nova hermenêutica da Política e do Direito. As Constituições contemporâneas nasceram a partir de uma conceituação revolucionária (o § 16 da Constituição de 1791 na França) que dizia o que cabe entender como Constituição. Os códigos se elaboraram com base em determinadas coordenadas doutrinárias; e, apesar do repúdio napoleônico à Hermenêutica (bem como do literalismo da "exegese"), o que produziram de mais expressivo foi a sistematização doutrinária.

Ao entrar em declínio a ontologia clássica e ao florescerem posições juspositivistas de grande prestígio — inclusive com os pandectistas do século passado — o jusnaturalismo teve de mudar de imagem. Deste modo veio a ressurgir sob novas formas, já através da axiologia (organizada no século XX após Scheler e Hartmann), já através do reexame da noção de princípios; já com os debates sobre a insuficiência do formalismo e sobre a relação entre norma e ordenamento. Ou ainda com a noção de experiência jurídica, veiculada depois de Capograssi.

Dentro dos relativismos doutrinários próprios da época contemporânea,[21] tornou-se peculiar ao pensamento filosófico e também ao jurídico a busca da compreensão das precariedades. Dir-se-ia que a politicidade clássica, correlata de instituições rígidas e de uma rígida ética linear, deu lugar a uma politicidade flexível: as flexibilidades do mundo contemporâneo, onde reina a crítica mas a troco de instabilidades, com ciências relativizantes que esbatem as durezas da Ética antiga (Psicologia, Sociologia) e com querelas ideológicas tendentes a *partir* crescentemente a imagem do homem. E, com ela, a das instituições. Teríamos, assim, a passagem de conceitos e contextos "absolutistas" para contextos e conceitos democráticos. De permeio, o fenômeno do autoritarismo, e do totalitarismo, como expressão das dificuldades da democracia, que vão em muito por conta da massificação e da plutocracia.

Talvez o recurso a uma breve comparação histórica situe o fenômeno. Temos, com efeito, na Grécia antiga, a passagem de um Direito ligado à palavra hierática a um Direito ligado à palavra diálogo, em correlação com mudanças no próprio conceito de *verdade*.[22] Assim, teremos tido, no Ocidente, um jusnaturalismo de fundo teológico, ligado à concepção do Direito como ordem, e agora um Direito onde se destaca o componente hermenêutico: com ele, um jusnaturalismo hermenêutico.

Werner Maihofer referiu-se ao Direito Natural tradicional como mitologia e também como ideologia, e ao Direito Natural moderno, para chegar à idéia de um "Direito Natural como horizonte da crítica do Direito Positivo".[23]

A análise das limitações do estrito legalismo aparece em certos autores como uma nova visão da idéia de *princípio*, como no caso de Josef Esser, que alude inclusive a princípios extralegais formulados com participação da própria Ciência Jurídica.[24]

21. Nelson Saldanha "Do maniqueísmo à tipologia", in *Humanismo e História*, Rio de Janeiro, Fundarpe/José Olímpio, 1983.

22. No Ocidente moderno a crise do conceito clássico de verdade, que radicou no próprio iluminismo, desembocaria no pragmatismo (cf. nosso artigo na *Revista Brasileira de Filosofia* 157, 1990, princ. p. 45). A crise, de certo modo, afetou a permanência do platonismo, com o que Nietzsche entendia como "tirania da verdade", também revista por pensadores de hoje.

23. W. Maihofer, "Ideologie und Naturrecht", in W. Maihofer (org.) e outros, *Ideologie und Recht*, Frankfurt, ed. V. Klostermann, 1969, p. 144. O tema nos recorda o conhecido livro de Ernst Bloch sobre o Direito Natural e a "dignidade humana".

24. J. Esser, *Principio y Norma en la Elaboración Jurisprudencial del Derecho Privado*, trad. de E. V. Fiol, Barcelona, Bosch, 1961, cap. XV. V. também Gustav Boehmer, *El Derecho a través de la Jurispru-*

Estas novas pautas, que conservam certos traços do racionalismo clássico e ao mesmo tempo se afastam de outros, configuram crise e renovação. Dentro delas se situa, a nosso ver, a superação de algumas alternativas que por muito tempo ocuparam o pensamento jurídico. Assim a pergunta, vinda de Hobbes, sobre se o que "faz" o Direito Positivo é a vontade (variante: a autoridade), ou a razão. Na verdade, a formulação das expressões do Direito Positivo se deve a uma vontade, mas ao mesmo tempo há uma racionalização em qualquer ato normativo. Assim também a tormentosa discussão sobre jusnaturalismo e juspositivismo, que em nosso entender corresponde a um dilema que hoje deve ser reexaminado. Não cremos que ninguém conserve ainda — salvo por motivos religiosos — a crença no Direito Natural clássico: o que se pode, e deve, é compreender historicamente sua razão de ser, em vez de pô-lo de lado como tema. Nem cremos que se possa separar inteiramente, da noção de *Direito*, tudo o que não seja a positiva norma estatal, excluindo elementos como valores, *standards*, princípios, referenciais hermenêuticos.

Recife, maio de 1992.

dencia. Su Aplicación y Creación, Barcelona, Bosch, 1959, *passim*. Sobre o problema dos princípios, R. Limongi França, *Teoria e Prática dos Princípios Gerais do Direito*, São Paulo, Ed. RT, 1963.

DOUTRINA

ADMINISTRAÇÃO PÚBLICA NO ESTADO DE DIREITO

ADÍLSON ABREU DALLARI
Professor Titular da Faculdade de Direito da Universidade Católica de São Paulo

É impossível reunir em um só texto todos os atributos que caracterizam a Administração Pública no Estado de Direito. Diferentes autores, mediante diferentes perspectivas, animados por diferentes valores, certamente apresentaram enumerações diversas.

Portanto, o que se tem aqui é uma visão pessoal, relacionando de maneira esquemática, pouco aprofundada, aquilo que, no momento, pareceu mais importante, sem prejuízo da agregação serôdia de outras características, de outros fatores ou princípios, de igual ou maior relevância.

I — Estado de Direito

Conforme o entendimento tradicional, Estado de Direito é aquele no qual os atos dos governantes são regidos pela lei. Tal concepção é insuficiente para identificar o entendimento contemporâneo desse conceito. Entretanto, já serve para afastar toda e qualquer forma de ditadura e já traz embutida a idéia de separação de poderes. Ou seja, já fica implícito que quem faz as leis não governa, e quem governa não faz as leis.

Atualmente, graças ao labor da doutrina, a identificação de um Estado como de Direito depende da conjugação de uma série de atributos que passam a ser descritos.

1. Constituição e Lei

O Estado de Direito deve ser regido por uma lei suprema, uma lei acima de todas as outras leis, que condiciona e limita a produção de todas as outras normas, assim como a prática de qualquer ato de autoridade, denominada Constituição. É também imperioso que a Constituição seja produzida por uma assembléia de legítimos representantes do povo, dotados de plena liberdade de atuação, sem limitações ou condicionamentos, e que tenham sido eleitos para esse específico mister.

Em face da dinâmica social, a Constituição deve estabelecer o processo de alteração de suas disposições, assim como o processo de produção das leis ordinárias nas Casas legislativas, integradas por representantes do povo, com mandatos temporários obtidos mediante o voto popular universal e secreto.

A lei, como forma de manifestação da

vontade do povo, deve ser de observância obrigatória para toda e qualquer autoridade. Nenhuma autoridade poderá estar acima da lei, ninguém pode ser imune à obrigatoriedade de cumprir seus mandamentos.

2. Declaração de Direitos

Toda Constituição deve conter uma declaração de direitos, que são reconhecidos como patrimônio inalienável do corpo social, e que devem ser respeitados pelos legisladores ordinários e por toda e qualquer autoridade.

Tradicionalmente se fazia referência a direitos individuais. Atualmente já se tem consciência de que, além dos direitos individuais, existem direitos que transcendem o indivíduo, que se materializam ou se configuram, compreendendo conjuntos mais ou menos identificados de indivíduos, que formam os denominados grupos intermediários da sociedade, ou mesmo abrangendo grupos cuja composição é indistinta, difusa. Por essa razão, as declarações de direitos devem referir-se a direitos individuais e coletivos.

3. Jurisdição

Não basta a existência de uma Constituição, com sua declaração de direitos, e das leis, às quais todas as autoridades devem submeter-se, se não houver um meio de compelir a autoridade recalcitrante e, em caso de controvérsia sobre o entendimento das normas, capaz de dizer o direito, decidindo de maneira final, inquestionável e obrigatória. Ou seja, é essencial a existência de um organismo competente para exercer a jurisdição.

Tal organismo deve ser dotado de autonomia, de independência, para que seus membros possam decidir com imparcialidade. É absolutamente indispensável que toda e qualquer pessoa, nacional ou estrangeira, tenha livre acesso à jurisdição, pois o direito de ser ouvido por um juiz imparcial é o mais elementar dos direitos, dado que a negativa de jurisdição é a maior violação dos direitos humanos.

Entretanto, é preciso atentar para que o organismo que exerce a jurisdição também tenha limites, para que não se torne tirano, pois, nas palavras de Lord Acton, o poder corrompe, e o poder absoluto corrompe absolutamente.

4. Participação popular

Já se entendeu que o ideal democrático ficava atingido quando os governantes (todos, do Executivo e do Legislativo) eram escolhidos pelo voto popular; bastava que a democracia fosse representativa, e que as decisões dos representantes do povo refletissem a vontade popular.

Modernamente se entende que todo e qualquer governante deve contar com a aceitação livre dos governados, manifestada de diversas maneiras, segundo as peculiaridades de cada povo. Mas é preciso que a democracia seja simultaneamente representativa e participativa. Quem não tem representatividade não decide em nome do povo, mas quem tem representatividade não decide tudo, deixando o povo à margem do processo de tomada de decisões políticas. É imperioso que certas decisões sejam tomadas pelos representantes do povo, mas que outras decisões sejam tomadas diretamente pelo corpo social. São meios ou instrumentos de exercício da democracia direta: a iniciativa popular; o plebiscito; o referendo; e o denominado, em inglês, "recall".

Iniciativa popular é a outorgada a um certo número mínimo de cidadãos do poder de apresentar projetos de leis, que devem ser apreciados pelo Poder Legislativo.

Plebiscito é a consulta popular, a submissão de determinadas decisões à manifestação direta do corpo social. Referendo é o condicionamento da eficácia de determinadas decisões governamentais à concordância do povo. "Recall" é a possibilidade de retirar ou cassar mandatos eletivos exercitada pelo corpo eleitoral, como punição pela infidelidade do mandatário político.

5. Estado Social e Democrático de Direito

É inevitável a ocorrência de diferenças entre os integrantes do corpo social, até como condição de existência de uma democracia pluralista e da própria liberdade. Entretanto, é preciso haver igualdade jurídica, igualdade de oportunidades, igualdade no tocante a tudo aquilo que disser respeito à dignidade do ser humano. Certas desigualdades são intoleráveis, e cabe ao Estado atuar no sentido de sua diminuição e de sua eliminação.

Estado Social e Democrático de Direito é o Estado ideal, no qual, além de tudo aquilo que já foi referido, também deve haver uma firme determinação, uma atuação constante, no sentido de promover o desenvolvimento econômico com justiça social, mediante a partilha equitativa dos ônus e dos benefícios da vida em sociedade, pela redistribuição do que estiver concentrado, e pela adoção de providências que impeçam a indevida concentração.

II — Administração Pública

A administração do interesse público apresenta radicais diferenças em relação à gestão dos negócios privados. Nas relações jurídicas entre particulares o que importa é a vontade de cada um, que deve ser livre, pois os interesses dos particulares são disponíveis. Já os interesses públicos são indisponíveis, motivo pelo qual as relações de direito público são presididas pelo conceito de função, ou seja, de um comportamento obrigatório determinado por um objetivo a ser atingido.

A atuação da administração pública, como gestão de interesses qualificados como públicos, é condicionada por uma série de fatores, cuja relevância os eleva à categoria de princípios.

1. Controle

Na gestão empresarial pode ocorrer coincidência entre o administrador e o dono. Na administração pública isso nunca ocorre; o administrador público é sempre um gestor de coisa alheia, pois o dono do interesse público é a coletividade. Sendo elementar que todo aquele que gere interesse alheio deve prestar contas de sua gestão, é também elementar que toda e qualquer autoridade pública, de qualquer nível hierárquico e de qualquer ramo do Poder, deve submeter-se a alguma forma de controle de seus atos.

Destina-se o controle a verificar a regularidade dos atos praticados, promovendo a regularização do que estiver irregular e a responsabilização da autoridade que atuou de maneira indevida. Acima de tudo, porém, é preciso ressaltar que a existência de mecanismos de controle tem uma eficácia profilática, evitando transgressões.

O controle deve ser exercido por órgãos e agentes tecnicamente habilitados e dotados de independência e isenção. Deve-se evitar que o controle seja exercido exclusivamente pelos próprios controlados. O controle interno ou autocontrole é bastante útil, mas insuficiente, posto que bastante afetado por relações de compadrio e pelo espírito corporativista. Sempre deve haver um controle externo da atividade administrativa.

O controle, exercido em seus devidos limites, não tolhe a autonomia do órgão controlado, pois ninguém tem autonomia para transgredir o ordenamento jurídico ou para atender a interesses outros que o interesse público.

Isso vale inclusive e principalmente para o Poder Judiciário, que, além da atividade típica jurisdicional, também exerce atividade instrumental de natureza administrativa. No exercício de sua competência jurisdicional, o Judiciário (que é o menos democrático dos Poderes) controla toda e qualquer forma de atuação do Poder Público, mas não é controlado por quem quer que seja. Por isso é imperioso que a administração da Justiça seja submetida a controle externo. Não pode haver Poder absoluto.

Nunca se pode perder de vista que o Poder é sempre exercido através da atuação de seres humanos, com seus defeitos, suas fraquezas, suas tentações; o controle existe para compensar tudo isso. Controlar não ofende.

2. *Legalidade*

Quem qualifica um interesse como público é a lei. Administração pública é uma atividade que se desenvolve debaixo da lei. O administrador público é um servo da lei; não atua conforme sua vontade psicológica, mas para cumprir uma manifestação de vontade imputada à coletividade e contida no texto da lei.

Enquanto os particulares podem fazer tudo aquilo que a lei não proíbe, o administrador público somente pode fazer aquilo que a lei autoriza ou determina. Mesmo no exercício de competências discricionárias (que não se confunde com arbitrariedade) o administrador público não é livre, pois a discricionariedade nunca é total, mas apenas uma certa margem de liberdade que a lei lhe confere, para decidir, no caso concreto, sobre a melhor forma de atender à vontade contida na lei.

Daí surge a necessidade de que as decisões administrativas sejam adotadas mediante um procedimento administrativo, com observância do devido processo legal. Os particulares nunca precisam justificar suas decisões; basta que elas sejam livres. O administrador público sempre precisa demonstrar que decidiu em face da ocorrência de situações de fato ou de direito que requeriam ou determinavam sua atuação, e que a decisão adotada era aquela indicada pela lei como necessária para a plena satisfação do interesse público.

3. *Finalidade*

Toda atividade administrativa tem caráter instrumental. O administrador público nunca age gratuitamente, mas, sim, sempre em função de um objetivo, qualificado pela lei como de interesse público, que deve ser atingido. O fim, e não a vontade, impulsiona a atividade administrativa pública.

Não basta, portanto, demonstrar o fiel cumprimento da lei, no sentido da correção meramente formal do ato praticado. É imperioso demonstrar a aptidão do ato praticado para a realização concreta do valor contido no mandamento legal.

Quando a autoridade age de maneira aparentemente lícita, exercendo uma competência da qual efetivamente é titular, mas para atingir finalidade diversa daquela apontada pelo sistema normativo, ocorre o que se denomina abuso ou desvio de poder.

Tais figuras são as formas mais graves de ilegalidade, dado que, além da violação da lei (que poderia decorrer de simples erro de interpretação do texto), existe o embuste, o disfarce, o ânimo de burla, o propósito de cometer fraude.

4. Igualdade

Todos são iguais perante a lei, e, sendo a atividade administrativa aquela que se desenvolve debaixo da lei, é elementar que todos são iguais perante a Administração Pública.

Também é cediço que a verdadeira igualdade consiste em tratar desigualmente os desiguais, na medida de sua desigualdade. Tratar igualmente os desiguais é a suprema injustiça.

O princípio da igualdade, ou da isonomia, proíbe a Administração de estabelecer ou considerar diferenças despropositadas, não correspondentes a valores acolhidos pelo sistema jurídico, seja favorecendo, seja prejudicando imotivadamente quem quer que seja.

Talvez seja mais fácil identificar o princípio da igualdade pelas suas emanações ou decorrências: em razão ou por força do princípio da igualdade é que a Administração Pública está obrigada a proporcionar iguais oportunidades a todos aqueles que queiram trabalhar para ela ou com ela contratar. É o princípio da igualdade que determina a realização de concurso público como meio de seleção de servidores públicos, e a abertura de licitação como procedimento preliminar à celebração de contratos.

No concurso público e na licitação parte-se de uma igualdade (todos podem habilitar-se à disputa) para se chegar a uma desigualdade (a pessoa mais apta, a melhor proposta) comportada pelo sistema jurídico.

5. Publicidade

A Administração Pública deve ser efetivamente pública, no sentido de aberta ao público, de permanentemente disponível ao exame de qualquer cidadão. Somente pode haver sigilo quando a reserva ou o segredo for absolutamente indispensável para a salvaguarda do interesse público, nos termos e limites estabelecidos em lei.

Qualquer cidadão deve ter acesso aos negócios públicos. Qualquer pessoa, pela simples condição de cidadão, deve ter acesso a qualquer processo administrativo, e tem legitimidade para requerer certidões de atos administrativos e de documentos em poder da Administração Pública.

Todos os atos de caráter normativo devem ser publicados em um órgão oficial, para conhecimento geral, para que todo cidadão tenha conhecimento das regras que condicionam a atuação dos agentes públicos.

Especialmente a gestão dos recursos financeiros deve ser feita de maneira aberta, permitindo seu acompanhamento permanente e a verificação de seus resultados.

Publicidade não se confunde com propaganda. Nada tem a ver com o princípio da publicidade a divulgação dos êxitos, dos feitos, das qualidades e excelências de determinadas autoridades ou agrupamentos políticos.

6. Moralidade

Nem tudo que é lícito é moral. Nem tudo aquilo que a lei autoriza ou mesmo determina corresponde necessariamente a valores ou padrões éticos aceitos pela coletividade. Em certas circunstâncias especiais, aquilo que seria normalmente aceitável, a ponto de ser previsto em lei, se choca com as exigências de ordem moral.

Por exemplo, pode ser que a lei não proíba expressamente o recebimento de presentes ou favores por certas autoridades, mas a moralidade não aceita que aquele que tem o dever de decidir seja obsequiado pelos destinatários de suas decisões.

Não pode a autoridade invocar sua condição para constranger agentes públicos, obter vantagens ou livrar-se de obrigações. Certos comportamentos dessa natureza chegam a configurar crimes contra a administração pública (quando a autoridade usa sua competência para obter tais resultados), mas, ainda que não se chegue à configuração do ilícito penal, mesmo assim tais comportamentos não são compatíveis com a moralidade pública.

Em síntese, a autoridade pública deve ter um comportamento exemplar. A privacidade de quem assume funções públicas é mais restrita do que a privacidade dos particulares, dada a absoluta impossibilidade de se traçar uma linha divisória precisa entre o público e o privado.

7. *Razoabilidade*

Este é o princípio mais evidente e, ao mesmo tempo, o mais difícil de ser explicitado. Ele significa que o exercício da atividade administrativa não é incompatível com o bom senso, com sentimentos elevados, com ações piedosas ou humanitárias.

A lei não pode ser aplicada a ferro e fogo, de maneira desarrazoada, ofendendo valores e sentimentos universais, transcendentais à mera atividade administrativa.

Não é possível ao legislador prever todas as infinitas possibilidades das ações humanas e das circunstâncias de momento, estabelecendo com rigorosa precisão a conduta a ser adotada pelo agente administrativo. Nas lacunas da lei, quando a prescrição legal não se ajusta perfeitamente a determinada situação, ou mesmo quando o estrito cumprimento da lei leva a resultado incompatível com os valores consagrados pelo ordenamento normativo ou valores universais, deve o agente público agir de maneira razoável, à luz de sua inteligência, de sua sensibilidade e de seus sentimentos.

III — Administração democrática

A Administração Pública existe para servir à coletividade. Para que possa bem cumprir sua finalidade, é dotada de um regime jurídico que lhe confere prerrogativas excepcionais com relação ao direito comum. Mas tal regime, denominado regime jurídico administrativo, apresenta um verdadeiro paradoxo, pois ao lado das prerrogativas, e até para compensá-las, existem sujeições também excepcionais, determinadas pela indisponibilidade dos interesses públicos.

Pode-se dizer, comparativamente, que, enquanto os particulares não são dotados de poderes, mas desfrutam de liberdade, a Administração Pública é provida de poderes, mas não tem liberdade.

Ocorre que os poderes conferidos aos agentes públicos não são meras faculdades, que podem ou não ser utilizados, a seu talante. Todas as prerrogativas de autoridade somente se justificam como meio ou instrumento para a satisfação do interesse público. Diante do dever de atuar em defesa do interesse público surge o dever de exercitar os poderes criados em função desse propósito cogente.

A autoridade pública não dispõe de simples poderes, mas, sim, de poderes-deveres, ou, mais exatamente, de deveres-poderes, dado que o poder é decorrente do dever de exercê-lo. Poder, para o administrador público, não é um benefício, mas um encargo, conforme se passa a demonstrar.

1. *Continuidade*

A atuação da Administração Pública não pode ser intermitente, incerta, instável. Por força de sua essencialidade, ela deve ser constante, permanente, sempre funcionando, sempre disponível para seus destinatários.

Em razão dessa característica, certas situações e até certos direitos que são normais no setor privado da economia não são nem simples nem pacíficos no setor público, como é o caso do direito de greve. Note-se que no setor privado normalmente o consumidor dispõe de uma pluralidade de opções, enquanto o exercício da Administração Pública é monopólio do Estado.

Não pode ser ignorado, também, um componente social: as camadas menos favorecidas da população são mais dependentes da Administração Pública, de sorte que a irregularidade de seu funcionamento penaliza exatamente os mais pobres, invertendo o sentido do qualificativo social inerente ao Estado moderno.

É dever da autoridade zelar pela regularidade do funcionamento da Administração, por isso mesmo o simples comodismo ou o temor de desagradar não podem justificar a omissão. Tão grave quanto fazer o que não se deve é deixar de fazer o que for necessário.

2. *Generalidade*

Como emanação do princípio da igualdade, o atributo da generalidade impõe o dever de atender a todos indistintamente, de maneira impessoal, proscrevendo preconceitos de qualquer espécie, assim como favorecimentos e perseguições ditados por sentimentos ou aspirações subjetivas do agente.

Na aplicação de recursos públicos, as prioridades devem ser ditadas pela maior abrangência e pela distribuição equitativa dos benefícios.

O componente social do Estado moderno autoriza e determina um cuidado especial para com os mais necessitados, assim como um tratamento mais gravoso para os mais aquinhoados, mas dentro de certos limites estabelecidos em lei, sem, todavia, ignorar que todos são cidadãos, iguais em dignidade e respeito.

Ninguém está autorizado a descumprir a lei só porque é pobre. Ninguém pode ser penalizado simplesmente por ser rico. Cabe ao Estado promover a diminuição ou a eliminação das desigualdades intoleráveis, mas não pode deixar de agir considerando a generalidade do corpo social.

3. *Eficiência*

Um preconceito que precisa ser eliminado é aquele que identifica a atuação da Administração Pública como algo necessariamente de má qualidade, que não funciona, que não atinge suas finalidades. Tal preconceito gera um conformismo totalmente injustificado. Afinal, o Poder Público somente cuida daquilo que é essencial e fundamental para a coletividade, e que, portanto, deve ser bom, produtivo, eficaz, eficiente.

A atuação da Administração Pública deve ser dimensionada em função dos objetivos a atingir. A configuração da estrutura administrativa deve ser determinada pelas possibilidades de uma atuação concreta, permanente, generalizada e eficiente.

É certo que as necessidades a satisfazer são sempre maiores que as disponibilidades, até porque o atendimento daquilo que é mais premente desperta ou aviva novas aspirações. Não é possível fazer tudo, mas aquilo que for feito deve ser bem feito. Quando não for possível fazer o ótimo, que se faça o bom, mas quando a Administração assume um encargo, ela assume também a obrigação de ser eficiente.

A conseqüência disso é que desse dever da Administração emerge para o cidadão o direito de exigir eficiência, presteza, qualidade, podendo e devendo reclamar quando isso não estiver ocorrendo. Não pode a autoridade molestar-se com reclamações, nem, muito menos, punir quem reclama.

4. Modicidade

Este atributo está voltado para a atividade de arrecadação, que é essencial para o funcionamento da Administração Pública. Cada cidadão precisa tomar consciência que todo e qualquer recurso despendido pelos agentes governamentais tem como fonte o patrimônio e o trabalho de cada membro da coletividade. A Administração não dá, sem que antes tenha tirado ou que (no caso de financiamento) venha a tirar. Daí a necessidade de parcimônia, tanto na receita quanto na despesa.

Os impostos não podem ser exagerados, confiscatórios; as taxas, tarifas e preços não podem exceder o necessário para o desempenho da correspondente atividade. Sempre que necessário, é lícita a fixação de valores ditados por exigências de ordem social, de molde a que os que mais podem subsidiem os que mais necessitam.

Os gastos públicos devem ser moderados. Dinheiro público é sagrado e não pode ser utilizado para pagar o luxo e a ostentação. Atenta contra a probidade na administração, ofende a moralidade administrativa, e por isso pode ser responsabilizado, o administrador pródigo, esbanjador, descomedido.

5. Proporcionalidade

Para atingir seu objetivo de servir à coletividade, além de prestar serviços públicos, a Administração muitas vezes é obrigada a criar ônus, sujeições e restrições a certas pessoas, como meio de atender ao interesse da coletividade. Isso fica mais evidente no exercício da atividade de polícia administrativa.

Em tais ocasiões, a intensidade da medida adotada pela Administração deve-se restringir ao mínimo necessário para atender ao fim preconizado. Ou seja, os meios utilizados para a defesa do interesse público devem ser proporcionais ao agravo ou ao perigo existente.

Não pode a Administração determinar o fechamento de todo um estabelecimento comercial em decorrência de uma falha mínima, para cujo saneamento bastaria uma interdição parcial. No uso da força deve haver especial cuidado; não pode a polícia de segurança dissolver violentamente um comício ou uma aglomeração qualquer que possa apresentar perigo de tornar-se tumultuosa, se for suficiente para a manutenção da ordem o simples isolamento do local.

Da mesma forma, não pode ser aplicada a pena disciplinar máxima a um servidor faltoso se houver circunstâncias atenuantes de sua conduta. Também não pode a Administração desapropriar bens de particulares além do estritamente necessário para a realização da finalidade pública pretendida.

6. Transparência

Este atributo se liga ao princípio da publicidade, mas vai um pouco além. Não basta que as decisões sejam públicas, pois a democracia participativa exige que se proporcione oportunidade de participação do corpo social no próprio processo de tomada de decisão.

Sempre que possível, a coletividade afetada deve ser ouvida antes que se tomem decisões que lhe digam respeito. Isso tanto serve para intervenções urbanísticas, quanto para a realização de concursos públicos, quanto ainda para o estabelecimento de um programa educacional ou cultural.

Em qualquer situação, as decisões administrativas devem ser devidamente motivadas, entendendo-se como motivação a explicitação clara e objetiva dos motivos que influíram no convencimento ou determinaram a decisão. A motivação deve ser contemporânea à prática do ato, sob pena de transformar-se numa simples desculpa diante do fato consumado.

Também se liga a esse atributo o exercício do direito de petição. Qualquer cidadão pode peticionar aos órgãos públicos para obter informações ou esclarecimentos, ou para representar contra a ação ou omissão de qualquer agente público. Ao direito de petição corresponde, necessariamente, o dever de produzir uma resposta conclusiva. Nenhuma petição pode ser recusada, ainda que a postulação seja descabida, ensejando uma decisão final pelo desconhecimento ou indeferimento do pedido.

IV — Conclusão

A Administração Pública no Estado Social e Democrático de Direito não se coaduna com a atuação arbitrária ou autoritária dos agentes públicos, devendo estar democraticamente submetida à lei e à jurisdição, possibilitando a presença mais intensa dos administrados em seus assuntos, contribuindo eficazmente para a melhoria da qualidade de vida do corpo social como um todo, o que abrange o inconformismo diante das desigualdades, não só no âmbito interno de cada país, mas também no tocante à coletividade mundial, pois no mundo moderno não existem e não podem existir ilhas de prosperidade e de felicidade.

QUALIFICAÇÃO TÉCNICA DA EMPRESA NA NOVA LEI DE LICITAÇÕES E CONTRATOS ADMINISTRATIVOS (LEI 8.666/93)

ANTÔNIO CARLOS CINTRA DO AMARAL
Advogado e Coordenador-Geral do Centro de Estudos sobre Licitações e Contratos - CELC (São Paulo)

1. A norma jurídica tem significado *objetivo*, e não *subjetivo*. O ato de vontade que a põe é irrelevante para sua interpretação e aplicação. O dogma da *vontade* legislativa está superado.

Escreve Hans Kelsen (*Teoria Pura do Direito*, 2ª ed., Coimbra, Arménio Amado-Editor, Sucessor, 1962, v. I/18 e 19): "A 'existência' de uma norma positiva, a sua vigência, é diferente da existência do acto de vontade de que ela é o sentido objectivo. A norma pode valer (ser vigente) quando o acto de vontade de que ela constitui o sentido já não existe. Sim, ela só entra mesmo em vigor depois de o acto de vontade, cujo sentido ela constitui, ter deixado de existir. O indivíduo que, com o seu acto intencional dirigido à conduta de outrem, criou uma norma jurídica, não precisa de continuar a querer essa conduta para que a norma que constitui o sentido do seu acto valha (seja vigente). Os indivíduos que funcionam como órgão legislativo, depois de aprovarem uma lei que regula determinadas matérias e de a porem, portanto, em vigor, dedicam-se, nas suas resoluções, à regulamentação de outras matérias — e as leis que eles puseram em vigor (a que eles deram vigência) podem valer mesmo quando estes indivíduos já tenham morrido há muito tempo e, portanto, nem sequer sejam capazes de querer. É erróneo caracterizar a norma em geral e a norma jurídica em particular como 'vontade' ou 'comando' — do legislador ou do Estado —, quando por 'vontade' ou 'comando' se entenda o acto de vontade psíquica".

No mesmo sentido, Emilio Betti (*Interpretazione della Legge e degli Atti Giuridici*, 2ª ed., Milão, Giuffrè, 1971, p. 280): "O esforço que se requer do moderno intérprete da lei é, em conclusão, o de enfrentar a difusa concepção atomística dos vários 'meios' e 'resultados', de liberar-se da adoração de fetiches consagrados em brocardos metafóricos e do domínio de prejuízos como aquele corrente a favor da interpretação literal, ou como o dogma da 'vontade' legislativa" (trad. minha).

A lei deve ser interpretada tal como posta. As modificações ocorridas no processo legislativo são irrelevantes para sua interpretação e aplicação. Assim, não importa o fato de ter sido ela parcialmente vetada, devendo o intérprete examiná-la tal como passou a integrar o sistema jurídico. Isso vale quer a sanção e o veto presidenciais sejam considerados atos de caráter executivo, quer de caráter legislativo (a doutrina diverge a respeito). Qualquer que seja sua caracterização, a sanção e o veto são atos integrantes do processo de produção da lei e, portanto, anteriores à sua existência.

É juridicamente irrelevante a *vontade*, quer do legislador, quer do Presidente da República, esta última expressa ao vetar parcialmente a Lei 8.666/93. Ao intérprete incumbe analisar a lei como posta, vale dizer, em sentido *objetivo*.

2. Cabe, a este passo, fazer uma breve referência à capacidade técnica da pessoa jurídica e ao acervo técnico da pessoa física.

A capacidade técnica da pessoa jurídica é um dos requisitos exigidos nas licitações, especialmente naquelas que objetivam a contratação de obras, fornecimentos ou serviços de grande complexidade. Um jurista francês (Dominique Ledouble, *L'Entreprise et le Contrat*, Paris, Librairies Téchniques, 1980, p. 119) observa: "É extremamente perigoso deixar pessoas não experimentadas intervir na construção de uma instalação delicada; pode-se comprometer seu funcionamento durante anos" (trad. minha).

E acrescenta, à mesma página, que a noção de contrato *intuitu personae*, nesses casos, sofreu uma profunda transformação: "... assiste-se a uma nova forma de *intuitu personae*, fundada não sobre as relações pessoais entre os dois contratantes, mas sobre a capacidade do contratante de aproximar-se o mais possível de um esquema ideal" (trad. minha).

Note-se que Ledouble está a referir-se a contratos de direito privado. Sua observação ganha maior relevância quando a trazemos para o campo do contrato administrativo, que visa à satisfação do interesse público.

Daí a exigência de capacidade técnica, que, na concepção de Hely Lopes Meirelles (*Licitação e Contrato Administrativo*, 8ª ed., São Paulo, Ed. RT, 1988, p. 129), pode ser *genérica*, *específica* e *operativa*.

Uma empresa pode ter capacidade técnica *genérica*, mas não demonstrar, *especificamente* para um determinado empreendimento, a capacidade técnica necessária. Como pode ter capacidade técnica *genérica* e *específica* e não possuir capacidade técnica *operativa*, que é a *disponibilidade* de recursos humanos e materiais para a execução do objeto contratual nos prazos ajustados.

Vale enfatizar que a preocupação com a capacidade técnica *específica* não existe apenas em nosso País. Em outros países há autores, como Quancard (*L'Adjudication des Marchés Publics de Travaux et de Fournitures*, Paris, 1945, p. 225, *apud* Héctor A. Mairal, *Licitación Pública*, Buenos Aires, Depalma, 1975, p. 15), que chegam ao extremo de criticar o procedimento licitatório, do ponto de vista dos interesses da Administração, entre outros motivos porque não permite levar em conta adequadamente o valor técnico da prestação, devido à dificuldade de especificar detalhadamente, no edital, as condições pessoais do proponente.

Uma posição mais equilibrada foi adotada por uma comissão composta por arquitetos, empreiteiros e engenheiros de edificações, designada pelo Ministro de Obras Públicas da Grã-Bretanha, que, após dois anos de trabalho, elaborou relatório em que dizia (*apud* A. P. Ducret, "Evolução dos métodos de licitação de obras públicas em diversos países", publicado pelo Sindicato da Indústria da Construção Civil de Grandes Estruturas no Estado de São Paulo e traduzido do texto original inserido na revista *Annales de l'Institut Téchnique du Bâtiment et des Travaux Publics* n. 93, setembro/55): "... Não encontramos absolutamente nenhum argumento favorável à licitação pública aberta a todos e admitimos sem reserva o ponto de vista segundo o qual, quando a licitação faz apelo à concorrência, é absolutamente essencial que, para cada empreendimento licitado, a concorrência pública se limite às empresas cuidadosamente escolhidas em função da importância e da natureza das obras, e reconhecidamente capazes de empreitar e executar o trabalho com os necessários requisitos de qualidade".

3. Muito se tem discutido sobre a relação entre a capacidade técnica da pessoa jurídica (empresa) e o acervo técnico da pessoa física (profissional).

Geraldo Ataliba escreveu, em dezembro/74 (*RDP* 41-42/127 e ss.), valioso trabalho sob o título "Licitação. Acervo ou cabedal técnico e engenharia". Tomo a liberdade de transcrever e endossar algumas de suas ponderações, escolhidas dentre outras igualmente lúcidas:

"Já pertence ao passado a engenharia que se traduzia concretamente no exercício de um artesanato. Não há mais, modernamente, a possibilidade de realização da profissão de engenharia de modo individual. Assim como em todos os demais setores de atividade e produção, na engenharia se verifica o fenômeno do associacionismo ou cooperativismo.

"Já não são mais profissionais que individualmente se dedicam a um trabalho, e sim grupos de profissionais que se organizam, coordenando o próprio trabalho, assessorando-se, inclusive, do auxílio de terceiros não pertencentes ao mesmo ramo: '... l'équipe d'aujourd'hui est inséparable de l'équipement' (René Savatier, 'L'origine et le développement du droit des professions libérales', *Archives de Philosophie du Droit, Deontologie et Discipline Professionelle*).

"..

"A realização de obras públicas, atualmente, requer não só a técnica e a arte — peculiares ao exercício da engenharia — mas também um suporte empresarial compatível com as sofisticadas exigências do mundo moderno.

"..

"Isto nos permite chegar à conclusão de que, se não é possível a realização de obras de engenharia sem a presença de engenheiros, por outro lado, é absolutamente impossível modernamente pensar em engenheiro isolado, realizando obras de engenharia.

"..

"Assim sendo, vê-se que são igualmente importantes a presença de profissionais habilitados e a capacidade gerencial da empresa."

Note-se que Geraldo Ataliba colocou, ao lado da capacidade técnica *genérica*, *específica* e *operativa*, a *capacidade gerencial da empresa*. Com sua habitual acuidade, *inseriu a capacidade gerencial da empresa na capacidade técnica*.

Em freqüentes palestras e debates venho sustentando, ao longo de vários anos de seminários que tenho coordenado e de que tenho participado, entendimento idêntico ao de Geraldo Ataliba. Inclusive porque (veja-se a "Observação final" em meu *Licitações nas Empresas Estatais*, São Paulo, McGraw Hill, 1979, pp. 86 e 87) tenho sustentado que nenhum trabalho técnico eficaz, na organização moderna, pode ser levado a cabo senão com integração multifuncional. Uma técnica de engenharia, uma técnica jurídica ou uma técnica administrativa, dentro de compartimentos estanques, é algo fora da realidade.

Entendo, assim, que se pode falar de uma *capacidade técnica da pessoa jurídica* como algo distinto do *acervo técnico da pessoa física*. O acervo técnico do profissional integra a capacidade técnica da empresa, mas não me parece que esta última se resuma à soma dos acervos técnicos dos profissionais de seu quadro técnico e dos consultores técnicos por ela contratados, como se infere do disposto no art. 4º da Res. 317/86 do CONFEA.

4. É sabido que o projeto de lei 1.491-F/91, aprovado pelo Congresso Nacional, previa, em seu art. 30, § 1º, exigências relativas à *capacitação técnico-profissional* e à *capacitação técnico-operacional* e estabelecia limites quanto a essas exigências (alíneas "a" e "b", respectivamente). Isso estava em consonância com o entendimento, acima exposto, de que capacidade técnica da pessoa jurídica e acervo técnico da pessoa física são noções distintas, embora complementares entre si.

O Presidente da República vetou, porém, a alínea "b" desse § 1º. A questão básica a enfrentar é: tal como está posta a lei, é possível continuar a falar-se em capacidade técnica da empresa, conjugada com o acervo técnico de seus profissionais?

A partir da noção de que a norma legal tem um sentido objetivo, de nada importando, para sua interpretação e aplicação, a *vontade* do legislador, assim como também a do Presidente da República, que tem o poder constitucional de sancionar ou vetar as leis, entendo que a Lei 8.666/93, tal como posta, prevê exigências referentes à capacitação técnico-operacional. É o que procurarei demonstrar a seguir.

O § 1º do art. 30 ficou com a seguinte redação: "§ 1º. A comprovação de aptidão referida no inc. II deste artigo, no caso de licitações pertinentes a obras e serviços, será feita por atestados fornecidos por pessos jurídicas de direito público ou privado, devidamente certificados pela entidade profissional competente, limitadas as exigências a: a) quanto à capacitação técnico-profissional: comprovação do licitante de possuir em seu quadro permanente, na data da licitação, profissional de nível superior detentor de atestado de responsabilidade técnica por execução de obra ou serviço de características semelhantes, limitadas estas exclusivamente às parcelas de maior relevância e valor significativo do objeto da licitação, vedadas as exigências de quantidades mínimas ou prazos máximos".

Note-se, preliminarmente, que esse parágrafo é um desdobramento do inc. II do mesmo art. 30, cujo teor é o seguinte:

"Art. 30. A documentação relativa à qualificação técnica limitar-se-á a:

"...

"II — comprovação de aptidão para desempenho de atividade pertinente e compatível em características, quantidades e prazos com o objeto da licitação, e indicação das instalações e do aparelhamento e do pessoal técnico adequados e disponíveis para a realização do objeto da licitação, bem como da qualificação de cada um dos membros da equipe técnica que se responsabilizará pelos trabalhos."

Com o veto presidencial aposto à alínea "b" do § 1º, o art. 30 ficou, nesse ponto, truncado. O § 1º passou a contar apenas com uma alínea, referente à *capacitação técnico-profissional*, mas continuou a disciplinar a aptidão referida no inc. II do art. 30. E esse inc. II não abrange apenas a *capacitação técnico-profissional*.

Com efeito, o inc. II do art. 30 menciona "comprovação de aptidão para desempenho de atividade pertinente e compatível em características, quantidades e prazos com o objeto da licitação". Aptidão de quem? Parece-me claro que é do *interessado*, que, segundo o art. 27, é quem deverá demonstrar sua *qualificação técnica*. Quem é o *interessado*? É, na maioria das vezes, a pessoa jurídica.

Essa opinião é reforçada, por um lado, pelo fato de que o inc. II do art. 30 é repetição quase literal do item 2 do § 2º do art. 25 do Dec.-lei 2.300/86. Vale dizer: não houve modificação, nesse ponto, do esquema da lei anterior. Por outro lado, determina ele que se faça indicação não apenas do *pessoal técnico* que realizará o objeto da licitação, mas também *das instalações e do aparelhamento*, o que é reforçado pelo § 6º do mesmo art. 30. A pessoa jurídica deve, portanto, comprovar sua aptidão técnica e indicar instalações, aparelhamento *e pessoal técnico* adequados e disponíveis. Se bastasse a exigência relativa à *capacitação técnico-profissional*, o *interessado* deveria fazer a indicação apenas de seu pessoal técnico, "bem como da qualificação de cada um dos membros da equipe técnica que se responsabilizará pelos trabalhos". Essa indicação do pessoal técnico é, porém, *uma* das indicações que o *interessado*, ou seja, a pessoa jurídica, deve fazer. É condição necessária, *mas não suficiente*, para qualificação técnica do *interessado*, ou seja, da pessoa jurídica.

Outro aspecto relevante: quanto à capacitação técnico-profissional (§ 1º, alínea "a"), são "vedadas as exigências de quantidades mínimas ou prazos máximos". No entanto, a Lei 8.666/93 dispõe, no inc. II do mesmo art. 30, que a comprovação da aptidão deverá ser pertinente e compatível em características, *quantidades e prazos* com o objeto da licitação. Fossem as exigências relativas à qualificação técnica limitadas à *capacitação técnico-profissional*, não se cogitaria de comprovação de aptidão referida a quantidades e prazos, porque expressamente proibida pelo § 1º, "a", do art. 30.

Mais ainda: no art. 33, III, admite a Lei 8.666/93, para efeito de qualificação técnica de *empresas em consórcio*, o "somatório dos quantitativos de cada consorciado". Vale dizer: quantitativos de cada *empresa* consorciada.

Tudo isso leva a uma aparente contradição.

Diante dessa situação, valho-me do ensinamento de Carlos Maximiliano (*Hermenêutica e Aplicação do Direito*, 7ª ed., Rio/São Paulo, Livraria Freitas Bastos, 1961, pp. 172 e 173):

"Não raro, à primeira vista duas expressões se contradizem; porém, se as examinarmos atentamente (*subtili animo*), descobrimos o nexo oculto que as concilia. É quase sempre possível integrar o sistema jurídico; descobrir a correlação entre as regras aparentemente antinômicas.

"Sempre que descobre uma contradição, deve o hermeneuta *desconfiar de si*; presumir que não compreendeu bem o sentido de cada um dos trechos ao parecer inconciliáveis, sobretudo se ambos se acham no mesmo repositório. Incumbe-lhe preliminarmente fazer tentativa para harmonizar os textos; a este esforço ou arte os Estatutos da Universidade de Coimbra, de 1772, denominavam Terapêutica Jurídica."

Esse esforço interpretativo (*Terapêutica Jurídica*) seria evitável se se pudesse pura e simplesmente afirmar que o veto presidencial, incidindo sobre a alínea "b" do § 1º do art. 30, deixou desarticulados dispositivos que se harmonizavam no projeto aprovado pelo Congresso. E que, diante disso, a lei teria ficado de impossível entendimento no que se refere às exigências relativas à qualificação técnica. Mas o intérprete não pode dar-se a esse conforto. Exige-se dele que extraia o sentido *objetivo* das normas jurídicas, independentemente do grau de dificuldade apresentado.

Entendo ser possível harmonizar esses dispositivos aparentemente contraditórios. Interpretadas objetivamente as normas legais, ignorando-se a *vontade*, quer do legislador, quer do autor do veto, sou levado a afirmar que a limitação de exigências contida no § 1º do art. 30 *não se refere à qualificação técnica dos interessados ou licitantes, mas especificamente à sua capacitação técnico-profissional.*

Em outras palavras: não são as exigências referentes à qualificação técnica que estão limitadas à *capacitação técnico-profissional*; as exigências referentes à *capacitação técnico-profissional* é que estão limitadas ao disposto na alínea "a" do § 1º do art. 30.

Note-se que a supressão da alínea "b" do § 1º do art. 30 do projeto de lei fez com que o parágrafo deixasse de ter alíneas, não se podendo, a rigor, falar em alínea "a". Sendo a alínea subdivisão do parágrafo, deixando de existir a subdivisão, deixa de existir a alínea. Essa noção — creio — ajuda o intérprete a melhor entender o § 1º do art. 30, na forma em que se transformou em lei e ingressou no sistema jurídico, isto é, referindo-se apenas à *capacita-*

ção técnico-profissional.

Conclui-se, portanto, que a *capacitação técnico-profissional* é apenas *uma das capacitações contidas na qualificação técnica* do licitante. Há pelo menos uma outra. Qual, então, seria esta? Parece-me que é, exatamente, a *capacitação técnico-operacional.*

Poder-se-á argumentar que a *capacitação técnico-operacional* foi extinta, no projeto de lei, pelo veto à alínea "b" do § 1º do art. 30. É possível — embora o teor das razões expostas deixe dúvidas a respeito — que a *vontade* do autor do veto tenha sido a de extingui-la, e não apenas os limites nela previstos. Mas — repito — essa *vontade* é irrelevante para interpretação e aplicação da lei tal como posta. Como diz Kelsen, no trecho acima citado: "É erróneo caracterizar a norma em geral e a norma jurídica em particular como 'vontade' ou 'comando' — do legislador ou do Estado —, quando por 'vontade' ou 'comando' se entenda o acto de vontade psíquica".

O que foi impedido, pelo veto, de ingressar no sistema jurídico não foi a *capacitação técnico-operacional*, mas a disciplina dessa capacitação contida na alínea "b" do § 1º do art. 30 do projeto de lei. É verdade que não existe na lei, em decorrência do veto, a expressão *capacitação técnico-operacional*, como ocorre com a *capacitação técnico-profissional*. Mas o conceito de capacitação técnico-operacional ingressou no sistema jurídico por força do inc. II do art. 30, interpretado em conjugação com o art. 33, III, que permite o somatório de quantitativos de *empresas* consorciadas.

Não pretendo dizer, com isso, que o veto resultou inócuo. Em conseqüência dele, deixou a lei de incorporar os limites de quantitativos e prazos previstos no projeto aprovado, bem como a permissão de se comprovar tais quantitativos no somatório de até três contratos. Mas — repito — o conceito jurídico de capacitação técnico-operacional, no sentido de *capacidade técnica da empresa*, a ser exigida nas licitações em conjugação com o *acervo técnico do profissional* (*capacitação técnico-profissional*), está contido na nova lei, embora sem denominação específica. A exigência, portanto, pela Administração, em casos concretos, exclusivamente de *capacitação técnico-profissional* caracterizará uma ilegalidade.

5. Um último ponto deve ser ressaltado.

A comprovação da capacitação técnica, quer da empresa, quer de seu pessoal técnico, deve ser, de acordo com a Lei 8.666/93 (art. 30, II), relativa a atividade *pertinente* e *compatível* com o objeto da licitação. Por outro lado, o art. 37, XXI, da Constituição Federal prescreve que as exigências de qualificação técnica e econômica devem ser as *indispensáveis* à garantia do cumprimento das obrigações. Isso quer dizer — adotada a distinção de Hely Lopes Meirelles — que a capacidade técnica *específica* e a *operativa* podem variar em função do grau de complexidade do objeto da licitação. Só a capacidade *genérica* é invariável.

Assim, em relação à capacidade técnica *específica*, bem como à *operativa*, as exigências podem ser mínimas quando se trate de obras e serviços de menor complexidade. Só podem ser dispensadas, porém, nos casos de licitação realizada sob a modalidade *convite* (§ 1º do art. 32 da Lei 8.666/93).

Conclusão

À vista do exposto, concluo:

1. Para efeito de qualificação técnica de empresas licitantes, a Administração deve, com base na Lei 8.666/93, exigir atestados referentes à sua capacitação técnica, com vista à "comprovação de aptidão para desempenho de atividade pertinente e compatível em características, quantidades e prazos com o objeto da licitação" (art. 30, II). Além da aptidão da empresa, comprovável em função de sua experiência ou tradição, a Administração deve exigir comprovação da *capacitação técnico-profissional*, nos termos do § 1º do mesmo art. 30. Essas comprovações podem ser dispensadas no caso de obras licitadas mediante a modalidade *convite* (§ 1º do art. 32).

2. A Lei 8.666/93 não estabelece limites para exigências quanto à *capacitação técnico-operacional* de empresas licitantes, devendo tais limites, portanto, ser estabelecidos em cada caso, levando-se em conta a pertinência e compatibilidade a que se refere o inc. II do art. 30, bem como a noção de *indispensabilidade*, contida no inc. XXI do art. 37 da Constituição Federal. Quanto à *capacitação técnico-profissional*, a lei estabelece limites para exigências referentes às características ("parcelas de maior relevância e valor significativo do objeto da licitação") e veda exigências referentes a quantidades mínimas ou prazos máximos (§ 1º do art. 30).

São Paulo, agosto de 1993.

CRISE DO ESTADO: DA MODERNIDADE CENTRAL À MODERNIDADE PERIFÉRICA — ANOTAÇÕES A PARTIR DO PENSAMENTO FILOSÓFICO E SOCIOLÓGICO ALEMÃO

MARCELO NEVES
Professor Titular da Faculdade de Direito da Universidade Federal de Pernambuco

1. Delimitação temática

A noção de crise está vinculada a uma semântica social e política fortemente imprecisa, sobretudo no que diz respeito à própria existência ou não da situação crítica. Porém, o discurso da crise torna-se mais relevante em determinados contextos histórico-sociais. Indaga-se, então: quando se fala em crise, o que se está querendo designar ou expressar?

Com relação à personalidade e aos sistemas sociais, empregamos o termo "crise" para nos referir, consciente ou inconscientemente, a duas situações típicas: 1) à incapacidade ou à quebra da auto-referência consistente; 2) à incapacidade de hetero-referência adequada.

Em vista dessas duas hipóteses, Habermas distinguiu no plano da sociedade a crise de identidade da crise sistêmica: a primeira diria respeito aos fundamentos ético-normativos das relações intersubjetivas, ou seja, à quebra dos "fundamentos do consenso", atingindo a *integração social*; a crise sistêmica seria resultante da incapacidade dos sistemas sociais de oferecer mecanismos suficientes e adequados para solucionar os problemas do seu meio ambiente, atingindo a *integração sistêmica*. A crise de identidade constituiria uma crise de *input* e a crise sistêmica uma crise de *output*. Embora este não seja, evidentemente, o espaço para uma abordagem da postura habermasiana de reconstrução normativa do "mundo da vida" como "horizonte" do "agir comunicativo", de acordo com a qual se deve dar ênfase à crise de identidade, cabe advertir que crises de *input* podem igualmente ter caráter sistêmico, referindo-se ao bloqueio da reprodução consistente dos elementos do sistema por determinações do seu meio ambiente.

Outra advertência preliminar quanto à análise de crise formulada por Habermas nos anos 70 concerne à aplicabilidade dos conceitos de crise econômica (de *output*), crise de racionalidade (de *output*), de legitimação (de *input*) e de motivação (de *input*). Interessa-nos aqui especialmente a distinção entre crise de racionalidade e crise de legitimidade no âmbito do sistema político. A primeira, como crise de *output*, referir-se-ia à impossibilidade de um adequado desempenho de direção da economia pelo aparelho de Estado; a crise de legitimação seria resultante da incapacidade do *welfare state* de manter a "lealdade das massas" através do seu desempenho de caráter social. Como tais conceitos, principalmente o de "lealdade das massas", apontavam, no âmbito do debate sobre legitimação da década de 70, para problemas específicos do Estado de bem-estar do Ocidente desenvolvido, sua aplicação não podia ser estendida, sem restrições, a uma discussão mais ampla sobre a crise do Estado. A aplicação acrítica do modelo conceitual habermasiano de crise de legitimação no capitalismo avançado aos países do chamado "terceiro mundo" revela uma deficiência analítica com relação à realidade histórica de bifurcação da sociedade (mundial) moderna, por fundamentos econômicos, em "centro" e "periferia".

Nesse sentido, pretendemos distinguir a crise do Estado na modernidade central (ou pós-modernidade) da crise do Estado na modernidade periférica. Não utilizamos o modelo "centro/periferia" da forma simplificadora ideologizante das "teorias da exploração" dos anos 60 e 70. Recorremos a essa dicotomia principalmente para enfatizar que se trata de uma e da mesma sociedade mundial, não de sociedades tradicionais *versus* sociedades modernas, como se uma diferença de *antes e depois* estivesse na base dos diferenciados níveis de desenvolvimento social. Partimos da constatação de que o advento da sociedade moderna está estreitamente vinculado a uma profunda desigualdade econômica no desenvolvimento inter-regional, trazendo conseqüências significativas na reprodução de todos os sistemas sociais, principalmente no político e no jurídico, estatalmente organizados. É claro que estamos como que ao nível de conceitos típico-ideais no sentido weberiano, os quais, como "utopias" gnosiológicas, nunca são encontrados em forma pura na realidade social, servindo antes como esquema de sua interpretação com ênfase unilateral em determinados elementos mais relevantes à abordagem. Não desconhecemos, pois, que a sociedade mundial de hoje é multifacetada e possibilita a aplicação do esquema "centro e periferia" em vários níveis. Parece-nos, porém, que a distinção entre modernidade central e periférica é analiticamente frutífera, na medida em que, definindo-se a complexificação social e o desaparecimento de uma moral material globalizante como características da modernidade, constata-se que, em determinadas regiões estatalmente delimitadas (países periféricos), não houve de maneira nenhuma a efetivação adequada da autonomia sistêmica de acordo com o princípio da diferenciação funcional, nem mesmo a criação de uma esfera intersubjetiva autônoma fundada numa generalização institucional da cidadania, características (ao menos aparentes) de outras regiões estatalmente organizadas (países centrais). O fato de haver graus diversos quanto à diferenciação funcional exigida pela complexidade social e quanto à construção da cidadania como exigência do desaparecimento da moral hierárquico-material pré-moderna não invalida o potencial analítico dos conceitos de modernidade central e modernidade periférica, antes aponta para sua função de estrutura de seleção cognitiva das Ciências Sociais.

A seguir, analisaremos a crise do Estado na modernidade central e na modernidade periférica, enfatizando as diferenças com base em dois problemas básicos do Estado moderno como organização político-jurídica territorialmente delimitada: o da juridificação *versus* dejuridificação e o da autopoiese *versus* alopoiese.

2. Crise do Estado na modernidade central

2.1 O problema da juridificação

A ampliação dos temas juridificáveis nos quadros da positivação do Direito fez da *juridificação* um dos problemas críticos do Estado moderno. Conceituada "para fora" como expansão do Direito e "para dentro" como seu detalhamento e especialização (condensação), o fenômeno da juridificação foi, no âmbito de um intenso debate na Alemanha Ocidental dos anos 80, classificado em três tipos básicos: legalização, burocratização e justicialização. Os efeitos juridificantes sobre a sociedade foram, de um lado, avaliados negativamente (alienação, burocratização, "colonialização do mundo da vida"), de outro lado, positivamente (asseguramento da liberdade e do *status*).

O processo de juridificação desenvolveu-se no Estado moderno em quatro fases. Na primeira, a juridificação conduz aos clássicos direitos subjetivos privados, estando vinculada ao conceito de Estado burguês. Num segundo período, ela implica a positivação dos direitos subjetivos públicos de caráter liberal, correspondendo ao Estado burguês de *Direito*. Posteriormente, com o surgimento do Estado democrático de Direito, tem-se a emergência dos direitos subjetivos públicos democráticos (juridificação do processo de legitimação), "na forma de direito de voto geral e igual, assim como do reconhecimento da liberdade de organização das associações políticas e partidos". Por último, destaca-se o problema da juridificação nos quadros do Estado social e democrático de Direito, que trouxe consigo a positivação dos direitos sociais, a intervenção compensatória na estrutura de classes e na economia, a política social do Estado, a regulamentação jurídica das relações familiares e educacionais.

É com vistas a esta última fase, a do chamado "Estado social e democrático de Direito", que o debate sobre a crise de juridificação se desenvolveu. Nessa discussão, relevou-se a crítica habermasiana com base na distinção do Direito como meio (*Medium Recht*) e o Direito como instituição. No primeiro caso, "o Direito é combinado de tal forma com os meios (*Medien*), dinheiro e poder, que ele mesmo assume o papel de meio de direção (*Steuerungsmedium*)", como no campo do Direito Econômico, Comercial e Administrativo. Por "instituições jurídicas" compreende Habermas "normas jurídicas que através das referências positivistas a procedimentos não podem tornar-se suficientemente legitimadas". Na medida em que elas pertencem "às ordens legítimas do mundo da vida" (espaço do agir comunicativo), precisam de "justificação material". De acordo com esse modelo analítico, o Direito como meio teria "força constitutiva", o Direito como instituição apenas "função regulativa". Na medida em que o Direito atuasse como meio na esfera regulada informalmente do "mundo da vida", como, p. ex., o Direito de Família e a legislação do ensino, a juridificação teria efeitos negativos, socialmente desintegradores. Fala-se, então, de colonialização interior do mundo da vida: "A tese da colonialização interior afirma que os subsistemas economia e Estado, em face do crescimento capitalista, tornam-se mais complexos e invadem sempre mais profundamente a reprodução simbólica do mundo da vida". O Direito-meio, expressão do agir instrumental-estratégico, a serviço da economia e do poder, invadiria a esfera do agir comunicativo, fundada no entendimento, e, dessa forma, prejudicaria a construção de uma razão intersubjetiva. Por outro lado, porém, a juridificação teria caráter positivo e funcional, quando o Direito como instituição desempenhasse um papel regulativo a favor do plexo de ação do mundo da vida, orientado no entendimento, ou servisse como meio de direção dos sistemas de ação da economia e do Estado.

Na perspectiva da teoria dos sistemas, o problema da juridificação não é tratado com base no dualismo "sistema e mundo da vida", mas sim através da dicotomia "sistema e meio ambiente". Conforme esse modelo, a juridificação seria definida como "expansão do sistema jurídico com gravame para outros sistemas sociais". Os problemas da juridificação estariam estritamente ligados à questão da autonomia dos sistemas jurídicos e dos demais sistemas sociais, passando a ser incluídos no tema mais amplo da autopoiese do sistema jurídico-positivo em face da autopoiese dos demais sistemas sociais (economia, política, religião, arte, ciência etc.).

2.2 Crise do Estado como problema de autopoiese dos sistemas sociais

A posição central e hierarquicamente suprema do sistema político nas sociedades pré-modernas implicava uma politização diferenciante de todos os aspectos da vida social: só o sistema político, localizado no cume da estrutura social, seria um sistema auto-referente ou autônomo. Em face do advento da modernidade, com a desintricação de saber, poder e lei, há um processo de autonomização permanente dos diversos sistemas sociais, não sendo mais possível falar-se da política como centro da sociedade. Em vista desse processo, Luhmann elaborou e desenvolveu o conceito de autopoiese dos sistemas sociais, baseado na construção teórica da autopoiese biológica de Maturana e Varela.

Não sendo este o local para uma abordagem do conceito muito discutível de autopoiese, cabe, porém, observar que a palavra deriva do grego *autós* ("por si próprio") e *poiesis* (criação, produção). Enquanto a noção de autonomia se refere ao aspecto estrutural dos organismos, da consciência e da sociedade, o conceito de autopoiese diz respeito aos aspectos operacionais dos sistemas vivos, psíquicos e sociais, significando que o respectivo sistema é construído pelos próprios elementos que ele constrói, no caso dos sistemas sociais por comunicações desenvolvidas com base num determinado código generalizado de preferência.

A autopoiese não implica fechamento absoluto dos sistemas sociais. O fechamento ocorre ao nível operacional da reprodução do código sistêmico de preferência entre *sim e não*. Este fechamento operacional é, na teoria da autopoiese, condição de abertura informacional ou cognitiva do sistema ao nível dos critérios. Exemplificando: a economia se baseia no código de preferência binário "ter ou não-ter" e o Direito se desenvolve com base na diferença "lícito ou ilícito". Embora sob o prisma informacional ou cognitivo ambos os sistemas sejam abertos, condicionando-se reciprocamente, não poderá haver, nos quadros da autopoiese, uma sobreposição do código "ter/não-ter" em relação ao código "lítico/ilícito". Caso o órgão judicial não consiga, no ato de sua decisão, neutralizar a diferença "ter/não-ter", decidindo primariamente de acordo com ela, em detrimento da diferença "lícito/ilícito", estaremos diante de um bloqueio da autopoiese do Direito.

No que concerne à crise do Estado na modernidade central, a autopoiese resultante da diferenciação funcional implica a dificuldade de atuação eficiente do Estado em relação ao seu meio ambiente social e, até mesmo, em relação ao meio ambiente da sociedade. Considerado que o Estado como organização político-jurídica da sociedade desenvolve a sua atividade a partir dos meios generalizados de comunicação *poder* e *Direito*, a autopoiese dos outros sistemas sociais, fundados em outros meios generalizados de comunicação, como verdade, propriedade, dinheiro, amor, arte, exige do Estado uma sobrecarga seletiva na redução da complexidade do seu meio ambiente social, constituído por sistemas também autônomos. O Estado deve produzir decisões políticas e normas jurídicas que se compatibilizem e encontrem ressonância nos outros sistemas sociais e que ao mesmo tempo sejam ressonantes em relação às irritações desses. Não se trata, a rigor, de juridificar ou dejuridificar, mas antes de observar com critérios políticos e jurídicos os sistemas sociais do seu meio ambiente, oferecendo mecanismos adequados de seleção estabilizadora. A disfuncionalidade da atuação do Estado está estreitamente vinculada à insistência na concepção de que através de decisões políticas ponentes de normas jurídicas poder-se-iam determinar os limites e os critérios de outros sistemas sociais. Na base dessa ilusão encontra-se a noção pré-moderna da política como centro da sociedade.

O problema da indiferença ou rejeição em relação ao Estado nas outras esferas da sociedade, inegavelmente um problema estrutural da modernidade, é tratado de forma ainda mais radical pelas teorias pós-modernistas do Direito e do Estado. Nesse caso, nega-se mesmo que haja poder e Direito como meios generalizados de comunicação em conflito com outros meios generalizados de comunicação: as lógicas situativas e locais exigiriam um Estado pós-moderno que enfrentaria topicamente a diferenciação difusa e instável da sociedade. Mas, assim como na concepção modernista da autopoiese, a concepção pós-modernista da autopoiese aponta para a disfuncionalidade da atuação pretensamente globalizante e universalizante do Estado de Direito, exigindo uma reformulação desse conceito mesmo.

3. A crise do Estado na modernidade periférica

3.1 Alopoiese dos sistemas político e jurídico

O modelo de interpretação da crise do Estado com base nos conceitos de juridificação do "mundo da vida" e da relação problemática dos sistemas jurídico e político estatais com outros sistemas sociais (supostamente) autopoiéticos aponta para uma crise de hetero-referência, pressupondo que o Estado mesmo é formado por dois sistemas autopoiéticos, ou seja, operacionalmente auto-referentes, o Direito e a Política. Quanto aos Estados da modernidade periférica, a crise, ou, melhor, o problema estrutural desde o seu surgimento, vincula-se primariamente à falta de suficiente autonomia operacional dos sistemas jurídico e político, bloqueados externamente por injunções, não mediatizadas por mecanismos próprios, de critérios dos demais sistemas sociais, principalmente do econômico. Na linguagem da teoria dos sistemas, os mecanismos de filtragem seletiva do Direito Positivo (princípios da legalidade, da constitucionalidade etc.) e do sistema político (eleições livres, secretas e universais, organização partidária etc.) não funcionam adequadamente em relação às injunções bloqueantes do código binário de preferência *ter ou não-ter*, como também do código do amor, da religião, da amizade etc. Internamente, por sua vez, não há um funcionamento adequado da Constituição como "vínculo estrutural" (*strukturelle kopplung*) entre Direito e Política, ou seja, como mecanismo de interpenetração de dois sistemas autônomos, antes um bloqueamento recíproco, principalmente no sentido da politização adiferenciante do sistema jurídico. Direito e Política constituem, portanto, sistemas alopoieticamente determinados, na medida em que não se reproduzem operacionalmente por diferenças, critérios e elementos próprios, mas são difusa e instavelmente invadidos, na sua reprodução operacional, por diferenças, programas e elementos de outros sistemas sociais.

Mesmo se admitindo que os critérios de filtragem autonomizantes do Direito e do sistema político, como, p. ex., o princípio da igualdade perante a lei e o das eleições democráticas, constituem ilusões ideológicas na modernidade central, concordando com Claus Offe que se trata de mecanismos de encobrimento de relações concretas de dominação, deve-se reconhecer que na modernidade periférica nem mesmo nesse sentido eles funcionam adequadamente: entre outras, as injunções particularistas da dominação econômica realizam-se de forma desnuda, destruindo abertamente e com tendências generalizantes a legalidade no plano jurídico e os procedimentos democráticos na esfera política. Também entre Política e Direito, a aplicação controlante e limitadora do código "lícito/ilícito" como segundo código do sistema político, característica do Estado de Direito, não se realiza de forma satisfatória, sendo claramente constatada a ingerência ilícita do poder *sobre* o Direito, ou mesmo, nos períodos ditatoriais, a subordinação dos critérios de licitude/ilicitude aos órgãos supremos de poder, baseada nas chamadas "leis de exceção", casuisticamente postas em vigor e revogadas. Isto nos põe diante do problema da dejuridificação.

3.2 O problema da dejuridificação

O debate em torno de juridificação e dejuridificação nas sociedades periféricas deve ser enfrentado em outra perspectiva. Partindo-se da distinção de Blankenburg entre juridificação no plano das expectativas (ponência de "mais" regras jurídicas no lugar de regulações informais) e juridificação no plano da ação ("mais" eficácia do Direito), poder-se-ia formular que, nos países periféricos, à juridificação, no sentido de aumento na produção de normas jurídicas positivas estatais, opor-se-ia a dejuridificação ao nível da condução do comportamento. Nessa perspectiva, a dejuridificação seria considerada apenas no plano do "agir" (-> eficácia). Porém, as tendências dejuridificantes abrangem, nas condições de reprodução das sociedades periféricas, principalmente no tocante ao Direito Constitucional, também o "vivenciar" do Direito (as expectativas de comportamento). O pretenso filtramento das expectativas de comportamento através da normação constituinte não é seguido, de maneira alguma, da orientação generalizada das expectativas normativas com base no texto constitucional, quer dizer, não é acompanhado da generalização congruente das expectativas normativo-constitucionais. O vivenciar normativo do "subcidadão" e também do "sobrecidadão" faz implodir a Constituição como ordem básica da comunicação jurídica.

Contra a noção de uma realidade constitucional dejuridificante poder-se-ia, nos quadros do pluralismo jurídico, apresentar a objeção de que outras formas jurídicas atuariam no lugar do Direito Positivo com relação à solução de conflitos. Quanto a essa restrição, deve-se advertir que o debate em torno da juridificação e dejuridificação refere-se ao Direito Positivo como sistema social diferenciado. As "alternativas" para o funcionamento insatisfatório do Direito Positivo implicam, nas sociedades periféricas, tanto um discurso "ético-social" como também a interferência não-mediatizada do código do poder e do código econômico nos mecanismos de solução de conflitos. Que através disso muitas "unidades sociais" de uma sociedade supercomplexa disponham de diferentes códigos "lícito/ilícito" não leva, de forma alguma, a uma racionalidade jurídica tópica, como ocorreria no caso de um Direito pós-moderno, mas antes a uma extrema insegurança jurídica, cuja manutenção está relacionada, contraditoriamente, com a manutenção de privilégios, e que evidentemente prejudica sobretudo os socialmente "deficientes" (os "subintegrados"). Estes tipos de situações não representam nenhum pluralismo como alternativa para o *legalismo*, mas sim reações difusas à falta da *legalidade*.

Não se pode aplicar, nessas condições, o modelo do pós-modernismo jurídico, que, negando a unidade do Direito como cadeia de comunicações operacionalmente diferenciada, sustenta que o sistema jurídico se constrói pluralisticamente como um emalhamento de comunicações, importando incerteza e instabilidade construtivas. O problema da dejuridificação implica, na situação dos países periféricos, a insegurança destrutiva com relação à prática de soluções de conflitos e à orientação das expectativas normativas.

4. Conclusão

O problema da crise do Estado, apesar de encontrarmo-nos numa sociedade mundial, deve ser considerado antes com base nas diferenças do que nas semelhanças, quando se distinguir as sociedades afluentes da modernidade central e as sociedades insuficientemente desenvolvidas da modernidade periférica.

No primeiro caso, trata-se primariamente de uma crise de hetero-referência, de *output* dos sistemas jurídico e político, pondo-nos perante a questão da disfuncionalidade da juridificação e a deficiência da atuação estatal diante de outros sistemas sociais autônomos. É um problema sobretudo de *falta de abertura cognitiva*, resultante da incapacidade dos sistemas jurídico e político de responder com mecanismos seletivos e estabilizadores adequados às exigências de um meio ambiente que se torna sempre mais complexo e instável.

Entre nós, a questão é primariamente de auto-referência, apresenta-se ao nível de *input*, colocando-nos em face do bloqueamento dos sistemas jurídico e político na sua reprodução operacional e diante da dejuridificação negadora da legalidade e da constitucionalidade. É um problema sobretudo de *falta de fechamento operacional*, vinculado principalmente à ingerência destrutiva de outras preferências na reprodução generalizada do Direito com base na diferença "lícito/ilícito".

Bibliografia

BENDIX, Reinhard (1969). *Nation-Building and Citizenship. Studies of our changing social order*. Garden City, Nova York, Anchor.

BLANKENBURG, Erhard (1977). "Recht als graduasiertes Konzept — Begriffsdimensionen der Diskussion um Verrechtlichung und Entrechtlichung". *Jahrbuch für Rechtssoziologie und Rechtstheorie*, v. 6 (Opladen, Westdeutscher Verlag), pp. 83-98.

BÜHL, Walter L. (1989). "Grenzen der Autopoiesis". *Kölner Zeitschrift für Soziologie und Sozialpsychologie* 39 (Opladen, Westdeutscher Verlag), pp. 225-253.

DURKHEIM, Emile (1986). *De la Division du Travail Social*. Paris, PUF.

FARIA, José Eduardo (1985). *A Crise Constitucional e a Restauração da Legitimidade*. Porto Alegre, Fabris.

FERRAZ JR., Tércio (1984). "O oficial e o inoficial: ensaio sobre a diversidade de universos jurídicos temporal e especialmente ("sic": espacialmente) concomitantes". *Conflito de Direito de Propriedade: Invasões Urbanas*. Joaquim de Arruda Falcão Neto (org.). Rio de Janeiro, Forense, pp. 103-124.

FRANK, André Gunder (1969). *Do Subdesenvolvimento Capitalista*. Trad. port. de J. A. Mendonça da Cruz e M. Couto. Lisboa, Edições 70, s/d.

GALTUNG, John (1972). "Eine strukturelle Theorie des Imperialismus". *Imperialismus und strukturelle Gewalt: Analysen über abhängige Reproduktion*. Dieter Senghaas (org.). Frankfurt am Main, Suhrkamp, pp. 29-104.

HABERMAS, Jürgen (1969). "Technik und Wissenschaft als 'Ideologie'".Frankfurt am Main, Suhrkamp, pp. 48-103; trad. bras. (1980): "Técnica e Ciência como 'Ideologia'", in Walter Benjamin *et al.*, *Textos Escolhidos*, São Paulo, Abril (col. Os Pensadores).

——— (1973). *Legitimationsprobleme im Spätkapitalismus*. Frankfurt am Main, Suhrkamp.

——— (1982). *Theorie des Kommunikativen Handelns*. 2ª ed., Frankfurt am Main, Suhrkamp, 2 vs.

HOPKINS, Terence, e WALLERSTEIN, Immanuel (1979). "Grundzüge der Entwickleung des modernen Weltsystems". In Dieter Senghaas, *Kapitalistische Weltökonomie*. Frankfurt am Main, Suhrkamp, pp. 151-200.

LADEUR, Karl-Heinz (1983). "'Abwägung' — ein neues Rechtsparadigma? Von der Einheit der Rechtsordnung zur Pluralität der Rechtsdiskurse". *Archiv für Rechts — und Sozialphilosophie* 69 (Wiesbaden, Steiner), pp. 463-483.

——— (1984). *"Abwägung" — ein neues Paradigma des Vewaltungsrechts: von der Einheit der Rechtsordnung zum Rechtspluralismus*. Frankfurt am Main/Nova York, Campus.

——— (1985). "Perspektiven einer post-modernen Retchtstheorie: Zur Auseinandersetzung mit Niklas Luhmanns Konzept der 'Einheit des Rechtssystems'". *Rechtstheorie* 16 (Berlim, Duncker & Humblot), pp. 383-427.

——— (1990). "Selbstorganisation sozialer Systeme

und Prozeduralisierung des Rechts: Von der Schrankenziehung zur Steuerung von Beziehungsnetzen". *Wachsende Staatsaufgabe — sinkende Steuerungsfähigkeit des Rechts*. Dieter Grimm (org.). Baden-Baden, Nomos, pp. 187-216.

——— (1991). "Gesetzinterpretation, 'Richterrecht' und Konventionsbildung in kognitivistischer Perspektive — Handeln unter Ungewissheitsbedingungen und richterliches Entscheiden". *Archives für Rechts — und Sozialphilosophie* 77 (Stuttgart, Steiner), pp. 176-194.

——— (1992). *Postmoderne Rechtstheorie: Selbstreferenz — Selbstorganisation — Prozeduralisierung*. Berlim, Duncker & Humblot.

LEFORT, Claude (1981). "Droits de l'homme et politique". *L'Invention Démocratique: les Limites de la Domination Totalitaire*. Paris, Fayard, pp. 45-83.

LUHMANN, Niklas (1965). *Grundrechte als Institution: Ein Beitrag zur politischen Soziologie*. Berlim, Duncker & Humblot.

——— (1975a). "Die Weltgesellschaft". *Soziologische Aufklärung 2*. Opladen, Westdeutscher Verlag, pp. 51-71.

——— (1975b). "Einführende Bemerkungen zu einer Theorie symbolisch generalisierter Kommunikationsmedien". *Soziologische Aufklärung 2*. Opladen, Westdeutscher Verlag, pp. 170-172.

——— (1981a). *Politische Theorie im Wohlfahrtsstaat*. Munique, Olzog.

——— (1981b). *Ausdifferenzierung des Rechts*. Frankfurt am Main, Suhrkamp.

——— (1981c). "Machtkreislauf und Recht in Demokratien". *Zeitschrift für Rechtssoziologie 2* (Opladen, Westdeutscher Verlag), pp. 158-167.

——— (1983a). *Legitimation durch Verfahren*. Frankfurt am Main, Suhrkamp.

——— (1983b). "Die Einheit des Rechtssystems". *Rechtstheorie* 14 (Berlim, Duncker & Humblot), pp. 129-154.

——— (1986a). *Ökologische Kommunikation: Kann die moderne Gesellschaft sich auf ökologische Gefährdungen umstellen?* Opladen, Westdeutscher Verlag.

——— (1986b). "Die Codierung des Rechtssystems". *Rechtstheorie* 17 (Berlim, Duncker & Humblot), pp. 171-203.

——— (1987a). *Soziale Systeme: Grundriss einer allgemeinnen Theorie*. Frankfurt am Main, Suhrkamp.

——— (1987b). *Rechtssoziologie*. 3ª ed. Opladen, Westdeutscher Verlag.

——— (1987c). "Autopoiesis als soziologischer Begriff". In Hans Haferkamp e Michael Schmid, *Sinn, Kommunikation und soziale Differenzierung: Beiträge zu Luhmanns Theorie sozialer Systeme*. Frankfurt am Main, Suhrkamp, pp. 307-324.

——— (1988). *Macht*. 2ª ed. Stuttgart, Enke.

——— (1989). *Wirtschaft und Recht: Probleme struktureller Kopplung*. Bielefeld (mimeo).

——— (1990). "Verfassung als evolutionäre Errungenschaft". *Rechtshistorisches Journal* 9 (Frankfurt am Main, Löwenklau), pp. 176-220.

——— (1991a). "Interpenetration — zum Verhältnis personaler und sozialer Systeme". *Soziologische Aufklärung 3*. 2ª ed. Opladen, Westdeutscher Verlag, pp. 151-169.

——— (1991b). "Erleben und Handeln". *Soziologische Aufklärung 3*. 2ª ed. Opladen, Westdeutscher Verlag, pp. 67-80.

MATURANA, Humberto R. (1982). *Erkennen: Die Organisation und Verköperung von Wirklichkeit*. Trad. alemã de W. K. Köck. Braunschweig/Wiesbaden, Vieweg.

MATURANA, Humberto R., e VARELA, Francisco J. (1980). *Autopoiesis and Cognition: the Realization of the Living*. Dordrecht, D. Reidel Publishing Co.

——— (1987). *Der Baum der Erkenntnis*. 3ª ed., trad. alemã de K. Ludewig. Berna/Munique/Viena, Scherz.

MENZEL, Ulrich. "The end of the 'Third World' and the failure of the grand theories. A self-critical look at the sociology of a discipline". *Law and State* 44. Tübingen, Institute for Scientific Co-operation, pp. 44-78.

NAHAMOWITZ, Peter (1985). "Reflexives Recht: Das unmögliche Ideal eines post-interventionistischen Steuerungskonzepts". *Zeitschrift für Rechtssoziologie* 6 (Opladen, Westdeutscher Verlag), pp. 29-44.

NARR, Wolf-Dieter, e OFFE, Claus (1975). "Einleitung". In idem (org.). *Wohlfahrtsstaat und Massenloyalität*. Colônia, Kipenheuer & Witsch, pp. 9-46.

NEVES, Marcelo (1992). *Verfassung und Positivität des Rechts in der peripheren Moderne: Eine theoretische Betrachtung und eine Interpretation des Falls Brasilien*. Berlim, Duncker & Humblot.

OFFE, Claus (1977). *Strukturprobleme des Kapitalistischen Staates: Aufsätze zur Politischen Soziologie*. 4ª ed. Frankfurt am Main, Suhrkamp.

PREUSS, Ulrich K. (1989). "Perspectiven von Rechtsstaat und Demokratie". *Kritische Justiz* 22 (Baden-Baden, Nomos), pp. 1-12.

SENGHAAS, Dieter (1974). "Vorwort. Elemente einer Theorie des peripheren Kapitalismus". In idem (org.). *Peripherer Kapitalismus: Analysen über Abhängigkeit und Unterentwicklung*. Frankfurt am Main, Suhrkamp, pp. 7-36.

SOUSA SANTOS, Boaventura de (1977). "The law

of the opressed: the construction and reproduction of legality in Pasargada". *Law & Society Review* 12 (Denver, Colorado, Law and Society Association), pp. 5-126.

——— (1980). "Notas sobre a história jurídico-social de Pasárgada". In Cláudio Souto e Joaquim Falcão (org.). *Sociologia e Direito: Leituras Básicas de Sociologia Jurídica*. São Paulo, Pioneira, pp. 109-117.

——— (1987). "Law: a map of misreading. Toward a postmodern conception of law". *Journal of Law and Society* 14 (Oxford, Robertson), pp. 279-302.

——— (1988). *O Discurso e o Poder: Ensaio sobre a Sociologia da Retórica Jurídica*. Porto Alegre, Fabris.

TEUBNER, Gunther (1982). "Reflexives Recht: Entwicklungsmodelle des Rechts in vergleichender Perspektive". *Archiv für Rechts — und Sozialphilosophie* 68 (Wiesbaden, Steiner), pp. 13-59.

——— (1987). "Hyperzyklus in Recht und Organisation. Zum Verhältnis von Selbstbeobachtung, Selbstkonstitution und Autopoiese". In Hans Haferkamp e Michael Schmid (org.). *Sinn, Kommunikation und soziale Differenzierung: Beiträge zu Luhmanns Theorie sozialer Systeme*. Frankfurt am Main, Suhrkamp, pp. 89-128.

——— (1988). "Gesellschaftsordnung durch Gesetzgebungslärm? Autopoietische Geschlossenheit als Problem für Rechtssetzung". In D. Grimm e W. Maihofer (org.). *Gesetzgebungstheorie und Rechtspolitik* (Jahrbuch für Rechtssoziologie und Rechtstheorie 13), Opladen, Westdeutscher Verlag, pp. 45-64.

——— (1989). *Recht als autopoietisches System*. Frankfurt am Main, Suhrkamp.

TEUBNER, Gunther, e WILLKE, Helmut (1984). "Kontext und Autonomie: Gesellschaftliche Selbststeuerung durch reflexives Recht". *Zeitschrift für Rechtssoziologie* 6 (Opladen, Westdeutscher Verlag), pp. 4-35.

VOIGT, Rüdiger (1980). "Verrechtlichung in Staat und Gesellschaft". In idem (org.). *Verrechtlichung*. Königstein/Ts., Athenäum, pp. 15-37.

——— (1983). "Gegentendenzen zur Verrechtlichung: Verrechtlichung und Entrechtlichung im Kontext der Diskussion um den Wohlfahrtsstaat". In idem (org.). *Gegentendenzen zur Verrechtlichung* (Jahrbuch für Rechtssoziologie und Rechtstheorie 9), Opladen, Westdeutscher Verlag, pp. 17-41.

WALLERSTEIN, Immanuel (1979). "Aufstieg und künftiger Niedergang des kapitalistischen Weltsystems". In Dieter Senghaas (org.). *Kapitalistische Weltökonomie: Kontroverse über ihren Ursprung und ihre Entwicklungspolitik*. Frankfurt am Main, Suhrkamp, pp. 31-67.

WEBER, Max (1968). "Idealtypus, Handlungsstruktur und Verhaltensinterpretation". *Methodologische Schriften*. Johannes Winckelmann (org.). Frankfurt am Main, Fischer, pp. 65-167.

——— (1988). "Die 'Objektivität' sozialwissenschaftlicher und sozialpolitischer Erkenntnis". *Gesammelte Aufsätze zur Wissenschaftslehre*. 7ª ed. Tübingen, Mohr, pp. 146-214.

WERLE, Raymund (1982). "Aspekte der Verrechtlichung". *Zeitschrift für Rechtssoziologie* 3 (Opladen, Westdeutscher Verlag), pp. 2-13.

PARECERES

ESTACIONAMENTO PÚBLICO — REGIME JURÍDICO

CAIO TÁCITO
Professor Emérito da Universidade do Estado do Rio de Janeiro

CONSULTA

1. A consulta tem como objeto a apreciação da constitucionalidade da Lei 2.050, de 30.12.92, do Estado do Rio de Janeiro, que acrescentou preceito novo à Lei estadual 1.748, de 1.11.90.

Segundo o texto original, dispõe o art. 1º dessa última lei: "A pessoa física ou jurídica, independente do ramo de sua atividade, que ofereça ao público área própria ou de terceiro, para estacionamento de veículos automotores no Estado do Rio de Janeiro, fica obrigada a manter empregados próprios nas entradas e saídas das dependências destinadas a tal fim e a cercar o parqueamento ao ar livre".

A esta norma, em si mesma onerosa, foi aditado, pela primeira lei citada, parágrafo único, assim redigido: "Fica vedada a cobrança ao usuário do estacionamento a que se refere esta Lei, de qualquer quantia pela sua utilização".

Estabelece, ainda, o art. 4º da referida Lei 1.748/90 a responsabilidade civil do titular do estacionamento, em caso de roubo ou furto do veículo.

Prevê, finalmente, que, em lei, os Municípios estabelecerão normas próprias sobre o estacionamento de veículos em logradouros públicos, visando à segurança dos bens e da população.

O exame da questão de constitucionalidade da norma legal em causa impõe a fixação de premissas, a seguir expostas, de modo a permitir a conclusão sobre o mérito da indagação.

É mister, primeiramente, considerar a validade jurídica da imposição de dever jurídico de gratuidade a quem permite o estacionamento em bem de seu domínio ou posse.

Subsidiariamente, cabe avaliar a competência do Estado-membro para legislar sobre a matéria.

PARECER

2. A história constitucional republicana oscila em alternância entre os princípios da liberdade e da autoridade. Nos hiatos revolucionários — frutos de movimentos políticos em 1930, 1937 e 1964 — a balança pende para o reforço do centralismo, com a decorrente limitação do acesso às liberdades públicas. O retorno às garantias fundamentais que a eles se sucede, definido em novas Cartas Constitucionais — as de 1934, 1946 e 1988 — tende a fortalecer a cidadania e a liberdade individual, inclusive pelo oferecimento, ou ampliação, de remédios especiais que as assegurem.

Simultaneamente a essa feição dinâmica do processo histórico, também se evidencia o movimento pendular, no plano da Federação, entre o predomínio do poder central e o fortalecimento da autonomia dos Estados-membros. A fórmula clássica do *federalismo dual* — em termos de competências verticais que distribuem paralelamente as atribuições — evolui, à feição dos modelos de Direito Comparado, para o *federalismo cooperativo*, no qual União e Estados se associam para a prestação de serviços sociais, e, modernamente, alcança o *federalismo de integração*, em que até mesmo se confundem os poderes autônomos visando a objetivos comuns (v., a respeito, Manoel Gonçalves Ferreira Filho, *Curso de Direito Constitucional*, 17ª ed., 1989, p. 45).

O intervencionismo do Estado na ordem social e econômica, estimulado pelas crises de após-guerra, prestigia a discricionariedade do legislador e, por via reflexa, do Poder Executivo, no planejamento e na execução da política de justiça social.

Ao mesmo tempo, porém, as declarações fundamentais de direitos e liberdades marcam a presença do cidadão e do indivíduo como os destinatários finais da ação democrática de governo.

Outro fator peculiar à ordem jurídica contemporânea é o papel da empresa privada como agente social. As liberdades públicas protegem não somente os indivíduos, como pessoas físicas, mas também quando, associados em interesses e aspirações, realizam seus objetivos por intermédio de pessoas jurídicas.

No plano constitucional o empresário é, a um tempo, agente ativo do desenvolvimento social e titular de direitos e liberdades, na medida em que a ordem econômica pressupõe a iniciativa privada.

Alfredo Lamy Filho e José Luiz Bulhões Pedreira, em notável estudo sobre a sociedade comercial moderna, destacam a relevância da função social da empresa nos regimes de economia aberta: "A diferença entre as duas concepções de organização social que polarizam o mundo atual reside, basicamente, na definição dos agentes da função empresarial. E o modo pelo qual organizamos hoje o exercício dessa função determinará o modelo econômico e político da sociedade brasileira no futuro. Se não conseguirmos criar condições que permitam ao empresário privado brasileiro desempenhá-la, nos grandes projetos, em competição com o Estado e as multinacionais, teremos um regime de monopólio de fato, pelo Estado, da função empresarial, a que se seguirá, natural e inexoravelmente, o monopólio do direito" (*A Lei das S.A.*, ed. Renovar, 1992, p. 205).

3. A Constituição do Império como a primeira Constituição republicana, fiéis à pureza do liberalismo clássico, asseguravam o direito de propriedade "em toda sua plenitude", apenas limitado pelo poder expropriatório, perante o qual o domínio cede em face do interesse público, mediante indenização (Constituição de 1824, art. 179, n. 22; Constituição de 1891, art. 72, § 17).

A Constituição de 1934, sensível aos novos ventos do Direito Constitucional — expressos pioneiramente na Constituição mexicana de 1917 e a de Weimar, em 1919 — inaugura o título sobre a Ordem Econômica e Social, impondo limites à liberdade econômica, vinculando-a aos princípios da justiça social e às necessidades da vida nacional (art. 115).

A partir de então o teor absoluto do direito de propriedade e a liberdade de contratar encontram disciplina legal em atendimento a finalidades sociais relevantes.

A Ordem Econômica continua presente nas Constituições brasileiras subseqüentes, até a atual, com tônicas diversas, segundo a posição intervencionista ou neoliberal em face do bem público (Constituição de 1937, arts. 135 e ss.; Constituição de 1946, arts. 145 e ss.; Constituição de 1967/69, arts. 160 e ss.).

A Constituição de 1988, a par da valorização do trabalho humano e da ênfase nos ditames da justiça social, marca, desde o seu preâmbulo, o signo da liberdade como expressão de uma sociedade aberta e pluralista.

A livre iniciativa é prestigiada como um dos fundamentos do Estado Democrático de Direito (art. 1º, IV) e da Ordem Econômica, com a observância, entre outros, dos princípios da propriedade privada, da livre concorrência e do direito de propriedade, atendida sua função social (art. 170, *caput* e incs. II, III e IV).

A atividade econômica é, por excelência, campo próprio à liberdade de mercado, com a firme definição da excepcionalidade da exploração estatal direta em caso de monopólio ou condicionada aos imperativos da segurança nacional ou a relevante interesse coletivo, a serem definidos em lei federal (arts. 173-177).

A norma pública de planejamento, reguladora da atividade econômica, será apenas indicativa para o setor privado (art. 174).

Significativamente, o art. 219 firma a importância da economia de mercado como fator de desenvolvimento, em termos expressivos, acolhendo o princípio de que "o mercado interno integra o patrimônio nacional", a ser incentivado pela lei federal de modo a viabilizar o desenvolvimento nacional.

Nos trâmites da Assembléia Constituinte, Geraldo de Camargo Vidigal enfatizou o relevo desta iminente norma constitucional: "É que o regime que consagra a livre iniciativa e o trabalho é, por sua natureza, um regime econômico de mercado. Livre iniciativa só pode existir quando os mercados funcionam. Mais ainda: a liberdade de iniciativa engendra ela mesma os mercados, quando o direito de propriedade e a prevalência da autonomia de vontade, nos contratos, compõem o regime jurídico-econômico" (*A Constituição Brasileira de 1988 — Interpretações*, ed. da Fundação Dom Cabral e da Academia Internacional de Direito e Economia — Forense Universitária, 1988, p. 379).

A aceitação do princípio da economia de mercado não exclui a disciplina da lei, afeiçoando-a aos fins sociais que identificam sua harmonia com os interesses coletivos, em busca da justiça social. Todavia, o papel da lei, excepcional por definição, não contesta o direito fundamental da liberdade, antes o confirma em sua precípua destinação.

Eros Roberto Grau, trazendo à colação os intérpretes do modelo constitucional, destaca que "a ordem econômica na Constituição de 1988 consagra um regime de *mercado organizado*" e, em síntese final, conclui que a ordem econômica, no esquema constitucional vigente, contempla a economia de mercado, embora distanciada do modelo liberal puro. Repudia o dirigismo estatal, de modo que o intervencionismo econômico não se faz contra o mercado, mas a seu favor (*A Ordem Econômica na Constituição de 1988 — Interpretação e Crítica*, Ed. RT, 1990, pp. 211 e 212).

Em suma, a livre iniciativa e a liberdade de contrato estão nas bases da ordem econômica, atendidas as finalidades sociais a que se devem amoldar tanto o direito de propriedade como a função da empresa privada.

A liberdade econômica é a regra; deveres limitativos são a exceção motivada pelos fins que os inspirem. Como norma geral, a pessoa física ou jurídica é o juiz de seu próprio interesse, segundo as vantagens que legitimamente pretenda auferir.

E a imposição de deveres ou ônus, que condicionem os direitos individuais, não poderá ser discricionária, mas diretamente vinculada a um fim social determinado e específico.

4. O Estado Federal, oriundo da República, tem, como antes assinalado, entre suas características, a repartição de competência entre a União e os Estados-membros.

A concentração própria dos poderes da União se equilibra com o princípio descentralizador da autonomia estadual (e já agora também municipal) que, no entanto, gravita como satélite em torno da coluna-mestra da unidade nacional.

A força centrípeta da organização do Estado Federal tem como instrumento essencial a competência privativa da União para legislar sobre as matérias arroladas no art. 22 da Carta Constitucional.

A estrutura básica do ordenamento jurídico da economia é reservada privativamente à União, com a exclusividade de legislar sobre Direito Civil, Comercial, Processual e do Trabalho.

É à lei federal que incumbe traçar rumos à liberdade econômica e de contrato, pilares da economia privada. Não cabe à lei estadual ditar procedimentos, ou estabelecer condicionantes, em razão dos quais devam os particulares gerir seu patrimônio, administrar seus negócios, celebrar seus contratos e assumir obrigações no plano das relações civis e comerciais.

A função social da propriedade, ou as limitações da empresa na economia de mercado, não cabe à lei estadual ordenar ou dirigir.

Nos assuntos de competência legislativa privativa a lei federal é soberana e exclusiva, apenas ressalvada, a título excepcional, a possibilidade de delegação de competência que lei complementar possa conceder, em caso específico, ao legislador estadual (parágrafo único do art. 22 da Constituição), prevalecendo sempre a hierarquia superior da fonte normativa federal.

A lei estadual que exorbite, como intrusa, invadindo os lindes da competência privativa da União, é, por conseqüência, inconstitucional.

5. À luz destas premissas é que se impõe definir a constitucionalidade da lei estadual objeto da consulta.

Nela se dispõe, sucessivamente, um elenco de limitações e imposições à vontade das pessoas físicas ou jurídicas que, conforme a terminologia legal, "ofereçam ao público" locais próprios ou de terceiros para o estacionamento de veículos.

De tais ofertas resultam, segundo a lei em causa, deveres e responsabilidades. Terão os ofertantes de fornecer serviços de controle e segurança que assegurem a integridade do veículo, respondendo pelos danos que a eles venham a ser causados. E terão de sujeitar-se à gratuidade de tais serviços e do uso do bem de seu domínio ou posse, no qual ocorra o estacionamento.

Contudo, o estacionamento consentido corresponde a uma relação contratual que se define pela oferta e se completa com a aceitação ou adesão do usuário. É negócio jurídico consensual, tanto na formação como no efeito jurídico decorrente do acordo de vontades que nele se integram. Insere-se no plano do Direito Civil, que, como realçado, é matéria privativa da lei federal, conseqüentemente imune à lei estadual.

A rigor, nem mesmo a lei federal poderia constranger o particular à gratuidade da cessão de uso da área reservada ao estacionamento e ao mesmo tempo impor-lhe deveres de garantia da incolumidade de bens e de responsabilidade civil em caso de dano.

A liberdade de contratar e as faculdades inerentes ao direito de propriedade não serão compatíveis com violações deste porte.

E, se assim estará vedada ao legislador federal a prática de tais atos inconstitucionais, com maior soma de razões se tornam inacessíveis ao legislador estadual.

Duplamente inconstitucional é, em suma, o ditame da lei estadual posta em análise. Seja materialmente, pela ilicitude do conteúdo, seja formalmente, pela ausência de competência legislativa para regular a matéria.

6. Nem se pretenda trazer em apoio da lei estadual impugnada a competência concorrente para defesa do consumidor.

O Código de Proteção ao Consumidor (Lei 8.078, de 14.9.90) define, como tal, a pessoa física ou jurídica que utilize produto ou serviço como *destinatário final* (art. 2º).

Não se colocam, obviamente, no âmbito da lei em referência os que explorem, diretamente, o estacionamento licenciado como tal. A própria natureza da atividade repele, por definição, a gratuidade incompatível com a comercialidade do serviço.

A lei estadual visualiza o estacionamento oferecido em centros comerciais ou assemelhados, nos quais a disponibilidade de áreas acessíveis aos freqüentadores opera como estímulo à clientela. A relação constituída de tal forma independe do ato de comércio que se possa vir a consumar, mas representa atividade-meio que não importa relação final de consumo.

Tal como em outras formas de estímulo ou atrativo, o estacionamento permitido é ato de vontade do comerciante (ou do complexo comercial), ao qual caberá dispor sobre a oportunidade e forma de uso da propriedade da maneira mais conveniente aos seus interesses.

Se o estacionamento deverá ser gratuito ou oneroso, limitado no tempo ou a prazo indeterminado, sujeito a espaços determinados ou não, são assuntos da economia interna do titular da área, não lhe podendo ser imposta a gratuidade ao mesmo passo que se lhe atribui o ônus de fiscalização e segurança do uso oferecido.

Será indevida a intervenção do Poder Público (e *a fortiori* do Poder Público estadual incompetente *ratione materiae*) no sentido de impor a gratuidade de serviços que são virtualidades do domínio ou posse privados.

A autonomia da vontade permitirá ao utente adotar o regime adequado à finalidade privada que visa a alcançar, como medida promocional de seu negócio principal. Descabe ao legislador sobrepor-lhe seu comando imperativo para ordenar o regime gratuito dessa relação secundária, ofendendo o princípio constitucional da livre iniciativa.

7. A atual Constituição brasileira acolhe, em seu âmbito, o princípio do *devido processo legal*, tradicionalmente presente no Direito Constitucional norte-americano (*due process of law*).

Assegura o art. 5º, LIV, da Constituição de 1988 que "ninguém será privado da liberdade ou de seus bens sem o devido processo legal". A vedação se endereça à ilicitude de ação que importe impedimento total ou parcial a direito ou liberdade. E a interdição se dirige tanto ao administrador como ao legislador.

Não se trata apenas de garantia processual, como originariamente se entendeu a destinação do princípio pela sua literalidade.

A doutrina e a jurisprudência norte-americanas qualificaram adequadamente o *substantive due process*, ou seja, a vedação de lei atentatória do conteúdo do direito ou liberdade a que falte o requisito de razoabilidade.

O apelo à cláusula constitucional do *due process*, em termos de substância, tem sido na jurisprudência da Corte Suprema o veículo por excelência de repulsa a leis discriminatórias ou de privilégio que se opõem à plenitude de direitos constitucionais, em matéria social ou econômica.

O controle de constitucionalidade submete os atos legislativos ao teste de racionalidade (*rationality test*), pelo qual se examina a compatibilidade razoável entre a limitação da liberdade ou do direito de propriedade e o fim legitimamente permitido à atividade de governo (Rotunda, Nowak e Young, *Treatise on Constitucional Law — Substance and Procedure*, v. 2/64 e 65, 1986, e p. 7 do *Suplemento* de 1991).

Jerry L. Mashaw destaca o relevo da cláusula do *due process* na essência do processo democrático: "If *habeas corpus* is the "Great Writ", due process must sure be the "Gret Clause" ("Se o *habeas corpus* é a "Grande Ordem", o devido processo legal deve certamente ser a "Grande Cláusula") (*Due Process in the Administrative State*, Yale University Press, 1985, p. 2).

A Constituição portuguesa adota o princípio da adequação das normas limitativas de direitos e liberdades (art. 18, n. 2), sublinhando Canotilho que, embora livres em princípio os fins perseguidos pelo legislador, "é admissível a fundamentação de uma decisão de inconstitucionalidade com base no *princípio da proporcionalidade*, o que acaba em geral num juízo sobre a adequação e inadequação de meios e fins" (*Direito Constitucional*, 5ª ed., 1991, p. 1.028 — grifo do original).

A Constituição espanhola abrigou, expressamente, a "interdição de arbitrariedade dos poderes públicos" (art. 9º, n. 3) como proteção aos valores superiores do ordenamento jurídico, entre os quais o art. 1º da Constituição registra a liberdade, a justiça e a igualdade.

Na lição de García de Enterría, "lo que la prohibición de la arbitrariedad condena es, justamente, la falta de un fundamento objetivo; la Constitución non admite que el poder público, en qualquiera de sus expresiones, se ejerza por la solo voluntad del agente o por su capricho, simplemente" ("Es inconveniente o inutil la proclamación de la interdicción de la arbitrariedad como principio constitucional?", in *Revista de Administración Pública* 124/225, janeiro-abril/91).

Conforme a advertência de Gilmar Ferreira Mendes, inspirada no Direito alemão, o princípio da proporcionalidade representa, entre nós, típica manifestação de excesso do poder legislativo, na medida em que a norma legal importe "contrariedade, incongruência e irrazoabilidade ou inadequação entre meios e fins" (*Controle de Constitucionalidade — Aspectos Jurídicos e Políticos*, ed. Saraiva, 1990, p. 42).

Juan Francisco Linares, em tese doutoral da década de 60, reeditada em 1989 como estudo sobre *Razonabilidad de las Leyes* (Editorial Astrea), demonstra a recepção do princípio do *debido proceso* como garantia inominada no regime constitucional argentino.

E, entre nós, Carlos Roberto de Siqueira Castro comprovou a identificação entre a cláusula do devido processo legal e o requisito de razoabilidade das leis na nova Constituição de 1988 (ed. Forense, 1989).

8. Por todo o exposto, somos de parecer que a regra de gratuidade compulsória dos estacionamentos de veículos, prevista na lei estadual em estudo, é inconstitucional por múltiplos fundamentos.

Primeiramente, porque descumpre o respeito aos princípios constitucionais de liberdade de iniciativa e de contrato e o da disponibilidade do direito de propriedade ao seu titular.

Em segundo lugar, porque padece de vício formal quando interfere no regime jurídico de uma relação civil e comercial (contrato de adesão ao uso e estímulo a atos de comércio), violando competência privativa da União.

Ademais, pela ausência de razoabilidade, cria dever incompatível com a substância do princípio do devido processo legal, na medida em que impõe obrigação onerosa de fazer na guarda do veículo e a responsabilidade civil por dano, ao passo em que obsta ao nexo de proporcionalidade quando prescreve a vedação absoluta de cobrança ao usuário do estacionamento, ao arrepio da vontade livre do titular do domínio ou posse da área utilizada.

E não satisfeito de tantas eivas de inconstitucionalidade, extrema-se em ordenar aos Municípios o estabelecimento de normas sobre a matéria, implicitamente na linha esposada pelo legislador estadual.

A manifesta inconstitucionalidade que vicia o ato legislativo estadual poderá ser declarada na via judicial tanto em ação própria (controle concentrado) como mediante exceção em outro feito (controle difuso).

Este é nosso parecer.

Rio de Janeiro, 15 de fevereiro de 1993.

COMISSÕES PARLAMENTARES DE INQUÉRITO — LIMITES

FÁBIO KONDER COMPARATO
Professor Titular da Faculdade de Direito da Universidade de São Paulo
— Doutor em Direito da Universidade de Paris

CONSULTA

Em 1991, o Senado Federal aprovou a criação de uma Comissão Parlamentar de Inquérito, "destinada a investigar", segundo os termos do Requerimento 935, daquele ano, "a situação atual da evasão fiscal no País, sob os seguintes aspectos:

"a) a extensão e profundidade de sua ocorrência, quanto à perda de receita pública, sobretudo tributária e de contribuições parafiscais, sociais e especiais;

"b) na modalidade de evasão lícita, ou elisão, abrangendo renúncias de receita, como imunidades e isenções tributárias, além de outros incentivos fiscais;

"c) na modalidade de evasão ilícita, ou evasão propriamente dita, abrangendo ilícitos tributários, tipificados como fraude, sonegação, descaminho etc., ou não, como a chamada economia informal;

"d) suas causas, de natureza legal, administrativa, econômica e sociológica;

"e) seus valores, inclusive quanto à não cobrança, administrativa e judicial, da dívida ativa, tributária e não tributária;

"f) seus efeitos na distribuição da carga tributária, no déficit em relação ao PIB e na dívida pública;

"g) responsabilidades apuradas nas ocorrências verificadas;

"h) providências a adotar, em face das conclusões."

No curso dos trabalhos da referida Comissão Parlamentar de Inquérito, o seu Presidente, Senador Ronan Tito, enviou ofício (n. 14/92, de 14.7.92) ao então Presidente do Banco Central do Brasil, solicitando, de acordo com deliberação tomada por maioria no seio da Comissão, "o fornecimento das informações, abaixo, (...):

"1. Listagem dos depositantes da rede bancária, relativa aos exercícios de 1988 a 1991, com informações por CPF dos seguintes itens, identificando os estabelecimentos de crédito e respectiva agência:

"1.1 — saldo médio e total do movimento em conta corrente;

"1.2 — saldo médio e total do movimento em conta de poupança;

"1.3 — saldo e total médio de contas de aplicação (*fundos*);

"1.4 — somatório dos rendimentos das demais aplicações.

"Os valores informados deverão estar expressos na moeda vigente em cada exercício, mês a mês.

"2. Relação dos clientes que realizaram operações com moedas estrangeiras durante os exercícios de 1988 a 1991, identificados por CPF, moeda e quantidade transacionada, subdividida em:

"2.1 — clientes que adquiriram moeda;

"2.2 — clientes que efeturaram remessa de moeda."

À vista desses fatos, a Federação Brasileira das Associações de Bancos — FEBRABAN solicita-me uma opinião jurídica fundamentada sobre:

I — Se dita Comissão Parlamentar de Inquérito foi regularmente criada, segundo as regras constitucionais pertinentes.

II — Se a mesma Comissão tem poderes para exigir das instituições financeiras as informações constantes do ofício 14/92, de 14.7.92.

Respondo, no parecer anexo.

PARECER

I — Limites constitucionais à criação de comissões parlamentares de inquérito

1. A primeira Constituição brasileira a regular comissões parlamentares foi a de 1934.

Dispôs o seu art. 26 que o Regimento Interno da Câmara dos Deputados asseguraria, "quanto possível, em todas as Comissões, a representação proporcional das correntes de opinião nela definidas".

No art. 29, parágrafo único, previu-se que, se o Presidente da República não prestar contas de sua gestão relativa ao exercício anterior, a Câmara "elegerá uma Comissão para organizá-las e, conforme o resultado, determinará as providências para a punição dos que forem achados em culpa".

Determinou, ademais, o art. 37, § 2º, de dita Constituição que "a Câmara dos Deputados, ou as suas Comissões, designarão dia e hora para ouvir os Ministros de Estado, que lhes queiram solicitar providências legislativas ou prestar esclarecimentos".

Finalmente, pelo disposto no art. 36, "a Câmara dos Deputados criará comissões de inquérito sobre fatos determinados, sempre que o requerer a terça parte, pelo menos, dos seus membros". No parágrafo único desse mesmo artigo, explicitou-se: "Aplicam-se a tais inquéritos as normas do processo penal, indicadas no Regimento Interno".

Do conjunto dessas disposições da Constituição Federal de 1934 podem ser tiradas algumas importantes conclusões.

Em primeiro lugar, as comissões parlamentares foram reguladas unicamente na Câmara dos Deputados, pois o Senado Federal, no sistema daquela Carta Constitucional, não era um ramo do Poder Legislativo, mas sim um "órgão de coordenação dos Poderes" (arts. 88 e ss.), cuja tarefa consistia em "colaborar" com a Câmara no exercício da função legislativa (art. 22).

Em segundo lugar, a Constituição de 1934 distinguiu, implicitamente, entre comissões parlamentares permanentes e temporárias, ao destacar duas comissões especiais com este último caráter: a destinada a organizar as contas do Presidente em mora de prestá-las e a comissão parlamentar de inquérito prevista no art. 36.

Quanto a esta última, não padece dúvida de que tinha ela caráter nitidamente inquisitorial penal, vale dizer, o seu escopo precípuo consistia na apuração de infrações criminais.[1]

1. Sic, Themístocles Brandão Cavancanti, *A Constituição Federal Comentada*, 3ª ed., v. II, Rio de Janeiro, José Konfino, 1956, com. ao art. 53 da Constituição de 1946. Ao comentar a Constituição de 1934, Pontes de Miranda entendeu que o instituto das comissões parlamentares de inquérito "não se subsume no quadro dos procedimentos criminais, não pertence ao

2. A Constituição de 1946, ao dispor sobre comissões parlamentares de inquérito, declarou que elas poderiam ser criadas tanto na Câmara quanto no Senado, "sobre fato determinado", exigindo explicitamente que em sua composição fosse observado o princípio da representação proporcional dos partidos políticos (art. 53). Suprimiu, porém, a determinação, feita na Constituição de 1934, de que nos inquéritos realizados por tais comissões fossem observadas as normas próprias do processo penal, conforme disposto no Regimento Interno. Tal omissão foi lamentável, pois acabou por emascular as comissões parlamentares de inquérito, como será visto mais abaixo.

A Constituição de 1967/69, tirante a limitação do número de comissões parlamentares de inquérito com funcionamento concomitante (art. 30, parágrafo único, *d*), não inovou na matéria.

3. No vigente sistema constitucional, as comissões parlamentares tiveram uma regulação mais ordenada. Fez-se a distinção entre as comissões permanentes e as meramente temporárias (art. 58) e explicitaram-se, de modo mais claro e abrangente, as suas funções (mesmo art., § 2º), tanto legislativas quanto fiscalizatórias.

Dentre as comissões temporárias, a Constituição de 1988 destacou, pelo seu regime próprio, as comissões de inquérito, a serem criadas em qualquer das Casas do Congresso, ou em ambas conjuntamente (§ 3º). Manteve a exigência de determinação do objeto ("fato determinado") e atribuiu-lhes "poderes de investigação próprios das autoridades judiciais", seguindo nesse particular o modelo da Constituição italiana (art. 82, 2ª alínea).

Implícita, mas muito clara, nessa norma a distinção de objetivo entre as comissões de inquérito e as demais comissões temporárias no Congresso. Estas últimas visam a levantar informações sobre fatos relevantes, para a tomada de deliberações legislativas ou políticas; enquanto as primeiras procuram investigar irregularidades, abusos ou distorções.[2]

4. Detenhamo-nos um pouco no exame dessa atribuição de poderes judiciais de investigação às comissões parlamentares de inquérito.

Como lembrei acima, a Constituição de 1934 deu implicitamente a tais comissões, por intermédio de disposições regimentais, os poderes inquisitórios previstos na legislação processual penal, poderes, esses, que, como sabido, são próprios da polícia judiciária e dos magistrados com competência criminal.

A Constituição de 1946 não reproduziu essa norma, mas ela acabou sendo reintroduzida em nosso ordenamento por via da Lei 1.579, de 17.3.52, segundo a qual "indiciados e testemunhas serão intimados de acordo com as prescrições estabelecidas na legislação penal" (art. 2º).

Não obstante, o STF, ao julgar o HC 32.678, em sessão de 5.8.53, sendo relator o Min. Mário Guimarães, entendeu que "determinar diligências, requerer convocação de Ministros de Estado, tomar o depo-

Direito Penal, Processual ou Material" (*Comentários à Constituição da República dos E. U. do Brasil*, t. I/499, Rio de Janeiro, ed. Guanabara, s/d). Sem dúvida, não se cuidava de instituto de Direito Penal ou Processual Penal, mas sim de um inquérito parlamentar, que podia servir de embasamento à abertura de processo crime.

2. Essa distinção entre *Sachstandsenquête* e *Missstandsenquête* é bem marcada no Direito Constitucional alemão, onde também se distinguem investigações internas no Legislativo (*Kollegialenenquêten*), fiscalizações (*Kontrollenquêten*) e pesquisas legislativas (*Gesetzgebungsenquêten*). Cf. *Kommentar zum Grundgesetz für die Bundesrepublik Deutschland, Reihe Alternativkommentare*, organizado por Rudolf Wassermann, t. 2/140, Luchterhand, 1989.

imento de quaisquer autoridades federais, estaduais ou municipais, ouvir os indiciados, inquirir testemunhas sob compromisso, requisitar de repartições públicas e autárquicas informações e documentos, tudo isso, pelo art. 2º da Lei 1.579, é cometido à Comissão. Mas obrigar as testemunhas faltosas a comparecer, cominar-lhes a pena devida, processá-las e puni-las, se houverem omitido a verdade, é da alçada do Judiciário".[3]

O fundamento dessa decisão de nossa mais alta Corte de Justiça foi, evidentemente, o princípio da separação de Poderes. Sem dúvida, cada um dos ramos em que se divide horizontalmente o Estado exerce, a par de sua função específica, atribuições análogas às dos demais Poderes. Mas essas outras atribuições são sempre ancilares à função própria que a Constituição defere a cada um deles e, em qualquer hipótese, não podem desrespeitar, em seu exercício, as liberdades e direitos fundamentais. Portanto, à falta de uma norma constitucional autorizadora, não pode o Legislativo exercer essas medidas de coerção no curso de inquéritos parlamentares; e, em havendo atribuição constitucional desse poder ao Congresso, o seu âmbito não pode ultrapassar os limites que a própria lei assina, nesse campo, ao Judiciário.

Foi justamente para superar essa dificuldade que a Constituição de 1988 determinou que as comissões parlamentares de inquérito "terão poderes de investigação próprios das autoridades judiciais" (art. 58, § 3º). Os poderes judiciais de investigação não são, bem entendido, os de processar e julgar indiciados e testemunhas.

5. É interessante observar que essa preocupação com o respeito ao princípio de separação de Poderes não parece existir nos Estados Unidos, onde, no entanto, ele teria tido a sua mais cabal consagração.

A razão dessa aparente incongruência reside, sem dúvida, no fato de que a organização do Poder Legislativo, nos Estados Unidos, sofreu profunda influência da tradição inglesa de soberania parlamentar. De um lado, a Câmara dos Comuns é a fonte de todos os poderes governamentais e, de outro, a Câmara dos Lordes é o tribunal supremo do reino. Assim, logo após a criação da federação americana, a Câmara dos Deputados prendeu e julgou, sem intervenção do Judiciário, dois cidadãos acusados de tentativa de corrupção, com base no *common law power of contempt*, considerado como poder implícito do Congresso. Mas, em 1857, o próprio Congresso reconheceu a necessidade de votar uma lei, para vincular explicitamente o exercício dessa coerção parlamentar à função legislativa. Com base nessa lei, a Suprema Corte exige que toda testemunha, intimada a depor perante o Congresso, tenha plenamente asseguradas as suas liberdades constitucionais, tal como ocorre nos processos judiciais.[4]

6. É justamente em razão dessa excepcional atribuição, às comissões parlamentares de inquérito, de poderes normalmente ausentes do órgão legislativo que os diferentes sistemas constitucionais costumam impor requisitos bem precisos à criação de comissões dessa espécie.

Tais limites são de três ordens — de competência, temporais e de conteúdo — em função do duplo objetivo para a reali-

3. *RF* 151/375.

4. John E. Nowak, Ronald D. Rotunda e J. Nelson Young, *Constitutional Law*, 3ª ed., St. Paul, Minn., West Publishing Co., 1986, §§ 7.4 e ss. A lei em questão considera uma infração (*misdemeanor*), punida com multa e prisão, o fato de alguém recusar-se a depor, ou a apresentar documentos, perante uma comissão do Congresso. A jurisprudência exige, para a regularidade da aplicação da pena, que estejam reunidos quatro elementos: 1) a investigação parlamen-

zação do qual são criadas as comissões parlamentares de inquérito: a produção legislativa e a fiscalização dos demais Poderes.

Em primeiro lugar, deve-se salientar que a atividade fiscal ou investigatória das comissões de inquérito há de desenvolver-se no estrito âmbito de competência do órgão dentro do qual elas são criadas. Se se trata de uma comissão do Legislativo federal, p. ex., não pode ela invadir a esfera de competência que a Constituição reservou a Estados ou Municípios. Se a comissão é criada no Senado, ela não poderá investigar irregularidades ocorridas na Câmara dos Deputados.

Em nenhuma hipótese admite-se que a comissão de inquérito usurpe os poderes do Judiciário, ou com ele rivalize.[5]

Demais, as comissões de inquérito são sempre criadas com prazo fixo de duração, como, aliás, se dispõe, expressamente, no art. 58, § 3º, da Constituição em vigor. No Regimento Interno do Senado Federal precisa-se que, "em qualquer hipótese, o prazo da comissão parlamentar de inquérito não poderá ultrapassar o período da legislatura em que for criada" (art. 76, § 4º).

Finalmente, no que tange ao conteúdo, não pode haver inquérito parlamentar para apuração de questões que não sejam de interesse público, ou que careçam de suficiente precisão material.

Quanto à primeira dessas exigências, muito embora a nossa Constituição não a expresse, ao contrário do que sucede com as Constituições italiana e espanhola,[6] ela deve ser tida como implícita na norma do art. 58, relativamente ao trabalho de qualquer comissão parlamentar — permanente ou temporária — mas principalmente com relação às comissões de inquérito, por força dos poderes coercitivos de que dispõem. Seria, assim, inadmissível que se instalasse comissão parlamentar de inquérito para apurar fatos ligados à vida familiar de um cidadão, que não ocupa cargos públicos nem mantém ligações com entidades de Direito Público. Estaríamos, nessa hipótese, diante de um abuso de poder caracterizado.

No tocante ao segundo requisito de conteúdo para a criação de comissões parlamentares de inquérito, qual seja, a precisa determinação da matéria a ser investigada, não é difícil perceber que se trata de exigência diretamente ligada à natureza coercitiva dos poderes de investigação de que desfrutam tais comissões.

Com efeito, enorme seria o risco de abuso de poder parlamentar se uma comissão dessa natureza fosse criada para investigar fatos abstratos, ou situações de contornos indefinidos.

O Legislativo estaria dando a si próprio plenos poderes para inquirir quaisquer pessoas sob pena de condução coercitiva

tar deve estar ligada a uma finalidade legislativa válida; 2) a comissão parlamentar deve ter sido autorizada a realizar o inquérito; 3) a pergunta cuja resposta foi recusada ou os documentos não apresentados devem ser pertinentes ao objeto do inquérito; 4) a recusa de depor ou de produzir os documentos deve ser voluntária.

5. Conforme dispõe o art. 146 do Regimento Interno do Senado Federal, "não se admitirá comissão parlamentar de inquérito sobre matérias pertinentes: a) à Câmara dos Deputados; b) às atribuições do Poder Judiciário; c) aos Estados". Na França, a Ordenação de 17.11.58, sobre o funcionamento das assembléias parlamentares, determinou que "il ne peut être créé de commission d'enquête lorsque les faits ont donné lieu à des poursuites judiciaires et aussi longtemps que ces poursuites sont en cours. Si une commission a déjà été créé, sa mission prend fin dès l'ouverture d'une information judiciaire relative aux faits qui ont motivé sa création".

6. Constituição italiana de 1947, art. 82: "Ciascuna Camera può disporre inchieste *su materie di pubblico interesse*". Constituição espanhola de 1978, art. 76: "El Congreso y el Senado, y, en su caso, ambas Cámaras conjuntamente, podrán nombrar comisiones de investigación *sobre cualquier asunto de interés público*".

ou de prisão, ou para requisitar quaisquer documentos, ou fazer exames e vistorias onde bem entendesse, conforme os interesses pessoais ou partidários dos parlamentares. Os agentes políticos, funcionários públicos, empresas ou cidadãos, sujeitos a tais constrangimentos, não teriam nenhum dado ou parâmetro objetivo, sobre que se fundar, para uma recusa de cumprir ordens emanadas da comissão. A periclitação das liberdades fundamentais seria irrecusável.

É nesse sentido de uma adequada concretização do objeto das investigações que tem sido interpretada, tanto aqui quanto alhures, a exigência de que os inquéritos parlamentares só podem existir "para a apuração de fato determinado", segundo a fórmula constante de nossas Constituições desde 1934.[7] Como enfatizou o Min. José Celso de Mello Filho, quando ainda integrante do Ministério Público paulista, "*somente fatos determinados*, concretos e individuais, ainda que múltiplos, que sejam de relevante interesse para a vida política, econômica, jurídica e social do Estado, são passíveis de investigação parlamentar. Constitui verdadeiro abuso instaurar-se inquérito legislativo com o fito de investigar fatos genericamente enunciados, vagos ou indefinidos".[8]

7. Ora, examinada à luz dessas exigências constitucionais, a Comissão Parlamentar de Inquérito criada no Senado Federal pelo Requerimento 935/91 é manifestamente indefensável.

Em primeiro lugar, na formulação de seu objeto, ela não parece respeitar os óbvios limites de competência, impostos pela organização federal do Estado brasileiro. Pretender investigar "a situação atual da evasão fiscal no País", apurando, especificamente, "seus efeitos na distribuição da carga tributária, no déficit em relação ao PIB e na dívida pública", significa, a toda evidência, ultrapassar os confins da competência tributária federal, para invadir domínio reservado exclusivamente a Estados, Municípios ou ao Distrito Federal.

Desde quando pode um órgão do Legislativo federal ocupar-se — com poderes coercitivos de investigação — do desempenho de outras unidades federadas na arrecadação de tributos que a Constituição lhes atribuiu com exclusividade (arts. 155 e 156)?

Por outro lado, o que significa "a situação atual", com respeito à evasão tributária? É a situação existente no exercício financeiro em que foi criada a Comissão Parlamentar de Inquérito, ou também nos exercícios imediatamente anteriores? Até que exercício passado estender-se-ia, nesta última hipótese, o alcance das investigações? Estaria a Comissão habilitada a apurar, igualmente, o fenômeno da evasão fiscal ocorrente em exercícios posteriores à sua criação, enquanto durasse a legislatura, p. ex.?

Ademais, outra série de dúvidas suscita a expressão "evasão fiscal", utilizada no Requerimento 935/91. Na linguagem jurídica, o qualificativo "fiscal", quando aplicado à atividade do Poder Público, diz respeito ao Fisco, isto é, o Estado investido no poder de tributar: criar e recolher tributos. Ora, o citado requerimento pretende que a Comissão Parlamentar de Inquérito investigue a extensão e profundidade da evasão fiscal no País, "quanto à perda de receita pública, *sobretudo tributária e de contribuições parafiscais, sociais e especiais*".

7. Cf. Pontes de Miranda, *Comentários à Constituição de 1967 com a Emenda n. 1 de 1969*, 2ª ed., t. III/50, São Paulo, Ed. RT, 1970. A jurisprudência alemã tem insistido na *Bestimmtheitserfordernis* como requisito essencial à regularidade de criação de comissões parlamentares de inquérito: cf. Rudolf Wassermann, *Reihe Alternativkommentare* cit., t. 2/143.

8. "Investigação parlamentar estadual: as comissões especiais de inquérito", in *Justitia* 121/150 e ss., órgão do Ministério Público de São Paulo, ano 45, abril-junho/83.

O conceito de "contribuições parafiscais" é totalmente impreciso, porque utilizado como categoria doutrinária (aliás, controvertida), sem definição legal. Quanto à contribuição social, foi ela criada, pela primeira vez, pelo Dec.-lei 1.940/82. Posteriormente, a Lei 7.689, de 15.12.88, instituiu uma contribuição social sobre o lucro das pessoas jurídicas. A Constituição, no art. 149, distingue as contribuições sociais das contribuições de intervenção no domínio econômico e daquelas instituídas no interesse das categorias profissionais ou econômicas, como instrumento de sua atuação nas respectivas áreas. O Requerimento 935, no entanto, não alude a estas últimas, e prefere utilizar a expressão "contribuições especiais", que, a rigor, ninguém sabe o que é.

Mais ainda, menciona-se "a chamada economia informal" na modalidade de "evasão ilícita", mas para distingui-la dos "ilícitos tributários tipificados". É concebível haver alguma ilicitude tributária não tipificada?

8. Por todas essas razões, a criação da Comissão Parlamentar de Inquérito, efetivada pelo Requerimento 935/91 do Senado Federal, parece-me contrariar os princípios e normas da Constituição Federal em vigor.

II — Alcance dos poderes de investigação das comissões parlamentares de inquérito

9. Como foi acima assinalado (n. 6), a atribuição às comissões parlamentares de inquérito dos poderes de investigação próprios das autoridades judiciais, conforme o disposto no art. 58, § 3º, da Constituição de 1988, já constava na Constituição italiana de 1947, seguida nesse particular pela Constituição espanhola de 1978.

A doutrina italiana enfatiza que esses poderes devem ser exercidos nos exatos termos em que a norma constitucional os declara; ou seja, sem restrições nem ampliações. As primeiras, com efeito, representariam uma diminuição das garantias das minorias parlamentares, enquanto as segundas violariam as liberdades fundamentais da pessoa humana.[9]

Se a atribuição de poderes coercitivos de investigação às comissões parlamentares de inquérito representa uma norma exceptiva ao princípio da separação de Poderes, como acima se frisou, essa disposição constitucional deve ser interpretada em sua justa medida: os poderes próprios das autoridades judiciais só podem ser aqueles explicitados na lei.

Onde a lei é omissa ou, *a fortiori*, onde a lei é limitativa, relativamente aos poderes judiciais de inquisição, não há por que cogitar-se de atribuir poder de coerção ao órgão legislativo.

10. Ora, o ofício 14/92, de 14.7.92, do Presidente da Comissão Parlamentar de Inquérito criada no Senado Federal pelo Requerimento 935/91, constitui, para as instituições financeiras e os seus clientes de modo geral, a expressão de um abuso manifesto de poder.

Por meio dele, pretende-se, com a intermediação do Banco Central do Brasil, promover uma devassa em todas as contas correntes bancárias, contas de poupança, contas de aplicação em fundos de investimento ou "das demais aplicações" (sic), bem como nos registros de todas as operações cambiais, entre 1988 e 1991.

A pretensão inquisitória, assim manifestada, excede todos os poderes judiciais, em qualquer instância ou tribunal.

9. Cf. Alessandro Pace, "La formazione delle leggi", in *Commentario della Costituzione a cura di G. Branca*, t. II/365, Bolonha, Zanichelli, e Roma, Foro Italiano, 1979.

Ressalte-se, em primeiro lugar, que a referida Comissão Parlamentar de Inquérito ainda não deu início a nenhum procedimento inquisitório, em boa e devida forma, e, por isso mesmo, não nomeou nenhum indiciado.

Como lembrei acima (n. 3), as comissões parlamentares de inquérito podem exercer tanto uma função de preparação legislativa quanto de fiscalização ou controle. Na primeira hipótese, o procedimento adapta-se à atividade de mera informação do Congresso, por meio de estudos ou pesquisas. Na segunda, o procedimento é inquisitorial, exercendo a comissão poderes coercitivos de investigação. Em razão disso, nesta última hipótese é indispensável nomear desde logo o indiciado ou indiciados, em relação aos quais terá lugar o exercício da coação legal, coação, esta, que poderá estender-se às testemunhas.[10]

O indiciamento exerce, no curso da instrução criminal preliminar — que entre nós é atribuição da polícia judiciária — uma clara função de garantia das liberdades. Aliás, no Direito italiano, ele se chama, justamente, *aviso di garanzia*. Por meio dele, o indiciado toma conhecimento oficial de que o inquérito foi aberto, para apuração de uma infração penal, de cuja autoria ele é suspeito. Por isso mesmo, o Código de Processo Penal exige que, nos crimes de ação pública, o requerimento de abertura do inquérito policial contenha "a narração do fato, com todas as circunstâncias", bem como "a individualização do indiciado ou seus sinais característicos e as razões de convicção ou de presunção de ser ele o autor da infração, ou os motivos da impossibilidade de o fazer" (art. 5º, § 1º). Desse mesmo requerimento deve constar a nomeação de testemunhas, contra as quais pode, então, ser exercida a coerção policial.

Não é demais relembrar, por outro lado, que as medidas assecuratórias, determinadas pelo juiz criminal (CPP, arts. 125 e ss.), tal como o seqüestro dos bens adquiridos com os proventos da infração, supõem, pelo menos, o prévio indiciamento em inquérito policial.

Em suma, o Poder Judiciário e, com maioria de razão, a autoridade policial não podem exercer nenhuma coerção, para efeito de investigação ou de prova, antes do formal indiciamento ou da aceitação de denúncia ou queixa crime contra pessoa determinada. Um constrangimento dessa natureza representaria, claramente, violência ou abuso de poder, contra o qual o paciente teria *habeas corpus*.

Ora, a norma do art. 2º da Lei 1.579/52, ao enunciar os poderes investigatórios das comissões parlamentares de inquérito, está, evidentemente, pressupondo a abertura de um procedimento inquisitório, pois fala em "ouvir os indiciados" e em "inquirir testemunhas sob compromisso".

E é exatamente nesse sentido que deve ser lida e entendida a norma constante do art. 38, § 3º, da Lei 4.595, de 31.12.64. As comissões parlamentares de inquérito, no exercício de sua competência fiscalizatória, "obterão as informações de que necessitarem" — note-se bem: as informações necessárias, e não as que julgarem simplesmente úteis ou convenientes — das instituições financeiras indiciadas, ou daquelas nas quais mantenham contas ou relações contratuais as pessoas indiciadas.

Ora, no momento em que foi decidida a medida objeto do citado ofício 14/92 e, ao que parece, até o momento em que escrevo estas linhas, a Comissão Parlamentar de Inquérito ainda não individualizou nenhum indiciado ou suspeito de evasão fiscal ilícita. De qualquer forma, seria uma rematada sandice imaginar que todas as instituições financeiras do País e a totali-

10. Aliás, no procedimento de pesquisa legislativa não há testemunhas, e sim informantes. A existência de testemunhas supõe uma acusação latente contra alguém, a qual constitui o indiciamento.

dade de seus clientes pudessem vir a ser indiciados em globo num inquérito parlamentar...

11. Por outro lado, ainda que a referida Comissão Parlamentar de Inquérito houvesse indiciado alguma instituição financeira, ou algum cliente de instituição financeira em particular, pelo ilícito de evasão fiscal, a medida pretendida — devassa universal de contas bancárias — seria manifestamente excessiva e ilegal.

A mesma Lei 4.595 assentou a regra do sigilo bancário, que deve ser criteriosamente observado pelo Poder Judiciário: "As informações e esclarecimentos ordenados pelo Poder Judiciário, prestados pelo Banco Central da República do Brasil ou pelas instituições financeiras, e a exibição de livros e documentos em juízo, se revestirão sempre do mesmo caráter sigiloso, só podendo a eles ter acesso as partes legítimas na causa, que deles não poderão servir-se para fins estranhos à mesma" (art. 38, § 1º).

Como pode uma comissão parlamentar de inquérito pretender desvendar — supondo-se ser isso tecnicamente possível — a totalidade das contas bancárias mantidas por todas as instituições financeiras que operam no Brasil, quando o Poder Judiciário está formalmente proibido de fazê-lo em relação a uma só instituição financeira, ainda que indiciada em inquérito policial, ou ré em processo crime?[11]

A atribuição constitucional às comissões parlamentares de inquérito dos "poderes de investigação próprios das autoridades judiciais", vale repetir, importa, em si mesma, uma óbvia limitação de grau: aqueles órgãos legislativos não têm poderes superiores aos que competem ao Judiciário, em qualquer circunstância.

III — Conclusão

As razões acima expostas parecem-me mais do que bastantes a fundamentar a conclusão de que:

1. A criação, no Senado Federal, da Comissão Parlamentar de Inquérito, pelo Requerimento 935/91, em virtude do caráter genérico e indefinido de seu objeto, viola a norma constante do art. 58, § 3º, da Constituição Federal.

2. A pretensão de referida Comissão de Inquérito, manifestada pelo ofício 14/92, de 14.7.92, de promover uma devassa global de todas as contas bancárias mantidas pelas instituições financeiras que operam no País, sem indiciamento de ninguém e sem respeito à regra de sigilo, imposta até mesmo ao Poder Judiciário, representa patente abuso de poder.

São Paulo, 28 de abril de 1993.

11. Examinando a questão da quebra do sigilo contábil de empresas mercantis em geral por comissões parlamentares de inquérito, o saudoso Min. Nélson Hungria teve ocasião de lembrar que, "no caso dos livros comerciais, cuja inacessibilidade é a regra, só mediante prévia lei criando uma nova exceção ao art. 17 do Código Comercial poderia devassá-los a Comissão Parlamentar de Inquérito, que não é um poder *a legibus solutus*" (e muito menos *a lege maiore solutus*, acrescento eu). Cf. "O segredo em torno da escrituração mercantil", *Revista Brasileira de Criminologia e Direito Penal* 10/141, ano III (nova fase), julho-setembro/65.

CONCESSÃO DE DIREITO REAL DE USO — CONCESSÃO, PERMISSÃO E AUTORIZAÇÃO DE SERVIÇO PÚBLICO E EMPRESAS ESTATAIS PRESTADORAS DE SERVIÇO PÚBLICO

EROS ROBERTO GRAU
Professor Titular da Faculdade de Direito da Universidade de São Paulo

A Companhia do Metropolitano de São Paulo — METRÔ encaminhou-me a seguinte

CONSULTA

A Lei estadual 7.853, de 8.5.92, dispõe sobre o regime de concessão de obras públicas, de concessão e permissão de serviços públicos no Estado de São Paulo.

A normatividade introduzida pelo texto legal suscita algumas questões novas, de cujo deslinde decorrerão relevantes conseqüências no que tange à administração dos transportes metropolitanos.

Assim, consideradas as circunstâncias abaixo relatadas, paralelamente à enunciação de cada quesito, passamos a indagar o quanto segue.

1º. A prestação dos serviços de transporte metropolitano foi outorgada a empresas privadas, mediante licitação, pelo termo de cinco anos, sob permissão, prevendo o Regulamento do Serviço de Transporte Coletivo de Passageiros na Região Metropolitana da Grande São Paulo (Dec. 24.675/86, alterado pelo Dec. 27.436/87) a possibilidade de renovação desse prazo. Tais permissões resultaram tacitamente prorrogadas.

Considerado o disposto nos arts. 1º e 2º das "Disposições Transitórias" da Lei 7.835/92, indaga-se:

a) Admitido que tais permissões possam ser tidas como válidas, em decorrência da tácita prorrogação de seu prazo por cinco anos, aquelas cujo segundo qüinqüênio não se completou poderão simplesmente ser convertidas em concessões, independentemente de prévia licitação? Ou, pelo contrário, deverá a Secretaria dos Transportes Metropolitanos, revendo-as e as adaptando, sujeitá-las, ao transformá-las em concessões, a prévia licitação?

2º. O parágrafo único do art. 3º da Lei 7.835/92 prevê ato próprio ou delegação do Governador do Estado definindo o objeto, área de atuação, prazo e demais diretrizes que deverão ser observadas no edital de licitação e do contrato.

Indaga-se:

b) O preceito aplica-se exclusivamente à definição de novos serviços que possam vir a ser delegados ou alcança também a revisão das permissões dos serviços de transporte coletivo por ônibus outorgadas anteriormente à vigência da Lei 7.835/92?

c) Impõe-se, em qualquer hipótese, a edição de decreto regulamentando a concessão desses serviços ou autorizando a Secretaria dos Transportes Metropolitanos a fazê-lo? Ou bastará, em cada caso, despacho do Governador atendendo às especificações do preceito?

3º. Entre as hipóteses de dispensa de licitação enunciadas no art. 4º da Lei 7.835/92 não se inclui a da contratação de entidades paraestatais, a que respeita o art. 24, IX, da Lei estadual 6.544/89. O art. 7º da Lei 7.835/92 determinou a aplicação subsidiária da Lei 6.544/89 apenas aos contratos de concessão de serviço público.

De outra parte, o § 1º do art. 9º da Lei 7.835/92 excepcionou a regra da vedação da subconcessão parcial ou total do serviço "quando feita por entidade da Administração descentralizada".

Indaga-se:

d) É juridicamente possível a outorga de concessão a empresas estatais, seja no que tange aos serviços que a elas estavam atribuídos na data da vigência da Lei 7.835/92, seja no que concerne a outros que, no futuro, venham a ser objeto de concessão?

e) A contratação dessas empresas estatais pode ser feita, com fundamento no § 1º do art. 4º da Lei 7.835/92 (impossibilidade de competição), sem prévia licitação?

f) O preceito inscrito no § 1º do art. 9º da Lei 7.835/92 aplica-se também aos serviços que apenas no futuro venham a ser concedidos a entidades da Administração descentralizada?

g) A contratação de subconcessão com empresa privada está sujeita a prévia licitação?

4º. O art. 14 do Dec. 24.675/86, que regulamenta os serviços de transporte coletivo na Região Metropolitana da Grande São Paulo, prevê a *autorização* como modalidade de delegação da operação de linhas de ônibus em situações de emergência, o que atende à especificidade dos serviços.

De outra parte, além do serviço chamado *regular* de transporte coletivo por ônibus, executa-se-o também *sob o regime de fretamento*, serviço disciplinado pelo Dec. estadual 19.835/82 e alterações posteriores. Tais serviços são autorizados pela Secretaria dos Transportes Metropolitanos, não sendo, porém, eles entendidos como atividade pública típica.

Indaga-se:

h) A Lei 7.835/92 veda a outorga desse tipo de *autorização*, ou, pelo contrário, poderá ele ser praticado, excepcionalmente, no seu regime?

i) A Lei 7.835/92 aplica-se aos serviços de transporte por ônibus sob regime de fretamento?

5º. O art. 8º, XVIII, da Lei 7.835/92 define como cláusula essencial do contrato de concessão de serviço público a que estipule critérios para a fixação de valores provisórios para indenização, nos casos de encampação ou resgate, situação descrita no art. 24 do texto legal.

No caso da concessão do serviço de transporte coletivo por ônibus, contudo, apenas o serviço seria encampado ou resgatado, o que importa a inexistência de propriedade do concessionário a ser transferida ao poder concedente.

Indaga-se:

j) O fato de a matéria referida no inc. XVIII do art. 8º da Lei 7.835/92 consubstanciar cláusula essencial do contrato de concessão de serviço público torna impositiva, ainda nas circunstâncias acima apontadas, a sua inclusão nos contratos que tenham por objeto a concessão de serviço público de transporte coletivo por ônibus?

6º. O parágrafo único do art. 11 da Lei 7.835/92 permite o estabelecimento, pelo poder concedente, em favor do concessionário, de fontes acessórias de receitas, as quais deverão ser consideradas de modo a assegurar a modicidade da tarifa.

Indaga-se:

k) Inclui-se entre essas fontes acessórias de receitas a exploração de publicidade? Nesse caso, deverá ela ser objeto de autorização concedida pelo poder concedente?

7º. É sabido que empresas estatais cogitam da possibilidade de contratar parcerias com grupos econômicos privados, a fim de que estes realizem obras públicas (corredores de ônibus e/ou obras de renovação urbana, *v.g.*) mediante a percepção de concessão de uso de áreas não utilizadas para fins públicos.

Indaga-se:

l) Aplica-se a tais contratos de parceria a Lei 7.835/92, estando essas contratações sujeitas a licitação? Não se verificaria, no caso, inviabilidade de competição (inexistência, em tese, de obra pública a contratar, visto que seria ela paga pela iniciativa privada, apenas sob a supervisão do Poder Público)?

8º. A Lei 1.492/77, art. 4º, deu à EMTU concessão exclusiva para os serviços de transporte de passageiros no Sistema Metropolitano de Transportes Urbanos.

Indaga-se:

m) Teria a EMTU, por força da Lei 7.450/91 (art. 2º, II, *c*), que deu à Secretaria de Transportes Metropolitanos poderes para outorgar concessões daqueles serviços, perdido a concessão para o transporte de passageiros, inclusive sobre pneus, que é o principal fundamento de sua criação?

n) Se respondida afirmativamente a questão anterior, qual a competência atual da EMTU?

PARECER

I — Posição da questão

1. A Lei estadual 7.835, de 8.5.92, dispõe, nos termos de sua ementa, sobre "o regime de concessão de obras públicas, de concessão e permissão de serviços públicos e dá providências correlatas". Essa matéria passa a ser regulada, no Estado de São Paulo, pelas disposições dela constantes, mais o quanto dispuserem os regulamentos a cada tipo de serviço ou obra aplicáveis, os editais de licitação e respectivos contratos e atos de permissão (cf. art. 1º).

A normatividade introduzida pelo texto legal, efetivamente, como observado na consulta, suscita inúmeras questões, seja no que tange ao instituto da concessão de obra, cuja prática consubstanciará uma experiência nova entre nós, seja no que respeita aos institutos, que tradicionalmente pratica a Administração, da concessão e da permissão de serviços públicos. Talvez por isso mesmo, porque trata em um só conjunto normativo de instituto novo, a experimentar, e de instituto tradicionalmente utilizado como instrumental da prestação de serviços públicos, surjam essas questões. O fascínio do novo terá importado, na elaboração do projeto de lei, recusa do quanto poderia ter sido aportado pela experiência dos que conhecem o dinamismo das relações estabelecidas entre poder concedente e, especialmente, permissionários de serviços públicos.

2. Ao lado disso, impõe-se observarmos que lei estadual também recente — a Lei

7.450, de 16.7.91 — criou a Secretaria de Estado dos Transportes Metropolitanos, à qual incumbe, nos termos do seu art. 2º, II, *c*, a "outorga de concessões, permissões e autorizações dos serviços, sua fiscalização e a fixação das respectivas tarifas, nos termos da legislação vigente".

Os serviços de que se trata são os de transporte público de passageiros para as regiões metropolitanas, transportes metropolitanos, como se verifica do disposto no art. 2º da Lei 7.450/91.

3. As 12 primeiras questões propostas na consulta, bem assim a derradeira delas, decorrem das inovações normativas introduzidas pela Lei 7.835/92.

Já, as duas últimas decorrem do quanto dispõe a Lei estadual 7.450/91, absolutamente nenhuma relação guardando com a Lei 7.835/92.

4. Inúmeras e diversificadas entre si as questões propostas, devo inicialmente introduzir algumas observações cuja consideração parece-me indispensável à adequada compreensão do próprio objeto da consulta.

Assim, de pronto cogito do uso das palavras *concessão* e *permissão*, o que me permitirá as soluções a serem conferidas aos três primeiros quesitos propostos na consulta.

A seguir abordarei o tema relacionado à situação jurídica em que se colocam as empresas estatais prestadoras de serviços públicos, o que, por sua vez, iluminará as respostas a serem dadas aos quatro quesitos seguintes. Na seqüência de minha exposição deitarei atenção aos temas da autorização de serviço público, das fontes acessórias de receita, da concessão de direito real de uso e da situação da EMTU.

II — As palavras "concessão" e "permissão"

5. Toda e qualquer linguagem consubstancia, sempre, um sistema ou conjunto de *símbolos convencionais.*[1]

Isso significa que não há nenhuma relação necessária entre as *palavras* (de um lado) e os *objetos*, *circunstâncias*, *fatos ou acontecimentos* (de outro) em relação aos quais as palavras cumprem suas múltiplas funções.[2]

As palavras — observou Hospers[3] — são como rótulos que colocamos nas coisas, para que possamos falar sobre elas: "Qualquer rótulo é conveniente na medida em que nos ponhamos de acordo com ele e o usemos de maneira conseqüente. A garrafa conterá exatamente a mesma substância, ainda que coloquemos nela um rótulo distinto, assim como a coisa seria a mesma ainda que usássemos uma palavra diferente para designá-la".[4] Podemos apor rótulos convencionais sobre determinadas garrafas ou fazê-lo de modo arbitrário. Optando

1. V. meu *Direito, Conceitos e Normas Jurídicas*, São Paulo, Ed. RT, 1988, pp. 56 e ss.

2. Genaro Carrió, *Notas sobre Derecho y Lenguage*, 2ª ed., Buenos Aires, Abeledo-Perrot, 1979, p. 91.

3. *Apud* Agustín Gordillo, *Princípios Gerais do Direito Público*, trad. de Marco Aurélio Grecco, São Paulo, Ed. RT, 1977, p. 2.

4. De outra forma disse-o Shakespeare, na voz poética de Julieta: "What's in a name? That which we call a rose / by any other name would smell as sweet" ("Romeo and Juliet", act II, scene II, in *The Tragedies of Shakespeare*, v. 1/302, Nova York, Randon House, s/d). A alusão à voz de Julieta enseja a lembrança de outro personagem literário, Guilherme de Baskerville, no discurso sobre a tese dos teólogos imperiais: "Deus dissera a Adão para não comer da árvore do bem e do mal, e essa era a lei divina; mas depois o autorizara — o que estou dizendo?, encorajara-o a dar nomes às coisas, e sobre isso tinha deixado livre o seu súdito terrestre. De fato embora alguns, nos nossos tempos, digam que *nomina sunt consequentia rerum*, o livro do *Gênesis* é contudo bastante claro sobre esse ponto: Deus levou ao homem todos os animais para ver como

pela segunda alternativa, da sua adoção não resultará nenhuma alteração no conteúdo do continente arbitrariamente rotulado. Apenas, se o nosso propósito não for o de instalar, no mínimo, a confusão, cumpre-nos deixar bem esclarecido aos seus potenciais usuários quais conteúdos encontrarão em cada uma delas.

Assim com as palavras. Se não as tomarmos com a significação usual, cumpre-nos informar aos nossos ouvintes ou leitores os sentidos que lhes atribuímos. Ainda segundo Hospers,[5] "qualquer um pode usar o ruído que quiser para se referir a qualquer coisa, contanto que esclareça o que designa o ruído em questão".

6. Sendo a linguagem, assim, um sistema ou conjunto de vocábulos convencionais, os significados das palavras ou expressões lingüísticas dependem sempre de uma *convenção*.

A convenção — observa Carrió[6] — pode ser *explícita e "ad hoc"* ou *tácita e geral*. Aí, no primeiro caso, as linguagens artificiais; no segundo, as linguagens naturais.

Além disso, a convenção pode conduzir a *definições léxicas* (aquelas que recolhem os significados, sempre imprecisos, na linguagem natural) ou a *definições estipulativas* (as que se sustentam sobre as regras precisas de uso das palavras, da linguagem artificial).

No uso da linguagem jurídica — estou me valendo, ainda, da exposição de Carrió[7] — lançamos mão de palavras e expressões da linguagem natural ou definíveis em termos dela. Tomamos os termos de que fazemos uso da linguagem natural, até porque não praticamos o hábito — ou isso não nos é permitido — de cunhar palavras novas para expressar determinados significados, hábito desenvolvido pelos especialistas de outros ramos do conhecimento.[8]

Daí por que a linguagem jurídica apresenta zonas de penumbra e é, atual ou potencialmente, vaga e imprecisa.[9]

Tanto quanto a linguagem natural, portanto, a linguagem jurídica — que naquela vai se nutrir — apresenta uma textura aberta, nela proliferando o que refere Hohfeld[10] como palavras "camaleão", que constituem um perigo tanto

os chamaria, e qualquer que fosse o modo como o homem tivesse chamado a cada ser vivente, esse deveria ser o seu nome. E embora certamente o primeiro homem tivesse sido muito cuidadoso ao chamar, em sua língua edênica, cada coisa e animal segundo a sua natureza, isso não impede que ele exercitasse uma espécie de direito soberano ao imaginar o nome que, a seu ver, melhor correspondia àquela natureza. Porque, de fato, é agora sabido que diferentes são os nomes que os homens impõem para designar os conceitos, e iguais para todos são apenas os conceitos, signo das coisas. Assim que certamente vem a palavra *nomen* de *nomos*, ou seja, lei, visto que justamente os *nomina* são dados pelos homens *ad placitum*, isto é, por livre e coletiva convenção" (Umberto Eco, *O Nome da Rosa*, 3ª ed., trad. de Aurora Fornoni Bernardini e Homero Freitas de Andrade, Rio, Nova Fronteira, 1983, p. 403).

5. *Apud* Agustín Gordillo, ob. cit., p. 4.
6. Ob. cit., pp. 91 e 92.
7. Idem, p. 49.
8. "Pocos, o quizás ninguno, de los términos de nuestro vocabulario jurídico han sido siempre términos técnicos. La licencia que el científico se toma al acuñar palabras nuevas le está negada a los juristas por la naturaleza misma de las cosas. Los juristas tienen que tomar sus términos del lenguage popular; gradualmente, las palabras así tomadas son definidas; a veces, una palabra continúa teniendo un sentido técnico para los juristas y un significado distinto y más vago para los leigos; a veces, la palabra que los primeros han adoptado es abandonada por los últimos" (Pollock e Mattland, *apud* W. N. Hohfeld, *Conceptos Jurídicos Fundamentales*, trad. de Genaro Carrió, Buenos Aires, Centro Editor de América Latina S/A, 1968, p. 36, nota 19).
9. Cf. ainda Carrió, ob. cit., p. 55.
10. *Conceptos Jurídicos Fundamentales* cit., pp. 45 e 46.

para o pensamento claro como para a expressão lúcida.

Assim, *ambigüidade* e *imprecisão* são marcas características da linguagem jurídica. Manifesta-se a primeira em virtude de as mesmas palavras, em diversos contextos, designarem distintos objetos, fatos ou propriedade. A mesma palavra, em contextos diversos, *conota* sentidos distintos. Algumas palavras, em estado de dicionário — imagem drummondiana — *denotam* inúmeras referências ou designações. Quando, todavia, elas são desprendidas do dicionário e passam a ser usadas em um texto, não é mais a sua carga *denotativa*, o seu espectro referencial possível, porém o sentido sob o qual foram usadas que conta. Cumpre ver, pois, que uma palavra com largo arco de denotação (extensão) *conota* sentidos diversos, em distintos contextos (isto é, compreende distintas *intenções*). Por isso é imprescindível, se desejarmos determinar qual o sentido (intenção), entre os inúmeros possíveis, sob o qual a palavra está sendo usada, aqui ou ali, descobrirmos qual a sua *conotação*, aqui ou ali, neste ou naquele contexto.[11]

Aqui nos importa diretamente o problema da *ambigüidade* das palavras que comparecem na linguagem jurídica.[12] E a ele faço alusão — recordando que a textura aberta da linguagem jurídica decorre precisamente do fato de nutrir-se ela (linguagem jurídica) da linguagem natural, na qual tais fenômenos se manifestaram (e relembre-se, ainda, que as palavras e expressões da linguagem natural têm significado convencional tácito e geral) — enfatizando o fato de que, como observa Karl Larenz,[13] a linguagem jurídica deve ser considerada como um "jogo de linguagem", no sentido que a essa expressão atribuiu Wittgenstein. O papel das palavras neste "jogo" não é captável mediante uma definição, visto que, ao defini-las, estaremos a nos remeter ao seu significado em um outro "jogo de linguagem". O papel delas, *no* jogo de linguagem, nestas condições, só poderá ser desvendado na medida em que passemos a participar do mesmo jogo. Desta *participação no jogo* decorre a possibilidade de *compreendermos* a linguagem jurídica, o que importa que, de fato, as palavras e expressões jurídicas ganhem, na linguagem jurídica, sentidos mais precisos do que aqueles que têm na linguagem usual.

7. A Lei 7.835/92 refere, já no seu art. 1º, *concessão* e *permissão* de serviços públicos.

A *concessão de serviço público* é definida, nos termos do inc. III do seu art. 2º, como "a *delegação contratual*, a empresa individual ou coletiva ou a consórcio de empresas, da *prestação de serviço público*, por sua conta e risco e por prazo certo, remunerada basicamente pela cobrança de tarifas dos usuários" (grifei). A expressão designa, no "jogo de linguagem" da Lei 7.835/92, a modalidade mais forte, em favor de particular, de descentralização da execução de serviços públicos; ato parcialmente contratual, é outorgada por tempo determinado e a discricionariedade da Administração, nela, é extremamente reduzida.

11. V. José Joaquim Gomes Canotilho, *Constituição Dirigente e Vinculação do Legislador*, Coimbra, Coimbra Editora, 1982, pp. 429 e ss.

12. Quanto à *imprecisão*, decorre de fluidez de certas palavras, cujo limite de aplicação é impreciso. Buscando exemplos na linguagem comum, aí teremos os vocábulos *jovem*, *alto*, *calvo*. Transcrevendo Carrió (ob. cit., pp. 31 e 32): "há casos centrais e típicos, frente aos quais ninguém vacilaria em aplicar a palavra, e casos claros de exclusão, em relação aos quais ninguém duvidaria em não usá-la. Mas no meio há uma zona mais ou menos ampla de casos possíveis frente aos quais, quando se apresentam, não sabemos o que fazer".

13. *Methodenlehre der Rechtswissenschaft*, 5ª ed., Berlim, Springer-Verlag, 1983, p. 83.

A *permissão de serviço público* é definida, nos termos do inc. IV do art. 2º ainda da Lei 7.835/92, como "*a delegação unilateral, discricionária e precária*, a empresa individual ou coletiva ou a consórcio de empresas, da *prestação de serviço de utilidade pública*, por sua conta e risco, remunerada por tarifa cobrada dos usuários, feita em situações excepcionais, caracterizadas pela urgência" (grifei). A expressão designa, no "jogo de linguagem" da Lei 7.835/92, modalidade de descentralização da execução, em favor de particular, de *serviço de utilidade pública*; aqui se cuida de ato não contratual, porém *unilateral, precário e discricionário*.

A alusão desse art. 2º, IV, a "serviço *de utilidade pública*" em lugar de "serviço *público*" parece inteiramente injustificada, mesmo porque os arts. 33 e 34 da lei mencionam como de *serviço público* a permissão "feita em situações excepcionais, caracterizadas pela urgência".

O que desejo deixar bem vincado, neste ponto, é (1º) o fato de o inc. IV do art. 2º da Lei 7.835/92 não revelar enunciado semântico específico em relação ao objeto delegado (isto é, *serviço de utilidade pública*, neste contexto, é sinônimo de *serviço público*) e (2º) a circunstância de, no "jogo de linguagem" da mesma Lei 7.835/92, *permissão de serviço público* designar ato *unilateral, discricionário* e *precário*.

8. Já, no "jogo de linguagem" do Regulamento do Serviço de Transporte Coletivo de Passageiros na Região Metropolitana da Grande São Paulo (Dec. 24.675/86, alterado pelo Dec. 27.436/87), o vocábulo *permissão* (dos serviços metropolitanos de transporte coletivo regular de passageiros, por ônibus, na Região Metropolitana da Grande São Paulo), vocábulo ambíguo, assume diversa significação.

E isso porque, diz o decreto, (a) "a permissão será outorgada por prazo de até 5 (cinco) anos" (art. 13, § 1º), (b) "a empresa permissionária deverá, seis meses antes do prazo da permissão, manifestar seu interesse em renová-la, cabendo à Secretaria dos Negócios Metropolitanos decidir da conveniência da renovação, considerado neste caso o conjunto das permissões" (art. 13, § 2º), e (c) "a permissão não será renovada, porém, se a empresa interessada estiver em débito decorrente de multas impostas nos termos deste Regulamento". E mais: (d) ainda que a Administração possa a qualquer tempo alterar unilateralmente as condições da permissão, deverá manter o seu equilíbrio econômico-financeiro (art. 17), (e) a transferência da permissão do serviço é admitida, embora dependa da prévia e expressa anuência da Administração (art. 18) e (f) a intervenção no serviço é admitida apenas para garantir a sua continuidade (art. 81, exigindo seu § 1º que do termo de permissão conste que a empresa permissionária dá sua expressa aquiescência a que a Administração retome a execução dos serviços, nos termos do *caput*).

9. Estamos seguramente, aqui, diante do que em ocasiões anteriores designei *permissões diferenciadas*.[14] Nelas, além do *termo determinado de duração fixado*, o caráter discricionário é relativizado: a delegação, do serviço, assume caráter *parcialmente contratual, não é precária* e as margens de discricionariedade praticáveis pela Administração, quanto a ela, são estreitas.

E, mais do que isso, para o que ora importa considerarmos, o permissionário há direito — ainda que observado o disposto nos §§ 2º e 3º do art. 13 do Dec. 24.675/86, alterado pelo Dec. 27.436/87 — à renovação da *permissão*.

14. V. meu "Permissões de transporte coletivo rodoviário", *RDP* 77/105, e meus pareceres publicados in *RT* 569/36 e 37 e 572/39 e 40.

Assim, a *prorrogação tácita* dessas *permissões*, que resultaria juridicamente impossível no regime da Lei 7.835/92, surte efeitos jurídicos plenos de validade no regime do aludido Dec. 24.675/86. O silêncio da Administração, na hipótese, excepcionalmente produz efeitos, desde que seis meses antes do vencimento do prazo da permissão o permissionário tenha manifestado seu interesse em renová-la (cf. § 2º do art. 13 do decreto).

É óbvio que isso seria juridicamente impossível no regime da lei nova, visto que, no seu "jogo de linguagem", *permissão de serviço público* é *delegação precária* da prestação do serviço, de onde a inexistência de prazo a ser renovado.

10. Temos, desta sorte, bem definido que as permissões de que cuidamos, tacitamente prorrogadas, tal como referido na consulta e imediatamente acima ressalvado, poderão — deverão, aliás — ser convertidas em concessões, independentemente de prévia licitação, com prazo a vencer na data em que venceria a renovação tácita da permissão. Da validade das prorrogações decorre o direito, dos permissionários sob o regime do Dec. 24.675/86, ao quanto dispõe o art. 2º das "Disposições Transitórias" da Lei 7.835/92; apenas deverá a Administração proceder à sua revisão, a fim de adequar essas *permissões diferenciadas* aos termos da Lei 7.835/92.

Assim, não há que se cogitar, na hipótese, de licitação. E, como *permissão de serviço público* é, no "jogo de linguagem" e regime da Lei 7.835/92, *delegação unilateral*, *discricionária e precária* da prestação do serviço, a Administração, ao proceder à revisão de tais *permissões diferenciadas*, deverá adequá-las aos termos da lei, tratando-as como *concessões de serviço público*, pelo prazo de prorrogação tácita de permissão que restar, independentemente — repita-se — de licitação.

11. Solução assim conferida ao primeiro quesito proposto na consulta, ainda neste apartado cumpre deitarmos atenção aos dois outros que lhe seguem.

Diz o parágrafo único do art. 3º da Lei 7.835/92 que "o Governador do Estado, mediante ato próprio ou por delegação, definirá o objeto, a área de atuação, o prazo e as diretrizes que deverão ser observadas no edital de licitação e no contrato, inclusive as situações de eventual ocorrência de subconcessão de serviços".

O preceito aplica-se, por completo, exclusivamente à definição de novos serviços que possam vir a ser delegados. Quanto à revisão das permissões diferenciadas dos serviços de transporte coletivo por ônibus outorgadas anteriormente à vigência da Lei 7.835/92, evidentemente (a) não deverá haver licitação e, portanto, edital de licitação e (b) o objeto, a área de atuação e o prazo da concessão já estão definidos em cada permissão tacitamente prorrogada; cumpriria ao Governador do Estado apenas definir as diretrizes que deverão ser observadas no contrato, sendo certo que não se manifesta, no caso, situação de subconcessão dos serviços.

É certo, por outro lado, que em qualquer caso poderá o Governador do Estado, para os serviços de que se cuida, autorizar o Secretário dos Transportes Metropolitanos a estipular as definições mencionadas no parágrafo único do art. 3º da Lei 7.835/92; ou poderá, como mencionado no quesito, exarar despacho, o Governador, atendendo às especificações do preceito. Não obstante, parece-me conveniente — e a prudência o recomenda — seja reformulado o Regulamento do Serviço de Transporte Coletivo de Passageiros na Região Metropolitana da Grande São Paulo (Dec. 24.675/86, alterado pelo Dec. 27.436/87), compatibilizando-se-o à lei nova. Isso sem embargo de, imediatamente, o Governador do Estado ou o Secretário dos Transportes Metropolitanos, autorizado por aquele, procederem nos termos acima indicados, seja em relação aos novos serviços que possam vir a ser delegados, seja, restritamente, nos termos acima indicados, no que tange às revioões das permissões diferenciadas de que se cuida.

III — A situação jurídica das empresas estatais prestadoras de serviços públicos

12. Tema de todo relevante, atinente à situação jurídica das empresas públicas e das sociedades de economia mista prestadoras de serviços públicos — da generalidade das empresas estatais, em rigor — é o pertinente à qualificação ou não qualificação delas como concessionárias ou permissionárias de serviço público. A essa questão dediquei atenção especial em meu *A Ordem Econômica na Constituição de 1988 (Interpretação e Crítica)*.[15]

Em oportunidades anteriores[16] insisti, reiteradamente, em que as empresas estatais prestadoras de serviço público — empresas públicas e sociedades de economia mista — ocupariam a situação de concessionárias desses serviços.[17] Esse entendimento, reformulei-o, visto que tais empresas, em verdade, são *delegadas* e não *concessionárias* de serviço público.

Da leitura do que dispõe o art. 175 do texto constitucional extraem-se algumas verificações.

Em primeiro lugar, o concessionário do serviço está sujeito a regime determinado, que supõe a celebração de contrato, dotado de caráter especial. Vale dizer: a concessão supõe a *adesão voluntária* de um sujeito (o concessionário) à relação jurídica de concessão. Ainda que hoje se coloque sob vigorosa contestação o caráter contratual do instituto da concessão, visto que a relação se formaliza mediante a imposição, pelo poder concedente, de um certo número de cláusulas regulamentares, suportadas por ele, concessionário, a celebração desse contrato expressa a aceitação, pelo concessionário, de capacidade para o exercício da atividade de serviço público, capacidade que lhe é atribuída pelo poder concedente.

As empresas estatais, no entanto, não celebram nenhum *contrato de concessão* com o Estado; não manifestam adesão à situação de concessionárias: são constituídas visando à prestação do serviço. Ocupam a situação de prestadoras de serviço público não em decorrência de manifestação de vontade própria em aceitar atribuição de capacidade para o exercício da atividade, porém em decorrência de imposição legal. Para tanto foram criadas, como extensões do Estado.

Assim não se estabelece, quanto às funções nas quais são investidas, nada, absolutamente nada, que corresponda à prorrogação de contrato e às condições de caducidade, fiscalização ou rescisão da concessão.[18]

Em segundo lugar, da análise do preceito constitucional verifica-se também que o concessionário é beneficiado pela estipulação legal de política tarifária. Vale dizer: à capacidade de exercício do serviço atribuída ao concessionário adere um direito à remuneração por tal exercí-

15. 2ª ed., São Paulo, Ed. RT, 1991, pp. 157 e ss.

16. *V.g.*, "Desistência de desapropriação de ações", *RT* 587/46 e 47; "Lucratividade e função social nas empresas sob controle do Estado", *RDM* (*Revista de Direito Mercantil*) 55/51, nota 31.

17. No mesmo sentido, Marcello Caetano, *Manual de Direito Administrativo*, t. II/1.015; D. Linotte e A. Mestre, *Services Publics et Droit Public Économique*, t. 1/299, Paris, Librairies Téchniques, 1982; Celso Antônio Bandeira de Mello, *Prestação de Serviços Públicos e Administração Indireta*, pp. 28, 96, 101, 132 e 133; Hely Lopes Meirelles, *Direito Administrativo Brasileiro*, 9ª ed., São Paulo, Ed. RT, 1982, p. 312.

18. V. o próprio art. 175 da CF.

cio, em condições de equilíbrio econômico-financeiro. Às empresas estatais prestadoras de serviço público não assiste, contudo, direito à percepção de remuneração pela prestação do serviço, em condições de equilíbrio daquele tipo. Pode inclusive o Estado (o poder concedente) sujeitá-las a regime de atuação deficitária — o que ocorre com freqüência — fixando as remunerações que lhes devem ser pagas pelos usuários dos seus serviços em níveis inferiores aos que seriam necessários à reposição dos custos da prestação dos serviços. Neste caso — que, repita-se, ocorre com freqüência e dá ensejo à realimentação do velho discurso segundo o qual as empresas estatais são ineficientes — essas remunerações resultam subsidiadas, responsabilizando-se o Estado pela cobertura dos seus déficits.

Em terceiro lugar, do exame do mesmo art. 175 apura-se que a concessão, tal qual a permissão, na medida em que assegurado ao concessionário o equilíbrio econômico-financeiro da relação — o que deflui do inc. III do seu parágrafo único — é exercida pelas pessoas privadas concessionárias tendo em vista a realização de lucro. Não fora assim, de resto, e nenhuma razão conduziria empresas privadas a aderir à situação de concessionária de serviço público. Já, as empresas estatais, por outro lado, não visam, no exercício da atividade de prestação de serviços públicos, precipuamente à obtenção de lucros, mas sim à satisfação do interesse público.[19]

São situações jurídicas inteiramente distintas, pois, a do concessionário de serviço público e a da empresa estatal que tenha por objeto a sua prestação. Estas, ao contrário do que durante algum tempo estive a sustentar, são delegadas do Estado, criadas no bojo do movimento da descentralização administrativa, para fim específico. É o próprio Estado, então, quem, através de uma sua extensão, dotada de personalidade jurídica privada, presta os serviços.[20]

Por isso que, no caso, não há como cogitar de licitação. Esta se impõe, nos termos do que define o art. 175 do texto constitucional, unicamente quando se trate de *concessão* ou *permissão*, ou seja, de

19. V., sob reserva, meu "Lucratividade e função social nas empresas sob controle do Estado" cit., pp. 57 e 58.

20. Neste sentido o ensinamento de José Afonso da Silva (*Curso de Direito Constitucional Positivo*, 5ª ed., São Paulo, Ed. RT, 1989), para quem o modo de gestão dos serviços públicos "entra no regime da discricionariedade administrativa, ou seja, cabe à Administração escolher se o faz diretamente, ou *por delegação a uma empresa estatal* (*pública ou de economia mista*) ou por concessão (autorização ou permissão) a uma empresa privada" (grifei) (p. 671). E completa: "A natureza das empresas estatais prestadoras de serviço público se assemelha às concessionárias de serviço público com diferenças importantes, qual seja a de não se sujeitarem inteiramente aos ditames do art. 175, pois não se lhes aplicam as regras de reversão nem de encampação, nem rigorosamente o princípio do equilíbrio econômico e financeiro do contrato, já que os serviços não lhes são outorgados por via contratual, mas por via de lei instituidora, e porque são entidades do próprio concedente, salvo, é claro, hipóteses de outorga dos serviços a empresa estatal de outra entidade pública (da União para o Estado, p. ex., em que a característica de concessionária fica mais nítida). De fato, o art. 175 estabelece os princípios do regime da concessão e da permissão de serviços públicos a empresas particulares, declarando que a outorga depende de licitação e que a lei disporá sobre tais empresas, assim como sobre: a) o caráter especial de seu contrato e de sua prorrogação; b) as condições de caducidade, fiscalização e rescisão da concessão ou permissão; c) os direitos dos usuários; d) a política tarifária; e) a obrigação de manter serviço adequado" (p. 672). Não obstante, hipóteses poderão ocorrer nas quais empresa estatal controlada por uma das pessoas da Federação exercite a prestação de serviço público da titularidade de outra pessoa da federação; nestas hipóteses haverá concessão do serviço. É o caso da CESP — Cia. Energética de São Paulo, empresa estatal estadual, concessionária de serviço público federal. À hipótese como tal respeita o art. 21, XI, do texto constitucional: ao contrário do que ocorre com aqueles indicados no inc. XII, os serviços públicos referidos neste inc. XI apenas podem ser explorados diretamente pela União — na

atribuição de capacidade para o exercício da atividade de serviço público a pessoas privadas, estranhas ao Estado.

Quanto ao discrímen que opõe a *delegação* à *concessão*, dir-se-á que esta não expressa senão uma *delegação de serviços* — *delegação* ainda, pois — que implica transferência de atividade que deverá ser prestada pelo Poder Público. Por certo que na concessão — como na permissão — há também delegação. Cuida-se aí, todavia, de modalidade especial de delegação de serviço, na medida em que instrumental de *descentralização por colaboração*. Pessoa privada, no sentido de que estranha ao Estado, recebe a atribuição para o desempenho do serviço, sob contrato com caráter especial. A delegação é pressuposta na concessão, mas na concessão há mais do que delegação. Já, no que tange ao ato de delegação, pura e simples, de capacidade para a prestação do serviço a empresa estatal, o que se opera é mera *atribuição do exercício de atividade a pessoa do próprio Estado*, embora dotada de personalidade jurídica de Direito Privado. Aqui, como em inúmeras outras ocasiões, a convenção a propósito dos significados que atribuímos às palavras é essencial.

exploração direta compreendida a prestação por empresas estatais federais, tal como sucede no enunciado do art. 173, relativo à exploração (direta) de atividade econômica em sentido estrito, enunciado porém mais amplo, visto compreensivo da generalidade das empresas estatais — ou por empresa estatal estadual ou municipal, então, neste caso, em regime de concessão. Na hipótese deste inc. XI, portanto, a "concessão a empresas sob controle acionário estatal" não induz a conclusão de que empresa estatal federal que explore os serviços seja concessionária deles, mas apenas e tão-somente a seguinte limitação: se concessão houver, há de ser outorgada exclusivamente a empresa estatal estadual ou municipal. Algo análogo sucede em relação ao § 2º do art. 25 do texto constitucional: o Estado-membro explorará diretamente os serviços locais de gás canalizado — nesta exploração direta compreendida a prestação por empresa estatal estadual — ou por empresas estatais municipais, então, neste caso, em regime de concessão.

13. Para logo se vê, destarte, que, em verdade, inexiste a figura da *concessão de serviço público* outorgada a empresas estatais. Estas, quando o prestam, fazem-no como *delegadas* do poder concedente.[21]

Assim, quando a Lei 7.835/92 supõe, admitindo-a, a prestação de serviço público por empresas estatais estaduais (cf. o § 1º do seu art. 9º), toma-as como *delegadas*, e não como *concessionárias* do serviço.

Logo, o quarto quesito proposto na consulta há de ser respondido afirmativamente, sob essa ressalva, porém. É inquestionavelmente possível, juridicamente, a atribuição da prestação de serviços públicos, seja os que a elas já estavam atribuídos na data da vigência da Lei 7.835/92, seja no que concerne a outros, que no futuro venham a ser a elas atribuídos, a empresas estatais estaduais, não, contudo, mediante concessão, mas mercê de *delegação*, como acima demonstrado.

14. De outra parte — e passo a cogitar da indagação posta no quinto quesito proposto na consulta — a atribuição do serviço à empresa estatal estadual dá-se *independentemente de licitação*.

Note-se bem: a licitação é exigida para a outorga de *concessão do serviço*, que, na hipótese, inexiste. A prestação do serviço público é atribuída a *pessoa do próprio Estado*. Portanto, inexistente a *concessão*, não se manifesta situação de cabimento de licitação. Não se trata, no caso, de *impossibilidade de competição* (§ 1º do art. 4º da Lei 7.835/92), mas de *ausência de pressuposto de licitação*.

21. V., na nota anterior, referência a situações nas quais empresa controlada por uma das pessoas da federação exercite a prestação de serviço público da titularidade de outra pessoa da federação.

Ademais, quando a atribuição do serviço é feita a empresa estatal criada pelo poder concedente inexiste autêntica *contratação* da empresa (e nem qualquer documento sob a forma contratual é mesmo formalizado por ambos). A empresa é criada ou mantida pelo Estado para cumprir a finalidade de prestação do serviço, de modo que não se pode, na hipótese, falar de contratação enquanto adesão voluntária à situação de prestador do serviço.

Assim, o enunciado do quesito reclama correção: não é a "contratação" da empresa estatal que se pode (deve) fazer sem prévia licitação, mas a *delegação não contratual* do serviço a ela que inviabiliza a possibilidade de licitação. Manifesta-se, no caso, *ausência de pressuposto de licitação*.

De toda sorte, ainda que esse pressuposto se manifestasse, o que admito apenas para efeito de argumentação, ainda assim a licitação, na hipótese, seria inexigível, visto que nenhuma empresa privada poderia competir com a empresa estatal, em cada caso, na e para a satisfação do interesse público. A admitir-se que competição então existisse, nesta hipótese injustificar-se-ia a própria existência da empresa estatal, que melhor destino não mereceria senão o da extinção ou privatização.

15. No sexto e no sétimo quesitos propostos na consulta indaga-se do sentido e alcance do preceito inscrito no § 1º do art. 9º da Lei 7.835/92.

Dir-se-ia que o preceito aplica-se a todos os serviços atribuídos a entidades da Administração descentralizada, no passado e no futuro, pois estas sempre poderão, em tese, conceder o serviço que lhes foi atribuído mediante *delegação*, total ou parcialmente. Inexistindo, no entanto, *concessão* no caso da atribuição do serviço a elas, o preceito não as abrange. A sua cláusula final, sobretudo — "sua previsão ficar justificada já no edital e no contrato" — não as alcança, porém exclusivamente as *concessionárias* de serviço público. Os serviços objeto de *concessão* outorgada a empresa privada é que ficam sujeitos a essa cláusula para que possam ser subconcedidos, total ou parcialmente. Quanto às entidades da Administração descentralizada, sempre poderão, em tese, conceder os serviços cuja prestação lhes tenha sido delegada, anteriormente e posteriormente à vigência da Lei 7.835/92.

No que tange ao sétimo quesito, note-se que a chamada "subconcessão" do serviço, outorgada pela entidade da Administração descentralizada (pela empresa estatal estadual, em especial) a empresa privada, em verdade configura uma autêntica "concessão" (e não "subconcessão"). Sendo essas entidades *delegadas não contratuais* de serviço público, o que se designa "subconcessão" desse mesmo serviço, total ou parcialmente, a empresas privadas expressa uma primeira *delegação contratual (isto é, concessão) do serviço*.

A contratação dessa *subconcessão* com empresa privada, autêntica *concessão*, está, portanto, sujeita a prévia licitação (art. 3º da Lei 7.835/92).

IV — A autorização de serviço público

16. Diz a Constituição de 1988, no seu art. 21, XII, que "compete à União explorar, diretamente ou mediante *autorização*, concessão ou permissão", determinados serviços.

Daí a suposição, equivocada, de que existam *autorizações de serviço público* no Direito brasileiro.

Sucede, contudo, referir o art. 175 da Constituição unicamente a *concessão* ou *permissão* de serviços públicos, o que evidencia estar o vocábulo *autorização*, no art. 21, XII, referido exclusivamente a serviços, entre os que este enuncia, que não consubstanciam *serviço público* (os aproveitamentos de quedas d'água até o máximo de 150kW, nos termos do art. 141 do Código de Águas, *v.g.*).

17. A doutrina brasileira não estabelece definida e precisa distinção entre a *permissão* e a *autorização* de serviço público.

Permissão e *autorização* são, para Oswaldo Aranha Bandeira de Mello,[22] ato administrativo *unilateral*, *discricionário* e *precário* que falculta determinada atividade a particular. A *permissão* faculta ao particular "a execução de obras e serviços de utilidade pública, ou o uso excepcional de bem público, ou a prática de ato jurídico de ofício público"; a *autorização* a ele faculta "o exercício de determinada atividade material, que sem ela seria vedada".

Daí poderemos extrair a conclusão de que a *autorização* seria uma *permissão* cujo objeto seja outro que não a execução de obras e serviços de utilidade pública, ou o uso excepcional de bem público, ou a prática de ato jurídico de ofício público.

Para Celso Antônio Bandeira de Mello[23] ambas configuram ato *unilateral* e *precário*, mas apenas a *autorização* é *discricionária*.[24] Ademais, a *permissão* faculta "a alguém a prestação de um serviço público ou defere a utilização especial de um bem público", ao passo que a *autorização* "faculta o exercício de atividade material"; e Celso Antônio dá como exemplos de *autorização* a autorização de porte de arma e a autorização para exploração de jazida mineral.

O tema é tratado de modo adequado por Maria Sylvia Zanella Di Pietro,[25] para quem o vocábulo *autorização* assume, no Direito brasileiro, uma acepção como ato legislativo em sentido formal, e, enquanto ato administrativo, várias acepções.

Enquanto ato legislativo, a *autorização* expressa consentimento de um poder a outro para a prática de determinado ato (arts. 49, II e III, e 52, V, da CF de 1988, *v.g.*).

Enquanto ato administrativo, na primeira dessas acepções o vocábulo designa o ato, unilateral e discricionário,[26] "pelo qual a Administração faculta ao particular o desempenho de atividade material ou a prática de ato que, sem esse consentimento, seriam legalmente proibidos"; e completa afirmando que, "por meio dela, a Administração autoriza o exercício de atividade que, por sua utilidade pública, está sujeita ao poder de polícia do Estado". Na segunda acepção o vocábulo designa a *autorização de uso de bem público*.

Em uma terceira acepção o vocábulo designaria *autorização de serviço público*, o que, porém, é recusado, pois — diz a Professora titular de Direito Administrativo do Largo de São Francisco — a autorização "inexiste como delegação de serviço público".

18. E assim efetivamente é.

Inexiste, no Direito brasileiro, *autorização de serviço público*. Nele apenas se manifestam *concessões* e *permissões* de

22. *Princípios Gerais de Direito Administrativo*, v. I/492 e 493, Rio, Forense, 1969.
23. *Elementos de Direito Administrativo*, 3ª ed., São Paulo, Malheiros Editores, 1992, p. 146.
24. Entendo, não obstante, inexistirem *atos administrativos discricionários*. Apenas sucede que determinados atos administrativos podem manifestar maior ou menor margem de discricionariedade. Mas atos *discricionários*, não os há. Ainda nos exemplos de Celso Antônio — autorização de porte de arma e autorização para exploração de jazida mineral — a autoridade pública está vinculada por determinados princípios cuja violação produz conseqüências jurídicas.
25. *Direito Administrativo*, São Paulo, Atlas, 1990, pp. 172 e 173.
26. V. nota 24.

serviço público. Leia-se o art. 175 da Constituição de 1988.

Indagar-se-á, a esta altura, como convive, se convive, a *autorização* a que se refere o art. 14 do Dec. 24.675/86 com essa verificação.

Não há, em verdade, oposição nenhuma entre tal *autorização* e aquela verificação, visto que, ainda no bojo do decreto, *autorização* é o nome que o seu art. 14 dá à *permissão simples*, delegação unilateral de serviço público outorgada a particular. Relembre-se que a delegação contratual (*concessão*) do serviço — que contratual é, na hipótese, ao menos parcialmente, como demonstrei nos itens 8 e 9, acima — é designada no decreto como *permissão*; de *permissão diferenciada*, no entanto, se trata.

Assim, no caso, manifesta-se apenas incompatibilidade de nomes: *autorização*, no Dec. 24.675/86, é *permissão (simples) de serviço público*.

A *autorização* de que trata o art. 14 do decreto corresponde precisamente à *permissão* de que cuida a Lei 7.835/92.

Veja-se bem o que define o § 2º do art. 4º desta última: nos casos de emergência, quando caracterizada a urgência de atendimento de situação que possa ocasionar prejuízo ou comprometer a segurança de pessoas, obras, serviços, equipamentos e outros bens, públicos ou particulares — situação de dispensa de licitação (concorrência) — "*a delegação deverá ser feita por meio de permissão de serviço público*". Exatamente o mesmo que dispõe o art. 14 do decreto, com pequena alteração de palavras, para admitir a *autorização do serviço*.

19. Ao oitavo quesito proposto na consulta devo, portanto, conferir a seguinte solução.

A Lei 7.835/92 não poderia, inteligentemente, vedar a outorga de *autorização de serviço público* pela simples razão de que inexiste, no Direito brasileiro, *autorização de serviço público*. O que equivocadamente é designado como tal consubstancia *permissão de serviço público*. Para que sejam obtidos precisamente os mesmos efeitos aos quais visa a "*autorização*" instituída pelo art. 14 do Dec. 24.675/86 deverá a Administração outorgar, excepcionalmente, com dispensa de concorrência, *permissão de serviço público*.

20. Indaga-se no nono quesito proposto na consulta se a Lei 7.835/92 se aplica aos serviços de transporte por ônibus sob regime de fretamento, disciplinados pelo Dec. 19.835/82.

Esses serviços não configuram *serviço público*. Cuida-se meramente, no caso, de atividade que, mercê de sua utilidade pública, está sujeita ao poder de polícia do Estado. Não há, no caso, *delegação de serviço* próprio da Administração.

Aqui cabe como uma luva, pois, o vocábulo *autorização*, a designar, na dicção de Maria Sylvia Zanella Di Pietro[27] — recuso apenas a alusão ao caráter discricionário que portaria[28] — ato administrativo, unilateral, pelo qual a Administração faculta ao particular o desempenho de atividade material sujeita ao poder de polícia do Estado.

A Lei 7.835/92 não trata dessa matéria. Cogita exclusivamente, no quanto importa considerarmos, de *delegação de serviço público*. Não respeita às *autorizações de poder de polícia* expedidas pela Administração.

Evidentemente, pois, a Lei 7.835/92 não se aplica aos serviços de transporte por ônibus sob regime de fretamento.

27. Item 17, acima.
28. V. nota 24.

V — *Cláusula essencial do contrato de concessão de serviço público*

21. Define o art. 8º, XVIII, da Lei 7.835/92 configurar cláusula essencial do contrato de concessão de serviço público a relativa aos "critérios para fixação de valores provisórios para indenização, nos casos de encampação ou resgate".

Pondera, no entanto, a consulente inexistir, na hipótese de concessão de serviço público de transporte coletivo por ônibus, propriedade do concessionário a ser transferida ao poder concedente no caso de encampação ou resgate. Nele, a encampação ou resgate, quando ocorra, importa exclusivamente a extinção da concessão, com o retorno, ao poder concedente, dos direitos e privilégios delegados ao concessionário. O poder concedente assume imediatamente o serviço, sem que se torne necessário, para tanto, ocupar e/ou utilizar locais, instalações, equipamentos, materiais e recursos humanos vinculados à sua prestação pelo concessionário.

Daí a indagação veiculada no décimo quesito proposto na consulta.

A resposta é singela. Inexistindo, na hipótese, propriedade do concessionário a ser transferida ao poder concedente no caso de encampação ou resgate do serviço, inteiramente inócua seria a estipulação contratual de "critérios para fixação de valores provisórios para indenização, nos casos de encampação ou resgate". Essa circunstância deverá, portanto, ser declarada no contrato, explicitando as partes que, mercê dela, deixam de estipulá-los.

VI — *Fontes acessórias de receitas*

22. Diz o parágrafo único do art. 11 da Lei 7.835/92 que o poder concedente poderá estabelecer, em favor do concessionário, *de acordo com as peculiaridades do serviço*, outras fontes, acessórias, de receitas (isto é, além das tarifas), na forma prevista no edital, de modo a assegurar a modicidade da tarifa.

Daí indagar-se se está incluída entre essas fontes acessórias de receitas a exploração de publicidade e se, nesse caso, deverá ela ser objeto de autorização concedida pelo poder concedente.

Toda e qualquer fonte de receita material e juridicamente possível, cuja exploração não possa comprometer a adequação do serviço, está incluída entre as fontes acessórias referidas no parágrafo único do art. 11 da lei. Essa possibilidade material e jurídica é parcialmente determinada pelas peculiaridades do serviço delegado.

Assim, na medida em que a exploração de publicidade no curso da prestação do serviço seja rentável, deverá o edital de concorrência estabelecer regras que a regulem, ficando sujeita ela a autorização (*autorização de poder de polícia*) do poder concedente, que a deverá considerar de modo a assegurar a modicidade da tarifa. Essa autorização se impõe como exigência do exercício, pelo poder concedente, dos deveres que lhe incumbem *ex vi* do disposto no art. 15 da Lei 7.835/92. A sujeição da atividade, no caso, a autorização do poder concedente estadual evidentemente não exclui o exercício do poder de polícia municipal em relação a ela, ao qual, em tese, a atividade está sujeita.

VII — *Parcerias com grupos privados para a realização de obras públicas e concessão de direito real de uso*

23. Relata a consulente, ao introduzir o décimo-segundo quesito que propõe, ser sabido que empresas estatais cogitam da possibilidade de contratar parcerias com grupos econômicos privados, a fim de que estes realizem obras públicas (corredores de ônibus e/ou obras de renovação urbana, *v.g.*) mediante a percepção de concessão de uso de áreas não utilizadas para fins públicos.

Daí indagar: aplica-se a tais contratos de parceria a Lei 7.835/92, estando essas contratações sujeitas a licitação? Não se verificaria, no caso, inviabilidade de competição (inexistência, em tese, de obra pública a contratar, visto que seria ela paga pela iniciativa privada, apenas sob a supervisão do Poder Público)?

24. A hipótese de "parceria" a considerar é a seguinte: empresa estatal estadual concede a particular (grupo econômico privado) o uso de área não utilizada para fins públicos e este, em contrapartida, realiza obra pública (corredores de ônibus e/ou obra de renovação urbana).

Não há no caso, efetivamente, contratação de obra pública, diretamente. De outra parte, observado o disposto no § 1º do art. 20 da Lei estadual 6.544, de 22.11.89, e no art. 19, V, da Constituição do Estado de São Paulo, temos que a concessão de uso deverá assumir a configuração de *concessão de direito real de uso*. Assim, é fora de dúvida que, inexistindo no caso *concessão de obra pública* (art. 2º, II, dela), a Lei 7.835/92 *não se aplica a tais "contratos de parceria"*.

Importa, pois, imediatamente verificarmos se a concessão de direito real de uso outorgada por empresas estatais estaduais está condicionada a licitação e a prévia autorização legislativa.

Por esta razão devo deitar atenção a esse instituto, o da *concessão de direito real de uso*.

25. A *concessão de direito real de uso* é de *uso*.

Esclarece Pontes de Miranda:[29] "Para a mentalidade de hoje, com toda a riqueza de conceitos e conhecimento das proposições jurídicas, o que o usufruto, o uso e a habitação tiram é mais ou menos o que a locação tira, em suas diferentes espécies por extensão, apenas com a natureza *real* do direito. A atividade do proprietário vai até onde encontra a restrição, pessoal ou real. Não se trata de limitação, porque ainda onde o usufruto é de origem legal, a lei não limita o direito de propriedade, legalmente lhe restringe o conteúdo, o exercício".

Isto é: o proprietário permanece e continua proprietário, senhor do domínio sobre a coisa cujo uso é transferido a terceiro. A incidência, sobre a coisa, do direito real de uso apenas afeta o conteúdo do direito de propriedade.

Entre os *direitos reais*, além do *uso*, incluem-se a *enfiteuse*, as *servidões*, o *usufruto*, a *habitação*, as *rendas expressamente constituídas sobre imóveis*, o *penhor*, a *anticrese* e a *hipoteca* (art. 574 do CC).

Configuraria verdadeiro absurdo a afirmação, p. ex., de que o *penhor* importa transferência da propriedade, sobre a coisa, do devedor para o garantido; ou de que a *hipoteca* converte o credor hipotecário em proprietário do bem hipotecado. E o mesmo se diga em relação a qualquer dos outros direitos reais enunciados pelo art. 674 do Código Civil, inclusive o *uso*.

Aqui se trata de *direitos reais sobre bens alheios*[30] — *direitos reais limitados*.

26. Vem a pêlo, aqui, a exposição de José Carlos Moreira Alves[31] a propósito dos *direitos reais limitados*: o *domínio* é uma unidade orgânica distinta das faculdades que compõem o seu conteúdo; esse conteúdo pode ser restringido mesmo até o ponto em que se

29. *Tratado de Direito Privado*, t. XIX/8 e 9, Rio, Borsói, 1957.

30. V., *v.g.*, art. 235, I, do CC.

31. *Direito Romano*, 5ª ed., v. I/317 e 318, Rio, Forense, 1983, nota 518-a.

reduza a mero título jurídico, como ocorre quando se constitui uma *enfiteuse*; as faculdades jurídicas inerentes à propriedade sofrem, enquanto essas restrições subsistam, redução decorrente de pressão exterior; mas o direito de propriedade persiste diante delas, automaticamente readquirindo o seu conteúdo anterior no instante em que desapareçam tais restrições. E conclui Moreira Alves: "Extinto o direito real limitado, desaparece o elemento compressor, e, automaticamente, as faculdades jurídicas da propriedade que persistiam, embora comprimidas, retornam ao seu estado normal".

Inexiste *alienação*, pois, no caso da *cessão* e da *concessão* de *uso* (*direito real limitado*).[32]

32. Hely Lopes Meirelles durante longo tempo permaneceu a sustentar equivocado entendimento a respeito da *concessão de direito real de uso* versada pelo art. 7º do Dec.-lei 271/67. Assim, em seus *Direito Municipal Brasileiro* e *Direito Administrativo Brasileiro*, até suas derradeiras edições, afirmava que: "A *concessão de direito real de uso*, como as demais concessões, depende de lei autorizativa e de concorrência, pois importa na alienação de parcela do domínio público, razão pela qual a lei federal impõe o seu registro em livro especial no cartório imobiliário competente, tanto para a sua constituição quando para o seu cancelamento" (*Direito Municipal Brasileiro*, 3ª ed., São Paulo, Ed. RT, 1977, p. 377). A razão do equívoco, creio, repousava sobre indevida superposição entre o instituto da *concessão de terras*, que surge no art. 130 da Constituição de 1934, e a *concessão de direito real de uso*. Mas esta, é evidente — demonstrou-o de modo acabado Caio Tácito ("Concessão real de uso — Terras públicas — Autorização", *RDA* 150/209 e ss.) — não se confunde com aquela. A *concessão de direito real de uso* — repita-se com toda a ênfase; deixe-se-o bem vincado — é direito real sobre *coisa alheia*... Por isso que o mesmo Hely Lopes Meirelles, na 17ª ed. do *Direito Administrativo Brasileiro* (edição atualizada por Eurico de Andrade Azevedo, Délcio Balestero Aleixo e José Emmanuel Burle Filho, São Paulo, Malheiros Editores, 1992, p. 243), distinguindo a *concessão administrativa de uso* da *concessão de direito real de uso*, anota apenas que o gênero a que ambas pertencem — a *concessão de uso de bem público*, ou simplesmente *concessão de uso* — "como contrato administrativo, sujeita-se também ao procedimento licitatório prévio, no caso, a concorrência, salvo na concessão gratuita, que equivale a doação".

Alienação é vocábulo que na linguagem jurídica — e no contexto do Código Civil brasileiro[33] — assume significado bem preciso, de *transferência de domínio* (venda, transmissão ou disposição de bens).

É fora de qualquer dúvida, pois, que o *uso*, seja cedido, seja concedido (*cessão* ou *concessão* de uso), não importa *alienação* (= transferência de domínio, propriedade).

27. O art. 7º do Dec.-lei 271, de 28.2.67, instituiu a "concessão de uso de terrenos públicos ou particulares, remunerada ou gratuita, por tempo certo ou indeterminado, como direito real resolúvel, para fins específicos de urbanização, industrialização, edificação, cultivo da terra ou outra utilização de interesse social".

Além disso, algumas leis orgânicas municipais — anteriormente à vigência da Constituição de 1988, quando de leis estaduais se tratava, e também após essa vigência, agora leis municipais — recomendam a preferência da outorga de concessão de direito real de uso em relação à venda ou doação de seus imóveis. E mencionem-se aqui, também, o § 1º do art. 15 do Dec.-lei 2.300/86 e o § 1º do art. 20 da Lei estadual paulista 6.544/89, bem assim o art. 16 da Lei municipal paulistana 10.544, de 31.5.88.

Seu objeto não há de ser, para que ela se caracterize como tal, exclusiva e necessariamente terreno não edificado.[34]

Confirmam esse entendimento, à suficiência, os enunciados do § 1º do art. 15 do Dec.-lei 2.300/86, do § 1º do art. 20 da Lei

33. V., entre outros, os arts. 106; 235; 242; 251, parágrafo único; 386; 426; 427; 429; 684; 717; 1.197; 1.236; 1.295; 1.415; 1.421; 1.600; 1.676; 1.677 e, em especial, 756 do CC.

34. Neste sentido, Ricardo Pereira Lira, "A concessão do direito real de uso", *RDA* 163/19.

estadual paulista 6.544/89 e do art. 16 da Lei municipal paulistana 10.544/88: "A Administração, preferentemente à venda ou doação de *bens imóveis*, concederá direito real de uso..."[35] (grifei).

Objeto da concessão de direito real de uso, portanto, é o *bem imóvel*, em geral, e não apenas, exclusivamente, *terreno não edificado*.

28. Define o § 1º do art. 20 da lei estadual paulista: "§ 1º. A Administração, preferentemente à venda ou doação de bens imóveis, contratará concessão de direito real de uso, *mediante prévia autorização legislativa* e concorrência..." (grifei).

O Dec.-lei 2.300/86 não a impõe (a "prévia autorização legislativa"); exige apenas concorrência. Mas a lei municipal paulistana a exige, impondo também a concorrência.

Assim, a lei estadual paulista, independentemente da não caracterização da concessão de direito real de uso como *alienação*, como vimos, exige, no § 1º do seu art. 20, seja ela precedida de *autorização legislativa*.

De outra parte, dispõe o art. 19, nos seus incs. IV e V, da Constituição do Estado de São Paulo:

"Art. 19. Compete à Assembléia Legislativa, com a sanção do Governador, dispor sobre todas as matérias de competência do Estado, ressalvadas as especificadas no art. 20, e especialmente sobre:

"...

"IV — *autorização para* a alienação de bens imóveis do Estado ou *a cessão de direitos reais* a eles relativos, bem como o recebimento, pelo Estado, de doações com encargo, não se considerando como tal a simples destinação específica do bem;

"V — *autorização para a cessão ou para concessão de uso* de bens imóveis do Estado para particulares, dispensado o consentimento nos casos de permissão e autorização de uso, outorgada a título precário, para atendimento de sua destinação específica" (grifei).

Cumpre verificarmos, portanto, se os preceitos veiculados pelo § 1º do art. 20 da lei estadual paulista e pelo art. 19, IV e V, da Constituição do Estado de São Paulo aplicam-se às empresas estatais estaduais a que refere a consulente. Ou seja, se, no caso da "parceria" referida pela consulente, a concessão de direito real de uso está sujeita a prévia *autorização legislativa*.[36]

29. Isso não ocorre.

O preceito inscrito no § 1º do art. 20 da Lei estadual 6.544/89 a elas não se aplica.

Estamos, aí, diante de "*empresa estatal*", expressão que conota, amplamente, o conjunto de todas as empresas sujeitas ao controle do setor público, com o quê, quando não seja relevante a consideração dos conceitos de *sociedade de economia mista* e de *empresa pública*, afastamos a ambigüidade e a imprecisão das expressões "sociedade de economia mista" e "empresa pública".[37]

As empresas estatais estaduais não são entidades nem da Administração centralizada, nem da Administração autárquica do Estado de São Paulo, porém entidades

35. A lei estadual emprega "contratará", e a lei municipal, "outorgará", em lugar de "concederá".

36. *Autorização*, ato legislativo em sentido formal; v. item 17, acima.

37. V. meus *Elementos de Direito Econômico*, São Paulo, Ed. RT, 1981, p. 102, e *A Ordem Econômica na Constituição de 1988 (Interpretação e Crítica)* cit., p. 145.

de sua Administração dita indireta, no campo maior da Administração descentralizada.

Assim, em razão do quanto dispõe o preceito inscrito no art. 1º da Lei estadual paulista 6.544/89, cujo teor é cristalino — "Art. 1º. Esta Lei dispõe sobre o estatuto jurídico das licitações e contratos pertinentes a obras, serviços, compras, alienações, concessões e locações *no âmbito da Administração centralizada e autárquica do Estado*" (grifei) — dúvida nenhuma resta quanto à não aplicação da exigência veiculada pelo § 1º do art. 20 do texto legal às empresas estatais estaduais.

Abrangem-nas, vinculando-as, unicamente os princípios da licitação e as vedações contidas no parágrafo único do art. 85 do Dec.-lei 2.300/86, nos termos do que determinam o art. 91 da mesma Lei 6.544/89 e o art. 86 do próprio decreto-lei federal.

Mas é óbvio — isso é nítido como a luz solar passando através de um cristal, bem polido — que a regra inscrita no § 1º do art. 20 da lei estadual não consubstancia princípio da licitação e não se inclui entre as vedações contidas no parágrafo único do art. 85 do Dec.-lei 2.300/86.

Logo, *o § 1º do art. 20 da Lei 6.544/89 não se aplica às empresas estatais estaduais; não as obriga a obter prévia autorização legislativa à concessão de direito real de uso atinente a bem imóvel do seu domínio.*

30. Também os preceitos inscritos no art. 19, IV e V, da Constituição do Estado de São Paulo a elas não se aplicam.

Os preceitos exigem "*autorização* para a alienação de bens imóveis do Estado ou *a cessão de direitos reais* a eles relativos" e "*autorização para cessão ou para concessão de uso* de bens imóveis do Estado", isto é, *autorização* (legislativa)[38] para a *cessão de direitos reais relativos a bens imóveis* ***do Estado*** e para a *cessão ou concessão de uso de bens imóveis* ***do Estado*** — isto é, *do domínio do Estado.*

As empresas estatais são entidades dotadas de personalidade jurídica e *patrimônio próprio*; daí por que seus bens são penhoráveis; os bens dessas entidades, pois, não são bens "*do Estado*", *bens públicos* sujeitos ao regime jurídico que se aplica ao *domínio público*; as empresas estatais podem deles dispor livremente — salvo no caso das empresas estatais prestadoras de serviços públicos,[39] quanto aos bens afetados a serviço público, o que, na hipótese de que cogitamos (áreas não utilizadas para fins públicos), não ocorre.

A síntese de Maria Sylvia Zanella Di Pietro[40] é primorosa: "Uma coisa, no entanto, é indiscutível: as entidades da Administração indireta, tendo personalidade jurídica própria, dispõem de patrimônio diverso daquele que constitui o patrimônio do ente político que as instituiu".[41]

Não estando os bens imóveis cujo uso será concedido afetados a serviço público, deles podem elas livremente dispor, independentemente de prévia autorização legislativa — não se cuida, aqui, de bem imóvel "*do Estado*".

38. V. nota 36.

39. V. meu *Elementos de Direito Econômico* cit., pp. 104 e 105.

40. "Natureza jurídica dos bens das empresas estatais", *Revista da Procuradoria-Geral do Estado de São Paulo* 30/179, dezembro/88; v. também, no ensaio de Maria Sylvia Zanella Di Pietro, a posição da doutrina entre nós, no mesmo sentido alinhada.

41. E prossegue Maria Sylvia: "Isto, porém, não impede que essas entidades utilizem bens do patrimônio público que lhes tenham sido cedidos, por qualquer título, pela União, Estados ou Municípios, hipótese em que o bem não integra o patrimônio da empresa" (ob. e loc. cits.).

De resto, a ratificar, confirmando, esse entendimento, o Dec.-lei Complementar 7, de 6.11.69, do Estado de São Paulo, cujo art. 3º, IV, alterado pelo Dec.-lei Complementar 23, de 29.5.70, ambos recebidos pela vigente ordem constitucional estadual, dispensa a autorização legislativa para a alienação de bens imóveis das empresas estatais estaduais.[42]

Aqui também, pois, a conclusão é incensurável: os bens do patrimônio das empresas estatais estaduais não são bens "*do Estado*"; logo, *os incs. IV e V do art. 19 da Constituição do Estado de São Paulo também não as alcançam — não as obrigam a obter autorização legislativa previamente à concessão de direito real de uso atinente a bem imóvel do seu domínio.*

31. Resta-nos considerar a questão da licitação.

Como não se aplica aos "contratos de parceria" a Lei 7.835/92, como vimos, não cabe, na hipótese, cogitarmos de inviabilidade de competição sob o argumento mencionado no décimo-segundo quesito proposto na consulta — o argumento da "inexistência, em tese, de obra pública a contratar, visto que seria ela paga pela iniciativa privada, apenas sob a supervisão do Poder Público".

Dir-se-ia então, de pronto, ser incabível a exigência de licitação (concorrência) para a outorga da concessão de direito real de uso, definida no § 1º do art. 20 da Lei 6.544/89, visto não ser esta aplicável às empresas estatais estaduais, como demonstrei no item 29, acima.

Isso é apenas parcialmente verdadeiro. Deveras, o § 1º daquele art. 20 a elas não se aplica. Mas nem por isso podemos concluir pela inexigibilidade de licitação na hipótese de outorga, por empresas estatais estaduais, de concessão de direito real de uso.

É que essa exigência, de realização de licitação, não decorre daquela regra, do § 1º do art. 20 da lei estadual, mas deflui de um princípio jurídico, o *princípio republicano*, vertido em *igualdade*, que impõe, na abolição de quaisquer privilégios, a garantia de igualdade de oportunidade de acesso de todos às contratações que pretenda a Administração.[43]

O princípio encontra concreção, no que tange a essas contratações, nas regras que regulam o procedimento licitatório, regras que abrangem a contratação da concessão de direito real de uso (art. 1º e § 1º do art. 15 do Dec.-lei 2.300/86 e art. 1º e § 1º do art. 20 da Lei 6.544/89).

Note-se bem, a fim de que não reste nenhuma dúvida quanto ao que estou a afirmar: (i) a exigência de *autorização legislativa* como condição necessária da concessão de direito real de uso *não consubstancia princípio da licitação*; não confere concreção, por outro lado, ao *princípio republicano*, vertido em *igualdade*; tanto é assim que o Dec.-lei 2.300/86 não a impõe; por isso, e porque o § 1º do art. 20 da Lei 6.544/89 *não se aplica às empresas estatais estaduais*, aquela exigência não as vincula; (ii) a exigência de *licitação* como condição necessária da concessão de direito real de uso confere concreção ao *princípio republicano*, vertido em *igualdade*; daí por que *abrange as empresas estatais de que se cuida*, quando a outorguem, independentemente de mediação do § 1º do art. 20 da Lei 6.544/89.

Daí a conclusão: *a outorga de concessão de direito real de uso pelas em-*

42. V. Maria Sylvia Zanella Di Pietro, "Natureza jurídica..." cit., pp. 180 e 181.

43. V. meu *Direito, Conceitos e Normas Jurídicas*, São Paulo, Ed. RT, 1988, p. 175.

presas estatais estaduais está sujeita a licitação. E tanto é assim que — disso tenho ciência — os regulamentos de licitação adotados por tais empresas, nos termos do art. 91 da Lei 6.544/89, em regra dispõem expressamente no sentido de afirmar, no caso, a exigência de licitação.

Situações de inviabilidade de competição devem ser ponderadas individualizadamente. Não obstante, entendo que a circunstância de, no caso, a contraprestação da concessão de direito real de uso vir expressa em realização de obra pública (corredores de ônibus e/ou obras de renovação urbana, *v.g.*) em tese *não induz essa inviabilidade*. Inúmeros grupos econômicos privados haverão de estar, em tese, interessados e habilitados a contratar outorga como tal, mediante o pagamento de remuneração ao poder concedente na forma daquela contraprestação. A inviabilidade de competição, portanto, em casos tais não se manifestará.

VIII — A situação da Empresa Metropolitana de Transportes Urbanos S/A (EMTU-SP)

32. O décimo-terceiro quesito proposto na consulta, qual o que o sucede, pode e deve ser sucintamente respondido.

A Lei estadual 7.450/91, que cria a Secretaria de Estado dos Transportes Metropolitanos, é, no seu art. 2º, incompatível com o que dispõe a Lei estadual 1.492/77 no seu art. 4º. Ambas tratam da mesma matéria: serviços de transporte urbano de passageiros para as regiões metropolitanas (a Lei 1.492/77 referida apenas a esses serviços no âmbito da Região Metropolitana da Grande São Paulo) e atribuição de poderes de delegação desses serviços.

Aplica-se, portanto, ao caso o preceito inscrito no § 1º do art. 2º da Lei de Introdução ao Código Civil: *o art. 2º da Lei 7.450/91 revogou o art. 4º da Lei 1.492/77.*

Assim, extinguiu-se na data de vigência da Lei 7.450/91 a *delegação* outorgada à EMTU, que o art. 4º e seu parágrafo único da Lei 1.492/77 referiam como *concessão*.[44] A disposição do art. 2º da Lei 7.450/91 não convive com a do art. 4º da Lei 1.492/77, isto é, não está *a par* desta,[45] o que afasta a incidência, sobre o caso, do preceito veiculado pelo § 2º do art. 2º da Lei de Introdução ao Código Civil.

Daí a solução a ser conferida ao décimo-terceiro quesito proposto na consulta: a EMTU, por força da Lei 7.450/91 (art. 2º, II, *c*), que deu à Secretaria de Transportes Metropolitanos poderes para outorgar concessões daqueles serviços, *perdeu a concessão para o transporte de passageiros, inclusive sobre pneus, que é o principal fundamento de sua criação.*

33. Em razão disso — e esta a matéria a que respeita o último quesito proposto na consulta — a EMTU não é titular de nenhuma atribuição (competência) própria. De toda sorte, porque o art. 3º, II, *b*, da Lei 7.450/91 a integra na estrutura básica da Secretaria dos Transportes Metropolitanos, no campo da Administração descentralizada, há de ser entendida como entidade de apoio, à disposição da Secretaria de Estado. Poderá esta, eventualmente, desde que isso atenda ao interesse público, delegar-lhe a prestação de determinados serviços públicos e/ou o exercício de determinadas funções integradas no seu campo funcional, dela, Secretaria de Estado.

44. Itens 12 e 13, acima.

45. V. meu *Correção Monetária: Concordata e Créditos Fiscais*, São Paulo, Ed. RT, 1984, pp. 30-32.

IX — Conclusões

34. Em face de todo o exposto, dou as seguintes respostas aos quesitos propostos na consulta:

a) Válidas as permissões — *permissões diferenciadas* — de que trata o quesito, aquelas, tacitamente prorrogadas pelo prazo de cinco anos, cujo segundo qüinqüênio não se completou deverão ser convertidas em concessões, pelo prazo de prorrogação de permissão que restar, independentemente de prévia licitação, adequando-as a Administração aos termos da Lei 7.835/92 como concessões de serviço público.

b) O preceito aplica-se, *por completo*, exclusivamente à definição de novos serviços que possam vir a ser delegados; quanto à revisão das permissões diferenciadas dos serviços de transporte coletivo por ônibus outorgadas anteriormente à vigência da Lei 7.835/92, evidentemente (i) não deverá haver licitação, e, portanto, edital de licitação, e (ii) o objeto, a área de atuação e o prazo da concessão já estão definidos em cada permissão tacitamente prorrogada; cumprirá ao Governador do Estado, através de despacho, apenas definir, ou autorizar o Secretário dos Transportes Metropolitanos a fazê-lo, as diretrizes que deverão ser observadas no contrato, sendo certo que não se manifesta, no caso, situação de subconcessão dos serviços.

c) É certo, por outro lado, que em qualquer caso poderá o Governador do Estado, para os serviços de que se cuida, autorizar o Secretário dos Transportes Metropolitanos a estipular as definições mencionadas no parágrafo único do art. 3º da Lei 7.835/92; ou poderá, como mencionado no quesito, exarar despacho, o Governador, atendendo às especificações do preceito; não obstante, parece-me conveniente — e a prudência o recomenda — seja reformulado o Regulamento do Serviço de Transporte Coletivo de Passageiros na Região Metropolitana da Grande São Paulo (Dec. 24.675/86, alterado pelo Dec. 27.436/87), compatibilizando-se-o à lei nova; isso, porém, sem embargo de, imediatamente, o Governador do Estado ou o Secretário dos Transportes Metropolitanos, autorizado por aquele, procederem nos termos indicados na resposta conferida ao quesito anterior, seja em relação aos novos serviços que possam vir a ser delegados, seja, restritamente, qual também ali indicado, no que tange às revisões das permissões diferenciadas de que se cuida.

d) É juridicamente possível a atribuição da prestação de serviços públicos — sejam os que a elas já estavam atribuídos na data da vigência da Lei 7.835/92, seja no que concerne a outros, que no futuro venham a ser a elas atribuídos — a empresas estatais estaduais, não, contudo, mediante concessão, porém mercê de *delegação*, nos termos do quanto demonstrado no item 12, acima.

e) Inexistente no caso a *concessão*, não se manifesta situação de cabimento de licitação; não se trata, nele, de *impossibilidade de competição* (§ 1º do art. 4º da Lei 7.835/92), mas de *ausência de pressuposto de licitação*; o enunciado do quesito reclama correção: não é a "contratação" da empresa estatal que se pode (deve) fazer sem prévia licitação; há, no caso, *delegação não contratual* do serviço, que inviabiliza a possibilidade de licitação; e mesmo que esse pressuposto se manifestasse, ainda assim a licitação, na hipótese, seria inexigível, visto que nenhuma empresa privada poderia competir com a empresa estatal, em cada caso, na e para a satisfação do interesse público; sempre e em qualquer caso a "contratação" da empresa estatal deveria ser feita sem prévia licitação.

f) O preceito aplica-se exclusivamente aos *concessionários* de serviço público, sendo certo que as entidades da Administração descentralizada não o são; todos os serviços atribuídos a tais entidades, no passado e no futuro, anterior e posteriormente à vigência da Lei 7.835/92, sempre poderão, em tese, ser concedidos ("subconcedidos"), total ou parcialmente, a empresas privadas.

g) A chamada "subconcessão" do serviço, outorgada pela entidade da Administração descentralizada (pela empresa estatal estadual, em especial) a empresa privada, em verdade configura uma autêntica "concessão" (e não "subconcessão"); assim, a contratação dessa *subconcessão* com empresa privada, autêntica *concessão*, está sujeita a prévia licitação (art. 3º da Lei 7.835/92).

h) A Lei 7.835/92 não poderia, inteligentemente, vedar a outorga de *autorização de serviço público*, pela simples razão de que inexiste, no Direito brasileiro, *autorização de serviço público*; o que equivocadamente é designado como tal consubstancia *permissão de serviço público*; para que sejam obtidos precisamente os mesmos efeitos aos quais visa a "*autorização*" instituída pelo art. 14 do Dec. 24.675/86, deverá a Administração outorgar, excepcionalmente, com dispensa de concorrência, *permissão de serviço público*.

i) Não; a Lei 7.835/92 não se aplica aos serviços de transporte por ônibus sob regime de fretamento.

j) Inexistindo, na hipótese, propriedade do concessionário a ser transferida ao poder concedente no caso de encampação ou resgate do serviço, inteiramente inócua seria a estipulação contratual de "critérios para fixação de valores provisórios para indenização, nos casos de encampação ou resgate"; essa circunstância deverá, portanto, ser declarada no contrato, explicitando as partes que, mercê dela, deixam de estipulá-los.

k) Toda e qualquer fonte de receita material e juridicamente possível, cuja exploração não possa comprometer a adequação do serviço, está incluída entre as fontes acessórias referidas no parágrafo único do art. 11 da Lei 7.835/92; assim, na medida em que a exploração de publicidade no curso da prestação do serviço seja rentável, deverá o edital de concorrência estabelecer regras que a regulem, ficando sujeita ela a autorização (*autorização de poder de polícia*) do poder concedente, que a deverá considerar de modo a assegurar a modicidade da tarifa.

l) A Lei 7.835/92 não se aplica aos "contratos de parceria" referidos no quesito; *a outorga de concessão de direito real de uso pelas empresas estatais estaduais está sujeita a licitação*; situações de inviabilidade de competição devem ser ponderadas individualizadamente; não obstante, a circunstância de, no caso, a contraprestação da concessão de direito real de uso vir expressa em realização de obra pública (corredores de ônibus e/ou obras de renovação urbana, *v.g.*) em tese *não induz essa inviabilidade*.

m) A EMTU, por força da Lei 7.450/91 (art. 2º, II, *c*), que deu à Secretaria de Transportes Metropolitanos poderes para outorgar concessões daqueles serviços, perdeu a concessão para o transporte de passageiros, inclusive sobre pneus, que é o principal fundamento de sua criação.

n) A EMTU não é titular de nenhuma atribuição (competência) própria; de toda sorte, porque o art. 3º, II, *b*, da Lei 7.450/91 a integra na estrutura básica da Secretaria dos Transportes Metropolitanos, no campo da Administração descentralizada, há de ser entendida como entidade de apoio, à disposição da Secretaria de Estado; poderá esta, eventualmente, desde que isso atenda ao interesse público, delegar-lhe a prestação de determinados serviços públicos e/ou o exercício de determinadas funções integradas no seu campo funcional, dela, Secretaria de Estado.

É o que me parece.

São Paulo, fevereiro de 1993.

TERRENO DE MARINHA — AFORAMENTO (DO CABIMENTO DO CAUCIONAMENTO DO DIREITO REAL DE USO, ESPECIALMENTE QUANDO VINCULADO A PROMESSA DE CESSÃO DE AFORAMENTO DE TERRENO DE MARINHA)

ARNOLDO WALD
Catedrático da Faculdade de Direito da Universidade do Estado da Guanabara

PARECER

I — Da consulta

1. Empresa "X" apresenta-nos consulta a respeito da possibilidade de dar em garantia imóvel no qual se encontra o seu moinho e que foi objeto de permissão de uso válida até "o aforamento definitivo do terreno".

2. A consulta decorre de dúvidas suscitadas pelo BNDES quanto ao caráter precário que teria a posse da consulente e ao risco da eventual revogação da permissão que poderia afetar o financiamento.

3. Questiona-nos, ainda, quanto às eventuais medidas judiciais e extrajudiciais que pode tomar caso o Governo do Estado se omita na obrigação de transferir para ela o aforamento, com o pagamento do laudêmio.

II — Dos fatos

4. A empresa consulente tornou-se permissionária do uso de terreno situado em área de porto em virtude de escritura que firmou com o Estado "Y" em 1960, na qual o Estado foi representado pelo seu Governador, devendo valer a mencionada permissão até a "entrega do aforamento definitivo" do mencionado terreno, estabelecendo-se, outrossim, o encargo de construir um moinho de trigo, empreendimento considerado "de relevância para a economia regional".

5. Na mencionada escritura, foi salientado que:

a) A consulente se propusera a instalar, em um terreno situado naquela área, de "*uso e gozo do Estado*, um moinho de *trigo*, destinado ao abastecimento do mercado local e do Estado vizinho, e, para esse fim, desejava adquirir, *mediante cessão e aforamento*, o *domínio útil do terreno em apreço*", pelo preço "de hum milhão, duzentos e oitenta mil cruzeiros" (Cr$ 1.280.000,00).

b) Na mesma ocasião requereu, por ser necessária a instalação do moinho de trigo no mais breve espaço de tempo, *permissão para usar o terreno* que é objeto da proposta de cessão de aforamento.

c) Assim sendo, informado o Governo da natureza do empreendimento, ouvidos os órgãos necessários e reconhecido que a instalação do *moinho* de que se trata representa empreendimento valioso, de *interesse da economia* nacional e *local, foi proferido despacho, em que o Governo do Estado concede permissão para uso do terreno acima descrito*, como lhe permitia o art. 23 da *Lei federal 3.421, de 10.7.58, reservando-se a cessão* ou *concessão do aforamento para o momento oportuno*, depois de preenchidas as formalidades de estilo.

d) O art. 23 da Lei 3.421, de 10.7.58, que se aplica ao Estado, na sua qualidade de "cessionário de porto", ou, melhor dizendo, de concessionário do mesmo, tem a seguinte redação:

"*Os concessionários de portos poderão transferir a terceiros*, durante o prazo da concessão, *os seus direitos de uso e gozo dos acrescidos de terreno de marinha*, que resultaram das obras de melhoramento do porto, desde que estas áreas não sejam necessárias à expansão futura das instalações portuárias, a juízo do Departamento Nacional de Portos, Rios e Canais.

"Parágrafo único. O preço e as condições de transferência ficarão sujeitos à aprovação do Ministro da Viação e Obras Públicas e o seu montante será abatido na conta de capital inicial ou dos capitais adicionais da concessão".

e) Verifica-se, assim, que a lei admite, no caso, que haja transferência a terceiros dos "direitos de uso e gozo" dos terrenos, e não apenas mera permissão.

f) Acresce que, no caso, ambas as partes afirmaram que, por meio da escritura: "vêm as partes interessadas declarar, o primeiro que *ratifica a permissão* e o segundo que a aceita, valendo a *autorização até a entrega do aforamento definitivo*".

g) A consulente se obrigou a instalar e fazer funcionar, dentro de dois anos, o moinho em apreço, sob pena de caducar a autorização.

h) Finalmente o Estado e a consulente declaram que: "se obrigam a fazer valer, como boas, firmes e valiosas, a autorização e obrigações aqui assumidas, pelo quê mandaram lavrar a presente, para os efeitos de direito".

6. Na realidade, *o instrumento*, embora *denominado "permissão de uso"*, *contém* uma verdadeira *concessão de uso* na forma prevista na Lei 3.421/58, *tendo caráter perpétuo*, em virtude da convenção das partes, *e uma promessa de cessão de aforamento* por preço determinado, sujeito tão-somente à apreciação das autoridades federais para fins de fixação do foro (no caso do SPU) e abatimento na conta de capital do concessionário (que competia ao Ministério da Viação e Obras Públicas).

7. Efetivamente, o despacho do Governador do Estado que se encontra transcrito na escritura tem o seguinte teor:

"Tendo em vista o disposto na Lei federal *3.421, de 10.7.58*, e considerando as informações prestadas no processo, defiro o pedido inicial, de modo a seguir:

"1º) Em relação ao pedido de utilização do imóvel, para instalação de um moinho de trigo, concedo *a permissão* solicitada, por se tratar de empreendimento de interesse relevante para a economia do Estado e Nação, nos termos do art. 23 da citada Lei 3.421/58. *Promova-se a lavratura da respectiva escritura de permissão*, digo, *lavratura da escritura de permissão de uso, até que se promova o aforamento definitivo*, obrigando-se o requerente a fazer funcionar, dentro de dois anos, o moinho em apreço, sob pena de caducar a autorização de uso do terreno.

"2º) *Quanto ao aforamento, processe-se o pedido na forma do direito*, submetendo-se o preço oferecido, previamente, à aprovação do Ministério de Viação e Obras Públicas.

"3º) Sejam anexados a este processo os demais relativos ao assunto. Cumpridas as diligências legais, *encaminhe-se o pedido para a cessão do aforamento ao Serviço do Patrimônio da União...*"

8. Verifica-se, assim, que *houve decisão governamental no sentido de aceitar a proposta da consulente, formalizando-se, desde logo, a permissão de uso e deferindo-se a cessão do aforamento*, que ficou pendente tão-somente de formalidades e de aprovação das autoridades federais (SPU e Ministério da Viação).

9. Veremos que a terminologia empregada pela escritura não foi a mais feliz, pois, na realidade, *o que se pretendeu fazer foi*, como se verifica pelas conclusões do despacho do Governador:

a) *uma concessão definitiva de uso*, condicionada tão-somente à construção do moinho, que ocorreu tempestivamente;

b) *uma cessão* (*ou promessa irrevogável de cessão*) *do aforamento dos terrenos*, que, sendo acrescidos de marinha, necessitavam da autorização da União, para que a cessão pudesse ocorrer e ser válida.

10. Acresce que a própria situação jurídica dos terrenos não estava muito clara na época, pois somente em 1978 a União Federal formalizou, com o Estado "Y", o aforamento do mencionado terreno constituído por acrescidos de marinha em virtude de contrato de constituição de aforamento, constando do mencionado instrumento: "Que, de acordo com a letra *a* do art. 100 do mencionado Dec.-lei 9.760, o terreno em causa está situado dentro da faixa de 100m no longo da costa marítima e fora de uma circunferência de 1320m de raio em torno de fortificações e toda e qualquer instalação em terreno pertencentes às Forças Armadas; Quinto: Que, nessas condições, transfere ao outorgado, pelo presente instrumento de escritura, o domínio útil, direito, ação e posse que tinha a União até este momento, sobre o mencionado terreno, mantida a posse em que do mesmo se acha, ficando o terreno aforado, por este ato, ao outorgado, obrigando-se a outorgante a fazer o presente contrato bom, firme e valioso em todo e qualquer ato, digo, tempo e a responder pela evicção".

11. O contrato de aforamento foi devidamente registrado no Registro de Imóveis, passando, assim, a promessa que integrara o instrumento de 1960 a ter viabilidade de formalização sob a forma de cessão de aforamento que o Estado "Y" deverá fazer em favor da consulente, obedecidas as formalidades exigidas pela União.

12. Examinaremos, pois, agora, a caracterização jurídica do direito da consulente, sabido que, em Direito, o fundo deve prevalecer sobre a forma e que, na interpretação dos atos jurídicos, tanto no campo do Direito Privado como do Direito Público, "nas declarações de vontade se atenderá mais à sua intenção que ao sentido literal da linguagem" (art. 85 do CC).

III — Da caracterização da concessão de direito real de uso

13. Embora referida na escritura a permissão de uso, verifica-se que, pelas suas características jurídicas, e de acordo com o art. 23 da própria Lei 3.421/58, à qual se refere, *o direito criado em favor da consulente é uma verdadeira concessão de direito real de uso*, previsto pela Lei 3.421 (v. a transcrição no item 5, *d*, do presente parecer), mas que viria a ser definida adequadamente no art. 7º do Dec.-lei 271, de 28.2.67, que tem a seguinte redação: "Art. 7º. É instituída a concessão de uso de terrenos públicos ou particulares, remunerada ou gratuita, por tempo certo ou indeterminado, como direito real resolúvel, para fins específicos de urbanização, industrialização, edificação, cultivo da terra, ou outra utilização de interesse social".

14. Efetivamente, ao examinar a escritura verificamos que o acordo entre o Estado "Y" e a consulente se caracteriza como uma verdadeira concessão de direito real de uso, por:

a) ser bilateral e a natureza contratual;

b) constituir instrumento irrevogável, pois vigente até a cessão de aforamento que manterá a posse da consulente, dando ao seu direito maiores dimensões;

c) ter, como contraprestação ou encargo do particular, a realização de obra (instalação do moinho) de relevante interesse social e público;

d) tratar-se de escritura registrada no Registro de Imóveis.

15. Ora, a doutrina e a jurisprudência esclarecem que a *permissão de uso é ato unilateral e precário*, essencialmente *revogável*, enquanto, ao contrário, a *concessão de uso é contrato administrativo bilateral, somente resolúvel no caso de inadimplência ou desvio de finalidade*, ou seja, descumprimento do encargo ou uso pelo concessionário para fim diverso daquele contratualmente estabelecido.

16. Hely Lopes Meirelles escreve, a este respeito, que: "*A concessão de uso, como direito real, é transferível por ato "inter vivos" ou por sucessão legítima ou testamentária, a título gratuito ou remunerado, como os demais direitos reais sobre coisas alheias, com a só diferença de que o imóvel reverterá à Administração* concedente, se o concessionário ou seus sucessores não lhe derem o uso prometido ou o desviarem de sua finalidade contratual. Desse modo, o *Poder Público garante-se quanto à fiel execução do contrato*, assegurando o uso a que o terreno é destinado e evitando prejudiciais especulações imobiliárias dos que adquirem imóveis públicos para aguardar valorização vegetativa, em detrimento da coletividade".[1]

17. E acrescenta: "A concessão assim concebida substitui vantajosamente a maioria das alienações de terrenos públicos, razão pela qual deverá ser sempre preferida, principalmente nos casos de venda ou doação".[2]

18. No mesmo sentido, o ilustre Prof. Caio Tácito, após distinguir o direito real de uso do direito de superfície, que o nosso Direito não mais admite, escreve, em brilhante parecer, que:

"Direito real resolúvel, vinculado à destinação que lhe é imposta no ato de nascimento, a concessão de uso fortalece a essência da dominialidade pública, dominada pelo princípio da utilidade social.

"A norma legal em causa (§ 3º do art. 7º do Dec.-lei 271) deixa claro, na parte final do contexto, que a utilização permitida ao particular, ou a outra entidade

1. *Direito Administrativo Brasileiro*, 17ª ed., São Paulo, Malheiros Editores, 1992, p. 439.

2. Ob. e loc. cits.

pública, tem como escopo uma atividade específica de acentuado teor social, e não a mera fruição de interesse privado, importando o desvio de finalidade na extinção do direito, mesmo antes de seu termo.

"Embora não afetando o domínio público, que permanece íntegro, a concessão de uso como direito real transmite-se *inter vivos* ou por sucessão legítima ou testamentária.

"Mesmo resolúvel pela Administração, guarda perante terceiros eficácia *erga omnes*, tal como afirma, a propósito do Direito italiano, a autoridade de Aldo Sandulli: "In ordine alla sua consistenza, è da osservare che il diritto del concessionario, mentre si atteggia come diritto pieno e incondizionato nei confronti della generalità dei soggetti, nei confronti dell'Amministrazione proprietaria del bene, invece, affievolisce, in relazione alla potestà di questa di adottare, in caso di inosservanza degli obblighi del concessionario, i provvedimenti sanzionatori previsti della legge" (Sandulli, Aldo, *Manuale di Diritto Amministrativo*, 4ª ed., p. 343; idem, verb. "Beni Publici", in *Enciclopedia del Diritto*, v. 5/290).

"A concessão de uso é um direito real que não absorve nem extingue o domínio público, constituindo-se em fruição qualificada de interesse social. Oponível a terceiros, guarda perante a Administração, proprietária do bem, cujo domínio subsiste, íntegro, o vínculo da condição resolutiva de destinação à finalidade pública estipulada, sob pena de perecimento do direito."[3]

19. Também o eminente Prof. José Cretella Júnior escreve a este respeito que: "Em conclusão, no Direito Administrativo brasileiro, a outorga para a utilização privativa de bem público, por particular, é feita por intermédio dos institutos jurídicos da autorização, permissão e concessão; *a autorização e a permissão configuram atos administrativos discricionários e unilaterais,* editados pelo Poder Executivo, ao passo que *a concessão é contrato administrativo*, celebrado entre a Administração e o particular".

20. E acrescenta o eminente Mestre que: "em relação a esses institutos, que outorgam utilização privativa de bem público, as expressões a título precário e precariedade necessitam de urgente reformulação; *precário e precariedade significam "revogáveis **ad libitum** da Administração", a qualquer momento; se o Poder Público marca o termo final para qualquer desses institutos, deixa ele de ser precário, visto não mais poder ser revogável a qualquer tempo, mas numa determinada época já conhecida, de antemão, pelo beneficiário; assinalando-se, pois, o prazo, tanto a concessão de uso, como a permissão e a autorização deixam de ser precárias, porque há um compromisso da Administração em respeitar a data assinalada*".[4]

21. Por sua vez, o Dec.-lei 2.300, de 21.11.86, adotando a lição do saudoso mestre Hely Lopes Meirelles, determina, no seu art. 15, § 1º, que: "A Administração, preferentemente à venda ou doação de bens imóveis, concederá *direito real de uso*, mediante concorrência. *A concorrência poderá ser dispensada quando* o uso se destinar a concessionário de serviço público, a entidades assistenciais, ou *verificar-se relevante interesse público na concessão*, devidamente justificado".

3. Caio Tácito, parecer intitulado "Concessão real de uso", *RDA* 150/213.

4. José Cretella Júnior, *Bens Públicos*, 2ª ed., São Paulo, EVD Editora, 1975, p. 77.

22. No presente caso, *o caráter bilateral* e *contratual*, a *manutenção da concessão até a cessão de aforamento* e o fato de a escritura ter sido registrada no Registro de Imóveis *caracterizam* a existência de *um verdadeiro direito real de uso, e não uma simples permissão.*

23. Ora, o direito real de uso pode ser objeto de penhor, especialmente quando a condição resolutiva já não pode ocorrer, por ter sido cumprido o encargo assumido pelo usuário.

24. Tratando de penhor de direitos incorpóreos dominicais, Pontes de Miranda lembra que o exercício do usufruto é suscetível de penhor, não o usufruto mesmo, que, por ser personalíssimo, é inalienável.[5]

25. No caso do direito real de uso decorrente de contrato administrativo, há viabilidade de cessão (art. 7º, § 4º), embora possa necessitar de autorização do concedente, que evidentemente não a negará se for no interesse público, tanto mais que, no caso, a concessão não é personalíssima, mas vinculada ao exercício de uma atividade empresarial, que interessa ao Estado.

26. Aliás, o entendimento dominante é, atualmente, que o contrato de concessão pode ser dado em garantia, como se verifica pela legislação mais recente.

27. Efetivamente, tanto a legislação do Estado do Rio de Janeiro (Lei estadual 1.481, de 21.6.89, art. 23) como a do Estado de São Paulo (Lei 7.835, de 8.5.92, art. 29) e o próprio projeto de legislação federal em curso de aprovação no Congresso Nacional (substitutivo da Câmara ao Projeto de Lei do Senado 179/90, projeto 202/91 da Câmara, no seu art. 27), este último oriundo de sugestões feitas inicialmente pelo próprio BNDES, *admitem a possibilidade de caucionar o contrato de concessão*, especialmente quando também existem outras garantias complementares e quando a garantia se destina à obtenção dos recursos financeiros para o desenvolvimento da atividade do concessionário.

28. Mesmo que se considere que o direito da consulente não é real, mas simplesmente pessoal, o que só admitimos *ad argumentandum*, não há dúvida de que também pode ser objeto de penhor, ou seja, de garantia real, como tem sido reconhecido pelo legislador e pela melhor doutrina.

29. Efetivamente, *o Dec. 24.778, de 14.7.34, resolvendo dúvidas do Direito anterior, permitiu expressamente o penhor de créditos ou direitos pessoais.* Antes do diploma legislativo, a matéria era polêmica, pois o art. 44 do Código Civil considerava imóveis os direitos reais sobre imóveis (inc. I) e, nesta hipótese, sendo a hipoteca direito real de garantia sobre imóvel, o crédito hipotecário não poderia estar sujeito ao penhor, que é direito real de garantia sobre imóveis. Por outro lado, o art. 790 só se referia a caução de títulos de crédito pessoal, podendo parecer excluir, *a contrario sensu*, o penhor sobre os demais direitos obrigacionais.

30. Nos "considerandos" do Dec. 24.778, de 14.7.34, o legislador expôs o seu ponto de vista sobre a matéria nos seguintes termos:

"Considerando que se têm suscitado dúvidas quanto à validade do penhor, ou

5. *Tratado de Direito Privado*, t. 2º/461, § 2.586.2.

caução, de *créditos* hipotecários e *pignoratícios*, dúvidas que ainda perduram apesar de as ter resolvido implicitamente o Dec. 21.449, de 9.6.32, que inclui tais cauções entre as operações da Caixa de Mobilização Econômica; considerando que a exclusão desses penhores, contrariando grandemente as mais fortes exigências da economia contemporânea, não se funda em princípio jurídico essencial, visto como os *warrants*, debêntures e letras hipotecárias são, correntemente, objeto de caução e a lei já conhece o penhor agrícola que recai sobre imóveis;

"Decreta:

"Art. 1º. *Podem ser objeto de penhor os créditos garantidos por* hipoteca ou *penhor*, os quais, para esse efeito, considerar-se-ão coisa móvel.

"Art. 2º. O credor pignoratício poderá levar à praça os créditos dados em garantia, ou executá-los diretamente para o seu pagamento."

31. Neste sentido também é a lição de Pontes de Miranda, quando afirma, examinando o penhor de direitos pessoais: "... *direitos pessoais podem ser objeto de penhor. O que se há de exigir*, assim ao penhor de coisa corpórea como ao de bens incorpóreos, *é a transferibilidade do direito...*"[6]

32. A matéria é hoje mansa e pacífica na doutrina, como se verifica pelos pronunciamentos de Orlando Gomes, Sílvio Rodrigues, Arnoldo Wald e Mário Neves Baptista.

33. Escrevendo a este respeito, esclarece Orlando Gomes que: "*O penhor não recai apenas sobre as coisas. Também lhe servem como objeto os direitos. Ao lado dos bens móveis corpóreos, podem ser gravados com o ônus pignoratício os bens incorpóreos.* O princípio de que há direitos sobre direitos recebe, na matéria, uma de suas aplicações mais fecundas, pois a extensão do penhor a tais bens veio emprestar à sua função econômica específica uma importância notável. O penhor comum deixará de ser um instrumento usual de garantia das dívidas, tornando-se raro o seu emprego. Especializou-se em formas que lhe restituíram a utilidade como estimulante do crédito, modificando-se em sua estrutura clássica. A mais interessante dessas formas especiais é, sem dúvida, *o penhor de direitos*".[7]

34. Por sua vez, Sílvio Rodrigues admite que possa ser dada em penhor coisa incorpórea, como um direito obrigacional, uma relação jurídica criada entre o devedor e o credor.[8]

35. A este respeito, já tivemos o ensejo de escrever que o penhor de direitos abrange tanto a caução de títulos de crédito, especialmente regulamentada em nossa legislação (arts. 789 a 795 do CC), como também o penhor de outros direitos obrigacionais.[9]

36. Por sua vez, Mário Neves Baptista chegou a escrever a respeito uma monografia que intitulou *Penhor de Créditos*.[10]

6. Ob. cit., t. 20/462.

7. *Direitos Reais*, Rio, Forense, 1958, n. 287, p. 481.

8. *Direito Civil*, 4ª ed., v. 5º/334, 1972, n. 197.

9. Arnoldo Wald, *Curso de Direito Civil — Direito das Coisas*, 8ª ed., São Paulo, Ed. RT, 1991, n. 113, p. 248.

10. Tese, Recife, 1947.

37. Não há, pois, *dúvida quanto à possibilidade de ser caucionado o direito de uso da consulente*, que, em nosso entender, constitui verdadeiro *direito real* consagrado tanto pela legislação civil como pelo Direito Administrativo, tendo, inclusive, no caso, características de irrevogabilidade e não mais estando sujeito a condição resolutiva, por já ter sido cumprido o encargo imposto à consulente.

IV — Da existência de promessa de cessão de aforamento

38. Examinando a escritura lavrada pela consulente com o Estado "Y", verifica-se que *o despacho do Governador foi no sentido de se processar o aforamento e que*, embora não houvesse data específica, *obrigou-se o Estado a providenciar o que necessário fosse para este fim*, de tal modo que o direito real de uso da consulente se transformasse no aforamento, sem que se previsse cláusula de arrependimento, por parte do Poder Público, tanto assim que *o uso seria garantido enquanto não obtida*, pela consulente, *a cessão do aforamento* do terreno.

39. As condicionalidades existentes na escritura, que se referem à aprovação do Ministério da Viação e ao SPU, representam ou meras formalidades, ou atos vinculados, que a autoridade não pode deixar de praticar, a não ser havendo justo motivo para que recuse a sua anuência à cessão, o que não se justifica no presente caso. No caso do Ministério da Viação e Obras Públicas, a comunicação é para fins de aprovar o preço e condições e de abater o valor da cessão do ativo da concessionária, o que em nada afeta as relações entre a consulente e o Estado, no direito que tem de obter a cessão do aforamento.

40. Essa situação se explica tanto mais que, na época, o título jurídico do próprio Estado não estava claro nem plenamente definido, o que só veio a ocorrer quase 20 anos depois, em 1978, com a regularização do aforamento da União em favor do Estado, que passou a constar no Registro de Imóveis em 1991, o que já lhe permite, agora, realizar a cessão do mesmo em favor da consulente.

41. A admitir que, na época, não tivesse justo título o Estado para prometer ceder o aforamento, o fato superveniente regularizou a sua situação, passando, pois, a promessa de cessão a ser válida e legítima, por aplicação analógica do art. 622 do Código Civil, de acordo com o qual: "Art. 622. Feita por quem não seja proprietário, a tradição não aliena a propriedade. Mas, se o adquirente estiver de boa-fé, e o alienante adquirir depois o domínio, considera-se revalidada a transferência e operado o efeito da tradição, desde o momento do seu ato".

42. Foi o que aconteceu na hipótese da presente consulta. O Estado "Y" prometeu ceder um aforamento do qual ainda não era titular em 1960, mas que obteve em 1978 e registrou em 1991, revalidando-se, assim, a sua promessa de cessão.

43. Quanto à redação do documento, é preciso também esclarecer que a "entrega definitiva do aforamento" deve ser interpretada como constituindo a cessão do direito ao aforamento, ou seja, a entrega do título comprobatório da mencionada transferência a título definitivo, como se deduz, aliás, do despacho do Governador, que ensejou a escritura.

44. Podemos, pois, caracterizar a *promessa do Estado* em relação ao aforamento como uma verdadeira *promessa irretratável* (já que não consta cláusula de arrependimento) *de cessão dos direitos ao aforamento* do terreno, que é acrescido de marinha, ou como uma cessão definitiva condicionada às formalidades exigidas pela União Federal, que funcionou como condição suspensiva para produzir todos os seus efeitos jurídicos.

45. Não havendo motivo para que a União Federal se pudesse opor a essa transferência, especialmente depois da assinatura do contrato que firmou com o Estado "Y" em 1978, e que foi registrado em 1991, e só cabendo ao SPU a discussão em torno das condições econômicas da operação (fixação do laudêmio), para evitar o eventual exercício do direito de preferência, caracteriza-se a operação como sendo uma verdadeira promessa de cessão vinculatória para ambas as partes, sem prejuízo do oportuno pagamento do laudêmio, que não afeta o ato jurídico perfeito. Tanto mais que, como vimos, o antigo Ministério da Viação se limite a computar o valor para redução do ativo da concessionária.

46. Ocorre que tanto a promessa de venda irretratável e a promessa de cessão (art. 69 da Lei 4.380) são consideradas direitos reais quando registradas no Registro de Imóveis. E, no caso, a escritura de constituição do direito de uso, na qual consta a promessa de cessão, foi objeto de registro, como se verifica pelos carimbos que constam do documento.

47. Indo mais longe ainda, o STJ reconheceu que a promessa de venda — e, conseqüentemente, a promessa de cessão — quando não contém cláusula de arrependimento, enseja a adjudicação compulsória, mesmo quando não tenha sido registrada, por se tratar da execução de obrigação entre as partes.

48. Efetivamente, em decisões recentes, o STJ reconheceu que: "O direito à adjudicação compulsória é de caráter pessoal, restrito aos contratantes, não se condicionando a *obligatio faciendi* à inscrição no Registro de Imóveis".[11]

49. Assim sendo, existe, no caso, uma promessa irretratável de cessão de direito ao aforamento, ensejando a adjudicação compulsória de cessão, que também pode ser objeto de caução.

50. Quando for feita a transferência do aforamento, em favor da consulente, com a anuência da União, a garantia poderá se transformar de penhor de direitos em hipoteca, que recairá sobre o terreno de marinha e os respectivos acrescidos, de acordo com a lei (art. 810, IV, do CC) e a melhor doutrina.

51. Assim sendo, entendemos que a promessa de cessão de aforamento é direito suscetível de ensejar o respectivo penhor, tanto mais que até os direitos futuros podem ser penhorados, desde que possa ocorrer a cessão dos mesmos, e tratar-se-ia, no caso, de direito futuro de cessionário do aforamento.

52. Efetivamente, como bem salienta Pontes de Miranda: "*Direitos futuros são empenháveis, desde que cessíveis.* O que importa aqui é verificar-se se poderiam ser cedidos; *se já se podem ceder, o penhor é permitido*".[12]

11. REsp 30, *apud* Arnoldo Wald, *Obrigações e Contratos*, 10ª ed., São Paulo, Ed. RT, 1992, p. 555.

12. *Tratado de Direito Privado*, t. 20/463, § 2.587.1.

53. No caso, o direito futuro e esperado é o de titular do aforamento, que pode ser cedido, desde que pago o laudêmio e atendidos os demais requisitos legais.

54. Conseqüentemente, também a promessa de cessão do direito ao aforamento pode ser dada em garantia ao BNDES, sob a forma de penhor ou caução, ou seja como garantia real.

V — Dos procedimentos extrajudiciais e judiciais cabíveis

55. A partir do momento em que ocorreram as condições da promessa de cessão, surgiu o direito da consulente de obter a efetiva cessão do aforamento.

56. O Estado "Y" não tem, a princípio, qualquer fundamento jurídico eficaz o bastante para opor-se a tal cessão.

57. Partindo-se dessas premissas, a consulente pode enviar uma notificação extrajudicial à Procuradoria-Geral do Estado "Y" dando ciência do ocorrido, convocando-o para regularizar a situação dentro de determinado prazo.

58. Nessa mesma notificação extrajudicial deve ser feito o pedido de que o Estado "Y" dê ciência à União Federal — que é o senhorio do terreno — para que esta manifeste seu interesse ou não de exercer seu direito de preferência, expresso no art. 683 do Código Civil.

59. A União Federal terá, então, 30 dias de prazo para manifestar-se, a teor do artigo citado.

60. Caso tal notificação extrajudicial se revele inócua, é possível utilizar-se da faculdade prevista no art. 867 do Código de Processo Civil, enviando ao Estado "Y" uma notificação judicial, dando-se ciência à União Federal, protestando por seu direito e buscando, ainda, uma solução negocial, no âmbito administrativo.

61. Prevalecendo, ainda, a inércia do Estado "Y" ou mesmo tendo havido uma resposta negativa, a solução será, forçosamente, buscar socorro no Poder Judiciário.

62. Para tanto, a via processual mais adequada é uma ação de rito ordinário, cumulando pedidos declaratório, condenatório e cominatório.

63. Isto decorre do fato que a obrigação contraída pelo Estado "Y" é uma obrigação de fazer, daí a possibilidade de obter um provimento jurisdicional onde o próprio juiz poderá substituir a parte e determinar a outorga da cessão definitiva.

64. O pedido deve ser feito no sentido de obter a declaração judicial da ocorrência da promessa de cessão irrevogável e o dever do Estado "Y" de efetivar a cessão, por força do aforamento outorgado ao mesmo pela União Federal, em 1978.

65. Deve ser pedida, ainda, a condenação do Estado "Y" na obrigação de outorgar a escritura de cessão do aforamento, com o devido pagamento do laudêmio à União Federal, este na base de 2,5% sobre o valor atualizado do imóvel, a teor do art. 686 do Código Civil.

66. A União Federal, na qualidade de senhorio da propriedade a ser cedida em aforamento, deve ser incluída no pólo passivo da ação, para manifestar seu interesse em exercer ou não seu direito de preferência.

67. E, como já tivemos oportunidade de nos manifestar: "Consistindo a obrigação de fazer em emitir uma declaração de vontade, ocorrem duas hipóteses: ou *o contrato preliminar preenche as condições de validade do contrato definitivo e o juiz poderá se substituir ao devedor, enunciando-se na sentença*, ou, ao contrário, a promessa de contratar não preenche tais requisitos, e o credor tem a alternativa de exigir a complementação ou formalização do contrato pelo devedor ou uma quantia em dinheiro como indenização. *No primeiro caso, a condenação será de pagamento de uma multa periódica enquanto não for cumprida a obrigação*"[13] (grifamos).

VI — Conclusões

68. Verifica-se, pelo exposto, que, sem prejuízo do penhor industrial que pode recair sobre o moinho e de outras eventuais garantias fidejussórias que a consulente pode dar ao Banco, também *são suscetíveis de ser dados em penhor o direito real de uso irrevogável e definitivo*, sobre o terreno que lhe foi atribuído pelo Estado, e *a promessa de cessão de aforamento*. Efetivamente, esta não contém cláusula de arrependimento e a duração do direito de uso é perpétua, pois assegurada até a obtenção do aforamento definitivo, que, sendo mais amplo do que o direito de uso, o abrange, mantendo-se, assim, o uso sem limite de tempo e sem que possa ser desconstituído, tanto mais que a consulente atendeu, no prazo, às suas obrigações contratuais de construir e instalar, no local, o moinho.

69. Podemos concluir, portanto, que:

a) *O direito de uso da consulente não é precário*, mas, ao contrário, *definitivo e irrevogável.*

b) *A consulente tem o direito de exigir do Estado a transferência do aforamento*, desde que pago o laudêmio.

c) *Tanto o direito real de uso como a promessa irretratável de cessão do aforamento podem ser dados em garantia, pela consulente, ao BNDES.*

70. Do trecho transcrito no item 67, conclui-se, ainda, que é possível, e recomendável, incluir um pedido de cunho cominatório, no sentido de obrigar o Estado a pagar uma multa diária caso seja condenado a efetivar a cessão, durante todo o tempo em que tal determinação não for cumprida.

13. Arnoldo Wald, *Obrigações e Contratos*, 10ª ed., São Paulo, Ed. RT, p. 38.

ENTIDADES FECHADAS DE PREVIDÊNCIA PRIVADA NO CONTEXTO DA ASSISTÊNCIA SOCIAL

MOZART VICTOR RUSSOMANO
Ministro do Tribunal Superior do Trabalho, aposentado

PARECER

I — Consulta

Consulta-se: *As entidades fechadas da Previdência Privada se incluem no contexto da Assistência Social?*

II — Fundamentos do parecer

1. Prende-se a consulta à *natureza jurídica* das entidades *fechadas* da Previdência Privada, para fins de reconhecimento da *imunidade tributária* prevista no art. 19, III, *c*, da Constituição Federal.

A *natureza assistencial* daquelas entidades foi reconhecida pela Lei 6.435, de 15.7.77, que consagrou a imunidade tributária prevista na Constituição.

Mas, o Dec.-lei 2.065, de 26.10.83, embora mantendo a isenção quanto ao imposto de renda, fez com que sobre as entidades *fechadas* da Previdência Privada aquele imposto passasse a incidir, na fonte, sobre dividendos, juros e demais rendimentos de capital (art. 6º, §§ 1º e 2º), ficando revogado, taxativamente, o art. 39 da Lei 6.435/77 (art. 6º, § 3º).

A atualidade da matéria é evidente, pois o Congresso Nacional, ao buscar novos critérios legais sobre *políticas de salários*, debatendo, recentemente, o Dec.-lei 2.065/83, não fez referência à revogação dos demais dispositivos daquela lei que versam sobre matéria distinta (entre eles, o art. 6º).

2. O estudo da natureza jurídica das entidades de Previdência Privada, que, certa vez, denominamos de entidades da Previdência Social Privada (a antinomia da expressão é apenas aparente), pressupõe que coloquemos seu nascimento, sua implantação e seu desenvolvimento na moldura mais ampla do esforço secular que o homem e a sociedade realizam para garantir a todos condições dignas de vida e apoio nas horas amargas de enfermidade, velhice, morte ou quaisquer situações contundentes que ponham em risco *a segurança e a dignidade da pessoa*.

3. Dissemos, em certa ocasião, que a Previdência Social (como hoje todos os Estados a conhecem e mantêm) nasceu de duas tendências inatas do homem: a *poupança* e a *solidariedade*.

Todos temos a sensação — que a vida moderna acentua — de uma aguda e crescente necessidade de amealhar, hoje, o necessário à segurança futura da pessoa ou da família. A esse sentimento, que pode ser considerado egoísta, soma-se outro, quase instintivo e ostensivamente altruísta: a *solidariedade caritativa* em relação a terceiros carentes, ainda mais vigorosa entre os membros do mesmo *grupo*, seja este qual for.

Quando o homem guardou parte do alimento para consumi-lo posteriormente, tentando evitar possível falta de elementos de subsistência em dias futuros, ele se limitou a fazer *poupança* (Celso Barroso Leite e Luiz Paranhos Velloso, *Previdência Social*, pág. 32).

A poupança continua no fundo do moderno sistema previdenciário, na medida em que a pessoa — no regime contemporâneo — economiza dinheiro para pagar contribuições que a coloquem sob a proteção previdenciária.

A essa reação instintiva do ser humano soma-se o *sentimento de solidariedade*, que tende a ser abrangente, ecumênico, universal. Foi esse fato que induziu o homem primitivo a auxiliar seu semelhante em momentos difíceis e, muito depois, o levou, na época medieval e moderna, à organização de entidades caritativas e assistenciais (cfr. nosso *Curso de Previdência Social*, 2ª ed., pp. 2 e ss.).

4. Há quem afirme que, no antigo Oriente, surgiram as primeiras organizações com rudimentares *finalidades assistenciais*.

É difícil demonstrá-lo. Essas *associações* — de que temos vagas notícias, perdidas ou deformadas através do tempo — possuíam, simultaneamente, várias finalidades: religiosas, econômicas, profissionais. É possível que existisse, entre tais fins, um objetivo de *auxílio recíproco* entre seus associados. Isso seria admitir que aquelas entidades teriam algum "parentesco" remoto com as *entidades assistenciais* que viriam, séculos após, a ser organizadas no Ocidente.

Não se pode descartar a possibilidade de que os agrupamentos profissionais dos indus, dos hebreus e dos árias (mencionados pelo *Hamurabi*) tivessem finalidades assistenciais. O mesmo pode ter ocorrido, inclusive, com as organizações profissionais dos pastores, agricultores, barqueiros e soldados, constituídas no Egito, sobre as quais temos informações mais seguras através do depoimento idôneo de antigos historiadores, como Heródoto e Deodoro.

Essa hipótese pode ter razões de ser. Parece incontroverso, porém, que as associações egípcias apenas adquiriram natureza *corporativa*, congregando artesãos, *após os ptolomeus* (cfr. nosso livro *Princípios Gerais de Direito Sindical*, pp. 12 e ss.).

Os antecedentes referidos, apesar da fragilidade de sua comprovação histórica, parecem ter influído, mais tarde, na organização dos *colégios* gregos e romanos.

Gaius menciona que Teseu, em Atenas, criou as *hetérias*, colégios profissionais que tinham ostensivas *finalidades mutualistas*. As organizações gregas, de que temos notícia segura, a par de seus fins profissionais, eram órgãos de assistência mútua, e disso não se pode ter dúvida.

Foram elas, por sinal, fonte de influência dos colégios romanos, que adquiriram tanto prestígio — em todas as áreas da sociedade — sob a vigência da *Lex Clodia*, que Júlio César, por temê-las, decidiu aboli-las. A força da evolução, porém, não pode ser contida. Morto César, Augusto promulgou, no ano 56 a.C., a *Lex Julia*, que representou a definitiva consagração do direito de associação entre os romanos, *inclusive para fins assistenciais*.

É curioso acentuar-se que esses órgãos faziam praça de seus objetivos *mutualistas*. Eram entidades híbridas, de caráter profissional e assistencial. Vistas pela primeira face da sua natureza, vinculam-se ao movimento sindical da Idade Moderna; pela segunda face, estão presas à história da Previdência Social.

Nessa mesma linha se podem situar as *guildas* germânicas. Adquirindo nítidas tendências profissionais, essas associações nunca abdicaram de rígidos princípios da lealdade e *solidariedade* entre seus membros. Tais laços foram tão estreitos, que — como nunca ocorrera até então — os integrantes da mesma *guilda* chegavam a sacrifícios extremos no mútuo auxílio.

Na Idade Média, por influência da Igreja Católica, o movimento associativista e assistencial continuou, mas sem reunir profissões: as *confrarias, corporações* e *irmandades de socorro* atingiram apreciável grau de desenvolvimento de modo a serem consideradas relevante ponto de referência na pré-história dos *seguros sociais* (Marti Bufill, *Tratado Comparado de la Seguridad Social*, pp. 31 e ss.).

5. Nos últimos quartéis da Idade Média operou-se metamorfose apreciável nas organizações assistenciais até então conhecidas, vinculando-se à iniciativa dos produtores.

Determinadas *atividades profissionais*, em virtude das condições de trabalho, começaram a sofrer riscos elevados de periculosidade. Foi o que ocorreu com os *marinheiros*, na época das grandes navegações e dos descobrimentos, e com os *mineiros*, na medida em que os recursos técnicos da época ativavam a exploração da terra.

A idéia de *mutualismo puro* e de *ajudas eventuais* foi, com certa rapidez, substituída por um *regime de seguros privados* instituído pelos empresários, em favor dos trabalhadores, como única medida capaz de atraí-los ao desempenho de ofícios considerados excessivamente perigosos.

Essa transformação evidente e relevante foi a preparação, no dealbar do século XVII, mais precisamente, no ano de 1601, do clima psicológico para aprovação, na Inglaterra, da chamada *Lei dos Pobres*, destinada a dar proteção efetiva, *por parte do Estado*, a pessoas comprovadamente necessitadas, que não tinham meios de garantir a própria subsistência.

A *Lei dos Pobres* é um marco. Ela começa o que se chamou, com certa ironia, a "oficialização da caridade".

Isso significa dizer que a *assistência privada*, mutual e espontânea, ditada pelo espírito de solidariedade (de classe ou de profissão), mais tarde ampliada *através de seguros instituídos, ainda espontaneamente, pelos empregadores*, começou a ser substituída pela *assistência oficial e pública*, a cargo do Estado.

Por irrelevantes ou ineficazes que fossem, na prática, as primeiras medidas postas em execução, a verdade é que, a partir da *Lei dos Pobres*, nasceu a tese de que cumpre *ao Estado* organizar serviços administrativos correspondentes à sua obrigação de distribuir assistência social e de participar do custeio dos programas desenvolvidos.

6. Esse exemplo distante, entretanto, só viria a ter desdobramento no século XVIII. Até então, os planos governamentais não reconheciam seu dever de assistência social e, de modo genérico, não continham medidas de proteção aos necessitados.

Durante muito tempo predominou o conceito de que o dever da sociedade é *dar a cada um o que é seu*, no estilo justiniano.

Cabe, aqui, o pensamento de Mário de la Cueva:

"A sociedade que conseguisse dar a cada um o que é seu — e apenas isso — não seria, modernamente, uma *sociedade justa*. A pessoa do homem é uma finalidade em si mesma, com a prerrogativa de sobreviver em condições de dignidade.

"A organização *justa* da comunidade se prende, cada vez mais, à melhor distribuição das riquezas, das oportunidades, do conforto e *da segurança"* (*Derecho Mexicano del Trabajo*, 1ª ed., v. 1º/12).

Esse pensamento leva, diretamente, à *Justiça Social*, que se situa muito acima das formas *comutativas* de justiça. E isso cria a condição cultural indispensável à *prática organizada* da assistência e chama o Estado à posição de principal responsável pela organização do sistema e de sua movimentação prática.

Embora paradoxal aos olhos do observador menos atento, o individualismo do século XVIII — suporte filosófico da Revolução Francesa de 1789 — foi o primeiro e decisivo momento de plena responsabilização do Estado pelo dever de garantia, a todos, de condições dignas de sobrevivência.

Já existiam, bastante difundidas, *caixas de socorro* e outras instituições do *mutualismo*. Mas o art. 21 da *Declaração dos Direitos do Homem* teve o privilégio histórico de definir os *socorros públicos* em geral como *dívida sagrada*, colocando como titular dessa dívida a *sociedade inteira*. Ao se dizer que a sociedade deve aos cidadãos aptos para o trabalho a garantia de emprego, bem como o indispensável amparo a todos quantos não estejam em condições de ganhar a própria subsistência, transfere-se ao Estado, politicamente organizado, o dever indeclinável de constituir e manter um sistema de proteção social, que, até então, era confiado, apenas, à generosidade solidária de terceiros e à iniciativa autotutelar dos próprios interessados (cf. nossos *Comentários à Lei Orgânica da Previdência Social*, 2ª ed., v. 1º/30).

7. Esse escorço tem por objeto traçar, *no tempo histórico*, a linha, necessariamente imprecisa, que divide a *Assistência Social* primitiva (através de entidades e recursos estritamente privados) da *Previdência Social*, como hoje a conhecemos, frustrada na maioria de seus altos fins, pela precariedade de suas disponibilidades técnicas e financeiras.

Os riscos e dificuldades individuais sempre existirão, em qualquer sociedade, independentemente de sua constituição política e econômica. Por melhor que seja a organização interna do Estado e de seus serviços, será inevitável a presença, na tessitura da organização social, de pessoas carentes. Isso foi dito, em 1942, no *Social Insurance and Allied Services*, ou seja, no I Plano BEVERIDGE, fonte da reforma da Previdência Social da Grã-Bretanha promovida após o término da II Grande Guerra, em 1945, e por isso muito mais conhecido, embora não muito mais importante, do que o II Plano BEVERIDGE, de 1944 (*Full Employment in a Free Society*).

O que importa, aqui, não é o estudo da possibilidade de eliminação ou redução daqueles riscos, através de uma ampla reestruturação social. Nosso intento é sublinhar que a responsabilidade por tais riscos, a princípio, foi, apenas, *da iniciativa privada dos interessados ou de terceiros*. Mas, a partir de certo momento, passou a constituir, como ocorre hoje, *ônus fundamental do Estado*, seja qual for sua organização ou sua forma de governo.

É, atualmente, *elementar* que o Estado moderno assumiu o ônus de organizar serviços correspondentes à sua nova tarefa e de participar no custeio da programação da *Assistência e da Previdência Social*, com o reconhecimento de que a ele cabe, apenas a ele ou sobretudo a ele, a extensão dos benefícios e prestações da Previdência Social à totalidade dos integrantes da comunidade nacional (cf. nosso *Curso de Previdência Social*, p. 6, já cit.). Caracteriza bem essa situação o fato de que o Estado — responsável pelos programas de Previdência Social — muitas vezes chama a si, também, a execução de *planos assistenciais*.

Estes, portanto, orginariamente privados, hoje podem ser privados ou públicos e, nos dois casos, têm a mesma natureza (João A. G. Pereira Leite, *Curso Elementar de Direito Previdenciário*, p. 19).

Estabelecido esse pressuposto necessário, é conveniente, para chegarmos a uma primeira conclusão a propósito da consulta formulada, estabelecer qual a *diferença conceitual* que existe entre Assistência Social e Previdência Social. A questão é controvertida e difícil.

Entre nós, foi escrito que a distinção entre elas está no fato de que a primeira tem por figura principal a pessoa do trabalhador, enquanto a segunda se preocupa com o futuro dos que vivem de sua profissão e, igualmente, de sua família (Moacyr Velloso Cardoso de Oliveira, *Noções de Legislação de Previdência e do Trabalho*, p. 7; Alonso Caldas Brandão, *Repertório da Previdência Social*, pp. 5 e 6).

Adotam-se, porém, outras distinções. Como assinalamos em nossos *Comentários à Lei Orgânica da Previdência Social*, a Assistência Social é mais ampla. Abrange os necessitados, independentemente do seu ofício ou *status* jurídico. É o que ocorre, ainda hoje, no plano da iniciativa pública e privada, com asilos, orfanatos, institutos de bem-estar social. Mas, igualmente, pode ocorrer que os organismos *assistenciais* adquiram outra natureza: pela sofisticação e amplitude dos seus programas, podem equipar-se tecnicamente, atuando através de métodos refinados e necessitando recorrer a cálculos atuariais inteligentes e complexos.

Do ponto de vista jurídico, não existe diferença, no que diz respeito à *natureza*, entre uma instituição de beneficência clássica (asilos, orfanatos ou entidades similares) e outras instituições criadas pela vida moderna, nas quais está presente, *com exclusividade*, isto é, *sem ajuda do Estado*, a iniciativa privada, e que se organizam segundo os recursos da nova tecnologia.

Pode e deve o Estado, naturalmente, não apenas responder pelo sistema da Previdência Social (público e oficializado), mas, igualmente, dar seu apoio às entidades assistenciais, organizando-as ou estimulando-as, quer sejam clássicas, quer sejam novas instituições de assistência, entre elas incluídas as chamadas entidades *fechadas* de Previdência Social.

8. Nesse ponto, é de se sublinhar o empenho manifestado, há alguns anos, pelo Ministro da Previdência Social, estimulando as empresas a constituírem *fundos* e *caixas* com a finalidade de ampliar os serviços previdenciários (in *Jornal do Brasil*, Rio de Janeiro, 9.4.75).

Como lembra Sully Alves de Souza, em seu livro *Direito Previdenciário*, originariamente, apenas os empregadores mais poderosos organizaram *fundos especiais*. Depois, pelos altos custos financeiros do empreendimento, começaram a criar *órgãos especiais*, com personalidade jurídica própria, para o desdobramento daqueles projetos, inclusive com a contribuição pecuniária dos trabalhadores. A verdade, porém, é que, ainda hoje, a contribuição realmente expressiva, no *sistema fechado* da Previdência Privada, é paga pelo próprio empregador, que, não raro, como sublinha aquele autor, também, fornece à entidade pessoal habilitado, instalações etc.

Isso ocorreu, a princípio, apenas com as empresas estatais e as sociedades de economia mista (ambas de Direito Privado) e, mais tarde, generalizou-se entre as empresas tradicionais na vida econômica do país (Celso Barroso Leite, in *Aspectos Jurídicos da Nova Previdência*, vários autores, p. 79).

A circunstância de os trabalhadores terem passado a contribuir para a entidade, nos sistemas das instituições *fechadas* de Previdência Privada, nunca teve importância, a não ser para aqueles que confundiram a *inexistência de finalidade lucrativa* com o *princípio da gratuidade da participação no sistema assistencial*.

A assistência primitiva, realmente, era gratuita. Em suas formas clássicas, continua sendo gratuita, independentemente de quem a realiza: o Estado ou particulares.

Há outras modalidades de Assistência Social contemporâneas que, embora não sendo espontâneas, conservam o critério de gratuidade. São aquelas, *v.g.*, que resultam de convenções coletivas intersindicais ou de sentenças normativas da Justiça do Trabalho. Esses dois instrumentos têm sido valiosos, na prática, para a progressiva ampliação do sistema, pela adoção das "cláusulas assistenciais".

Como tivemos ensejo de acentuar em obra sobre o sindicalismo contemporâneo, os próprios sindicatos participam dessa preocupação e dessas iniciativas, chamando a si encargos nitidamente assistenciais. Esses encargos podem estar próximos e ter semelhança com os programas previdenciários, mas com estes não se identificam, tal qual ocorre quando as chamadas *cláusulas assistenciais*, contidas em convênios ou sentenças coletivas, atribuem a entidade de classe operária, a expensas dos empregadores, a execução de determinados benefícios ou serviços (cf. nosso *Princípios Gerais de Direito Sindical*, pp. 174 e 175). Ao abordarmos esse tema, naquele ensejo, sublinhamos, inclusive, as resistências opostas ao esforço de fazer da sentença normativa e da convenção coletiva instrumentos de complementação progressivamente mais ampla do sistema oficial previdenciário. A idéia, porém, continua vitoriosa.

É precisamente essa tendência ampliativa que levou, na prática e na lei, à criação, cada vez mais generalizada, de *entidades de Previdência Privada*, fazendo-se a distinção notória entre *entidades fechadas* (que atuam no âmbito de um grupo predeterminado de pessoas) e *entidades abertas* (que são empresas típicas, com fins lucrativos, autênticas companhias de seguros, com portas franqueadas ao público).

Essa diferença, ostensiva na lei em vigor, não ficou suficientemente clara na terminologia adotada, dando a entender que se trata de *espécies* (fechadas e abertas) do mesmo *gênero* (entidades de Previdência Privada).

Na verdade, não é difícil encontrar-se, entre essas duas categorias de entidades, distinção muito mais profunda do que o simples fato de algumas serem *fechadas* e outras *abertas* ao público. Essa distinção reside no fato de que o *objetivo* das entidades fechadas é um e o objetivo das entidades abertas é outro.

Estas, como assinalamos, são empresas comerciais, que atuam com intuito de lucro. Aquelas, ao contrário, não possuem natureza mercantil, não visam à obtenção de lucros, têm *por fim último*, em face da insuficiência dos serviços previdenciários estatais, *complementar*, através de uma ação *subsidiária*, os programas previdenciários oficiais e dar *assistência* a determinados grupos de pessoas.

Por outras palavras: as empresas *abertas* de Previdência Privada têm caráter comercial, não são órgãos previdenciários, *nem tampouco são entidades assistenciais*.

As instituições *fechadas*, ao contrário, têm fins *mutualistas* — embora organizadas com sofisticação própria de nossa época; são de natureza essencialmente privada; não visam a fins lucrativos. Não são, portanto, empresas comerciais, nem são órgãos previdenciários. São algo diverso: *nada mais, nada menos, do que entidades privadas assistenciais*, tanto por sua *origem* quanto por seus *recursos predominantes* e por seus *fins*.

9. É conveniente recordar, embora rapidamente, a origem das entidades *fechadas* da Previdência Social.

No *Curso de Previdência Social*, já citado, no capítulo destinado à Previdência

Privada, dissemos, textualmente, o que aqui e agora repetimos, com ênfase:

"A insuficiência do sistema previdencial brasileiro é reconhecida por aqueles que têm a responsabilidade de conduzir o País aos seus destinos históricos" (p. 448).

"À medida que se acentua, agudamente, a distância que vai, no plano da Previdência Social, entre nossas possibilidades efetivas e as necessidades existenciais dos beneficiários, tendem a crescer, à margem e à sombra do sistema oficial, regimes especiais de Previdência Privada" (p. 449).

"De certo modo, a História incorre nesses paradoxos aparentes. A Previdência Social nasceu da iniciativa particular dos próprios interessados ou de medidas assistenciais de associações benemerentes. Os mútuos, caixas de socorro e auxílio ou outras organizações similares foram substituídos pela Previdência Social instituída e garantida pelo Estado. Mas, enquanto se procura, hoje, o regime ambicioso, amplo e justo da Seguridade Social, recorre-se, com apreciável intensidade, ao sistema da Previdência Privada, *para complementar os programas oficiais, considerados insuficientes ou incompletos, em face da ampliação de seus fins*" (p. 450).

"A existência e o crescimento da Previdência Privada provam as falhas do regime da Previdência Social criado e gerido pelo Poder Público. Isso, no entanto, não importa em admitir um *processo de substituição* do sistema oficial pelo sistema particular. Trata-se, apenas, de *complementação* da Previdência Social do Estado" (p. 450).

São essas as causas primárias determinantes do aparecimento das entidades *fechadas* de Previdência Privada.

Mas, sabidamente, tais entidades não nasceram como hoje as conhecemos. Elas têm origem — e isso é relevantíssimo, para se avaliar sua verdadeira natureza jurídica — em *atos de benemerência* praticados pelas grandes empresas (estatais ou não), que assumiram, *por via regulamentar*, o compromisso de complementação dos benefícios concedidos pela Previdência Social do Estado (aposentadorias, pensões etc.) ou, inclusive, de *conceder* benefícios desconhecidos na legislação previdenciária.

Essas normas regulamentares aderem aos contratos individuais de trabalho dos empregados favorecidos, tornando-se irreversíveis. A experiência mostrou que tal medida, pelo seu crescimento natural, representava ônus apreciável para o empregador e, por sua complexidade, exigia *serviços especializados* que tratassem dos problemas inerentes a esse programa social, fazendo-se a avaliação contábil e atuarial dos compromissos resultantes do sistema adotado, tudo isso, a princípio, confiado, exclusivamente, à responsabilidade dos empresários.

Pela adesão da norma regulamentar aos contratos individuais, a Previdência Privada, circunscrita a uma empresa ou a grupo de empresas, embora tendo base comunitária, nasceu com caráter estritamente *contratual*, que conserva até hoje.

Como acentuamos anteriormente, a contribuição eventualmente paga pelos trabalhadores filiados à entidade fechada de Previdência Privada não desfigura a questão: é notório que essas entidades, na maioria, se não na totalidade, não teriam condições de sobrevivência se não fossem *as apreciáveis contribuições pagas pelos empresários*, como responsáveis originários e únicos da instituição do sistema e como responsáveis principais frente à sua progressiva ampliação.

Dissemos, por isso, que, quanto à *origem*, as entidades *fechadas* não se confundem com os nem se assemelham aos órgãos da Previdência Social. Aquelas decorreram de atos espontâneos dos empresários, que estimularam, depois, a criação de entidades especializadas, com ação na própria empresa. Os órgãos da Previdência Social, ao revés, são criados *por lei*. São órgãos administrativos. Seus programas estão jungidos à administração do Estado, em função de seus fins modernos. *A Previdência Social, no fundo, é um capítulo do Direito Administrativo, enquanto as entidades fechadas de Previdência Privada, como pessoas jurídicas de Direito Privado, cumprem os intuitos das grandes empresas de assegurar direitos e vantagens especiais aos seus empregados.*

Distintos, igualmente, são seus alvos: a Previdência Social cumpre uma função constitucional do Estado. A Previdência Privada tem por objetivo *complementar e preencher* as insuficiências do sistema previdenciário oficial, através da atividade espontânea e solidária das empresas de grande porte, que são seus verdadeiros financiadores.

Os fins das entidades de Previdência Privada estão definidos em lei. O art. 1º da Lei 6.435, de 15.7.77, esclarece que seu papel consiste em instituir *planos privados* de concessão de benefícios *complementares ou assemelhados* aos assegurados pela Previdência Social.

Ora, o que é *assemelhado* a alguma coisa, ou dela é *complementar*, *com ela não se confunde*, quanto à sua realidade e à sua natureza.

Essa conclusão óbvia e lógica, por outro lado, põe em evidência o fato de que a Previdência Privada possui inegáveis conexões e semelhanças com a Previdência Social. Sua importância na comunidade brasileira, tanto maior quanto mais cresce o sistema, faz com que o Estado necessite acompanhar seu funcionamento. E isso se faz, precisamente, na área do Ministério da Previdência e Assistência Social, através do *Conselho da Previdência Complementar*, cabendo, sempre, entretanto, ao empresário a supervisão do funcionamento do plano que ele instituiu (art. 34).

10. De todo o exposto ressalta, desde logo:

a) A Previdência Social atua na área dos seguros sociais garantidos pelo Estado. Na Previdência Privada, as entidades abertas são empresas que atuam no domínio dos seguros privados. E suas entidades *fechadas* resultam do espírito de compreensão e solidariedade do empresário, quando este quer instituir métodos ou sistemas de ampliação dos programas da Previdência Social. Essa complementação, feita, em dois sentidos, pelas duas formas de entidades de Previdência Privada, não lhes atribui natureza previdenciária.

b) A inscrição nas entidades da Previdência Privada é eminentemente *facultativa*. Mesmo quando norma regulamentar da empresa institua a obrigação de o empregado se filiar à respectiva entidade (*fechada*), ainda assim existe autonomia de vontade. O trabalhador é livre para aceitar ou não aceitar as condições propostas pelo empregador e este é livre para aceitar ou não aceitar a contratação do trabalhador que diverge de suas normas regulamentares. É por isso que o contrato individual de trabalho conserva aspectos de um *contrato de adesão*.

A filiação aos órgãos da Previdência Social, ao revés, é *obrigatória* e essa obrigatoriedade é progressivamente mais ampla, visando a abranger todos aqueles que trabalham no território brasileiro.

c) A Previdência Social, função do Estado, exercida através de órgãos criados por lei, de natureza estatal, é um capítulo da Administração Pública. A Previdência Privada nasce, move-se e esgota-se nos lindes do Direito Privado.

d) A Previdência Social é financiada pelo trabalhador, pelo empresário e pelo Estado. A Previdência Privada (*fechada*) tem fontes de custeio emanadas do empregador e dos trabalhadores associados ou, apenas, do empregador, sendo a contribuição patronal a parcela mais importante do orçamento da entidade.

e) As instituições previdenciárias são pessoas jurídicas de Direito Público interno ou de Direito Privado de natureza fundacional. As entidades da Previdência Privada são sempre pessoas jurídicas de Direito Privado clássico. As primeiras integram a *constelação previdenciária* por declaração legal; as segundas, não.

f) Nas ações contra a Previdência Social, a competência é da Justiça Federal. Nas ações contra entidades *fechadas* da Previdência Privada, pelo reflexo de suas normas estatutárias no contrato do empregado, tem-se reconhecido a competência da Justiça do Trabalho, com chamamento ao processo do empregador interessado, pois este (instituidor do sistema) é o garante das obrigações que dele resultam.

g) Os *órgãos previdenciários* são aqueles que a lei enuncia. Apenas os órgãos e entidades que integram o sistema da Previdência Social têm natureza previdenciária. Seu elenco reúne (através de uma fusão meramente administrativa) o IPASE e o FUNRURAL. Tais órgãos ou entidades integram o *Sistema Nacional de Previdência e Assistência Social* (SIMPAS) e são: a) INPS; b) INAMPS; c) IAPAS; d) DATAPREV; e) LBA; f) FUNABEM; g) CEME (Lei 6.439, de 1.9.77).

Note-se que se enumeram entidades de *natureza assistencial* dentro do mundo previdenciário brasileiro, sem que entre elas fossem incluídas quaisquer entidades de Previdência Privada e muito menos as entidades *fechadas*, omitindo-se qualquer alusão ao seu papel coadjuvante da Previdência Social (cf. nossos *Comentários à Consolidação das Leis da Previdência Social*, 2ª ed., p. 15).

h) Falando sobre a relação jurídica de natureza previdenciária, disse Orlando Gomes: "a relação jurídica que vincula o beneficiário ao prestador do benefício formase na atmosfera do Direito Público, não sendo, pois, um negócio jurídico contratual pertencente à esfera da autonomia privada" (in *Aspectos Jurídicos da Nova Previdência*, autores diversos, p. 50).

Esse, realmente, é o retrato fiel da relação jurídica previdenciária. Não é isso, porém, o que ocorre com a relação jurídica formada *no plano da Previdência Privada*. Aqui, a atmosfera é o mundo da autonomia privada. A relação nasce entre o beneficiário e uma entidade criada e mantida por particulares. Trata-se de negócio jurídico contratual, disciplinado pelo Direito Privado.

Tudo que foi dito anteriormente se pode resumir, portanto, nesta verificação incontroversa: a assistência privada, espontânea, mutualista e solidarista foi a origem mais remota dos modernos estilos e sistemas da Assistência e da Previdência Social.

A Previdência Social contemporânea continua sendo impelida a horizontes mais amplos, ainda inatingidos, que são os horizontes da Seguridade Social.

Antes de serem eles atingidos, porém, pela deficiência notória dos sistemas previdenciários, ressurgiram — em outros moldes, com outra significação e muito maior amplitude — as *entidades privadas de natureza assistencial*, fechadas ao público, que não são definidas pela lei como parte integrante do sistema previdenciário e que, por sua origem e seus fins, pelo seu funcionamento e pela sua estrutura, têm evidente *natureza assistencial*.

Uma regressão de posições, portanto. Se as instituições assistenciais e privadas foram a origem da Previdência Social, estatizada e genérica, esta, por suas falhas e omissões, dobra-se sobre si mesma e vai à origem, reforçando seus programas e planos com a colaboração de entidades também de natureza assistencial e de caráter privado. "Fecha-se o círculo", como dissemos, em 1979, na 1ª edição do nosso *Curso de Previdência Social* (p. 450).

11. A primeira conclusão que adotamos, pois, é esta: *as entidades* ***fechadas*** *da Previdência Privada não têm natureza previdenciária, são* ***instituições assistenciais*** *"sui generis" que, pelos seus objetivos e métodos, complementam, suprem e enriquecem os lacunosos programas previdenciários oficiais, quer através da ampliação de suas prestações, quer pela criação de benefícios não previstos em lei.*

12. Essa primeira conclusão — eixo de todas as nossas considerações — teve respaldo legal na Lei 6.435/77, que declarou serem de *natureza assistencial* as entidades *fechadas* de Previdência Privada.

Assim dispôs, sabidamente, o art. 39 da referida lei: "§ 3º. As entidades fechadas são consideradas instituições de assistência social, para os efeitos da letra *c*, do item III, do art. 19, da Constituição".

Desse modo, norma expressa do legislador colocou as entidades *fechadas* da Previdência Privada ao abrigo do preceito constitucional, que diz:

"Art. 19. É vedado à União, aos Estados, ao Distrito Federal e aos Municípios:

"...

"III — instituir imposto sobre:

"...

"c) o patrimônio, *a renda* ou os serviços dos partidos políticos e de instituições de educação ou de *assistência social, observados os requisitos da lei*" (grifos nossos).

13. É vezo antigo do legislador brasileiro definir, através de norma, a *natureza jurídica* das instituições.

Assim foi feito, *v.g.*, com as *empresas públicas* e com as *fundações* criadas mediante lei. Em que pese à *denominação* daquelas empresas e à origem legislativa da instituição das *fundações* pelo Poder Público, a lei as definiu como *pessoas jurídicas de Direito Privado.*

É certo que, nesses casos, a *definição legal* coincidiu com o conceito doutrinário dominante sobre empresas públicas e fundações. São normas de caráter meramente interpretativo.

O mesmo ocorreu com o art. 39, § 3º, da Lei 6.435/77. Trata-se de preceito de finalidade puramente hermenêutica. Tanto assim que o texto legal, de modo expresso, afirma a classificação das *entidades fechadas* da Previdência Privada como instituições de assistência social, ficando sob a proteção da imunidade constitucional contida no art. 19, III, *c*, da Carta Federal.

Não obstante isso, muito embora normas interpretativas sobre a natureza essencial das pessoas jurídicas tenham importância e utilidade prática, a verdade é que a *natureza* de uma instituição decorre de sua estrutura, de seus fins, de sua realidade existencial, e não das definições do legislador.

É isso o que empresta às leis que definem a natureza das pessoas jurídicas *certo peso interpretativo.*

E como têm caráter hermenêutico, essas normas costumam ser redundantes, justificando-se o pleonasmo jurídico, apenas, pela sua finalidade esclarecedora.

Grave, sim, é quando a definição legal não coincide com a natureza da instituição.

Poder-se-á pensar que, nesses casos, do ponto de vista doutrinário, a natureza da entidade continua sendo aquilo que ela em realidade é; mas que, do ponto de vista prático, para fins de aplicação da lei, esta deverá ser obedecida, pela inviabilidade científica de declaração judicial da natureza de determinada instituição *contra legem.*

Não é isso, porém, o que ocorre no caso da consulta, como passaremos a demonstrar.

14. Acentuamos, inicialmente, que o art. 39, § 3º, da Lei 6.435/77 foi, de modo expresso, revogado pelo Dec.-lei 2.065/83.

Esse decreto-lei, no momento deste parecer, está sendo derrogado, mas, apenas, no que se refere à política salarial brasileira, portanto, sem nenhum reflexo sobre a tese em exame.

O art. 6º do mencionado Dec.-lei 2.065/83 adotou os seguintes critérios:

a) As entidades *fechadas* da Previdência Privada estão *isentas do imposto de renda* (*caput*).

b) Mas a isenção não se aplica ao imposto de renda incidente na fonte sobre dividendos, juros e demais rendimentos de capital auferidos pelas referidas entidades.

c) O imposto a que se refere o item anterior será devido, exclusivamente, na fonte pagadora, não gerando direito à restituição.

É evidente que essa norma está em *atrito frontal* com o art. 19, III, *c*, da Constituição Federal.

Sentindo isso, o art. 6º, § 3º, do Dec.-lei 2.065/83, expressamente, procurou resguardar-se da inconstitucionalidade em que conscientemente incorreu, dizendo: "Fica revogado o § 3º do art. 39 da Lei 6.435, de 15.7.77".

Por outras palavras, o legislador reconheceu a imunidade que a Constituição garante. *Mas limitou a vantagem constitucional*, dela excluindo o imposto de renda na fonte sobre dividendos, juros ou demais rendimentos de capital e acrescentando, inclusive, que esse pagamento não gerará direito à restituição.

Deu-se, pois, por via de lei ordinária, *imunidade ou isenção parcial*, quando a Constituição assegura a *imunidade ou isenção genérica*.

Admitir-se a legitimidade e a legalidade dessa medida será subordinar o preceito constitucional às deliberações do legislador ordinário, o que está em desacordo com tudo quanto se conhece na Teoria Geral do Direito.

Note-se que o Dec.-lei 2.065/83 *concedeu isenção* quanto a imposto de renda às entidades *fechadas* da Previdência Privada. Por que o fez? Fê-lo, é óbvio, por força do art. 19, III, *c*, da Carta Constitucional.

Mas, ao mesmo tempo em que tomou por base esse dispositivo da Lei Fundamental, o autor da lei ordinária, por *fas ou nefas*, jogando com seu puro e livre arbítrio, *limitou* a imunidade constitucional e, dessa forma, tornou inócuas as suas próprias normas.

Perguntar-se-á: e quanto à revogação expressa do § 3º do art. 39 da Lei 6.435/77, feita pelo art. 6º, § 3º, do Dec.-lei 2.065/83?

A revogação era inevitável. Sem ela o legislador ordinário não poderia alcançar seu objetivo: limitar a imunidade concedida pelo constituinte. Foi a tentativa de declaração, por via legal, de que as entidades *fechadas* de Previdência Privada não possuem *finalidades assistenciais*.

Essa revogação, porém, teria relevância se o direito assegurado às entidades *fechadas* decorresse, apenas, de *lei anterior*, que poderia ser revogada, a qualquer tempo, pela *lei posterior*.

Não é esse o caso. A isenção não advinha, somente, do art. 39, § 3º, da Lei 6.435/77, mas, sim, *do texto da Constituição Federal* (art. 19, III, *c*).

Tal circunstância torna ineficazes as normas restritivas do art. 6º e §§ do Dec.-lei 2.065/83. Por um lado, porque a *natureza assistencial* (que demonstramos anteriormente) foi, implicitamente, reconhecida pelo próprio Dec.-lei 2.065/83, quando concedeu isenção parcial de imposto de renda. Por outro lado, porque não se pode admitir que o legislador ordinário diga que a entidade "A" tem natureza assistencial (embora não a tenha) e que a entidade "B" não tem natureza assistencial (embora a tenha), para aplicar ou não aplicar ou aplicar apenas em parte a alínea *c* do inc. III do art. 19 da Constituição da República.

Esse entendimento seria colocar o dispositivo constitucional sob a incidência do preceito ordinário, invertendo a pirâmide da hierarquia das normas jurídicas. Por esse caminho, o legislador ordinário poderia alterar, deformar e até não cumprir o dispositivo constitucional de hierarquia superior.

15. Além disso, a Lei 6.435/77, quando declarou que as entidades *fechadas* da Previdência Privada têm natureza assistencial, para os fins previstos na Constituição, adotou norma de *caráter meramente interpretativo*.

O caráter assistencial das entidades *fechadas* não decorreu, unicamente, da declaração da Lei 6.435/77. Sua fonte originária está no art. 19, III, *c*, da Carta Federal, e em sua natureza doutrinária.

Dessa forma, para que seus direitos decorrentes da vantagem criada por aquele preceito *fossem cancelados* não bastaria fazer-se a revogação do § 3º do art. 39 da Lei 6.435/77, como foi feito através do Dec.-lei 2.065/83. *Seria indispensável reforma constitucional* que modificasse o art. 19, III, *c*, acima citado.

O grave, insistimos, está no fato de que o legislador de 1983, implicitamente, reconheceu a aplicabilidade às entidades *fechadas* do benefício constitucional (art. 6º, *caput*); mas, nos parágrafos do mesmo artigo, *limitou-o*. E isso ele não poderia fazer sem entrar em atrito com a letra da Constituição.

O fato de persistir, por força do art. 6º do Dec.-lei 2.065/83, uma *isenção parcial* é a evidência da aplicabilidade às entidades *fechadas* da norma constitucional em jogo. Em conseqüência, se a lei ordinária não pode restringir o favor constitucional, as normas do Dec.-lei 2.065/83, sobre a matéria, *não têm eficácia jurídica*.

Mesmo que se entendesse de forma diversa, ainda assim perduraria o argumento fundamental de que as entidades *fechadas* — pela sua origem e pela sua realidade atual, pela sua estrutura e pelo seu alcance, pelos seus métodos e por seus fins — são *instituições assistenciais*, independentemente de qualquer definição legal que se pretenda sobrepor à letra e ao espírito da Constituição da República.

16. Há um ponto que nos parece indispensável sublinhar, na procura das finalidades últimas da alínea *c* do inc. III do art. 19 da Constituição.

Qual a razão pela qual o constituinte consagrou aquela norma ampla?

Não é preciso ir muito longe na pesquisa bibliográfica.

Mais uma vez, a lição de Pontes de Miranda, por si só, é suficiente, inclusive porque mostra que aquele preceito constitucional cria *imunidade*, e não, apenas, *isenção*:

"O que se disse à nota anterior vale para as *instituições de educação e de assistência social*.

"Trata-se de *imunidade*, e não de *isenção*.

"Os pressupostos da isenção (note-se bem, da isenção) de imposto de renda, tratando-se de sociedades e fundações de interesse social predominante, eram, segundo legislação ordinária, os seguintes: a) quanto ao interesse social, tratar-se de sociedade ou fundação (pessoa jurídica) de caráter beneficente, filantrópico, caritativo, religioso, educativo, cultural, instrutivo, científico, artístico, literário, recreativo e esportivo; b) quanto à organização interna, não remunerarem suas diretorias, nem distribuírem lucros sob qualquer forma. Não era pressuposto da isenção o ter obtido decisão administrativa declaratória, promovida em requerimento, pelos interessados, com a prova da personalidade jurídica, finalidade, natureza das atividades, caráter dos recursos e de como foram e são obtidos, e aplicação integral dos lucros na mantença e desenvolvimento dos objetivos sociais. Tratava-se de pressuposto para o exercício do direito a isenção: a decisão era simplesmente declaratória da satisfação dos *pressupostos da isenção*, embora referidos com outras palavras. Os *pressupostos da imunidade*, segundo o art. 19, III, *c*, 2ª parte, *in fine*, da Constituição de 1967, são diferentes: a) trata-se de instituição de educação *ou* de assistência (o "e" do art. 31, V, *b*, *in fine*, da Constituição de 1946, que exprobramos ao texto, foi corrigido) ou *de* educação e de assistência social — personificada, ou não, desde que haja separação do patrimônio dela e das outras entidades não-imunes, ou das pessoas físicas; b) serem as suas rendas aplicadas integralmente no País para os fins de educação ou de assistência, ou de uns e outros. Qualquer aplicação de rendas no exterior ou qualquer remessa de renda, a título gratuito, ou para fundo comum, ou complementar, é elemento suficiente para a perda, *ipso iure*, da imunidade. Pela comparação dos pressupostos da legislação ordinária e dos pressupostos do art. 19, III, *c*, 2ª parte e *in fine*, da Constituição de 1967, verifica-se: a) Nem todas as pessoas jurídicas que se incluíam nas menções da legislação ordinária poderiam invocar o art. 19, III, *c*, 2ª parte e *in fine*, da Constituição de 1967, por lhes faltar ou serem, precisamente, instituições de educação ou de assistência social (conceitos menos largos). A respeito de tais entidades ocorre o de que falamos, acima, de espaço: a regra jurídica de isenção anterior à regra jurídica de imunidade é de extensão (num dos pressupostos) *maior* do que a dessa, razão por que se pode dar que haja casos de isenção, fora dos casos de imunidade. b) Nem todas as pessoas jurídicas que se incluem nas menções do art. 19, III, *c*, 2ª parte, da Constituição de 1967 estavam incluídas nas menções da legislação ordinária: a remuneração de diretores, sob qualquer forma, tornaria insuficiente o suporte fático para a incidência da regra jurídica isentiva, ao passo que, no tocante à imunidade, só a aplicação de rendas fora do País, ainda que para os mesmos fins, ou no País, para outros fins que o da pessoa jurídica, é razão de não incidir a regra jurídica do art. 19, III, *c*, da Constituição de 1967. Sempre que a pessoa jurídica era isenta e não foi, segundo a *lex nova*, imune, continuou isenta. Sempre que era isenta e continuou a satisfazer os pressupostos da imunidade, imune é, a isenção seria *minus* de direito, porque mais é ser imune do que ser isenta. Sempre que a pessoa jurídica não era isenta, ou deixou de o ser, mas, depois de 15.3.67, passou a satisfazer os pressupostos do art. 19, III, *c*, *in fine*, da Constituição de 1967, imune se tornou, o que é mais do que ser isenta.

"Há diferença que se há de frisar entre a regra jurídica do art. 19, III, *c*, da Constituição de 1946. Nessa, após se falar de instituições de caridade e de assistência, acrescentava-se: "desde que as suas rendas sejam aplicadas integralmente no País para os respectivos fins". Na Constituição de 1967, em vez disso, se pôs: "observados os requisitos fixados em lei". Não se pode interpretar o art. 19, III, *c*, da Constituição de 1967 como se houvesse preecluído o pressuposto de serem aplicadas, integralmente, no Brasil as rendas das instituições de educação e de assistência social para os respectivos fins. Tal pressuposto é implícito. Não seria de admitir-se que se imunizassem a impostos rendas que teriam de ser aplicadas, ou que se aplicariam fora do Brasil. Assim, a lei a que se refere o art. 19, III, *c*, da Constituição de 1967 ("observados os requisitos fixados em lei") tem de conter, explícita ou implicitamente, a exigência da aplicação integral das rendas em educação ou em assistência social no Brasil" (Pontes de Miranda, *Comentários à Constituição de 1967 com a Emenda n. 1 de 1969*, 2ª ed., pp. 426-428).

No caso concreto, a que se aplicam todas essas considerações, seria de se acrescentar: a justificativa lógica da imunidade concedida às entidades assistenciais em geral e, em particular, às entidades *fechadas* da Previdência Privada está no fato de que todas essas instituições *têm relevantes fins sociais*, sem qualquer intuito lucrativo.

Essa premissa elementar, na espécie, ganha proporções significativas: as entidades assistenciais preenchem lacunas dolorosas da organização social moderna. Mas, as entidades *fechadas* da Previdência Privada, além desse fim, têm outro, relevantíssimo, que é o *de suprir a notória insuficiência dos serviços previdenciários do Estado*.

A obrigação de organizar uma Previdência Social eficiente é apenas do Estado. Ele não tem conseguido esse objetivo, nem no Brasil, nem no mundo moderno. As entidades *fechadas* tratam de amenizar essa insuficiência gritante. Isso, de um lado, lhes dá caráter assistencial, pois elas estão situadas *fora* do sistema solar da Previdência Social; por outro lado, justifica a imunidade tributária que o constituinte lhes outorgou e que o legislador ordinário não pode suprimir ou limitar.

Note-se que as entidades *fechadas* não podem ter finalidades lucrativas (por exigência legal), para que desfrutem da imunidade tributária. É por isso mesmo ainda mais compreensível que tenham elas, até agora, permanecido imunes em relação ao imposto de renda, que é, exatamente, um tributo que sobrecarrega proventos econômico-financeiros obtidos pelo contribuinte.

Partindo do dispositivo constitucional, concluímos que cobrar de uma entidade *fechada* de Previdência Privada (de natureza assistencial) imposto de renda (no todo ou em parte) é incorrer em ofensa à Constituição e, também, em insuportável *contradição de princípios*.

17. É óbvio, porém, que, no caso, a imunidade constitucional — por mais ampla que seja — não é absoluta e ilimitada.

Como se viu através dos comentários de Pontes de Miranda, o constituinte de 1967, dispondo de forma diversa do que fora estabelecido no Direito anterior, condicionou o gozo daquele direito à *observância dos requisitos da lei* (art. 19, III, *c*, *in fine*).

Em primeiro lugar, é preciso verificar, portanto, se a instituição assistencial preenche os requisitos legais para ser favorecida pela imunidade outorgada. É *questão de fato*, a ser examinada caso a caso. Mas, na hipótese de entidades *fechadas*, o tema perde relevância, porque o legislador traça as condições de sua atuação e essas condições reforçam e demonstram, precisamente, seu caráter assistencial.

Em segundo lugar, a expressão "observados os requisitos de lei" não significa que o legislador ordinário possa fracionar a imunidade tributária, posta em nível constitucional, dizendo em que casos ela se reconhece e em que casos ela não é reconhecida.

Norma assim lançada não cria *requisitos* para o enquadramento da entidade no preceito constitucional. *Dá novas dimensões ao preceito*. Aquilo o legislador pode fazer. Isso, não.

18. Uma última questão de ordem geral nos parece deva ser suscitada e, se for o caso, considerada.

A Constituição Federal assegurou determinada imunidade tributária às entidades assistenciais.

A lei ordinária, de modo expresso, reconheceu esse direito às entidades *fechadas* da Previdência Privada.

Entendemos que a letra constitucional, por si só, seria suficiente para garantir aquela vantagem. Mas a ela se sobrepôs norma interpretativa esclarecedora.

A situação jurídica ficou constituída. Poder-se-á, indo mais longe, admitir que se formou *direito adquirido*!

Assim, admitindo, *ad argumentandum*, que a imunidade tributária das entidades *fechadas* da Previdência Privada resultasse do art. 39, § 3º, da Lei 6.435/77, considerada como norma regulamentadora, e não, diretamente, do art. 19, III, *c*, da Constituição Federal — não poderia o Dec.-lei 2.065/83 (norma posterior) anular os efeitos da Lei 6.435/77 (norma anterior), sem ofender os *direitos adquiridos* das entidades *fechadas* que estivessem em funcionamento no País por ocasião da vigência do Dec.-lei 2.065/83, que estavam favorecidas por *situações jurídicas definitivamente constituídas*.

Isso significa dizer que o Dec.-lei 2.065/83 se teria atribuído *efeito retroativo* que a Lei de Introdução ao Código Civil proíbe expressamente (art. 6º).

Do mesmo modo, em nível mais alto, esse possível efeito retroativo daquela norma legal estaria vedado, expressamente, pelo art. 153, § 3º, da Constituição Federal, que é uma regra salutar da Carta brasileira, assim escrito: "A lei não prejudicará o *direito adquirido*, o *ato jurídico perfeito* e a *coisa julgada*" (grifos nossos).

19. A decorrência natural, portanto, da primeira conclusão (natureza assistencial das entidades *fechadas* da Previdência Privada) é o reconhecimento, à luz do art. 19, III, *c*, da Constituição Federal, da imunidade tributária daquelas entidades, e, portanto, da inconstitucionalidade do § 3º do art. 6º do Dec.-lei 2.065/83.

III — Conclusões

Em face do exposto, reiteramos nossas conclusões sobre a consulta formulada:

1. As entidades *fechadas* da Previdência Privada não têm natureza previdenciária, são *instituições assistenciais "sui generis"* que, pelos seus objetivos e métodos, complementam, suprem e enriquecem os lacunosos programas previdenciários oficiais, quer através da ampliação de suas prestações, quer pela criação de benefícios não previstos em lei.

2. As entidades *fechadas* da Previdência Privada, pela sua natureza assistencial, gozam, amplamente, de imunidade tributária, uma vez preenchidos os requisitos legais em vigor, na forma do art. 19, III, *c*, da Constituição Federal.

3. As exceções a essa imunidade constitucional, abertas pelos parágrafos do art. 6º do Dec.-lei 2.065/83, são inconstitucionais.

É o nosso parecer.

Brasília, em 20 de outubro de 1984.

BANCO CENTRAL — AUTARQUIA — REGIME DOS SERVIDORES*

MOACIR A. MACHADO DA SILVA
Vice-Procurador-Geral da República

Com fundamento no art. 103, VI, da Constituição Federal, o Procurador-Geral da República ajuizou a presente ação direta de inconstitucionalidade do art. 251 da Lei 1.112, de 11.12.90, que "dispõe sobre o regime jurídico dos servidores públicos civis da União, das autarquias e das fundações públicas federais", cujo teor é o seguinte: "Art. 251. Enquanto não for editada a Lei Complementar de que trata o art. 192 da Constituição Federal, os servidores do Banco Central do Brasil continuarão regidos pela legislação em vigor à data da publicação desta Lei".

Considera o Autor que a disposição transcrita é incompatível com o art. 39, *caput*, da Constituição Federal, *in verbis*: "Art. 39. A União, os Estados, o Distrito Federal e os Municípios instituirão, no âmbito de sua competência, regime jurídico único e planos de carreira para os servidores da Administração Pública direta, das autarquias e das fundações públicas".

"Sendo o Banco Central uma autarquia federal" — prossegue a inicial — "não há fundamento constitucional para que sejam seus servidores excluídos, sequer temporariamente, do regime jurídico único e dos planos de carreira aludidos no art. 39 do texto da Lei Maior".

Nas informações, a Presidência do Congresso Nacional descreve a tramitação do Projeto de Lei 5.504/90, de iniciativa do Presidente da República (Mensagem Presidencial 496/90), que se converteu na Lei 8.112/90, destacando que a regra do art. 251 surgiu no substitutivo ao citado projeto (*DCN*, seção I, de 15.11.90, p. 12.208), na linha das Emendas 1, 2, 3, 5 e 6 (*DCN*, seção I, de 12.9.90, pp. 9.882-9.884, e *DCN*, seção I, de 15.11.90, pp. 12.231 e 12.250).

Aprovado o substitutivo na Câmara dos Deputados, foi remetido ao Senado Federal, onde o preceito impugnado foi objeto de análise específica (*DCN* de 15.11.90, seção II, pp. 6.952-6.956). Submetido a votação (Projeto de Lei da Câmara 93/90), o projeto foi aprovado, indo à sanção presidencial.

O Exmo. Sr. Presidente da República, por seu turno, encaminha as informações elaboradas pela Consultoria-Geral da República, bem assim as do Ministério da Justiça e as da Secretaria da Administração Federal, em que se alega:

a) O Banco Central do Brasil foi constituído como autarquia na Lei 4.595/64, com relevantes atribuições, como as de emissão de papel-moeda, saneamento do

* Parecer na ADInconst 449-2-DF, rel. Min. Carlos Velloso.

meio circulante, fiscalização das instituições financeiras, regulamentação do câmbio e, sobretudo, as imanentes a um autêntico banco central, de que são exemplos a realização de redescontos e empréstimos a instituições financeiras bancárias, recolhimentos compulsórios, bem como os depósitos voluntários também de instituições financeiras.

b) O art. 39 da Constituição Federal deve ser conectado com o art. 192, expressamente referido no art. 251 da Lei 8.112/90, em cuja abrangência se compreendem os servidores do BACEN, responsáveis pela operacionalização do Sistema Financeiro Nacional.

c) O termo "organização", constante do art. 192, IV, da Constituição Federal, tem alcance amplo, compreendendo a definição do regime jurídico de pessoal e até mesmo da natureza jurídica do Banco Central, não havendo qualquer determinação no sentido de que seja mantido como autarquia.

d) A organização do Banco Central do Brasil, suas atribuições, o regime de seu pessoal e mesmo sua vinculação a esse ou àquele Poder deverão ser redefinidos pela lei complementar prevista no art. 192 da Constituição Federal, encontrando-se em tramitação no Congresso Nacional diversos projetos de lei, alguns dos quais alterando sua natureza jurídica.

e) O dispositivo impugnado não exclui de vez os servidores do regime jurídico do pessoal civil da União, das autarquias e fundações, apenas diferiu a solução, em disposição transitória, para aguardar a lei complementar exigida no art. 192 da Lei Maior, onde serão feitas necessariamente as especificações do trabalho dos servidores, que exercem atribuições especiais, não assimiláveis às atribuições comuns da burocracia governamental.

f) O legislador ordinário, ao consagrar a fórmula do art. 251 da Lei 8.112/90, em realidade, absteve-se de invadir área reservada ao campo da lei complementar; só esta poderá alterar o regime jurídico dos servidores do Banco Central, permanecendo em vigor, até que isso ocorra, a organização ditada pela Lei 4.595/64, que tem *status* de lei complementar, só podendo ser modificada por lei de mesma hierarquia (CF/88, art. 69).

g) O regime jurídico dos servidores do Banco Central, a ser disciplinado na lei complementar, deve ser específico, em face das características especiais da Instituição; enquanto não for editada a lei complementar, deve subsistir o regime da legislação vigente, que preserva direito adquirido dos servidores, insuscetível de alteração por norma infraconstitucional. E:

h) A Lei 8.112/90, no art. 243, § 6º, também confere tratamento diverso aos servidores estrangeiros com estabilidade no serviço público, determinando que passarão a integrar tabela em extinção, enquanto não adquirirem a nacionalidade brasileira.

Em defesa do ato impugnado, o Subprocurador-Geral da República, Arthur de Castilho Neto, no exercício da função de Advogado-Geral da União (CF/88, art. 103, § 3º), reproduz os argumentos constantes das informações e do parecer do Dr. Saulo Ramos, enfatizando que: *a)* a Lei 4.595/64 vigora com força de lei complementar, por força do disposto no art. 192 da Constituição Federal, só podendo ser modificado o regime jurídico dos servidores do Banco Central através de ato dessa mesma categoria legislativa; *b)* o legislador não está adstrito a manter a situação jurídica de autarquia do Banco Central, podendo inclusive conferir-lhe personalidade jurídica de Direito Privado; e *c)* o regime jurídico dos servidores do Banco Central depende da natureza jurídica que for dada à Instituição, não sendo inconstitucional o dispositivo que apenas protrai o enquadramento desses servidores.

Vieram sucessivamente os autos, com vista, ao Procurador-Geral da República, para o pronunciamento de que trata o art. 103, § 1º, da Constituição Federal.

2. A Lei 4.595, de 31.12.64, denominada "Lei da Reforma Bancária", operou a transformação da antiga Superintendência da Moeda e do Crédito-SUMOC em uma autarquia federal, denominada Banco Central do Brasil, com personalidade jurídica e patrimônio próprios (art. 8º), ao mesmo tempo em que extinguiu o Conselho da Superintendência da Moeda e do Crédito e criou, em substituição, o Conselho Monetário Nacional (art. 2º).

Havia controvérsia em torno da natureza jurídica da antiga SUMOC, criada pelo Dec.-lei 7.293, de 2.2.45, com a finalidade de exercer o controle do mercado monetário e preparar a organização do Banco Central. Era diretamente subordinada ao Ministério da Fazenda, desempenhava atividades públicas, dispunha de forte autonomia administrativa, mas não contava com autonomia financeira e patrimonial. Não obstante, seus servidores eram regidos pelas normas da Consolidação das Leis do Trabalho, ao lado de regras especiais, editadas pela administração da própria SUMOC.

Os servidores do Banco Central do Brasil permaneceram submetidos ao regime da legislação trabalhista, incluídos na categoria profissional de bancários, nos termos do § 4º do art. 52 do citado diploma legal:

"Art. 52. ...

"§ 4º. Os funcionários do quadro de pessoal próprio permanecerão com seus direitos e garantias regidos pela legislação do trabalho e da previdência social, incluídos na categoria profissional de bancários."

A Constituição Federal de 1988, porém, no art. 39, determinou a instituição de regime jurídico único para todos os servidores da Administração Pública direta, das autarquias e das fundações públicas, surgindo dúvida em torno do regime básico a ser adotado: seria necessariamente o estatutário, ou o legislador poderia, alternativamente e discricionariamente, optar pelo da legislação trabalhista?

Respondendo a essa indagação, não obstante algumas opiniões divergentes, a doutrina inclinou-se decisivamente no sentido de que o regime jurídico único previsto no art. 39 da Constituição Federal deve ser necessariamente o estatutário.

Nessa linha, acentuou Celso Antônio Bandeira de Mello (*Regime Constitucional dos Servidores Públicos da Administração Direta e Indireta*, 1ª ed., 2ª tiragem, p. 81):

"Em face de exigências defluentes do sistema constitucional haverá, dentre os regimes abstratamente concebíveis — o estatutário e o trabalhista — um que obrigatoriamente deva ser o regime normal, o regime básico, a ser aplicado aos servidores públicos civis?

"...

"Não cabe a menor hesitação em concluir que o regime previsto na Consolidação das Leis do Trabalho, ou seja, o de emprego — embora sem estar proscrito de modo absoluto — é radical e definitivamente incompatível com a regência da generalidade dos servidores públicos civis, servidores que são das pessoas jurídicas de Direito Público."

Em síntese, considera o ilustre Autor que: ***a)*** a disciplina trabalhista confere ao empregador uma liberdade, inclusive de dispensa do empregado, inconcebível nas relações de Direito Público, em que o administrador é gestor dos interesses da coletividade, e o empregado detém autonomia de vontade incompatível com o princípio da continuidade do serviço público; ***b)*** o regime estatutário confere certa independência ao funcionário público, num quadro de garantias específicas, para atuar no sentido da realização de finalidades públicas, impessoais, sem temor de retaliações; ***c)*** as disposições constitucionais relativas a funcionários públicos reportam-se a titulares de cargos, indicando que o regime normal é o estatutário; e ***d)*** se o regime jurídico pudesse ser o trabalhista, seria inócua a regra do § 2º do art. 39, que estende alguns direitos e garantias dos trabalhadores para os funcionários públicos, porque eles já decorreriam do próprio regime.

Identicamente, assinala Hely Lopes Meirelles que a Constituição Federal, no art. 39, afastou o regime trabalhista, utilizado por algumas Administrações para a contratação de seu pessoal, completando (*Direito Administrativo Brasileiro*, 16ª ed., 1991, p. 355): "Regime jurídico único é o estabelecido pela entidade estatal — União, Estados, Distrito Federal e Municípios —, no âmbito de sua competência, para todos os servidores de sua Administração direta, autárquica e fundacional, excluídas desse regime as empresas públicas e sociedades de economia mista, que poderão ter regimes diversificados, sujeitando-se, contudo, às disposições constitucionais referentes à investidura em cargo ou emprego por concurso público, bem como à proibição de acumulação de cargo, emprego ou função (art. 37, I, II, XVI e XVII)".

Cite-se, também, Adílson Abreu Dallari (*Regime Constitucional dos Servidores Públicos*, 2ª ed., p. 46): "... entendemos que o regime jurídico único a ser utilizado pela Administração centralizada e autárquica (compreendidas nesta as fundações públicas) para o pessoal permanente é o regime estatutário, exatamente por ser o regime próprio típico e adequado para a Administração Pública, mas que somente pode ser utilizado por pessoas jurídicas de Direito Público, como é exatamente o caso das entidades referidas no art. 39".

Identicamente, considera José Afonso da Silva que o regime jurídico dos servidores é necessariamente o estatutário, porque deve ser o mesmo para a Administração direta, as autarquias e fundações públicas, com o quê o regime trabalhista ficou destinado às empresas públicas e sociedades de economia mista. E finaliza (*Curso de Direito Constitucional Positivo*, 6ª ed., pp. 578 e 579): "Essa interpretação baseia-se na sistemática constitucional, mas decorre especialmente do texto do art. 39, que predestina o regime jurídico único (regime estatutário, regedor de cargos) às três Administrações: direta, autárquica e fundacional, enlaçando-as naquele e nos planos de carreira, com o quê o regime de emprego público ficou destinado às entidades de Administração indireta".

O § 1º do art. 39 da Constituição Federal exige isonomia de vencimentos para cargos de atribuições iguais ou assemelhados, no âmbito da Administração direta. Não há, aí, nenhuma referência a *empregos*, expressão indicativa do regime da legislação trabalhista. O regime dos servidores da Administração direta, e, portanto, também das autarquias e das fundações públicas, é, assim, o dos servidores investidos em cargos públicos, isto é, o regime único estatutário.

Na seção I do capítulo relativo à Administração Pública (cap. VII do tít. I), que trata genericamente da Administração direta, indireta e fundacional, a Constituição menciona *cargos ou empregos públicos* (art. 37, I, II, VIII e XVII). Já, na seção II, concernente aos servidores públicos civis, em que se prescreve o regime jurídico único, só há referências a *cargos*, exceto o § 2º do art. 40, que cuida de aposentadoria em *cargos ou empregos* temporários.

A possibilidade de utilização do regime da legislação trabalhista, em conseqüência, está adstrita ao âmbito das empresas públicas, das sociedades de economia mista e de outras entidades que explorem diretamente atividade econômica (CF, art. 173, § 1º), bem assim à execução de serviços temporários (CF, art. 40, § 2º).

3. No âmbito federal, em cumprimento à primeira parte do art. 39 da Constituição Federal, foi editada a Lei 8.112, de 11.12.90, que estabeleceu um único regime, estatutário, para os servidores da Administração direta da União, das autarquias e das fundações públicas federais.

Rompendo, porém, essa unicidade, a Lei 8.112/90, no seu art. 251, determinou que os servidores do Banco Central do Brasil continuassem regidos pela legislação vigente à data de sua publicação, enquanto não editada a lei complementar concernente ao Sistema Financeiro Nacional, prevista no art. 192 da Constituição Federal.

Essa exceção, contudo, é inconciliável com o art. 39 da Constituição Federal, em primeiro lugar porque essa regra se refere, em princípio, às autarquias e fundações públicas em geral, abrangendo todas as entidades dessa natureza; em segundo lugar, a determinação categórica e imperativa de "regime jurídico único", contida naquele preceito constitucional, exclui qualquer discrição do legislador ordinário quanto ao universo dos órgãos e entidades abrangidos, não se podendo falar em regime único onde ocorram exceções não autorizadas no texto constitucional.

O regime jurídico único, estatutário, tornou-se obrigatório para todos os servidores da Administração direta, das autarquias e das fundações públicas, só não atingindo as carreiras submetidas a regimes especiais, como as da Magistratura e do Ministério Público, e as entidades da Administração indireta destinadas à exploração direta da atividade econômica, exceções, essas, contempladas na própria Constituição Federal.

É verdade que os servidores das autarquias, nos regimes constitucionais anteriores, inobstante ponderável corrente de opinião em sentido contrário, não eram considerados funcionários públicos no sentido legal, pois dispunham de estatuto próprio, independente do Estatuto dos Funcionários do Estado (cf. Carlos Medeiros Silva, "parecer" in *RDA* 32/367; Themístocles Cavalcanti, "Dos funcionários das autarquias", in *RDA* julho/45, v. II, fasc. I, pp. 2-6: Celso Antônio Bandeira de Mello, *Natureza e Regime Jurídico das Autarquias*, pp. 473-480; Hely Lopes Meirelles, "Autarquias e entidades paraestatais", in *RDA* 68/27; José Cretella Júnior, *Enciclopédia Saraiva*, v. 68/458, etc.).

Resumem essa orientação firmada nos regimes constitucionais anteriores estas palavras de Celso Antônio Bandeira de Mello (*Prestação de Serviços Públicos e Administração Indireta*, 2ª ed., 3ª tiragem, p. 74): "Em princípio, o regime do servidor de autarquias é aquele fixado na lei da própria entidade. Considerando-se que, em nome da natureza peculiar de um serviço, o Estado reputou conveniente criar autarquias para desempenhá-lo, é razoável que o regime de seu pessoal seja adaptado às necessidades específicas do serviço havido como peculiar. Entretanto, no silêncio da lei, a legislação que se lhes há de aplicar é basicamente trabalhista, por ser o regime de direito comum do trabalhador. É certo, contudo, que a natureza pública das funções desempenhadas pela autarquia influi no vínculo entretido por ela e seu servidor, provocando inelutáveis efeitos sobre ela, relativos à garantia do interesse público ...".

Em passagem citada por Carlos Medeiros Silva, lembrava Orozimbo Nonato que "a própria equiparação aos funcionários, na ordem pessoal" — referia-se ao parágrafo único do art. 327 do Código Penal — "tem como pressuposto a inexistência dessa equiparação na ordem civil" (*RDA* 32/369). O antigo Estatuto dos Funcionários Públicos Civis da União (Lei 1.711/52), por igual, no art. 252, II, equiparava os servidores autárquicos federais, no que coubesse, aos funcionários públicos, ponderando, por isso, Hely Lopes Meirelles que o simples fato de os servidores das entidades autárquicas, na órbita federal, terem sido equiparados, para certos efeitos, aos funcionários públicos demonstra que não eram funcionários em sentido legal, pois só os desiguais são suscetíveis de equiparação (*RDA* 68/27).

Esse tratamento diferenciado dos servidores autárquicos — notou Themístocles Cavalcanti — estava correlacionado com a multiplicidade das funções técnicas, especializadas, que fogem dos quadros ordinários da Administração, geralmente restritos aos quadros burocráticos de diversas categorias (*RDA* II/3).

Já a esse tempo, porém, propugnava-se por um estatuto básico comum, sem prejuízo da especialidade das funções ligadas ao objeto peculiar de cada entidade autárquica, que determinavam a descentralização, por motivos de ordem técnica, financeira e econômica. Nesse sentido, destacava o mesmo autor (ob. cit., p. 3):

"Chegamos, assim, a uma solução que encontraria o seu fundamento na diferenciação de funções, de acordo com a natureza peculiar a cada uma dessas entidades e dos seus funcionários.

"E aqui o Direito precisa separar-se um pouco das razões e fundamentos de ordem técnica, porque os traços comuns, as garantias gerais e fundamentais devem estar consagrados no estatuto comum a todos enquanto que as particularidades é que devem obedecer à diferenciação e aos regimes particulares."

Considerava Themístocles Cavalcanti que as relações entre os servidores e as autarquias são sempre de Direito Público, pela natureza jurídica dessas entidades e pela natureza estatal de seus serviços, não podendo ser negados aos seus agentes os direitos fundamentais assegurados aos funcionários públicos (ob. cit., p. 6).

Nos últimos anos, acentuou-se progressivamente a tendência à adoção de um mesmo regime jurídico para os funcionários da Administração direta e os das autarquias, notando a respeito Arion Sayão Romita ("A autarquia: alguns aspectos jurídicos", in *Revista de Direito da Procuradoria-Geral* 16/156, 1967):

"Os servidores das autarquias não são funcionários públicos segundo a definição legal (art. 2º do Estatuto dos Funcionários Públicos Civis da União); mas as funções por eles exercidas se compreendem entre as funções públicas *lato sensu*, de modo que as garantias, prerrogativas, impedimentos e proibições previstos na legislação geral a eles se estendem.

"...

"Forte é a tendência, ultimamente verificada, de assemelhar juridicamente os servidores da Administração autárquica aos da Administração direta. A eles, normalmente, por disposição expressa, aplicam-se as leis relativas ao funcionalismo público civil."

Refletindo essa tendência, a Constituição de 1988 afinal consagrou, no art. 39, um estatuto básico comum para os servidores da Administração Pública direta, das autarquias e das fundações, a respeito do qual anotou Celso Antônio (*Regime Constitucional dos Servidores da Administração Direta e Indireta*, 1ª ed., cit., p. 80):

"O sobredito art. 39 estatui que nas distintas esferas de Governo, cada qual dispondo para si, haverá 'um regime jurídico único ... para os servidores da Administração direta, autarquias e fundações públicas'. Ou seja, o regime de pessoal que adotarem será o mesmo, igual — por isto se disse único — para estas organizações administrativas. Há lógica nisto: se os seus servidores são, em quaisquer delas, agentes de pessoas jurídicas de Direito Público, por que razão adotaria cada uma um regime distinto para atividades da mesma natureza?

"Note-se: o que o texto veio coibir foi que existisse dada disciplina de servidores para a Administração Pública, outra para a autarquia tal, mais outra para a autarquia qual e outras, ainda, para suas fundações públicas. Este é o sentido da exigência de 'regime jurídico único': regime uniforme entre os aludidos organismos."

Os servidores autárquicos estão hoje submetidos aos princípios constitucionais pertinentes ao funcionalismo e ao regime da Lei 8.112/90, editada em cumprimento ao art. 39 da Constituição Federal.

A Constituição Federal, no art. 37, estabelece os princípios retores da Administração Pública em geral — direta, indireta ou fundacional, de todos os Poderes da União, dos Estados, do Distrito Federal e dos Municípios. Aos servidores da Administração Pública direta, das autarquias e das fundações públicas aplicam-se ainda as normas concernentes aos servidores públicos civis, constantes da seção II do mesmo cap. VII — "Da Administração Pública" — por força do próprio mandamento do art. 39, primeiro dos dispositivos que compõem a aludida seção.

Ora, na síntese precisa do mesmo C. A. Bandeira de Mello (*Regime Constitucional...* cit., p. 50): "Quanto ao conteúdo desse regime jurídico único estatutário, é certo que ele deverá observar o que aqui denominamos de regime constitucional dos servidores públicos, consistente no conjunto de preceitos sobre servidores públicos fixados diretamente pela Constituição, visando a estabelecer um equilíbrio entre os direitos dos trabalhadores e as prerrogativas da Administração".

Lembre-se, por fim, que a Lei 8.112/90 instituiu o regime jurídico único dos servidores, não cuidando de fixar os planos de carreira dos órgãos e entidades da Administração Pública.

Esses planos de carreira, evidentemente, serão instituídos de acordo com as peculiaridades próprias de cada autarquia ou fundação pública. Note-se, a propósito, que o § 1º do mesmo art. 39 impõe isonomia de vencimentos para cargos de atribuições iguais ou assemelhados apenas no tocante aos servidores da Administração direta, precisamente porque as carreiras das autarquias e fundações públicas serão naturalmente peculiares, em função da própria especificidade do objeto de suas atividades, que constitui a razão essencial da própria descentralização administrativa.

A instituição de regime jurídico único não importa nem significa unificação de quadros e carreiras. O art. 39 utiliza a expressão "planos de carreira no plural, denotando claramente que serão instituídos tantos planos quantos forem necessários para abranger as várias carreiras de todo o conjunto de órgãos e entidades alcançados pela mesma regra constitucional" (v. Sérgio Luiz Barbosa Neves, "Regime Jurídico Único e os servidores municipais", in *RDP* 92/192; C. A. Bandeira de Mello, *Regime Constitucional...* cit., p. 80).

4. À luz do art. 39 da Constituição Federal, é, por igual, incabível distinguir entre autarquias comuns e autarquias de regime especial, entendidas estas últimas como as dotadas de privilégios específicos e maior autonomia, em comparação com as primeiras. Ou, como salienta H. L. Meirelles (*Direito Administrativo Brasileiro*, 16ª ed., p. 510): "O que posiciona a autarquia como de regime especial são as regalias que a lei criadora lhe confere, para o pleno desempenho de suas finalidades específicas, observadas as restrições constitucionais. Assim, são consideradas autarquias de regime especial o Banco Central do Brasil (Lei 4.595/64), a Comissão Nacional de Energia Nuclear (Lei 4.118/62), a Universidade de São Paulo (Dec.-lei 13.855/44 e Decs. 52.326/69 e 52.906/72), dentre outras que ostentam características próprias na sua organização, direção, operacionalidade e gestão de bens e serviços".

Não há no texto do art. 39 da Constituição Federal nenhum elemento que autorize a distinção entre autarquias comuns e autarquias de regime especial. A regra constitucional abrange todas as autarquias e fundações públicas, instituídas para o desempenho de atividades típicas da Administração Pública, em nada importando, por isso mesmo, a especificidade do objeto das atividades de cada entidade, o grau de sua autonomia ou os privilégios que lhe sejam conferidos em relação às demais.

Por isso mesmo, a Lei 8.112/90, no art. 1º (repetido com pormenores no art. 243), tornou clara essa abrangência ampla, para evitar interpretações distorcivas do texto constitucional, prescrevendo expressamente que o regime jurídico único alcança os servidores das "autarquias, inclusive as em regime especial", *in verbis:* "Art. 1º. Esta lei institui o regime jurídico dos servidores públicos civis da União, das autarquias, inclusive as em regime especial, e das fundações públicas federais".

O regime jurídico único previsto no art. 39 da Constituição Federal e implementado com a Lei 8.112/90 tem o sentido e o alcance de "uniformizar o tratamento de pessoal, entre Administração direta, autarquias e fundações públicas" (C. A. Bandeira de Mello, *Regime Constitucional...* cit., p. 81), uniformidade, esta, que exclui a possibilidade da coexistência de regime diverso para qualquer órgão ou entidade mencionado na regra constitucional.

Tamanha foi a preocupação do legislador constituinte em estabelecer fórmula ampla e abrangente que, redundantemente, fez expressa referência às fundações públicas, em seguida à palavra "autarquias", embora aquelas também tenham natureza autárquica.

Esse aspecto não escapou à observação de Adílson Abreu Dallari (*Regime Constitucional dos Servidores Públicos*, 2ª ed., p. 45):

"Quando o art. 39 da CF se refere a autarquias e fundações públicas ele está sendo redundante, mas é absolutamente certo que correu esse risco para evitar que, mediante a simples invocação do nome fundação, certas entidades instituídas por lei, com fundos públicos e para realizar fins próprios da Administração Pública, continuassem à margem das limitações e dos controles inerentes às autarquias (que efetivamente são).

"Pode-se dizer, portanto, que o regime jurídico único referido no art. 39 abrange todas as entidades criadas pela Administração Pública com personalidade jurídica de Direito Público, seja qual for a denominação utilizada pela lei instituidora."

O art. 39 da Constituição Federal, portanto, inadmite distinção entre autarquias comuns e autarquias em regime especial, para efeito de delimitação do âmbito material de sua incidência.

5. É bem verdade que o Sistema Financeiro Nacional, nos termos do art. 192 da Constituição Federal, será regulado em lei complementar, razão por que a Lei 4.595/64, que trata do assunto, só poderá ser modificada por ato dessa hierarquia legislativa (cf. José Afonso da Silva, *Curso de Direito Constitucional Positivo*, 5ª ed., p. 690; Celso Bastos, *Comentários à Constituição do Brasil*, 1990, v. III/438).

O inc. IV desse mesmo artigo inclui entre as matérias reservadas à lei complementar: "a organização, o funcionamento e as atribuições do Banco Central e demais instituições financeiras públicas e privadas".

Sem ignorar, por outro lado, que, em princípio, no poder de organizar se compreende o ordenamento dos órgãos, das funções e dos agentes que irão desempenhá-las (cf. H. L. Meirelles, *Direito Administrativo Brasileiro*, 10ª ed., p. 37), pode afirmar-se, porém, com segurança, que a definição do regime jurídico dos servidores do Banco Central não se insere no âmbito material do inc. IV do art. 192 da Constituição Federal.

As considerações feitas ao longo do parecer em torno do alcance do art. 39 da Constituição Federal são suficientes para demonstrar que a determinação desse regime jurídico está vinculada a esse preceito constitucional, e não à lei complementar relativa ao Sistema Financeiro Nacional.

A lei institutiva do regime jurídico único é vinculativa para os servidores do Banco Central, porque, em realidade, dirigida a conferir eficácia plena à regra do art. 39 da Lei Maior, que constitui disposição especial em relação a qualquer outra norma constitucional referida genericamente à organização dos órgãos e entidades da Administração Pública.

O caráter especialíssimo da regra decorre, em primeiro lugar, da circunstância de referir-se, de maneira geral, aos servidores da Administração direta, das autarquias e das fundações públicas e, em segundo lugar, da unicidade do regime jurídico, que significa a imposição de um estatuto comum a todos os servidores dos órgãos e entidades ali enumerados genericamente.

A Constituição Federal prevê estatutos próprios para carreiras especiais, como a Magistratura e o Ministério Público (arts. 93 e 128, § 5º) e impõe o regime jurídico das empresas privadas aos casos excepcionais de entidades públicas voltadas à exploração direta de atividade econômica (art. 173, § 1º). Fora dessas hipóteses, o regime jurídico único previsto no art. 39 incide sem nenhuma limitação, alcançando todos os servidores da Administração direta, das autarquias e das fundações públicas, não podendo ser tolerada qualquer exceção estabelecida pelo legislador, em normas infraconstitucionais.

O poder de organizar não é incontrastável, antes está contingenciado ou delimitado por outros princípos constitucionais subordinantes. A tese sustentada nas informações obscurece esses princípios e, por isso, conduz a absurdos, como o de considerar a possibilidade de que os serviços auxiliares da Advocacia-Geral da União e da Defensoria Pública da União também poderão ser subtraídos do regime jurídico único, nas leis complementares pertinentes à organização dessas Instituições (CF/88, arts. 131 e 134, parágrafo único).

Note-se, ainda, que o inc. IV do art. 192 prevê lei complementar sobre a organização, o funcionamento e as atribuições não apenas do Banco Central, mas também das demais instituições financeiras públicas e privadas. Dessa forma, o entendimento de que no poder de organizar está compreendido o de definir o regime jurídico dos servidores levaria a admitir que a lei complementar poderá igualmente estabelecer o regime jurídico dos servidores de todas essas instituições financeiras, resultado igualmente absurdo, inconciliável com outros princípios constitucionais, que, por isso, deve também ser repelido.

A determinação do regime jurídico dos servidores do Banco Central, por conseguinte, não se compreende na esfera da lei complementar aludida no art. 192 da Constituição Federal. O inc. IV desse dispositivo, em realidade, está voltado à definição do organismo financeiro, que compreende o Banco Central e as demais instituições, públicas e privadas, como parte mais relevante do próprio Sistema Financeiro Nacional, cuja estruturação foi atribuída à lei complementar.

O princípio da unicidade do regime jurídico único, estatuído no art. 39 da Constituição Federal, por sua própria natureza, não comporta exceções no âmbito em que deve ter aplicação, pois admiti-las significaria a própria negação do regime único e a consagração de regimes diversos.

Semelhante contradição seria inconciliável com o princípio da unidade normativa da Constituição, que, segundo adverte Canotilho, conduz à rejeição da tese das antinomias normativas (cf. José Joaquim Gomes Canotilho, *Direito Constitucional*, 4ª ed., 1989, p. 118). Sendo inconcebível antinomia entre normas constitucionais, toda a questão se situa no plano da interpretação, que deve ser dirigida no sentido de excluir toda aparente contradição. Ou, como superiormente assinala Canotilho, em outra passagem (ob. cit., p. 162): "O princípio da unidade da Constituição ganha relevo autônomo como princípio interpretativo quando com ele se quer significar que o Direito Constitucional deve ser interpretado de forma a evitar contradições (antinomias, antagonismos) entre as suas normas, e, sobretudo, entre os princípios jurídico-políticos constitucionalmente estruturantes. Como 'ponto de orientação', 'guia de discussão' e 'factor hermenêutico de decisão', o princípio da unidade obriga o intérprete a considerar a Constituição em sua globalidade e a procurar harmonizar os espaços de tensão existentes entre as normas constitucionais a concretizar ... Daí que o intérprete deve sempre considerar as normas constitucionais não como normas isoladas e dispersas, mas sim como preceitos integrados num sistema interno unitário de normas e princípios".

A ampla abrangência da Lei 8.112/90 é um imperativo do art. 39 da Constituição Federal, a que visa conferir eficácia. O art. 243 desse diploma legal, como assinalam Geraldo Ataliba e Adílson Abreu Dallari, "deixa expressamente afirmada a imediatidade e universalidade de sua abrangência" ("Regime jurídico do pessoal do Banco Central do Brasil", in *RDP* 97/66), ao dispor: "Art. 243. Ficam submetidos ao regime jurídico instituído por esta Lei, na qualidade de servidores públicos, os servidores dos Poderes da União, dos ex-Territórios, das autarquias, inclusive as em regime especial, e das fundações públicas, regidos pela Lei 1.711, de 28.10.52 — Estatuto dos Funcionários Públicos Civis da União, ou pela Consolidação das Leis do Trabalho, aprovada pelo Dec.-lei 5.452, de 1.5.43, exceto os contratados por prazo determinado, cujos contratos não poderão ser prorrogados após o vencimento do prazo de prorrogação".

Será especial a lei complementar referida no art. 192, no que se refere à estruturação do Sistema Financeiro Nacional, inclusive no que dispuser sobre a organização, o funcionamento e as atribuições do Banco Central. Não se encontra no âmbito material de sua incidência, porém, a definição do regime jurídico dos seus servidores, porque, nesse ponto, norma especial e preponderante é a do art. 39 da Constituição Federal.

A regra do § 4º do art. 53 da Lei 4.595/64, que definia o regime jurídico dos servidores do Banco Central, prevaleceu no regime da Constituição de 1988, com força e eficácia de lei ordinária, até o advento da Lei 8.112/90, que atingiu inexoravelmente esses servidores, sendo inconstitucional o art. 251 dessa mesma lei, que os subtraiu à incidência do regime jurídico único nela instituído.

Improcede, assim, o argumento de que o dispositivo em referência foi recepcionado pela Constituição vigente com força e eficácia de lei complementar, porque, como visto, a matéria concernente ao regime jurídico dos servidores do Banco Central inscreve-se no campo do art. 39, e não do art. 192 da Lei Maior, submetida, em conseqüência, à exigência de lei ordinária, e não de lei complementar.

A questão de saber se cabe à lei ordinária ou à lei complementar a definição do regime jurídico dos servidores do Banco Central não é um problema de hierarquia de leis, mas sim de delimitação do campo material de incidência de cada qual. A Lei 8.112/90 prevalece nesse terreno, porque a matéria está abrangida no âmbito do art. 39 da Constituição Federal e excluída da esfera da lei complementar sobre o Sistema Financeiro Nacional.

"No sistema constitucional brasileiro" — refere José Souto Maior Borges — "a lei complementar tem limites de fundo e limites de forma", acrescentando que, "relativamente aos limites de fundo, não pode regular senão matérias delimitadas prévia e exaustivamente pela Constituição" (*Lei Complementar Tributária*, 1975, pp. 54 e 55). Identicamente, pondera Geraldo Ataliba que o requisito do *quorum* deve ser conjugado com o conteúdo material da lei complementar, que há de ser um daqueles expressamente previstos na Constituição (*Lei Complementar na Constituição*, 1971, p. 58).

Nos limites materiais da regra constitucional a que confere eficácia plena, a lei que define o regime jurídico único dos servidores tem amplo alcance, sobranceira à interferência de qualquer ato legislativo, inclusive de lei complementar. Nota, a respeito, José Souto Maior Borges (ob. cit., p. 55): "Assim como a lei ordinária não pode invadir o campo legislativo sob reserva de lei complementar, é defeso a esta extrapolar os casos constitucionalmente previstos. Mesmo nas hipóteses, nada cerebrinas, em que a lei complementar assimila tão-somente o âmbito de validade das leis federais, ainda estaremos diante de uma particular manifestação do exercício atípico do poder de legislar. Sem reflexos contudo no campo substantivo das matérias sob a regência da privatividade de competências legislativas".

Devendo ser mantida necessariamente a personalidade jurídica de Direito Público do Banco Central, na lei complementar concernente ao Sistema Financeiro Nacional, seus servidores continuarão, *ipso facto*, sujeitos ao regime jurídico único da Lei 8.112/90. Eventual posição no sentido de que a lei complementar poderá adotar regime jurídico diverso para os servidores é, *data venia*, inaceitável, que levaria a ressuscitar precisamente o que a Constituição Federal repeliu e extinguiu da forma mais categórica e imperativa possível: a existência de estatuto dos servidores específico para cada entidade autárquica.

Acena-se, nada obstante, com a possibilidade de que futura lei complementar possa conferir personalidade jurídica de Direito Privado ao Banco Central, inclusive sob a forma de sociedade de economia mista ou empresa pública, com o quê seus servidores seriam submetidos ao regime da legislação trabalhista.

O argumento contradiz a tese dos requeridos de que a definição do regime jurídico dos servidores do Banco Central está inserida no âmbito material da lei complementar fundada no art. 192 da Constituição Federal. De fato, se, como visto, a atribuição de personalidade jurídica de Direito Público importa necessariamente a sujeição dos servidores do Banco Central ao regime jurídico único, a cerebrina concepção da Instituição como entidade de Direito Privado levaria a sujeitá-los ao regime da legislação trabalhista.

A Constituição Federal, com efeito, só admite dois regimes jurídicos de prestação de serviços pelos entes estatais: para os servidores da Administração Pública direta, das autarquias e das fundações públicas, prescreveu um regime jurídico único, estatutário (art. 39), enquanto para os das empresas públicas, das sociedades de economia mista e de outras entidades que explorem atividade econômica impôs o regime trabalhista, próprio das empresas privadas (art. 173, § 1º).

O Banco Central do Brasil era, por ocasião do advento da Lei 8.112/90, e continua sendo uma autarquia federal, razão por que a exclusão de seus servidores do regime jurídico único, instituído nesse diploma legal, mesmo que temporária, é inconciliável com o art. 39 da Constituição Federal. Acentuam, nesse ponto, com precisão, Geraldo Ataliba e Adílson Abreu Dallari ("Regime jurídico do pessoal do Banco Central", in *RDP* 97/71):

"De resto, no presente momento, é irrelevante conjeturar sobre qual possa vir a ser a natureza jurídica do futuro banco central, pois neste instante existe, como autarquia federal, um Banco Central do Brasil, cujos servidores têm, constitucionalmente assegurado, o direito de ter suas relações de trabalho estabelecidas por um estatuto único, aplicável indistintamente a todas as autarquias federais.

"Em resumo, a previsão da edição de uma futura lei complementar não elimina a atual patente inconstitucionalidade do art. 251 da Lei 8.112, de 11.12.90."

Tanto é suficiente para a caracterização da inconstitucionalidade apontada. Acrescente-se, porém, que o Banco Central do Brasil tem personalidade jurídica de Direito Público em face das prerrogativas públicas de que se acha investido, anotanto, a propósito, Geraldo Ataliba e Adílson Abreu Dallari (ob. cit., pp. 64 e 65):

"A especificação de suas competências demonstra, claramente, que a *autarquia* foi escolhida como forma organizacional em face do exercício de prerrogativas públicas atribuídas ao Banco Central, prerrogativas, essas, insuscetíveis de serem conferidas a entidades privadas. Ou seja, era absolutamente essencial que a nova entidade então criada, o Banco Central da República do Brasil, tivesse *personalidade jurídica de Direito Público*.

"Com efeito, entre suas competências privativas figura (art. 10, VIII) "exercer a fiscalização das instituições financeiras e aplicar as penalidades previstas". Compete-lhe, ainda (art. 11, VI), "regular a execução dos serviços de compensação de cheques e outros papéis". Em síntese, o Banco Central foi legalmente investido de funções fiscalizadoras, sancionadoras e regulamentares: desempenha importante parcela do poder de polícia da União, no setor financeiro.

"Mais que isso, a Lei 4.595/64, em seu art. 16, confere ao Banco Central até mesmo competências tributárias, ao dispor que constitui receita do Banco Central o "produto da arrecadação da taxa de fiscalização, prevista nesta lei".

"Não há dúvida, portanto, de que o Banco Central é uma entidade da Administração indireta federal, criada por lei, com personalidade jurídica de Direito Público, titularizando prerrogativas estatais e tendo a natureza jurídica de *autarquia*."

Os exemplos de organização dos bancos centrais de outros países, colhidos através de incursões no Direito Comparado, não podem ser considerados nem servem de subsídios no sistema jurídico brasileiro, em que a própria Lei Fundamental estabelece os princípios retores de atuação do Estado, na prestação de serviços públicos e na exploração direta da atividade econômica, de forma rígida e incontornável, não deixando ao legislador a discrição de conferir personalidade jurídica de Direito Privado a uma instituição estatal constitucionalmente destinada à prestação de serviços públicos típicos.

Ora, se o Banco Central do Brasil deverá continuar no desempenho de atividades típicas e privativas da Administração Pública, inerentes a um autêntico banco central, e tendo a Constituição Federal atribuído à Instituição outras relevantes prerrogativas públicas, inclusive investindo-a de poderes de autoridade monetária (arts. 164, §§ 1º, 2º e 3º, e 192, IV), a lei complementar sobre o Sistema Financeiro Nacional não poderá validamente conferir-lhe personalidade jurídica de Direito Privado, pois a tanto se opõe a própria Lei Fundamental.

Por isso mesmo, em análise prospectiva, antevêem Geraldo Ataliba e Adílson Abreu Dallari a preservação da natureza autárquica do Banco Central (ob. cit., pp. 67 e 68):

"No caso em exame, o banco central, previsto no art. 192 da CF, deverá zelar pelo funcionamento harmônico de todo o Sistema Financeiro Nacional, devendo assegurar a realização dos interesses públicos, assim qualificados na Constituição e pela lei.

"A entidade 'banco central' necessariamente deverá dispor de prerrogativas de autoridade inerentes à Administração Pública, mas é também verdade que tal autoridade será exercida por seus agentes, os quais, por sua vez, deverão ter suas relações de trabalho fixadas de maneira diferente das relações de trabalho adequadas dos empregados do setor privado da economia.

"...

"Pode-se até mesmo adiantar que o Banco Central do Brasil, salvo se vier a ser absorvido e reincorporado ao corpo central da Administração direta federal, não poderá deixar de continuar sendo autarquia.

"A razão que embasa tal convicção é extremamente simples: não há outra forma organizacional para a criação de entidade da Administração indireta com personalidade jurídica de Direito Público, senão a forma autárquica."

Embora ainda não editada a lei complementar de que trata o art. 192 da Constituição Federal, e, portanto, sem embargo de não ter recebido concreção em nosso Direito Positivo a nova organização do Banco Central, o certo é que o legislador deverá atribuir personalidade jurídica de Direito Público à Instituição, sendo inevitável a subsistência do regime jurídico da Lei 8.112/90, relativamente a seus servidores.

Em conseqüência, se a futura concepção do Banco Central do Brasil fosse decisiva na controvérsia constitucional, igualmente não haveria dúvida a respeito da aplicação do regime da Lei 8.112/90 aos servidores da Instituição.

Repita-se, porém, que, para demonstrar a incompatibilidade entre o art. 251 da Lei 8.112/90 e o art. 39 da Constituição Federal, é bastante considerar que o Banco Central do Brasil é uma autarquia federal, razão por que seus servidores não podem ser subtraídos do regime jurídico único instituído no citado diploma legal, sob qualquer pretexto ou condição.

6. Sustenta-se, ainda, que, embora o Banco Central do Brasil seja uma autarquia federal, inclui-se entre as entidades que exploram atividade econômica, submetido, por força do art. 173, § 1º, da Constituição, ao regime próprio das empresas privadas, inclusive quanto às obrigações trabalhistas.

A Constituição Federal, aduzem as informações, prevê lei complementar para organizar o Banco Central e as demais instituições financeiras, significando que a autarquia é também uma instituição financeira, que exerce típica atividade econômica, como está hoje no art. 10 da Lei 4.595/64.

Cumpre objetar, no entanto, que as atividades do Banco Central no campo financeiro não se confundem com as das demais instituições financeiras, públicas e privadas, que compõem o Sistema Financeiro Nacional.

O Banco Central do Brasil é instituição destinada a exercer a política monetária da União e as atribuições típicas de um banco central, isto é, serviços públicos típicos. Está investido de funções reguladoras, fiscalizadoras e sancionadoras das instituições financeiras, em posição de comando do Sistema Financeiro Nacional, destacando-se entre as suas mais relevantes atribuições a de emitir moeda, a de comprar e vender títulos de emissão do Tesouro Nacional, como instrumento de política monetária, a de fiscalizar as instituições financeiras e aplicar-lhes as sanções previstas em lei, a de depositário das disponibilidades de caixa da União e, ainda, das reservas oficiais de ouro e de moeda estrangeira, além de outras funções características de um banco central.

A compra e venda de títulos de emissão do Tesouro Nacional não tem o caráter de atividade econômica em sentido estrito, antes está unicamente vinculada à função regulatória da oferta de moeda e da taxa de juros, de índole eminentemente pública.

A Constituição vigente mantém o Banco Central como autoridade monetária, ao mesmo tempo em que exclui a possibilidade de que venha a explorar diretamente atividade econômica, conferindo à Instituição o exercício exclusivo da competência da União para emitir moeda, vedando a concessão de empréstimos ao Tesouro Nacional e a qualquer órgão ou entidade que não seja instituição financeira, preservando a função de comprar e vender títulos para a regularização do mercado financeiro, e, por fim, elegendo-o depositário das disponibilidades de caixa da União. Dispõem, com efeito, o art. 164 e seus §§ 1º, 2º e 3º:

"Art. 164. A competência da União para emitir moeda será exercida exclusivamente pelo Banco Central.

"§ 1º. É vedado ao Banco Central conceder, direta ou indiretamente, empréstimos ao Tesouro Nacional e a qualquer órgão ou entidade que não seja instituição financeira.

"§ 2º. O Banco Central poderá comprar e vender títulos de emissão do Tesouro Nacional, com o objetivo de regular a oferta de moeda ou a taxa de juros.

"§ 3º. As disponibilidades de caixa da União serão depositadas no Banco Central; as dos Estados, do Distrito Federal, dos Municípios e dos órgãos ou entidades do Poder Público e das empresas por ele controladas, em instituições financeiras oficiais, ressalvados os casos previstos em lei."

Em toda a linha, portanto, o Banco Central do Brasil tem a missão essencial de exercer serviços típicos da Administração Pública. Todo o elenco de atividades da Instituição, no art. 1º da Lei 4.595/64, como no art. 164 e seus §§ da Constituição Federal, é originariamente estatal, cuja titularidade só pode ser conferida a uma entidade pública.

Nos termos do art. 75 da Constituição Federal, incumbe ao Poder Público a prestação de serviços públicos. Em se tratanto de funções estatais exclusivas, que visam unicamente à satisfação do interesse coletivo, só podem ser exercidas diretamente pelo Estado, através do Banco Central, que é, hoje, uma instituição constitucional.

"O tema da atuação do Estado no domínio econômico"— afirma José Afonso da Silva — "exige prévia distinção entre *serviços públicos*, especialmente os de conteúdo econômico e social, e *atividades econômicas*, distinção que tem fundamento na própria Constituição ...". Assinala o autor que a atividade econômica "desenvolve-se no regime da livre iniciativa sob a orientação da empresa privada", enquanto o serviço público "é, por natureza, estatal", tem como titular uma entidade pública e fica sempre sob o regime jurídico de Direito Público (*Curso de Direito Constitucional Positivo*, 6ª ed., 1990, pp. 672 e 673).

Segundo Eros Roberto Grau, não há, num primeiro momento, oposição entre atividade econômica e serviço público, porque a primeira, em sentido amplo, é gênero, da qual o segundo é espécie, no sentido de que também está voltado à satisfação de necessidades, envolvendo, por conseguinte, a utilização de bens e serviços, recursos escassos (*A Ordem Econômica na Constituição de 1988*, 2ª ed., 1991, p. 138).

A atividade econômica em sentido amplo é gênero, que compreende duas espécies: o serviço público e a atividade econômica em sentido estrito. Serviço público — prossegue o autor — é a atividade que compete originariamente ao setor público, com exclusividade ou em caráter preferencial, esta última no tocante aos serviços suscetíveis de exploração lucrativa, através de política tarifária, eventualmente subsidiada, em regime de concessão ou permissão. Já, a atividade econômica em sentido estrito é a área de titularidade do setor privado, ou, melhor, área que compete preferencialmente às empresas privadas, verificando-se a atuação do Estado, nesse campo, tanto em regime de competição com elas, como em regime de monopólio (ob. cit., pp. 139 e 159).

A caracterização de uma atividade como serviço público ou atividade econômica em sentido estrito nem sempre é nítida, sendo em alguns casos tormentosa e frágil, inclusive porque mutável em razão de circunstâncias histórico-políticas, como refere Eros Roberto Grau (ob. cit., p. 144): "Pretende o capital reservar para sua exploração, como atividade econômica em sentido estrito, todas as matérias que possam ser, imediata ou potencialmente, objeto de profícua especulação lucrativa. Já, o trabalho aspira atribua-se ao Estado, para que este as desenvolva não de modo especulativo, o maior número possível de atividades econômicas (em sentido amplo). É a partir deste confronto — do estado em que tal confronto se encontrar, em determinado momento histórico — que se ampliarão ou reduzirão, correspectivamente, os âmbitos das atividades econômicas em sentido estrito e dos serviços públicos".

Não é o que ocorre, porém, com as atividades do Banco Central do Brasil, que configuram com nitidez e clareza um verdadeiro serviço público, em contraposição às atividades das "demais instituições financeiras públicas e privadas", a que se refere o art. 192, IV, da Constituição Federal, que exploram atividades econômicas em sentido estrito.

Ora, o art. 173, § 1º, da Constituição Federal não se refere às autarquias e fundações públicas instituídas para o exercício de atividades típicas da Administração Pública, mas sim às empresas públicas, sociedades de economia mista e outras entidades que explorem diretamente atividade de econômica, como destaca Eros Roberto Grau (ob. cit., p. 140):

"Por certo que, no art. 173, e seu § 1º, a expressão conota atividade econômica em sentido estrito. Indica o texto constitucional, no art. 173, *caput*, as hipóteses nas quais é permitida ao Estado a exploração direta de atividade econômica. Trata-se, aqui, de atuação do Estado — isto é, da União, do Estado-membro e do Município — como agente econômico, em área da titularidade do setor privado. Insista-se em que atividade econômica em sentido amplo é território dividido em dois campos: o do serviço público e o da atividade econômica em sentido estrito. As hipóteses indicadas no art. 173 do texto constitucional são aquelas nas quais é permitida a atuação da União, dos Estados-membros e dos Municípios neste segundo campo.

"Da mesma forma, no § 1º do art. 173 a expressão conota atividade econômica em sentido estrito: determina fiquem sujeitas ao regime próprio das empresas privadas, inclusive quanto às obrigações trabalhistas e tributárias, a empresa pública, a sociedade de economia mista e outras entidades que atuem no campo da atividade econômica em sentido estrito..."

É verdade que, de forma anômala e distorciva, há exemplos de autarquias constituídas para a exploração direta de atividade econômica, subvertendo a conceituação desse ente estatal, que deve ser necessariamente destinado à execução de serviços estatais típicos. O art. 5º, I, do Dec.-lei 200/67 define a autarquia como "o serviço autônomo, criado por lei, com personalidade jurídica, patrimônio e receita próprios, para executar atividades típicas da Administração Pública, que requeiram, para seu melhor funcionamento, gestão administrativa e financeira descentralizada". No que se refere à identificação do objeto das atividades das autarquias, a definição legal harmoniza-se com o pacífico entendimento doutrinário (H. L. Meirelles, *Direito Administrativo Brasileiro*, 16ª ed.,

1991, p. 302; Celso Antônio Bandeira de Mello, *Prestação de Serviços Públicos e Administração Indireta*, 2ª ed., pp. 75 e ss.; Arion Sayão Romita, "A autarquia: alguns aspectos jurídicos", in *Revista de Direito da Procuradoria-Geral do Estado da Guanabara* 16/1967; pp. 141-142, etc.).

Entre as "outras entidades", referidas no art. 173, § 1º, estão compreendidas as autarquias que, anomalamente, tenham sido instituídas para a exploração direta da atividade econômica, como observa o mesmo Eros Roberto Grau (ob. cit., p. 272): "Um segundo ponto a referir é o atinente ao fato de o § 1º deste mesmo art. 173 mencionar empresas públicas, sociedades de economia mista e "outras entidades" que explorem atividade econômica. Essas outras entidades, que, nas hipóteses admissíveis, podem explorar diretamente atividade econômica em sentido estrito, são, como também anteriormente observei, as autarquias e as fundações públicas. Confirma-o a leitura do art. 37, XIX".

A *ratio legis* do preceito, aliás, é também a de garantir igualdade de condições entre essas entidades e as empresas privadas, evitando conferir situação mais vantajosa às primeiras. Referindo-se ao art. 170, § 2º, da Constituição de 1967, texto da EC 1/69, observa nesse sentido Celso Antônio Bandeira de Mello ("O Estado e a ordem econômica", *RDA* 143/42, janeiro-março/81): "Amplo o alcance do preceituado. De uma parte, certamente o anima a intenção de assegurar às entidades em questão um *modus operandi* expedito, ágil, solerte. Porém, de outra parte, resulta diretamente da regra em questão que as pessoas em apreço não podem desfrutar de regalias jurídicas, de privilégios, de favores normativos, que as coloquem em situação vantajosa em relação às empresas privadas".

Serve de exemplo a Caixa Econômica do Estado de Minas Gerais, que, embora instituída como autarquia, é destinada à exploração de atividade econômica típica, em competição com as demais instituições financeiras.

No julgamento da ADInconst 83-7-MG, o STF reconheceu que essa autarquia estadual estava compreendida entre as "outras entidades que exploram atividade econômica", a que alude o art. 173, § 1º, da Constituição Federal, sujeitando-se seus servidores, portanto, ao regime jurídico próprio das empresas privadas.

Este trecho da ementa do acórdão revela a orientação então fixada (*DJU* 18.10.91): "A Caixa Econômica do Estado de Minas Gerais, ao tempo da Constituição estadual, era uma autarquia; não obstante, sendo instituição financeira e, como tal, dedicada à exploração de atividade econômica, impõe-se-lhe, nas relações de trabalho com os seus empregados, o mesmo regime das empresas privadas, porque, inovando em cotejo com a Carta anterior (CF/69, art. 170, § 2º), o art. 173, § 1º, da Constituição de 1988 também o estendeu, compulsoriamente, não apenas às sociedades estatais de Direito Privado, mas também a outras entidades (estatais) que igualmente explorem atividade econômica, entre as quais a autarquia (Eros R. Grau)".

Em seu voto, destacou o eminente Relator, Min. Sepúlveda Pertence:

"A Caixa Econômica do Estado de Minas, embora autarquia, é instituição financeira e, como tal, dedicada à exploração de atividade econômica, similar à dos bancos estatais, assim como à dos privados (cf. Lei 4.595/64, art. 18, § 1º).

"Sob esse prisma, a nova Constituição Federal inovou significativamente: ao passo que o art. 170, § 2º, da Carta pretérita só submetia compulsoriamente ao regime das empresas privadas as empresas públicas e as sociedades de economia mista, ao mesmo regime, 'inclusive quanto às obrigações trabalhistas', a Lei Fundamental vigente sujeita não apenas referidas empresas estatais com personalidade de Direito Privado, mas, além delas, quaisquer outras entidades por meio das quais o Estado explore diretamente atividade econômica: essas 'outras entidades' são precisamente as autarquias e as fundações públicas, do que fornecem indicações valiosas o art. 37, XIX, e o art. 150, §§ 2º e 3º, da Constituição (cf., nesse sentido, Eros R. Grau, *A Ordem Econômica* cit., p. 272).

"Assim, em relação aos empregados da Caixa Econômica estadual — isto é, aos que, embora cuidando-se de autarquia, com ela mantêm ou mantinham relação trabalhista, cuja existência é indiscutível (cf. ADCT est., art. 13, § 2º) — aplicam-se as razões de inconstitucionalidade do mesmo § 3º do art. 34 ADCT est., já deduzidas com relação aos empregados dos bancos estaduais: é expressivo, aliás, que a todos inclua a norma questionada na expressão comum 'servidor bancário'."

Não é, evidentemente, o caso do Banco Central, cujas atividades — repita-se uma vez mais — incluem-se originariamente na área de competência do setor público. A Instituição exerce atividades típicas da Administração Pública, insuscetíveis de serem atribuídas à iniciativa privada, seja em regime de monopólio, seja em regime de competição. Por isso mesmo, em toda a área de sua competência goza de imunidade de impostos, relativamente ao seu patrimônio, à sua renda e a seus serviços.

Como referem Geraldo Ataliba e Adílson Abreu Dallari, em trechos já transcritos no parecer, o Banco Central do Brasil exerce prerrogativas públicas, insuscetíveis de serem atribuídas a entidades privadas, de modo que a lei que o instituiu deveria necessariamente conferir-lhe personalidade jurídica de Direito Público e seus servidores, em conseqüência, estão sujeitos ao regime jurídico único de que trata o art. 39 da Constituição Federal.

A Constituição Federal, ao estabelecer o regime jurídico das entidades estatais, utilizou também o critério de distingui-las em razão do objeto material de suas atividades, e não apenas o critério formal, concernente à sua denominação ou organização. O art. 39 refere-se aos servidores da Administração Pública direta, das autarquias e das fundações públicas, enquanto o art. 173, § 1º, impõe o regime jurídico próprio das empresas privadas às empresas públicas, às sociedades de economia mista e a outras entidades que *explorem atividade econômica*. Em complementação, o art. 175 incumbe o Poder Público da *prestação de serviços públicos*.

Esse critério material limita inteiramente a discrição do legislador, que não tem opção de escolha do regime jurídico dos servidores das entidades estatais. Caracterizada uma atividade como serviço público típico (CF, art. 175), os servidores da entidade respectiva estarão necessariamente submetidos ao regime jurídico único imposto no art. 39 da Constituição Federal. E, vice-versa, se for instituída uma autarquia para exploração direta de atividade econômica, seus servidores estarão sujeitos ao regime próprio das empresas privadas, nos termos do art. 173, § 1º, da mesma Lei Maior.

Assinala, nessa linha, Eros Roberto Grau (ob. cit., pp. 153 e 154):

"Além disso, a alusão a atividades econômicas que não podem ser serviço público (atividade econômica em sentido estrito) evidencia a impossibilidade de o legislador, discricionariamente, qualificar qualquer parcela da atividade econômica em sentido amplo como serviço público.

"Para tanto bastaria, se consagrado o entendimento de que serviço público é atividade em regime de serviço público, que o legislador atribuísse a qualquer atividade, mesmo a atividade que se caracterize como atividade econômica em sentido estrito, 'regime de serviço público'. Com isso seria bordejado o preceito inscrito no art. 173 da Constituição de 1988, bastando ao legislador, para escapar à acusação de afronta à norma constitucional, argumentar alegando que a atividade em pauta não se caracterizaria como atividade econômica em sentido estrito (porque sujeita a 'regime de serviço público'), não estando alcançada, assim, pelo preceito.

"Como, no entanto, esse entendimento é insustentável — a atividade fica sujeita a um determinado regime jurídico porque é serviço público e não o inverso, relembre-se — a violação da norma constitucional resultaria, na hipótese, flagrante."

Não havendo dúvida de que o Banco Central do Brasil exerce e está constitucionalmente destinado a exercer atividades inerentes à Administração Pública, o regime jurídico de seus servidores é o previsto na Lei 8.112/90, insuscetível de mudança na lei complementar que vier a ser editada com fundamento no art. 192 da Constituição Federal.

7. Por último, alega-se que, tendo sido adotado o "regime trabalhista" em contratos de trabalho pactuados livre e legitimamente sob a lei anterior, não poderiam ser alterados pela legislação posterior (*tempus regit actum*). Não se alterando a lei regedora do contrato, nenhuma lei federal, de outra natureza e outra matéria, poderia modificar-lhe as cláusulas, muito menos para prejudicar o contratado.

É preciso destacar, entretanto, que o regime jurídico único, previsto na Lei 8.112/90, constitui uma imposição direta do art. 39 da Constituição Federal.

E contra texto constitucional não prevalece pretensão de direito adquirido, como têm acentuado a doutrina e a jurisprudência do STF (RE 90.391-SP, Pleno, rel. Min. Moreira Alves, *RTJ* 94/1.238; RE 90.305-SP, Pleno, rel. Min. Djaci Falcão, *RTJ* 94/814; RE 91.745-SP, Pleno, rel. Min. Décio Miranda, *RTJ* 93/463; RE 105.568-SP, 2ª T., rel. Min. Francisco Rezek, *RTJ* 115/1.401, etc.).

No julgamento do RE 90.391-SP, o Plenário do Supremo Tribunal, dirimindo controvérsia em torno da aplicação da lei estadual que estabelecia regime jurídico especial de servidores admitidos em serviços de caráter temporário ou contratados para funções de natureza técnica especializada, editada com fundamento no art. 106 da EC 1/69, firmou orientação no sentido de que a lei nova era imediatamente aplicável, atingindo inclusive os servidores contratados sob o regime da legislação trabalhista, sem violação a direito adquirido.

Em seu voto, acentuou o eminente Relator, Min. Moreira Alves (*RTJ* 94/1241): "... é pacífico, entre os constitucionalistas, que as normas constitucionais se aplicam de imediato, sem que se possa invocar contra elas a figura do direito adquirido. Mesmo nas Constituições que vedam ao legislador ordinário a edição de leis retroativas, declarando que a lei nova não prejudicará o direito adquirido, o ato jurídico perfeito e a coisa julgada, esse preceito se dirige apenas ao legislador ordinário, e não ao constituinte".

Após referir as opiniões de doutrinadores, em comentários às Constituições de 1891, de 1946 e de 1967, completou Sua Excelência:

"Afirmações semelhantes — com larga citação de autores nacionais e estrangeiros — se encontram em obras dedicadas, em nosso País, ao Direito Intertemporal. Assim, em Carlos Maximiliano, *Direito Intertemporal ou Teoria da Retroatividade das Leis*, n. 43, p. 60, Rio de Janeiro, 1946, e Bento de Faria, *Aplicação e Retroatividade da Lei*, n. 8, pp. 25 e ss., 1934, Rio de Janeiro.

"Essas assertivas se coadunam com a natureza mesma das coisas. Se se elabora uma norma constitucional que veda situação anteriormente admitida, quer isso dizer que o poder constituinte entendeu ser essa vedação exigida pelo interesse comum, e, portanto, aplicável de imediato, salvo disposição expressa em contrário. Por isso, os efeitos futuros de fatos passados são atingidos pelo novo preceito constitucional, respeitados apenas — exceto se a Constituição expressamente declarar o contrário — os efeitos que ocorreram antes da vigência da nova Constituição. Assim, se a Constituição nova proíbe a participação — até então admitida — de funcionários na arrecadação tributária, não estão estes obrigados a devolver as percentagens recebidas antes de a nova Constituição entrar em vigor, mas não podem recebê-las depois da vigência do preceito constitucional proibitivo, ainda que alegando a existência de direito adquirido. Em outras palavras, a Constituição, ao aplicar-se de imediato, não desfaz os efeitos passados de fatos passados (salvo se expressamente estabelecer o contrário), mas alcança os efeitos futuros de fatos a ela anteriores (exceto se os ressalvar de modo inequívoco)."

Note-se que a regra imperativa do art. 39 da Lei Maior é dirigida no sentido de tutelar o serviço público, e não apenas à proteção do servidor. Ao impor o regime único, a regra constitucional proscreveu o regime antigo, daí por que o art. 243 da Lei 8.112/90 determinou ficassem submetidos ao novo regime os servidores públicos anteriormente regidos pela Lei 1.711/52, ou pela Consolidação das Leis do Trabalho.

No mesmo precedente, o eminente Min. Leitão de Abreu referiu os dois aspectos que tornavam certa a aplicação imediata da lei editada com fundamento no art. 106 da Constituição de 1967, na redação da EC 1/69: a imperatividade do preceito constitucional e a natureza da regra, que, de um lado, representava uma garantia institucional dos servidores e, de outro, vinha em tutela do serviço público. E concluiu (*RTJ* 94/1.247 e 1.248): "Diante disso, se direito adquirido existia quanto ao *status* jurídico anterior — o que não tenho por indiscutível, porquanto o trabalhador público, ainda quando a ele se aplique a legislação trabalhista, guarda a condição de servidor público, em virtude da qual, em princípio, não adquire direito, oponível à lei, de tal ou qual regime jurídico, que por esta constitucionalmente se imponha — se direito adquirido existia, repito, quis a Constituição, no caso do estabelecimento do regime jurídico previsto no seu art. 106, suprimir tal direito, para submeter, sem distinção, todos os servidores, no desempenho de trabalho de caráter temporário ou contratados para funções de natureza técnica especializada, à disciplina jurídica estatuída para esses prestadores de trabalho, nos quadros da Administração Pública".

À luz dessa orientação da doutrina e da jurisprudência do STF, não há como afastar a incidência imediata da Lei 8.112/90 aos servidores do Banco Central do Brasil, a pretexto da existência de direito adquirido ao regime anterior.

8. Em face do exposto, o parecer é no sentido da procedência da ação, para que seja declarada a inconstitucionalidade do art. 251 da Lei 8.112, de 11.12.90.

Brasília, 28 de abril de 1992.

PARECERES

AUTO-EXECUTORIEDADE E PRUDÊNCIA ADMINISTRATIVA

CARLOS MÁRIO FILHO
Procurador do Distrito Federal

Poder de polícia. Autotutela. Limites.

I — Pode o Distrito Federal, nos casos de urgência e imprescindibilidade da medida, valer-se da autotutela para executar seus atos de demolição e reintegração de posse de área pública.

II — Mesmo nos casos em que, em princípio, lhe é permitida a auto-executoriedade, deve o Distrito Federal optar pela via judicial, caso o interesse público assim recomendar.

III — O § 2º do art. 12 do Dec. 2.078/72 não inviabiliza a autotutela nos limites indicados.

IV — A opção entre a executoriedade e o ingresso em juízo cabe ao responsável, com poder decisório, pelo exercício do poder de polícia em cada caso concreto.

V — Na hipótese em exame, malgrado a invasão de logradouros públicos desafie, em princípio, a autotutela, as peculiaridades verificadas indicam a conveniência da adoção de medidas judiciais. A decisão, contudo, cabe ao administrador.

Relatório

1. Teve início o presente processo com ofício dirigido ao Sr. Presidente da TERRACAP pelo Sr. Comandante do 5º Batalhão de Polícia Militar/Batalhão Rio Branco, solicitando providências no sentido de se promover a retirada de três barracos de madeira construídos em área de propriedade da companhia, próxima à Embaixada da Grécia.

2. Informa o referido expediente que a remoção dos invasores faz-se necessária seja para evitar a formação de nova favela, seja para fins de preservação da flora e fauna existentes no local, seja, ainda, para garantir a devida segurança à missão diplomática grega.

3. Consta dos autos, outrossim, que, dos três barracos, um foi demolido pela TERRACAP (fls. 2). Os ocupantes dos outros dois, todavia, teriam se recusado a deixar o local, mesmo diante da oferta de lotes no assentamento de Santa Maria-Gama, sob a justificativa de que já moravam no local há muitos anos, criando animais e mantendo um centro espírita (fls. 4-v.).

4. Encaminhados os autos à Divisão Jurídica da empresa, para exame das medidas a serem tomadas para se proceder à desocupação da área (fls. 6-v.), o ilustre

Chefe daquele setor sugeriu a audiência desta Procuradoria-Geral, tendo em vista tratar-se o bem ocupado de área pública de preservação ambiental, sob o domínio do Distrito Federal (fls. 7-v.).

5. Nesta Casa, o processo foi remetido à 3ª SPR, tendo o seu Procurador-Chefe solicitado o exame da matéria, "tendo em conta os seguintes pontos" (fls. 8-v.):

"1. Recentes decisões judiciais que entendem descabidas as ações que visam demolições e reintegrações de posse em áreas públicas, face ao poder de polícia da Administração Pública.

"2. A redação do Dec. 2.078/72, que em seu art. 12, § 2º, condiciona o ajuizamento da ação pela Procuradoria-Geral nas questões de demolitórias e tem sido usado 'abrangentemente', em desfavor do poder de polícia.

"3. O Parecer 428/76, que condiciona o uso do poder de polícia à autorização do Exmo. Sr. Governador.

"4. A necessidade de orientar os administradores regionais sobre a forma de agir em casos como o presente."

Delimitação do parecer

6. De início, cabe esclarecer que as "recentes decisões judiciais", às quais se refere o Sr. Procurador-Chefe no item 1 de sua cota, são sentenças proferidas pelo MM. Juiz da 3ª Vara da Fazenda Pública de Brasília, que entenderam faltar "interesse de agir" ao Distrito Federal para ajuizar ações visando à retomada de bem público, tendo em vista que a Administração pode executar diretamente seus próprios atos, independentemente da intervenção do Poder Judiciário.

7. Pois bem. Pela leitura da transcrita cota do Sr. Procurador-Chefe e dos documentos por ela referidos, quais sejam, as aludidas recentes decisões judiciais, o Dec. 2.078/72 (art. 12, § 2º) e o Parecer da 3ª SPR 428/76, pode a consulta ser sumariada nos seguintes quesitos, que serão respondidos ao final:

1. Pode o Distrito Federal, no exercício de seu poder de polícia, promover, *manu militari*, a execução de seus atos de demolição e de reintegração de posse, independentemente da intervenção do Poder Judiciário?

2. Em caso positivo, essa auto-executoriedade do ato de polícia retira da Administração a faculdade de optar pela adoção de medidas judiciais?

3. O § 2º do art. 12 do Dec. 2.078/72 inviabiliza a auto-executoriedade do ato de demolição?

4. O uso da auto-executoriedade depende de prévia autorização do Sr. Governador?

A auto-executoriedade do ato administrativo

8. A "autotutela", "auto-executoriedade" ou, simplesmente, "executoriedade", "atributo pelo qual o ato administrativo pode ser posto em execução pela própria Administração Pública sem necessidade de intervenção do Poder Judiciário" (Maria Sylvia Zanella Di Pietro, *Direito Administrativo*, São Paulo, Atlas, 1990, p. 153), é pacificamente admitida pela doutrina e jurisprudência pátrias.

9. Confira-se, a propósito, Hely Lopes Meirelles: "Mas as prestações tipicamente administrativas, principalmente as decorrentes da utilização do poder de polícia, podem e devem ser exigidas e executadas imediata e diretamente pela Administração, sem necessidade de mandado judicial. Tal o que acontece com as interdições de atividades ilegais, como os embargos e demolições de obras clandestinas, com a inutilização de gêneros impróprios para o consumo, e outros atos de polícia administrativa" (*Direito Administrativo Brasileiro*, 14ª ed., RT, São Paulo, 1989, p. 138).

"Observamos que a utilização indevida de bens públicos por particulares, notadamente a ocupação de imóveis, pode — e deve — ser repelida por meios administrativos, independentemente de ordem judicial, pois o ato de defesa do patrimônio público pela Administração é auto-executável, como o são, em regra, os atos de polícia administrativa, que exigem execução imediata, amparada pela força pública, quando isto for necessário" (ob. cit., p. 430).

10. Deve-se observar, contudo, que não são todos os atos administrativos que possuem esse atributo. Segundo Celso Antônio Bandeira de Mello, são duas as hipóteses em que se permite a autotutela: "a) quando a lei a prevê expressamente, que é o caso óbvio; b) quando a executoriedade é condição indispensável à eficaz garantia do interesse público confiado pela lei à Administração; isto é, nas situações em que, se não for utilizada, haverá grave comprometimento do interesse que incumbe à Administração assegurar. Isto ocorre nos casos em que a medida é urgente e não há via jurídica de igual eficácia à disposição da Administração para atingir o fim tutelado pelo Direito, sendo impossível, pena de frustração dele, aguardar a tramitação de uma medida judicial. Nestes casos entende-se que a autorização para a executoriedade está *implícita* no sistema legal, pois é em decorrência dele que a Administração deve garantir a proteção do bem jurídico posto em risco" (*Elementos de Direito Administrativo*, 2ª ed., RT, São Paulo, 1990, p. 107).

Esse, aliás, parece ser o entendimento da doutrina dominante:

"A auto-executoriedade não existe em todas as medidas de polícia. Para que a Administração possa se utilizar dessa faculdade, é necessário que a lei autorize expressamente, ou que se trate de medida urgente, sem a qual poderá ser ocasionado prejuízo maior para o interesse público" (Maria Sylvia Zanella Di Pietro, ob. cit., p. 91).

"A auto-executoriedade não é atributo de todo e qualquer ato administrativo. Ela é encontrada nos atos que recebem da lei essa distinção, ou seja, ela existe nos casos previstos em lei ou quando for indispensável à imediata salvaguarda do interesse público" (Diógenes Gasparini, *Direito Administrativo*, São Paulo, Saraiva, 1989, p. 65).

"Em três casos pode a Administração recorrer à execução forçada: 1º) quando há autorização do legislador; 2º) quando inexiste outra via jurídica; 3º) em casos de urgência, motivada por qualquer causa, como, p. ex., perigo iminente, necessidade pública urgente" (José Cretella Júnior, "Executoriedade do ato administrativo unilateral", *RDA* 71/16).

11. Nada mais fazem os doutrinadores citados, em verdade, do que conjugar o princípio da autotutela com o princípio maior da legalidade, hoje insculpido no art. 37, *caput*, da Constituição Federal, segundo o qual a Administração só pode agir quando autorizada pela lei: "A atividade administrativa deve não apenas ser exercida sem contraste com a lei, mas, inclusive, só pode ser exercida nos termos de autorização contida no sistema legal. A legalidade da Administração não se resume à ausência de oposição à lei, mas pressupõe autorização dela, como condição de sua ação. Administrar é aplicar a lei de ofício" (Celso Antônio Bandeira de Mello, ob. cit., p. 29).

12. Assim, o Poder Público só poderá valer-se da autotutela quando tiver autorização legal para tanto. Essa permissão pode ser explícita (disposição legal expressa) ou implícita (casos em que, mesmo não expressamente prevista, a executoriedade for imprescindível à salvaguarda de interesse público).

Limites da autotutela no Distrito Federal

13. Trazendo essas considerações para o caso concreto em exame e observando que não há, no Distrito Federal, nenhuma disposição expressa de lei autorizando a auto-executoriedade dos atos de demolição e reintegração, forçoso reconhecer que a medida só terá lugar em casos de urgência, ou seja, em hipóteses em que o interesse público em jogo não comportar solução pela via judicial, quase sempre excessivamente demorada.

14. Dessa forma, no Distrito Federal, considerar-se-ão implicitamente autorizados pelo sistema legal os atos de polícia destinados à desocupação de bens de uso comum do povo invadidos, vez que o interesse da população em usufruir dos logradouros públicos não poderá, evidentemente, submeter-se às delongas dos ritos processuais.

15. Aliás, a jurisprudência da Justiça do Distrito Federal não titubeia em admitir a autotutela na desocupação dos bens públicos de uso comum. É o que registra o então Desembargador, hoje Ministro do STJ, Luiz Vicente Cernicchiaro, em voto proferido quando do julgamento do AI 2.298:

"Rigorosamente, porque os terrenos do Distrito Federal não são objeto de posse, sendo impossível o particular socorrer-se dos interditos, a recuperação dos mesmos pode se efetivar '*manu militari*', *independentemente do prévio consentimento do Judiciário.*

"*Acrescento que a jurisprudência do nosso Tribunal Pleno, ao julgar as chamadas questões das Quadras 700 Norte e Sul, adotou posição firme e uniforme.*"

16. Essa é, também, a opinião de Diógenes Gasparini: "A reintegração de posse só poderá efetivar-se em cumprimento de ordem judicial, *salvo se se tratar de bem público de uso comum ou de uso especial, conforme têm decidido nossos Tribunais*" (ob. cit., p. 104).

17. Dessa maneira, no campo da polícia das edificações, poderá a Administração, p. ex., demolir prédio que ameaça ruir ou praticar outro ato cuja urgência ou imprescindibilidade desaconselhem o caminho judicial.

18. Não deverá o Poder Público, de outro lado, em situações normais, proceder à demolição de construções irregulares sem prévio ingresso no Judiciário.

19. É que, vale repetir, não existe norma legal, no Distrito Federal, autorizando expressamente a destruição *manu militari* de construções irregulares. Ao contrário, em relação às edificações levantadas em infração ao código das satélites, o Distrito Federal renunciou expressamente à autotutela, por intermédio do art. 12, § 2º, do Dec. 2.078, de 13.10.72, *verbis*:

"Art. 12. Caberá a pena de demolição sempre que se tratar de obra executada sem prévia licença do órgão competente da Administração Regional ou de obra embargada que não possa ser enquadrada nas exigências do Código de Edificações das Cidades Satélites.

"...

"§ 2º. Não atendida a intimação no prazo indicado no parágrafo anterior, a DRL-FO cientificará o Administrador Regional que determinará o levantamento da construção e fará elaborar o seu *croquis*, encaminhando os autos, devidamente instruídos, através da Secretaria de Governo, à Procuradoria-Geral do Distrito Federal, *para a propositura da ação competente em juízo*" (grifou-se).

20. À vista do que precede, caso seja de interesse do GDF executar diretamente, sem intervenção do Poder Judiciário, todos os atos de polícia de edificações, sugere-se o encaminhamento de projeto de lei à Câmara Legislativa, contendo autorização para tanto.

21. E não se diga que também a lei só pode autorizar a auto-execução em situações de urgência e imprescindibilidade, já que tal afirmação não seria exata, consoante anota Seabra Fagundes:

"Como norma genérica, seguindo a melhor doutrina, poder-se-á admitir que caiba quando for imprescindível e urgente obter a prestação. Mas o legislador, como é desnecessário acentuar, não está adstrito a tal critério, que, sendo o melhor, não é o único.

"Um exemplo típico da execução *ex officio*, sem esse caráter de urgência e imprescindibilidade, e, sim, por discrição do legislador, nos oferece o Dec.-lei 1.168, de 22.3.38..." (*O Controle dos Atos Administrativos pelo Poder Judiciário*, Rio, Forense, 1942, p. 218, notas de pé de página).

A autotutela e o interesse de agir judicialmente

22. Como se sabe, o MM. Juiz da 3ª Vara da Fazenda Pública, Dr. Humberto Eustáquio Martins, reconhecendo dispor o Distrito Federal da autotutela para promover a desocupação de áreas públicas invadidas, em fundamentadas sentenças, vem indeferindo as petições iniciais de reintegratórias intentadas pelo Distrito Federal.

23. O raciocínio é inteligente: se o Distrito Federal pode executar diretamente seus atos sem intervenção do Judiciário, não existiria necessidade de provocação da Justiça. E, consistindo o "interesse" processual na necessidade, e não apenas na utilidade, da movimentação da máquina judiciária, faltaria ao Distrito Federal essa essencial condição da ação — o interesse.

24. Deve-se registrar que o mencionado Magistrado não está sozinho nem mal-acompanhado em sua pregação. É no mesmo sentido o entendimento de Diogo de Figueiredo Moreira Neto:

"A executoriedade não é uma faculdade da Administração, que ela poderá usar ou não a seu talante, mas um poder-dever. Executar seus atos sem prévio acertamento (ou consulta) ao Judiciário não é escolha que lhe caiba, pois não é função do juiz a consultoria administrativa.

"As Administrações, lembra Hely Lopes Meirelles, se mostram tímidas quando devem empregar esse poder que lhes é inerente. Receio, quando não ignorância, fá-las recorrer ao Judiciário para cumprir atos tipicamente executórios; *nesses casos falta-lhes legitimidade 'ad causam', não devendo prosperar tais ações*" (*Curso de Direito Administrativo*, 8ª ed., Rio, Forense, 1989, p. 112) (grifou-se).

25. Sem quebra de reverência, entretanto, ao eminente Magistrado, há que se ver, de início, que a tese não pode ser aplicada em relação ao Distrito Federal.

26. É que, como visto, não existe autorização expressa de lei para a auto-execução da demolição e da reintegração. E o que também já se viu foi que a permissão é apenas implícita, valendo, tão-somente, para aqueles casos de urgência e imprescindibilidade da medida.

27. Assim, se verificada a ocorrência de urgência ou imprescindibilidade, realmente poderá o Distrito Federal lançar mão da autotutela, cabendo, em princípio, falar em falta de interesse processual. Mas, se esses dois requisitos não se fizerem presentes, ao Poder Público estará vedada a auto-executoriedade, emergindo-se, desse modo, a necessidade absoluta do ingresso em juízo, e o conseqüente interesse processual.

28. E, como é curial, a análise da ocorrência ou não de urgência ou indispensabilidade há de ser feita segundo os critérios de conveniência e oportunidade da Administração, e não pelo Judiciário.

29. Ademais, inclusive nos casos em que se fizer presente a autorização legal implícita ou mesmo expressa, a verdade é que, ainda assim, a faculdade do uso da autotutela não será absoluta.

30. É que, como é sabido, mesmo no exercício das competências chamadas discricionárias, o administrador não tem o direito de optar entre um ou outro caminho segundo o seu talante.

31. Está ele, na realidade, obrigado a dar a melhor solução ao problema, ou seja, entre dois caminhos postos à sua disposição, *deve*, e não apenas *pode*, tomar aquele que melhor atende ao interesse público. É o que ensina Celso Antônio Bandeira de Mello:

"O dever jurídico que se põe para a Administração é necessariamente escolher a melhor solução comportada, *in abstracto*, pelo âmbito de liberdade que lhe deferiu a norma legal. Em outras palavras, existe para a Administração um 'dever jurídico de boa administração'. Não se trata apenas de um dever ético, ou de um dever político, ou de um dever de Ciência de Administração.

"Efetivamente sucederá em alguns casos que, *apesar da lei permitir opção entre dois ou mais comportamentos* — exatamente para que fossem sopesadas as circunstâncias fáticas, como requisito insuprimível ao atendimento do interesse tutelado — estas mesmas circunstâncias evidenciem, para além de qualquer dúvida, que só cabe um comportamento apto para atingir o objetivo legal. Neste caso, dito comportamento é obrigatório e não pode ser adotado outro" ("Controle judicial dos atos administrativos", *RDP* 65/27).

32. Dessa forma, o brilhante silogismo daqueles dois Juristas — o eminente Juiz da 3ª Vara da Fazenda Pública e o Prof. Diogo de Figueiredo Moreira Neto — parte de uma premissa falsa: a liberdade de opção do administrador.

33. Com efeito, o raciocínio é perfeito em relação aos particulares: se uma empresa privada, p. ex., tem uma outra solução ao seu alcance para resolver seu problema, deve optar por esta alternativa, e não pela judicial.

34. Mas, como visto, se a via judicial é, no caso concreto, a melhor solução, a que melhor se ajusta ao interesse público, não tem o administrador liberdade para optar pela autotutela. E, se não pode valer-se da auto-executoriedade, terá necessidade ou "interesse" em provocar a atuação judicial.

35. Veja-se que, em linhas gerais, esse parece ser também o entendimento do ilustre processualista Machado Guimarães:

"O princípio da autotutela dos atos administrativos se manifesta com maior ou menor intensidade, conforme as exigências do interesse público a ser protegido.

"Por outro lado, quando o interesse público não exige a execução coativa e direta das medidas administrativas, não mais terá razão de ser o princípio da autotutela.

"À Administração Pública é lícito, entretanto, submeter, desde logo, os seus atos à apreciação dos órgãos de jurisdição, abstendo-se de executá-los diretamente, para que a execução se processe por via judiciária. Evitando, desta forma, o controle judiciário *a posteriori*, a autoridade administrativa, fundada em motivos de oportunidade prática que lhe cumpre apreciar discricionariamente, não renuncia ao privilégio da autotutela, senão em cada caso concreto. Em torno à admissibilidade da renúncia ao privilégio da autotutela, a doutrina e a jurisprudência italianas, a princípio hesitantes, são unânimes, atualmente, na adoção da resposta afirmativa.

"Somente em cada caso concreto, que a sua faculdade discricionária de apreciação prefere submeter ao Poder Judiciário, se considerará renunciado, pela autoridade administrativa, o privilégio da autotutela" (*Comentários ao Código de Processo Civil*, v. IV/219-221, Rio de Janeiro, Forense, 1942).

36. Veja-se que esses comentários de Machado Guimarães foram feitos em face do art. 302, XI, do Código de 1939, *verbis*:

"Art. 302. A ação consignatória compete:

"...

"XI — À União, ao Estado ou ao Município, para pedir:

"a) a suspensão ou demolição de obra que contravenha a lei, regulamento ou postura;

"b) a obtenção de valas ou escavações, a destruição de plantações, a interdição de prédios e, em geral, a cessação do uso nocivo da propriedade, quando o exija a saúde, a segurança ou outro interesse público."

37. Disposição semelhante, aliás, possui o atual Código de Processo Civil, ao cuidar da ação de nunciação de obra nova:

"Art. 934. Compete esta ação:

"...

"III — ao Município, a fim de impedir que o particular construa em contravenção da lei, do regulamento ou de postura."

38. Isto quer dizer que, desde o Código anterior, presume o sistema processual brasileiro essa faculdade de opção, de acordo com o interesse público, entre a autotutela e a via judicial.

39. Oportuno, outrossim, ouvir-se J. J. Calmon de Passos: "O poder de polícia, entendido como faculdade discricionária da Administração Pública de restringir e condicionar o uso e gozo dos direitos individuais, especialmente os de propriedade, em benefício do bem-estar geral, tem uma de suas expressões na chamada polícia das construções. No seu exercício, o Poder Público edita normas sobre distância entre prédios, plantio de árvores, construção e conservação de tapumes e paredes divisórias. *O descumprimento dessas normas legitima o Município a pleitear, judicialmente e pelo rito sumaríssimo, a sua aplicação coativa, se não lhe parecer admissí-*

vel ou aconselhável a autotutela, como lhe é hoje reconhecido" (*Comentários ao Código de Processo Civil*, v. III/89 e 90, Rio, Forense, 1983) (grifou-se).

40. Vale constatar, ainda, que, à exceção das citadas sentenças do douto Juízo da 3ª Vara da Fazenda, a Justiça do Distrito Federal de 1ª e 2ª instâncias vem aceitando o ingresso do Distrito Federal em juízo, a despeito da autotutela, conforme se pode notar das centenas de ações reintegratórias e demolitórias ajuizadas pelo Distrito Federal que tramitaram e ainda tramitam nos foros brasilienses. Apenas a título de ilustração, confiram-se as seguintes ementas:

"Reintegração de posse. Demonstrado que o réu ocupa área pública, defere-se o pedido de proteção possessória" (Ap. cível 12.316, rel. Des. Eduardo Ribeiro).

"Ocupada indevidamente por particulares área pública destinada à preservação do verde, que se classifica como bem de uso comum do povo, procede o pedido reintegratório formulado pelo Distrito Federal" (Ap. cível 16.887, rel. Des. Manoel Coelho).

41. Por fim, voltando ao caso concreto, é claro que se for constatado, conforme afirma o citado titular da 3ª Vara da Fazenda Pública, que, na opção entre a autotutela e a via judicial, os governantes "discriminam humildes e poderosos", com o intuito de transferir ao Poder Judiciário "solução de problema afeto ao administrador, para resguardo dos interesses deste", verificar-se-á violação frontal aos princípios da impessoalidade e da moralidade (art. 37, *caput*, da CF).

42. Nesse caso, justificar-se-á não só o indeferimento da petição inicial por falta de uma das condições da ação — interesse de agir — mas, também, a responsabilização da autoridade sob o ponto de vista administrativo, civil e, até, criminal.

43. Porém, o exame da ocorrência ou não desses desvios deve ser feito caso a caso, meticulosamente, e não de maneira generalizada como vem sendo realizado pelo douto e respeitável Juízo da 3ª Vara da Fazenda.

44. Com efeito, deve-se observar que essas sentenças constituem perigoso precedente contra o Distrito Federal, pois, já foi dito, o Poder Público não pode abrir mão, em certos casos, do acesso ao Judiciário.

45. Imagine-se, p. ex., se no conhecido "caso Baracat" não pudesse o Distito Federal pleitear em juízo a demolição daquele gigantesco edifício supostamente levantado com invasão de área pública.

46. Esse caso, aliás, é um típico exemplo em que o interesse público recomenda o prévio acertamento judicial, pois o Distrito Federal não poderia correr o risco de, no controle judicial *a posteriori*, ou seja, depois de demolida a edificação, ser condenado a uma estratosférica indenização.

Competência para a opção

47. Por fim, quanto à conclusão do Parecer da 3ª SPR 428/76 no sentido de que a opção entre a auto-executoriedade e o ingresso em juízo compete ao Sr. Governador, discorda-se da afirmativa.

48. Data venia, vislumbrada a autotutela dentro dos limites traçados neste parecer, caberá a decisão sobre o caminho a ser tomado à autoridade, com poder decisório, responsável pelo exercício do poder de polícia em cada caso concreto.

A hipótese do presente processo

49. Em relação à hipótese em exame no presente processo, à vista do exposto neste estudo, caberá ao administrador decidir sobre se proceder à desocupação da área pública *manu militari* ou recorrendo-se ao Judiciário.

50. Pode-se atrever, contudo, a ponderar que, muito embora, por se tratar de invasão de bem de uso comum do povo, a situação, em princípio, desafie a autotutela, deve-se levar em conta que os ocupantes lá estão há mais de 20 anos (v. fls. 6-v.).

51. Assim, é razoável supor-se que a auto-executoriedade não é tão urgente, nem tão imprescindível, convindo, portanto, o ajuizamento de medida judicial, até porque a jurisprudência dominante na Justiça local é no sentido de se deferir liminarmente a medida, ao fundamento de que a invasão de área pública, por mais antiga que seja, não gera posse.

Conclusão

52. Em conclusão, passa-se a responder aos quesitos propostos inicialmente:

1. Pode o Distrito Federal, no exercício de seu poder de polícia, promover *manu militari* a execução de seus atos de demolição e reintegração, independentemente de intervenção do Poder Judiciário?

Sim. Todavia, a Administração só pode se valer desta auto-executoriedade quando a medida se fizer urgente ou imprescindível ao resguardo do interesse público.

2. Em caso positivo, essa auto-executoriedade do ato de polícia retira da Administração a faculdade de optar pela adoção de medidas judiciais?

Não. Na hipótese do Distrito Federal, como visto, só nos casos de urgência e imprescindibilidade pode-se falar em autotutela. Mas, mesmo nessas situações, se a Administração verificar que o ingresso em juízo melhor atende ao interesse público, não só pode como deve optar pela via judicial.

3. O § 2º do art. 12 do Dec. 2.078/72 inviabiliza a auto-executoriedade dos atos de demolição e reintegração?

Não. Vislumbrada a autotutela dentro dos limites postos na resposta ao primeiro quesito, pode a Administração auto-executar seus atos, a despeito da redação do mencionado dispositivo regulamentar, já que, nessas situações, a medida está implicitamente prevista na lei.

4. O uso da auto-executoriedade depende de autorização do Sr. Governador?

Não. A opção entre a autotutela e a via judicial cabe ao responsável, com poder decisório, pelo exercício do poder de polícia, em cada caso concreto.

5. No caso concreto, qual a melhor opção?

Na hipótese em tela, a opção deve ser feita pelo administrador. Pelas peculiaridades do caso, contudo, malgrado a invasão de logradouros públicos deva, em princípio, ser coibida pela autotutela, sugere-se o ajuizamento de medida judicial.

É o parecer.

Brasília, 19 de dezembro de 1991.

PRINCÍPIO DA IMPESSOALIDADE E ABUSO DO PODER DE LEGISLAR

CARLOS ARI SUNDFELD
Professor da Faculdade de Direito da Universidade Católica de São Paulo

A Prefeitura Municipal de Campinas apresentou-me a seguinte

CONSULTA

Em 26.11.92, o então Prefeito Municipal de Campinas encaminhou à Câmara de Vereadores o Projeto de Lei 844, dispondo sobre o reenquadramento de servidores municipais em decorrência do exercício de cargo em comissão ou função gratificada.

O projeto visava a conferir, a tais servidores, o direito ao reposicionamento dentro de suas carreiras, em nível e faixa salarial cujo padrão correspondesse à remuneração percebida no cargo em comissão ou função gratificada, sem prejuízo das vantagens pessoais. Para fazer jus ao benefício, deveria o servidor: a) estar, na data da promulgação da lei, ocupando cargo em comissão ou função gratificada (art. 1º, *caput*); b) completar, até o dia 31.12.92, 20 meses, no mínimo, de exercício (art. 1º, § 1º), podendo para tanto somar períodos de quaisquer funções ou cargos da espécie (art. 1º, § 2º).

A propositura foi aprovada pelo Legislativo, com a redação determinada pela Emenda 1, de autoria do nobre Vereador Carlos Signorelli, por força da qual: a) para obter o benefício, o servidor deveria contar, na data da promulgação da lei, com 40 meses completos de efetivo exercício no cargo ou função (art. 1º, *caput*); b) aqueles que não tivessem completado os 40 meses até a data da publicação da lei teriam direito à incorporação "de forma proporcional ao número de meses em que exerceram os referidos cargos ou funções, a qualquer tempo de sua vida funcional" (art. 1º, § 1º).

Sancionado pelo então Prefeito em 7.12.92, o projeto foi convertido na Lei 7.362, publicada no dia subseqüente.

Assumindo a Chefia do Poder Executivo em 1.1.93, o Prefeito eleito determinou a realização de estudos sobre a matéria, os quais concluíram que a lei padecia de grave vício de inconstitucionalidade. À vista disso, editou o Dec. 11.084, de 27.1.93, proibindo sua execução e determinando a invalidação de ofício dos atos em decorrência dela praticados.

Indaga a consulente sobre a legitimidade da lei e do decreto que sustou sua aplicação, bem como sobre as medidas a serem tomadas.

À consulta respondo, através do seguinte

PARECER

I — Introdução

1. É sabido que o servidor público, quando investido em cargo ou função de confiança, percebe, nos termos da lei, uma remuneração pelo seu desempenho. Dado que a vantagem é diretamente ligada ao exercício, cessando a designação o servidor perde as vantagens correspondentes, voltando à condição remuneratória anterior.

Não obstante, considerando que, freqüentes vezes, o exercício desses cargos ou funções se prolonga no tempo, fazendo com que o servidor adapte seu orçamento à situação patrimonial daí decorrente, e seguindo a tendência, firmada no campo trabalhista, de assegurar ao empregado a intangibilidade das gratificações periódicas ou habituais — isso em nome do princípio da irredutibilidade do salário — as legislações passaram a permitir, também para os servidores, a incorporação dessas vantagens.

O tema, no âmbito da Administração Pública, é, no entanto, extremamente delicado. A designação para cargos e funções de confiança decorre de decisão discricionária do ocasional e transitório ocupante do poder, beneficiando, portanto, os servidores que lhe são próximos. Daí o risco de o instituto da incorporação das vantagens se transformar em prêmio à fidelidade político-partidária, desnaturando seus objetivos originais. Para contornar o problema, as leis costumam exigir, como condição para a incorporação integral, a permanência do servidor no posto por extenso período, normalmente superior ao tempo do mandato do Chefe do Executivo.

Assim é no Estado de São Paulo, p. ex. A Constituição paulista de 1989, em seu art. 133, fixou em 10 anos o prazo de exercício para permitir a incorporação da totalidade da diferença entre a remuneração primitiva e a da função ou cargo comissionado.[1] O mesmo ocorreu no âmbito federal, onde a Lei 8.112, de 11.12.90, estipulou tal prazo em cinco anos (art. 62, § 2º).[2]

Os péssimos hábitos políticos brasileiros, inspirados na confusão entre o público e o privado, rapidamente levaram ao surgimento de distorções. Sem surpresa alguma — embora não sem revolta, ainda que velada — os cidadãos assistiram à edição de verdadeiras *leis-testamento*, aprovadas no ocaso dos mandatos, para beneficiar o grupo político dos governantes derrotados nas eleições. Essas leis, no desejo de presentear os servidores leais aos poderosos de plantão, passaram a abrir exceções aos prazos longos, concedendo incorporações excepcionais.

Vivemos, porém, em nova época, com os princípios fundamentais do Estado de Direito e as regras deles derivadas interditando comportamentos do gênero. É nessa ambiência que se há de enfrentar a temática proposta pela consulta.

II — Evolução legislativa do tema no Município de Campinas

2. Vejamos agora como evoluiu a questão no Município de Campinas.

Em 16.1.87 promulgou-se a Lei 5.767, instituindo o plano de cargos e empregos

1. É o seguinte o teor da norma mencionada: "Art. 133. O servidor, com mais de cinco anos de efetivo exercício, que tenha exercido ou venha a exercer, a qualquer título, cargo ou função que lhe proporcione remuneração superior à do cargo de que seja titular, ou função para a qual foi admitido, incorporará um décimo dessa diferença, por ano, até o limite de dez décimos".

2. "Art. 62. Ao servidor investido em função de direção, chefia ou assessoramento é devida uma gratificação pelo seu exercício. (...) § 2º. A gratificação prevista neste artigo incorpora-se à remuneração do servidor e integra o provento da aposentadoria, na proporção de 1/5 (um quinto) por ano de exercício na função de direção, chefia ou assessoramento, até o limite de 5 (cinco) quintos".

da Prefeitura Municipal e garantindo ao servidor que ocupasse cargo em comissão ou função de confiança por 20 meses ininterruptos a incorporação das correspondentes diferenças estipendiárias.

Em 20.11.91, novo plano de cargos e empregos surgiu, por meio da Lei 6.767, desta vez proibindo expressamente a incorporação (art. 18, *caput*). Porém, considerando que ela era até aquela data admitida, o mesmo dispositivo assegurou-a aos então ocupantes de tais cargos ou empregos.

Assim estava redigido o art. 18 da Lei 6.767:

"Art. 18. Fica vedada a incorporação de qualquer diferença percebida por servidor municipal em decorrência do exercício de função gratificada ou cargo em comissão.

"§ 1º. Ficam asseguradas, proporcionalmente ao tempo de efetivo exercício do cargo ou função, as incorporações de diferenças estipendiárias previstas na Lei 5.767/87 e legislação posterior, nas seguintes condições:

"I — o servidor deverá estar no efetivo exercício do cargo ou função à data da publicação desta lei e ser optante pela Lei 5.767/87;

"II — não serão somados períodos intercalados para fim da incorporação da diferença estipendiária;

"III — a proporção da parcela a incorporar ao vencimento-padrão ou salário-base do servidor corresponderá a 1/20 (um vinte-avos) por mês de efetivo exercício no cargo ou função e será apurada na data de publicação desta lei.

"§ 2º. Se o padrão salarial decorrente da incorporação prevista no § 1º superar o padrão estabelecido nesta lei, a diferença apurada será paga em cruzeiros, em parcela destacada, como vantagem pessoal incorporada, e sobre ela incidirão os reajustes e aumentos gerais, inclusive abonos, o adicional por tempo de serviço, a sexta-parte e as horas extraordinárias."

Constata-se facilmente que, pretendendo implantar nova disciplina na matéria, extinguindo as incorporações, o legislador municipal se preocupou em conceder proteção à *expectativa de direito*. De fato, os servidores que então ocupavam função gratificada ou cargo em comissão e que não haviam completado os 20 meses de exercício — não tendo ainda incorporado as conseqüentes vantagens — cultivavam a expectativa de, em alguns meses, alcançar o benefício da Lei 5.767/87. Mas, ao proibir a incorporação, a mudança legislativa operada pela Lei 6.767/91 frustrava essa expectativa. Obviamente, não tendo, enquanto vigente a lei anterior, preenchido as condições para a obtenção do benefício por ela concedido, os servidores em causa não poderiam invocar qualquer *direito adquirido*; tinham apenas a expectativa de adquirir o direito.

O legislador entendeu justo permitir-lhes a incorporação, *de modo proporcional aos meses em que, até a edição da nova lei, haviam ocupado o cargo ou a função*. Para tanto, exigiu que estivessem no posto quando da edição da lei e proibiu o cômputo de períodos intercalados de exercício. Assim procedeu por razão óbvia: é que a norma alterada só concedia a incorporação após 20 meses *ininterruptos* de exercício.[3]

Nada se poderia censurar nessa providência. É certo que, por ela, alguns servidores municipais obtiveram vantagem que, pelo novo regramento da matéria, foi negada à generalidade deles. Entretanto, o

3. De fato, o art. 19 da Lei 5.767/87 dizia, em seu *caput*: "Art. 19. O valor correspondente à gratificação de função de que trata o artigo anterior incorporar-se-á, em cruzados e em parcela destacada, aos vencimentos ou remuneração do servidor, por motivo de morte ou aposentadoria, ou após o exercício *ininterrupto* da supervisão pelo prazo de 20 (vinte) meses, contados a partir de 1.5.86 ou, após essa data, da designação" (o grifo é meu).

privilégio tinha justificativa *razoável*: os contemplados haviam ocupado funções ou cargos de confiança ao tempo em que a lei assegurava a incorporação. Ademais, o tratamento especial que se lhes deu foi compatível com essa condição: obtiveram a incorporação apenas proporcional, na dependência do tempo de exercício verificado *na vigência da lei velha*. Vê-se, destarte, que a nova lei se limitou a preservar, para o futuro, os efeitos que a regra anterior atribuía ao exercício do cargo ou função.

3. Contudo, essa norma veio a ter sua redação alterada pelo art. 11 da Lei 7.017, de 5.6.92 — surgido em decorrência de emenda parlamentar a projeto do Executivo sobre temas salariais — passando a vigorar como segue:

"Art. 18. Fica assegurado a todo servidor municipal optante pela Lei 5.767/87, a incorporação integral de vencimentos, desde que na data da publicação da Lei 6.767/91, estivesse há 20 (vinte) meses ininterruptos no exercício do cargo em comissão ou função gratificada, constantes do anexo XXX e anexo XXVIII respectivamente, ou a estes equiparados por lei.

"§ 1º. O servidor que não se enquadrar no item anterior, a incorporação dar-se-á na data em que completar os 20 (vinte) meses ininterruptos no cargo em comissão ou função gratificada.

"§ 2º. Se o padrão salarial decorrente das incorporações previstas acima superar o padrão de vencimentos estabelecidos na Lei 6.767/91 para o último estágio da carreira, a diferença apurada pelo exercício do cargo em comissão e da função gratificada, será paga em cruzeiros, em parcela destacada, como vantagem pessoal incorporada, e sobre ela incidirão os reajustes e aumentos gerais, adicional por tempo de serviço, sexta-parte e demais vantagens legais."

Com esse preceito, pretendeu-se anular o anterior, revivendo a incorporação das vantagens de cargo em comissão ou função gratificada, após 20 meses ininterruptos de exercício. Mas, entendendo inconstitucional o mencionado art. 11 da Lei 7.017/92, por vício de procedimento da emenda que o gerou, o então Prefeito Municipal editou o Dec. 10.810, de 11.6.92, proibindo a Secretaria Municipal de Administração de lhe dar execução, e, em paralelo, provocou o exame de sua constitucionalidade pelo TJSP.

Provavelmente em virtude disso, logo a seguir a Lei 7.060, de 9.7.92, revogou o citado art. 11 da Lei 7.017/92, revigorando o art. 18 e seus §§ da Lei 6.767/91, em sua redação original.[4]

Assim sendo, desde julho/92 ficou extinto, na Administração Municipal de Campinas, o mecanismo da incorporação de diferenças estipendiárias decorrentes do exercício de cargo em comissão ou função gratificada. A esse novo regime ficaram submetidos todos os servidores municipais, ressalvado apenas, como é óbvio, o direito adquirido às incorporações ocorridas por força das leis revogadas.

III — Leitura e interpretação da lei objeto da consulta

4. Evidentemente, como fez de outras vezes, o Município não estava impedido de, através de nova lei, reinstituir as incorporações, regulando-as. Esta é, com efeito, uma faculdade do legislador, comportada pela discricionariedade de seu poder normativo.

4. A Lei 7.060/92 teve a seguinte redação:
"Art. 1º. Fica revogado em seu inteiro teor o art. 11 da Lei 7.017, de 5.6.92.
"Art. 2º. O art. 18 e seus §§, da Lei 6.767, voltam a ter a redação que lhes foi dada na citada lei, sancionada em 20.11.91."

Mas *não* foi exatamente o que ocorreu.

Aproximando-se o fim de seu mandato, a ocorrer em 31.12.92, o Chefe do Executivo, em 26 de novembro, enviou projeto de lei à Câmara, com o exclusivo fim de garantir a incorporação — então *inexistente* no âmbito do Município — apenas àqueles que estivessem no exercício de cargos comissionados ou funções gratificadas quando da edição da lei que dele resultasse.

A propositura teve tramitação extremamente ágil, como a evidenciar o ânimo nela embutido. Realmente, em 3 de dezembro recebia a emenda parlamentar que lhe daria a feição definitiva e já no dia 7 estava aprovada pela Câmara e era sancionada pelo Prefeito, sendo a lei publicada no dia 8 de dezembro no *Diário Oficial do Município*. Vê-se, assim, que, no *sétimo dia útil* subseqüente ao da apresentação do projeto, este se tornou lei.

5. A Lei 7.362 acabou publicada com a seguinte redação, que reproduzo com absoluta fidelidade:

"Art. 1º. Ao servidor municipal que, na data da publicação desta lei, estiver com 40 (quarenta) meses completos de efetivo exercício no cargo em comissão ou função gratificada, fica assegurado o reposicionamento dentro desta carreira, em nível e faixa salarial cujo padrão corresponde a remuneração percebida no referido cargo ou função, sem prejuízo de suas vantagens pessoais.

"§ 1º. Os servidores no exercício em cargo de comissão ou função gratificada que não alcançarem o prazo previsto no *caput* deste artigo, terão direito à incorporação da gratificação de que trata esta lei, de forma proporcional ao número de meses que exerceram os referidos cargos ou funções, a qualquer tempo de sua vida funcional.

"§ 2º. Para fim de aplicação do disposto no parágrafo anterior, serão somados os períodos de efetivo exercício de quaisquer funções gratificadas ou cargos em comissão.

"Art. 2º. Caso o nível ou a faixa salarial da carreira a que pertence o servidor não comporte, para o estabelecimento do novo padrão, no seu todo, o valor resultante da incorporação, a diferença apurada ser-lhe-á paga em código à parte, como vantagem pessoal incorporada, com todos os consectários legais dela decorrentes.

"Art. 3º. O servidor municipal alcançado pela presente lei, que permanecer no exercício ou vier novamente a exercer função gratificada ou cargo em comissão, não terá direito ao recebimento da gratificação ou verba de representação legalmente prevista, salvo se a função gratificada ou o cargo em comissão possuir gratificação ou verba de representação superior ao percentual incorporado, hipótese em que lhe será paga somente a diferença.

"Art. 4º. As despesas com a execução desta lei correrão por conta das dotações próprias consignadas no orçamento vigente, suplementadas se necessário.

"Art. 5º. Esta lei entra em vigor na data de sua publicação, revogadas as disposições em contrário ou com ela incompatíveis."

Como se percebe da simples leitura, o texto é confuso, inclusive em conseqüência da emenda que sofreu. Mas sua compreensão não oferece maiores estorvos.

6. Em essência, o *caput* do art. 1º garantiu aos servidores que, *na data da publicação da lei* (8.12.92), estivessem ocupando cargo em comissão ou função gratificada o direito ao reposicionamento em suas carreiras, de modo que seus vencimentos passassem a ser os desse cargo ou função.

O privilégio só atingiu os servidores que *então* ocupavam cargos ou funções de confiança. A regra era mais clara no projeto original, cujo art. 1º protegia literalmente o "servidor que, na data de publicação desta lei, estiver *no exercício* de cargo em comissão ou função gratificada". No texto final da lei, resultante da emenda acolhida, restou beneficiado o "servidor municipal que, na data da publicação desta lei, estiver com 40 (quarenta) meses completos de efetivo exercício *no cargo* em comissão ou função gratificada".

Ao imediato súbito de vista, parece terem sido atingidos todos aqueles que, antes da lei, houvessem completado 40 meses em cargo ou função de confiança, *mesmo que seu exercício tivesse cessado*. Mas essa impressão é enganosa, porque dois tópicos indicam ter a lei querido atingir só os que, quando de sua publicação, estivessem *em exercício* no cargo ou função referidos.

O primeiro: o *caput* do art. 1º disse serem por ele colhidos os que contassem certo prazo de exercício no cargo ou função, em direta referência a certo cargo ou função ocupados *na data da lei*, cuja remuneração seria considerada para a incorporação. Tem lógica essa conclusão — no sentido de terem sido contemplados apenas os que, na data da lei, estivessem no cargo ou função de confiança — pois, sem ela, não se saberia qual o valor da nova remuneração do interessado. Se, como dispôs o § 2º, era lícito ao servidor, para fins de integralização dos 40 meses, contar tempo prestado em quaisquer outros cargos ou funções, ficaria a dúvida a respeito da remuneração a ser adotada para o reposicionamento do servidor: seria a do cargo ocupado em primero lugar, em segundo, em último? Seria a mais alta? A lei nada disse a respeito, justamente porque — e isso está expresso na parte final do art. 1º, *caput* — a nova remuneração seria "a percebida *no referido* cargo ou função". Qual função ou cargo? Logicamente, o ocupado na data da lei.

Mas se alguma dúvida ainda pudesse persistir, um segundo ponto da lei a eliminaria. O § 1º, ao estender a vantagem mesmo àqueles que ainda não haviam completado o prazo de 40 meses, referiu-se expressamente aos "servidores *no exercício em cargo de comissão ou função gratificada*". Aqui, portanto, a lei disse diretamente o que, no *caput*, dispôs de modo menos claro: era preciso o servidor estar *em exercício no cargo ou função* para se aproveitar da proteção legal.

Com isso, desde logo se constata que a lei excluiu das vantagens da incorporação: a) todos aqueles que, no futuro, vierem a ser nomeados para cargo ou função de confiança e nele permaneçam por 40 meses; b) todos aqueles que, no passado, ocuparam tais postos por 40 meses, mas dele foram desinvestidos antes da data em que editada a lei.

7. O § 1º, como mencionei, concedeu a incorporação, proporcional ao número de meses durante os quais tivessem exercido cargo ou função de confiança, àqueles que, na data da lei, contassem menos de 40 meses de exercício.

Também aqui ficaram de fora: a) todos os que, no futuro, vierem a ser nomeados para cargo ou função de confiança; b) todos os que, no passado, ocuparam tais postos, mas dele foram desinvestidos antes da data da lei.

8. Agora, uma interessante observação quanto ao já citado § 2º, que permitiu a soma de todos "os períodos de efetivo exercício de quaisquer funções gratificadas ou cargos em comissão".

Um exemplo porá a nu com mais rapidez o resultado do preceito. Suponha-se que o titular de um cargo efetivo com vencimentos iguais a *3* tenha exercido, por 39 meses e 30 dias, um cargo em comissão com vencimentos de *5* e que, por extrema felicidade, na antevéspera da lei tenha sido nomeado para outro cargo de confiança remunerado com *100*. Qual a nova remuneração do interessado em sua carreira original, em conseqüência do "reposicionamento" determinado pela lei? A resposta é pronta: *100*. Verdadeiramente incrível: com *um dia* de exercício em certo cargo, o servidor terá sido presenteado com a eterna manutenção dos ganhos a ele correspondentes.

Por incrível "falha", a lei deixou de exigir certo interstício no cargo para o servidor incorporar sua remuneração, possibilitando a concretização daquilo que, como suposição, figurei no exemplo acima. Em semelhante esquecimento não costumam incorrer outras normas a respeito do assunto, as quais normalmente exigem o interstício de ao menos um ano no cargo para permitir a incorporação dos rendimentos que lhe correspondam. A própria Lei municipal 7.017/92 facultou a incorporação após 20 meses *ininterruptos* do percebimento da vantagem.

9. Mas isso não é tudo. O que a lei em análise garantiu não foi a simples incorporação da diferença entre a remuneração do cargo de que era titular o servidor e a do cargo ou função de confiança. Foi bem mais.

O servidor beneficiado será *reposicionado em sua carreira primitiva* de modo que seu vencimento-padrão se eleve até atingir o montante percebido no cargo ou função de confiança. E qual é a diferença entre "incorporar uma vantagem estipendiária" e ser "reposicionado na carreira"? Na primeira hipótese, a vantagem se torna intocável mas não é computada como base de cálculo das outras parcelas salariais, como aumentos reais, horas extraordinárias, adicional por tempo de serviço, sexta-parte etc. Na segunda, o novo valor se converte em vencimento, sobre ele incidindo todos os acréscimos.

Ser reposicionado na carreira significa ascender nela, saltando automaticamente, em virtude da lei, obstáculos que os demais integrantes devem superar com seus anos de serviço, seu bom desempenho, sua assiduidade, seu grau de escolaridade, e assim por diante. Em suma, o dispositivo sob exame instituiu um verdadeiro atalho para ascensão na carreira, de trânsito exclusivo para um grupo seletíssimo de servidores: os que ocupavam cargo ou função de confiança no dia 8.12.92.

Todos os outros, para subirem na escala remuneratória de suas carreiras, sujeitam-se a regras muito diversas. De fato, os arts. 5º a 8º da Lei 6.767/91, reestruturando o plano de carreiras da Prefeitura Municipal de Campinas, determinaram, em síntese, que:

a) a movimentação dos servidores dentro das carreiras seria feita por promoção, acesso ou aumento de mérito;

b) a promoção se daria a cada dois anos, desde que o servidor demonstrasse maturidade e bom desempenho no posto;

c) o acesso dependeria de concurso interno e do atendimento de requisitos mínimos de tempo e grau de instrução;

d) o aumento por mérito seria concedido com base em avaliação de desempenho, observado certo interstício.

Os beneficiados pela Lei 7.362/92 ficaram dispensados de todos esses requisitos, logrando subir na escala pela mera circunstância de, em certo dia, estarem no exercício de cargo em comissão ou função gratificada.

10. Esses são os preceitos fundamentais da lei cujo exame me foi proposto pela consulente.

Deixando para mais adiante as indagações sobre a legitimidade da emenda parlamentar que ampliou o rol de contemplados pelo projeto original, creio que as dúvidas sobre a constitucionalidade da lei devam girar em torno das seguintes formulações:

a) Era possível à lei conceder o benefício do "reenquadramento" apenas aos servidores que, quando de sua edição, estavam no exercício de cargos em comissão ou funções gratificadas, sabendo-se que igual vantagem não existe para a generalidade dos servidores?

b) Era possível à lei determinar a automática ascensão de certos servidores em suas carreiras, pela circunstância de haverem ocupado cargos comissionados ou funções gratificadas?

IV — Impessoalidade e desvio do poder de legislar

11. Desde logo, anoto que a resposta às questões propostas não surgirá do exame de normas constitucionais específicas sobre os temas. Não há na Constituição Nacional, com efeito, regras respeitantes à possibilidade e condições para "reenquadramento" de servidores ou sobre a viabilidade ou não da "incorporação" de vantagens estipendiárias pagas por cargos ou funções de confiança.

Há, sim — e é bom tê-lo presente — dispositivo mandando que as pessoas políticas instituam planos de carreira para seus servidores. É o *caput* do conhecido art. 39, segundo o qual: "Art. 39. A União, os Estados, o Distrito Federal e os Municípios instituirão, no âmbito de sua competência, regime jurídico único e planos de carreira para os servidores da Administração Pública direta, das autarquias e das fundações públicas".

À vista dele, o plano de carreira é uma exigência. Mas o constituinte nada dispôs sobre os planos em si — e nem se lhe poderiam cobrar regras a respeito — de modo a permitir o direto e imediato confronto entre algum preceito constitucional e a providência legislativa campineira, que interferiu no plano de carreira existente.

12. É preciso reconhecer que a regulamentação dos planos de carreira, das formas de ascensão funcional e da incorporação de vantagens estipendiárias se insere no âmbito do *poder conformador* de que desfruta o Legislativo. De fato, é ele quem, discricionariamente, determinará a remuneração dos servidores, os modos de sua progressão, as conseqüências do exercício de cargo ou função de confiança, a admissibilidade ou não das incorporações.

O legislador tem, portanto — e insisto no ponto — *discricionariedade* para normatizar a respeito desses temas. Mas isso nem de longe importa reconhecer-lhe absoluta liberdade para, ao seu alvedrio, adotar uma espécie qualquer de regulamentação.

A atividade legislativa está sujeita a limites jurídicos; não é, destarte, uma operação livre. O Legislativo não é um Poder soberano, mas, como os demais, um Poder *subordinado à ordem jurídica*.

Isso, aliás, é próprio do Estado de Direito. Nele inexistem, para os exercentes do poder, zonas não juridicizadas. Como disse Queiró: no Estado de Direito, todas as funções do Estado "se devem realizar na forma do Direito e as normas do Direito são o quadro da atividade do próprio Estado".[5] Por isso, Agustín Gordillo, este notável juspublicista argentino, pôde escrever que "todo os órgãos do Estado, todas as manifestações possíveis de sua atividade, inclusive as que outrora se puderam considerar como supremas, estão hoje submetidas a uma nova ordem jurídica superior".[6]

5. Queiró, *Reflexões sobre a Teoria do Desvio de Poder em Direito Administrativo*, ed. Coimbra, 1940, p. 9.

6. Gordillo, *Princípios Gerais do Direito Público*, Ed. RT, 1977, p. 64.

O legislador nunca é totalmente livre, ainda quando a Constituição nada tenha disposto sobre o assunto a ser regulado. Donde assistir-lhe *competência* para legislar, não *liberdade* para fazê-lo. E a competência é, por natureza, um poder dirigido a finalidades estranhas ao agente, a ser destarte exercido "quando e com as modalidades requeridas pelos correspondentes interesses públicos que deverão ser tutelados", na precisa lição de Paolo Biscaretti di Ruffia.[7]

O ato estatal só se legitima quando voltado ao proveito coletivo. O interesse público é o único motor possível dos agentes públicos, e do legislador entre eles. Daí a Constituição brasileira de 1824 haver dito, em seu art. 179, 2º: "*Nenhuma lei será estabelecida sem utilidade pública*".

O jusfilósofo Miguel Reale, em importante parecer elaborado justamente para a consulente, expressou à perfeição essa idéia: "Feitas essas ponderações liminares, cabe desde logo advertir que o legislador municipal não opera como poder soberano, ainda quando as estruturas normativas por ele elaboradas tenham por objeto matéria de sua economia interna ou de sua própria competência. ... Na organização de seu quadro de servidores, bem como em sua reestruturação, a Administração Municipal dispõe de poder discricionário, sendo-lhe dado obedecer a critérios de necessidade ou conveniência, segundo condições locais, mas tal competência deve se desenvolver no âmbito da legalidade, cuja ofensa, ostensiva ou sub-reptícia, converte a discricionariedade em arbítrio condenável".[8]

13. Por isso mesmo, a Constituição Nacional de 1988, na linha da vigorosa tradição jurídica acumulada desde nossa Carta Imperial, sujeitou a Administração Pública ao princípio da *impessoalidade* (art. 37, *caput*), em virtude do qual as funções estatais se ligam a finalidades públicas impessoais, meta-individuais, objetivas.

Porque a atividade do Estado é impessoal, não pode ser orientada por interesses pessoais, quer do agente, quer do particular, não pode estar embebida de subjetividade, mas de objetividade, não pode privilegiar nem amesquinhar.

É o que explica Cármen Lúcia Antunes Rocha, em figura feliz: "De um lado, o princípio da impessoalidade traz o sentido de ausência de rosto do administrador público; de outro, significa a ausência de nome do administrado".[9]

O saudoso Hely Lopes Meirelles caminha na mesma trilha: "O princípio da *impessoalidade*, referido na Constituição de 1988 (art. 37, *caput*), nada mais é que o clássico princípio da *finalidade*, o qual impõe ao administrador público que só pratique o ato para o seu *fim legal*. E o *fim legal* é unicamente aquele que a norma de Direito indica expressa ou virtualmente como objetivo do ato, *de forma impessoal*".[10]

O jurista carioca Diogo de Figueiredo Moreira Neto se expressa em semelhantes termos:

"Pode-se conceituar o princípio da finalidade como a *orientação obrigatória da atividade administrativa ao interesse público especificamente explícito ou implícito na lei*.

"Com efeito, ao estabelecer, o legislador, qual a finalidade da ação do agente administrativo, proíbe-o de considerar

7. Paolo Biscaretti di Ruffia, *Direito Constitucional — Instituições de Direito Público*, Ed. RT, 1984, p. 134.

8. Miguel Reale, "Abuso do poder de legislar", *RDP* 39-40/74.

9. Cármen Lúcia Antunes Rocha, *O Princípio Constitucional da Igualdade*, Jurídicos Lê, 1990, p. 85.

10. Hely Lopes Meirelles, *Direito Administrativo Brasileiro*, 17ª ed., São Paulo, Malheiros Editores, 1992, p. 85.

quaisquer inclinações ou interesses pessoais.

"Essa é a característica, destacada pela Constituição com a designação, que preferiu, de *princípio da impessoalidade* (art. 37, *caput*), que já levara Cirne Lima a definir a boa administração como a que prima pela 'ausência de subjetividade'".[11]

Em toda a doutrina essas lições se repetem. Varia apenas a terminologia: alguns, atentos à expressão constitucional, falam em *princípio da impessoalidade*; outros mencionam o *princípio da finalidade*; outros, ainda, preferem *princípio da função*. Por detrás desses termos, porém, a idéia é sempre a mesma: os poderes estatais só são exercitáveis com vistas às finalidade públicas; fora desse quadro, perdem sua legitimação.

A propósito, cumpre destacar que a Lei Orgânica do Município de Campinas, certamente inspirada pelo art. 111 da Constituição do Estado de São Paulo,[12] vinculou a Administração Municipal aos princípios da *impessoalidade, finalidade* e *interesse público* (art. 99).[13] Essas fórmulas buscam, com a reiteração obstinada de uma mesma idéia, impedir a "privatização" da atividade pública, é dizer, a utilização das competências estatais para o atingimento de finalidades pessoais, contra o interesse geral.

11. Diogo de Figueiredo Moreira Neto, *Curso de Direito Administrativo*, 10ª ed., Rio, Forense, 1992, pp. 68 e 69.

12. "Art. 111. A Administração Pública direta, indireta ou fundacional, de qualquer dos Poderes do Estado, obedecerá aos princípios de legalidade, impessoalidade, moralidade, publicidade, razoabilidade, finalidade, motivação e interesse público".

13. "Art. 99. A Administração municipal direta, indireta ou fundacional obedecerá aos princípios de legalidade, impessoalidade, moralidade, publicidade, razoabilidade, finalidade, motivação, interesse público e participação popular, bem como aos demais princípios constantes nas Constituições Federal e Estadual".

14. A impessoalidade (ou finalidade, ou função) não é, contudo, axioma apenas do Direito Administrativo, como poderia parecer da leitura isolada do art. 37 de nossa Carta, mas princípio de todo o Direito Público, aplicando-se a todas as manifestações estatais, inclusive as judiciais e legislativas.

Em trabalho anterior, já tive a oportunidade de dizê-lo: "A atividade pública — cujo exercício é regulado pelo Direito Público — constitui função. Função, para o Direito, é o poder de agir cujo exercício traduz verdadeiro *dever jurídico* e que só se legitima quando dirigido ao atingimento da específica *finalidade* que gerou sua atribuição ao agente. O legislador, o administrador, o juiz, desempenham função: os poderes que receberam da ordem jurídica são de exercício obrigatório e devem necessariamente alcançar o bem jurídico que a norma tem em mira".[14]

Logo, dúvida não pode haver, em um Estado de Direito, de que o desvio de finalidade vicia a lei de inconstitucionalidade. É o que, em todo o mundo civilizado, hoje em dia já reconheceram a doutrina e a jurisprudência.

Mas nem sempre foi assim, por óbvio. Em tempos remotos, o legislador era tido por absoluto e a lei como insindicável pelo Judiciário. Mas cedo se percebeu que, sem controle de constitucionalidade das leis, inexistiria Estado de Direito. Ao ensejo desse controle, desenvolveram-se diferentes teorias destinadas a surpreender a inconstitucionalidade oculta sob o manto da aparente normalidade.

A evolução nesse sentido seguiu caminhos próprios nos diversos países. Nos Estados Unidos da América, a partir da cláusula do *due process of law* (devido processo legal), a Suprema Corte construiu sólida juris-

14. Carlos Ari Sundfeld, *Fundamentos de Direito Público*, São Paulo, Malheiros Editores, 1992, p. 156.

prudência permitindo a fulminação das leis divorciadas das finalidades públicas. Na Itália e na Alemanha, fala-se, para os mesmos efeitos, em *abuso ou excesso de poder legislativo*. Sob a inspiração da doutrina do *détournement de pouvoir* (desvio de poder), originalmente concebida pelo Conselho de Estado francês para identificação dos vícios dos atos administrativos, passou-se a referir o *desvio de poder legislativo*.

Apesar das diferenças terminológicas, a essência dessas teorias é uma só: cuida-se sempre de permitir o controle da constitucionalidade das leis atentatórias às finalidades públicas que deveriam perseguir, independentemente de qualquer afronta a uma norma constitucional específica.

Confira-se a doutrina.

O eminente Carlos Roberto de Siqueira Castro, em profunda monografia sobre o *due process of law*, demonstra a necessidade de vinculação entre a finalidade buscada pelo legislador e os princípios do sistema normativo, sob pena de inconstitucionalidade: "Pode-se dizer, nesse sentido, que o princípio da igualdade, em sua conjugação com a cláusula do *devido processo legal*, desempenha, em nível de controle meritório da legislação, papel semelhante àquele desenvolvido pela teoria francesa do desvio de poder (*détournement de pouvoir*), no que concerne à aferição da legalidade e da moralidade dos atos ditos discricionários da Administração Pública. Releva atentar, aqui, para a imperiosa necessidade de controle jurisdicional sobre o merecimento das classificações normativas, em particular quanto ao que respeita à sua *razoabilidade* e *racionalidade*, eis que não é suficiente, para a validade dos atos materialmente legislativos, a simples observância do processo constitucional ou legal pertinente à sua formação".[15]

Gilmar Ferreira Mendes, em completo estudo sobre o controle da constitucionalidade das leis e invocando as experiências italiana e alemã, explica a teoria do *excesso de poder legislativo*:

"O excesso de poder como manifestação de inconstitucionalidade configura afirmação da censura judicial no âmbito de discricionariedade legislativa ou, como assente na doutrina alemã, na esfera de liberdade de conformação do legislador (*gesetzgeberische Gestaltungsfreiheit*), permitindo aferir a compatibilidade das opções políticas com os princípios consagrados na Constituição. Nega-se, assim, à providência legislativa, o atributo de um ato livre no fim, consagrando-se a vinculação do ato legislativo a uma finalidade. ...

"Não é preciso ressaltar a singular relevância do vício por excesso de poder legislativo na moderna sistemática do controle de constitucionalidade. Indubitavelmente, somente a perquirição da compatibilidade da lei com os fins constitucionalmente previstos poderá fornecer, em muitos casos, a resposta adequada ao juízo de constitucionalidade."[16]

Celso Antônio Bandeira de Mello, em magnífica obra, recentemente lançada, a respeito da discricionariedade, fala do *desvio de poder legislativo*:

"O desvio de poder não é invalidade específica dos atos administrativos. Por ser, como visto, a utilização de uma competência fora da finalidade em vista da qual foi instituída, também pode irromper em leis expedidas com burla aos fins que constitucionalmente deveriam prover. Assim, *e.g.*, configuraria desvio de poder a extinção legislativa de cargos públicos decidida com o fito de frustrar decisão judicial que neles reintegrara os anteriores

15. Carlos Roberto de Siqueira Castro, *O Devido Processo Legal e a Razoabilidade das Leis na Nova Constituição do Brasil*, 2ª ed., Forense, 1989, p. 160.

16. Gilmar Ferreira Mendes, *Controle de Constitucionalidade — Aspectos Jurídicos e Políticos*, Saraiva, 1990, pp. 39 e 54.

ocupantes. Uma vez que existe no Brasil o controle da constitucionalidade das leis, por via direta ou *incidenter tantum*, seria cabível fulminar-lhe o efeito malicioso. ...

"Vê-se, pois, que o desvio de poder é vício que pode afetar comportamento oriundo das funções típicas de quaisquer dos Poderes, já que, no Estado de Direito, as competências públicas não são 'propriedade' de seus titulares, mas simples situações subjetivas ativas, compostas em vista da satisfação dos fins previstos nas normas superiores que lhes presidem a instituição. O descompasso teleológico entre as finalidades da regra de competência — qualquer que seja ela — e as finalidades do comportamento expedido a título de cumpri-la macula a conduta do agente, viciando-a com desvio de poder."[17]

15. Tem-se, assim, como absolutamente claro que o legislador campineiro, decidindo tratar das vantagens funcionais dos servidores locais, estava vinculado aos limites decorrentes das finalidades constitucionalmente assinaladas, de modo implícito ou explícito, para sua atividade.

Não poderia jamais usar do poder normativo que recebeu para escrever verdadeiro *testamento político*, contemplando um grupo de pessoas ligado aos governantes da ocasião, contra os interesses da sociedade em geral e à margem de toda sistemática remuneratória vigente. Tinha, sim, o poder de disciplinar a incorporação de vantagens estipendiárias; tinha, sim, competência para regular a ascensão dos servidores em suas carreiras, mas — porque não é dono da coisa pública, pertencente ao povo (CF, art. 1º, § 1º) — não estava autorizado a empregá-la na realização de intentos pessoais, divorciados dos interesses públicos justificadores de leis da espécie.

O eminente Caio Tácito, ao comentar, há 30 anos passados, relevante acórdão de nossa Suprema Corte, teve oportunidade de, aplicando os postulados jurídicos ainda agora expostos, proferir lição que parece cunhada para a hipótese objeto da consulta. Disse o Mestre:

17. Celso Antônio Bandeira de Mello, *Discricionariedade e Controle Jurisdicional*, São Paulo, Malheiros Editores, 1992, p. 77. No mesmo sentido, Caio Tácito: "Embora a teoria do desvio de poder, ou desvio de finalidade, tenha sido instituída como forma de anulação de atos administrativos, não é incompatível com a noção de excesso de poder judicial (Marcel Waline, *La Notion Judiciaire de l'Exces de Pouvoir — L'Exces de Pouvoir du Juge*, Paris, 1927) ou do excesso de poder legislativo (Livio Paladini, "Osservazioni sulla discrezionalità e sull'excesso de potere del legislatore ordinario", in *Rivista Trimestrale di Diritto Publico*, ano IV, 4/993). Em acórdão no RE 18.351, a 2ª Turma do STF, em decisão unânime, relatada pelo Min. Orozimbo Nonato, aplicou a teoria do desvio de poder, para efeito de declarar a inconstitucionalidade de lei fiscal. Aludindo ao poder de taxar, observou o preclaro Relator: 'É um poder, em suma, cujo exercício não deve ir ao abuso, o excesso, o desvio, aplicável, ainda aqui, a doutrina fecunda do *détournement de pouvoir*. Nem haveria que estranhar a invocação dessa doutrina ao propósito de inconstitucionalidade, quando a Justiça argentina já proclamou que 'la incompatibilidad puede ser con la letra de la Constitución, o solamente con su espíritu, es decir, con su verdadero significado cuando la letra es obscura o dá lugar a diversas interpretaciones' (Gonzales Calderón, in Lúcio Bitencourt, *O Controle Jurisdicional da Constitucionalidade das Leis*, pp. 53 e 54). De mim, tenho que o imposto, ainda que modesto, é exigível, a não ser que, como o reconhece o próprio v. acórdão recorrido, aniquile a atividade particular. Se ocorre esse fato, nada impede a aplicação da doutrina do *détournement de pouvoir*' (*RF* 145/168). Comentando esse acórdão, destaca Seabra Fagundes 'a extensão da teoria do desvio de poder — originária e essencialmente dirigida aos procedimentos dos órgãos executivos — aos atos do poder legiferante, da maior importância num regime político de Constituição rígida, em que se comete ao Congresso a complementação do pensamento constitucional nos mais variados setores da vida social, econômica ou financeira' (*RF* 151/549). A Corte dos Estados Unidos não tolera o abuso da competência legislativa para fins incompatíveis com a outorga de poderes (Roger Pinto, *La Cour Suprême et le New Deal*, pp. 96-98)" ("Anulação de leis inconstitucionais", *RDA* 59/347-350).

"A competência legislativa para criar cargos públicos visa ao interesse coletivo de eficiência e continuidade da administração. Sendo, em sua essência, uma faculdade *discricionária*, está, no entanto, vinculada à *finalidade* que lhe é própria, não podendo ser exercida *contra* a conveniência geral da coletividade, com o propósito manifesto de favorecer determinado grupo político, ou tornar ingovernável o Estado, cuja administração passa, pelo voto popular, às mãos adversárias.

"Tal abandono ostensivo do fim a que se destina a atribuição constitucional configura autêntico *desvio de poder* (*détournement de pouvoir*), colocando-se a competência legislativa a serviço de interesses partidários, em detrimento do legítimo interesse público. ...

"O reconhecimento de limitações virtuais, que emanam da essência mesma da competência constitucional, convizinha-se da noção do desvio de poder.

"Num e outro caso, a compreensão de que o poder, por mais lato ou discricionário, visa a determinados fins específicos e próprios serve de fundamento à noção do excesso ou abuso de poder, sempre que o seu emprego não se enderece àquele objetivo legítimo.

"Os *testamentos políticos*, em que os egressos do poder partilham a coisa pública, são típicos *desvios de poder*, cuja eiva de ilegalidade provém do divórcio flagrante entre a cornucópia de favores e o interesse público, a que se deve dirigir a ação administrativa."[18]

E o que fez o legislador municipal? Terá por acaso disciplinado *genericamente* as conseqüências do exercício de cargo ou função de confiança ou a ascensão funcional dos servidores públicos, exercendo legitimamente seu poder conformador? Ou será que, a pretexto de manejar a competência normativa, desviou-se das finalidades que lhe são próprias e promoveu, entre os funcionários que serviram a certo Chefe do Executivo, a partilha de um autêntico butim?

16. Os termos da lei são bastantes por si para a resposta a essas questões. Mas as peculiaridades de seu processo de gestação compõem um *feixe de indícios convergentes* altamente revelador do desvio de poder que o macula.

O projeto foi enviado à Câmara cerca de um mês antes da expiração do mandato do Prefeito e logo após as eleições que escolheram candidato de novo grupo político. Tramitando a galope, foi discutido, emendado, votado, sancionado, promulgado e publicado em sete dias úteis, na visível intenção de aproveitar os derradeiros dias da última sessão legislativa anterior à posse do novo Chefe do Executivo.

A justificativa do projeto — cuja cópia acompanhou a consulta — invoca princípios de justiça para defender o mecanismo da incorporação das vantagens dos cargos e funções de confiança, mas em momento algum explica o motivo pelo qual privilegiou apenas os servidores que, na data da publicação da lei, estivessem exercendo tais cargos ou funções.

Ademais, o prazo de exercício no posto — de 20 meses no projeto original e de 40 meses no texto final da lei — foi demarcado com suficiente estreiteza para se conter no período do mandato do então Prefeito, de quatro anos.

Disso resulta um quadro, certamente nada sutil, em tudo invocando o final das festas infantis: em meio a grande algazarra, o anfitrião, dizendo adeus e agradecendo a presença, distribui carrinhos, chocalhos, peixinhos ... para os amigos reviverem, na ressaca, os momentos bons, mas fugazes — e que, por isso mesmo, infelizmente passaram.

18. Caio Tácito, "Anulação de leis inconstitucionais", *RDA* 59/347-350.

A impressão que a tramitação legislativa imprime, o texto da lei confirma: foram reposicionados em suas carreiras, aumentando os vencimentos com base no dos postos que ocuparam, apenas e tão-somente os servidores que, na data da lei — isto é, alguns dias antes do término do mandato do Prefeito — estivessem, por decisão discricionária do governante, instalados em cargos ou funções de confiança.

Prêmio pela lealdade política? Pagamento por serviços prestados? Sinal de gratidão? Pouco importa o rótulo que lhe dermos; importa, sim, que a magnanimidade se fez com recursos estatais. E, decididamente — ninguém me exigirá demonstração analítica a respeito — os bens públicos não servem para premiar os amigos da autoridade.

17. Não são novidade, entre nós, as "leis-saque", as "leis-pilhagem", as "leis-testamento", irrompidas ao final dos mandatos para permitir a apropriação e partilha da coisa pública. Mas não é difícil surpreendê-las e fulminá-las.

Ao Estado de Direito não basta o *governo da lei*, isto é, o exercido através de decisões formalmente legislativas, mas individualizadas. Nele, quer-se o *governo por leis*, desempenhado pela emanação de pautas gerais e abstratas, posteriormente incidindo sobre os casos concretos. Não fosse assim, inexistiria igualdade entre os cidadãos: o legislador, ao cuidar topicamente de cada caso, cada indivíduo, cada coisa ou relação, construiria solução diversa, privilegiando uns e penalizando outros.

No princípio de legalidade contém-se também — ou principalmente — uma exigência de igualdade. Quando o administrador se vincula à lei, fica impedido de compor decisões *ad hoc*, limitando-se a fazer incidir, nas hipóteses particulares, soluções que, por gerais, colhem igualmente todos os interessados.

Sempre que o legislador abandona a generalidade e abstração e passa a cuidar de situações concretas — e não pode abster-se de fazê-lo nas "leis-pilhagem", porque seu objetivo é justamente presentear pessoas certas — tem-se forte indício de desvio de poder, erigido sobre os destroços do princípio da igualdade.

Francisco Campos, no mais clássico dos estudos nacionais sobre os contornos jurídicos da isonomia, demonstrou que sua observância é condição essencial a que a lei seja verdadeiramente lei, no sistema constitucional típico do Estado de Direito: "O conceito de lei, em tal tipo ou sistema de Constituição, não pode deixar de ser o conceito de lei como regra geral e abstrata, ou a vedação, ainda que implícita, ao Poder Legislativo de editar, para a esfera reservada à liberdade ou aos direitos individuais, medidas que não sejam concebidas em termos gerais, ou que tenham como objeto, ao invés de uma classe ou de uma ordem de relações, casos concretos, particulares e determinados. Ou, em outras palavras, a lei não poderá regular para um só caso ou para um só indivíduo o que neste é comum com outros casos ou outros indivíduos. De outra maneira, a declaração de direitos seria apenas um discurso, sem qualquer alcance de ordem prática, e o seu enunciado na Constituição destoaria, de maneira evidente, da gravidade própria de um documento de tal natureza. De que valeria, com efeito, a declaração de direitos, se ao Poder Legislativo continuasse reservada a faculdade de intervir, mediante decisões ou ordens concretas, na esfera da liberdade individual, modificando o estatuto jurídico, pessoal ou patrimonial dos indivíduos, por força de critérios parciais, ocasionais ou acidentais, ou com aplicação a alguns casos ou a algumas pessoas, estabelecendo, assim, discriminações onde o que o constituinte entendeu garantir foi, precisamente, a ausência de discriminação?"[19]

19. Francisco Campos, "Igualdade de todos perante a lei", *RDA* 10/408.

O excelso STF, acolhendo essas lições, assim decidiu:

"Sendo a lei 'a forma necessária que o Direito assume na coexistência social', por isso mesmo objetivando a organização da vida em coletividade, ela precisa ter por conteúdo o princípio da generalidade. ...

"Ao inscrever como norma primordial o lema de que 'todos são iguais perante a lei', a Constituição Federal, no seu art. 141, § 1º, traçou como regra obrigatória a igualdade perante a lei, como óbice às disposições legislativas formuladas para aplicação discriminada e individual.

"A conceituação da lei como uma proposição jurídica de ordem geral e abstrata é característica própria das Constituições do tipo da nossa, democrática e liberal, como uma conseqüência da declaração dos postulados fundamentais que nela se contêm."[20]

Ora, é certo e inconfutável que a Lei campineira 7.362/92 possui muitas características, mas entre elas não se incluem a generalidade e a abstração. Nela não se disciplina, em termos impessoais, o reposicionamento de servidores pelo exercício de cargo ou função de confiança, mas se atribui diretamente esse benefício a pessoas concretas, determinadas, identificadas. É possível surpreender, estampados nela, os rostos e os nomes dos privilegiados, assim como se via, em cada concessão do rei absoluto, a face e o título dos nobres contemplados.

V — A violação do princípio da igualdade

18. É verdade que, freqüentes vezes, regulando matéria atinente aos servidores públicos, a lei se vê obrigada a cuidar de situações concretas. Quando modifica certa disciplina normativa até então vigente, o legislador cunha regras transitórias, para adaptar ao novo regime a situação dos antigos servidores. Isso, contudo, nada tem de antijurídico, desde que não reste afrontado o princípio da isonomia.

Os servidores antigos estão em posição particular, que os peculiariza em relação aos novos. Esse dado justifica o tratamento diferenciado. São, portanto, sujeitos desiguais, a merecerem normação distinta. Mas, por óbvio, o diverso tratamento há de ser compatível com a diferença efetivamente existente.

Nessas duas observações se expressam as exigências básicas do princípio da igualdade: a) classes distintas (de sujeitos, relações, situações etc.) podem e devem merecer tratamento distinto; e b) a diversidade de tratamento há de ser coerente e proporcional à distinção entre as classes.

Seabra Fagundes, personalidade luminosa de nosso Direito Público, concorda com essa formulação: "Quando o legislador edita normas de conduta, gerais e abstratas (leis em sentido material), o que lhe cumpre é, dentro delas, não dispensar vantagens ou criar ônus para pessoas ou relações, que estejam, pela sua posição ou configuração, em pé de igualdade. O princípio significa para ele que, ao elaborar a lei, deve reger, com iguais disposições — os mesmos ônus e as mesmas vantagens — situações idênticas e, reciprocamente, distinguir, na repartição de encargos e benefícios, as situações que sejam entre si distintas, de sorte a aquinhoá-las, ou gravá-las, em proporção às suas diversidades".[21]

19. Mas ao identificar uma classe que merecerá regulação própria, o legislador

20. RMS 7.243, rel. Min. Luís Gallotti, j. 20.1.60, v.u., *RDA* 59/344.

21. Seabra Fagundes, "O princípio constitucional da igualdade perante a lei e o Poder Legislativo", *RT* 235/7.

não pode agir arbitrariamente. É certamente possível encontrar, em cada pessoa, situação ou relação, uma particularidade que a diferencie de todas as demais. Não há no mundo coisas em tudo idênticas. O que importa é saber se são *razoavelmente* diversas quanto a aspectos *relevantes*.

Se o legislador impõe uma carga ou concede um privilégio a alguém e o nega a outrem, e se a distinção entre ambos, embora existente, é insignificante ou irrelevante, vulnera o princípio da igualdade.

Thomas Cooley, um dos gigantes do Direito Constitucional norte-americano, comentando a 14ª Emenda à Constituição dos Estados Unidos, escreveu, há mais de século: "A garantia de proteção igual não deve ser entendida, não obstante, no sentido de que toda pessoa, no país, tem, precisamente, de possuir os mesmos direitos e privilégios que qualquer outro. A emenda visa categorias de pessoas e a proteção dada pela lei deverá considerar-se igual, se a todas as pessoas da mesma categoria ela trata do mesmo modo, sob as mesmas circunstâncias e condições, acerca dos privilégios conferidos como das obrigações impostas. *A classificação deve basear-se em fundamentos razoáveis; ela não pode ser uma mera e arbitrária seleção*".[22]

Francisco Campos, invocando o princípio do devido processo legal, proferiu semelhante lição: "A cláusula relativa ao *due process of law* tem sido interpretada, sem discrepância, como incluindo a proibição ao Poder Legislativo de editar leis discriminatórias, ou em que sejam negócios, coisas ou pessoas tratadas com desigualdade em pontos sobre os quais não haja entre elas diferenças razoáveis, ou que exijam, por sua natureza, medidas singulares ou diferenciais. A lei não poderá discriminar senão quando haja fundadas razões de fato, que indiquem a existência de diferenças reais. Ora, onde a discriminação já é um dado de fato, a lei que reconhece a diferença, para tratar cada caso de acordo com a sua natureza específica, não está, efetivamente, discriminando. Quando, porém, a lei discrimina pessoas, fatos, negócios ou atos, entre os quais existe identidade ou igualdade de condições gerais, por pertencerem a uma mesma classe, categoria ou ordem, a lei está discriminando, contra a proibição constitucional".[23]

Stavroula Ktistaki, em notável trabalho sobre as modernas tendências do controle jurisdicional do ato administrativo na França, comentando a aplicação do princípio da igualdade em relação aos agentes públicos, leciona no mesmo sentido: "Se o Conselho de Estado sempre considerou o princípio da igualdade como um princípio geral de Direito aplicável mesmo na ausência de norma expressa, sua jurisprudência, constante na matéria, demonstra que uma diferença de tratamento, uma discriminação legítima, pode ser justificada seja pela existência de *significativas diferenças de situações*, seja por uma necessidade de interesse geral vinculada ao objeto do serviço. É, portanto, a legitimidade do motivo, sujeita ao controle do juiz administrativo, que elimina puntualmente a discriminação".[24]

Entre os servidores beneficiados pela lei objeto da consulta e os que no passado ocuparam ou no futuro vierem a ocupar cargo ou função de confiança existe, sim, uma diferença: os primeiros estavam no posto no dia 8.12.92 e os outros, não. Mas essa diversidade era suficientemente relevante e significativa para peculiarizá-los,

22. Thomas Cooley, *Princípios Gerais de Direito Constitucional dos Estados Unidos da América do Norte*, 2ª ed., trad. brasileira de Alcides Cruz, reprodução fac-similar da edição de 1909, Ed. RT, 1982, p. 209.

23. Francisco Campos, artigo cit., p. 385.

24. Stavroula Ktistaki, *L'Évolution du Contrôle Juridictionnel des Motifs de l'Acte Administratif*, LGDJ, 1991, p. 47.

fazendo com que tivessem o direito, negado aos demais, ao reposicionamento em suas carreiras? O que havia de cabalístico ou misterioso naquela data, a permitir que seus eflúvios marcassem de modo tão significativo os servidores?

A resposta é: simplesmente *nada*. Foi naquele dia implantada nova regulamentação genérica das incorporações estipendiárias, como ocorreu quando da edição da Lei municipal 6.767/91, que, ao extinguir a incorporação, preservou-a em favor dos até então designados para cargos ou funções de confiança? Não, decididamente, não. A Lei 7.362/92 nada inovou na matéria, continuando genericamente interditadas as incorporações.

Portanto, nem no dia 8.12.92, nem no período por ele demarcado, sucedeu qualquer fato, qualquer evento, que pudesse peculiarizar os servidores que, neles, ocupavam cargos ou funções de confiança. Destarte, sua única particularidade em relação aos demais designados para postos do gênero é a data em si, tomada em sua abstração.

Ora, o tempo *em si* não é entidade real; é mera categoria lógica. Por isso, não há como instituir tratamentos jurídicos diversos entre servidores simplesmente porque ocuparam certos cargos em tempos distintos. Seria tratar desigualmente o que é substancialmente igual.

O preclaro Celso Antônio Bandeira de Mello, em passagem lapidar, esclarece, a respeito:

"Isto posto, procede concluir: a lei não pode tomar tempo ou data como fator de discriminação entre pessoas a fim de lhes dar tratamentos díspares, sem com isto pelejar à arca partida com o princípio da igualdade. O que pode tomar como elemento discriminador é o fato, é o acontecimento, transcorrido em certo tempo por ela delimitado.

"Nem poderia ser de outro modo, pois as diferenças de tratamento só se justificam perante fatos e situações diferentes. Ora, o tempo não está nos fatos ou acontecimentos, logo, sob este ângulo, fatos e acontecimentos em nada se diferenciam. Deveras: são os fatos e acontecimentos que estão alojados no tempo e não o inverso. ...

"*Portanto, se a lei confere benefício a alguns que exerceram tais ou quais cargos, funções, atos, comportamentos, em passado mais remoto (ou vice-versa), estará delirando do preceito isonômico*, a menos que existam, *nos próprios atos ou fatos*, elementos, circunstâncias, aspectos relevantes em si mesmos, que os hajam tornado distintos quando sucedidos em momentos diferentes."[25]

20. A Lei campineira 7.362/92 concedeu benefício aos servidores que, no dia 8 de dezembro daquele ano, estavam no exercício de cargo ou função de confiança, mas negou-o aos que tivessem deixado seus postos na véspera. Que evento terá transcorrido entre um dia e outro, a permitir a afirmação de que tais grupos de servidores, embora equiparados quanto à circunstância de haverem ocupado certos cargos ou funções, eram *substancialmente distintos*? A resposta é mais uma vez a mesma: *nenhum*. A distinção real entre um grupo e outro de servidores estava apenas em que o primeiro (o dos que permaneciam em seus postos no dia 8 de dezembro) continuava a merecer a confiança do Chefe do Executivo, enquanto o outro (o dos que haviam deixado os cargos ou funções) já a havia perdido.

A mesma lei excluiu de suas vantagens os servidores que, no futuro, vierem a ocupar cargos ou funções de confiança. Porém, nada há, por óbvio, de distintivo entre eles e os servidores beneficiados, a não ser

25. C. A. Bandeira de Mello, *O Conteúdo Jurídico do Princípio da Igualdade*, Ed. RT, 1978, pp. 42 e 43.

o fato de haverem servido a diferentes prefeitos.

Resulta claro que a classificação dos servidores, para o fim de receberem ou não certo privilégio, foi montada a partir de critério pessoal, subjetivo, desvinculado dos interesses do serviço e, por isso mesmo, oposto ao princípio da impessoalidade. Portanto, a violação ao princípio da igualdade se torna patente na medida em que o fundamento adotado para a discriminação *não é sério*, permitindo o atingimento de uma *finalidade ilegítima*, qual seja, a personalização do serviço público, expressamente proibida pelo art. 37, *caput*, de nossa Constituição.

Decerto que, em muitos casos, é difícil avaliar a regularidade da classificação procedida pelo legislador para desigualar pessoas quanto a seus direitos e obrigações. Há situações em que, realmente, é tormentoso definir se a distinção é ou não razoável. Contudo, toda vez que a classificação seja montada sobre critérios cuja utilização conduza a resultados contrários a algum princípio constitucional — qual o princípio da impessoalidade — hesitação não pode haver em considerar a lei inigualitária.

Existe, a respeito, o mais sólido dos consensos na doutrina.

O notável constitucionalista português J. J. Gomes Canotilho, p. ex., assim expõe o problema:

"A fórmula 'o igual deve ser tratado igualmente e o desigual desigualmente' não contém o critério material de um juízo de valor sobre a relação de igualdade (ou desigualdade). A questão pode colocar-se nestes termos: o que é que nos leva a afirmar que uma lei trata dois indivíduos de uma forma igualmente justa? Qual o critério de valoração para a relação de igualdade?

"Uma possível resposta, sufragada em algumas sentenças do Tribunal Constitucional, reconduz-se à proibição geral do arbítrio: existe observância da igualdade quando indivíduos ou situações iguais não são arbitrariamente (*proibição do arbítrio*) tratados como desiguais. Por outras palavras: o princípio da igualdade é violado quando a desigualdade de tratamento surge como arbitrária. O arbítrio da desigualdade seria condição necessária e suficiente da violação do princípio da igualdade. Embora ainda hoje seja corrente a associação do princípio da igualdade com o princípio da proibição do arbítrio, este princípio, como simples princípio de limite, será também insuficiente se não transportar já, no seu enunciado normativo-material, critérios possibilitadores da valoração das relações de igualdade ou desigualdade. Esta a justificação de o princípio da proibição do arbítrio andar sempre ligado a um critério material objetivo. Este costuma ser sintetizado da forma seguinte: existe uma violação arbitrária da igualdade jurídica quando a disciplina jurídica não se basear num (i) fundamento sério; (ii) não tiver um sentido legítimo; (iii) estabelecer diferenciação jurídica sem um fundamento razoável."[26]

O sentido ilegítimo da discriminação, sua finalidade desviada, pelo próprio fato de violar a ordem jurídica, não pode conduzir à igualdade. É o que também ensina Carlos Roberto de Siqueira Castro, em sua extraordinária obra: "Atenta a essa forçosa contingência do legislador, a moderna teoria constitucional tende a exigir que as diferenciações normativas sejam *razoáveis* e *racionais*. Isto quer dizer que a norma classificatória não deve ser arbitrária, implausível ou caprichosa, devendo, ao revés, operar como meio idôneo, hábil e necessário ao atingimento de finalidades constitucionalmente válidas. Para tanto, há de existir uma indispensável relação de congruência entre a classificação em si e o fim a que ela se destina. Se tal relação de

26. Canotilho, *Direito Constitucional*, 5ª ed., Almedina, 1991, p. 577.

identidade entre *meio* e *fim* — *means-end relationship*, segundo a nomenclatura norte-americana — da norma classificatória não se fizer presente, de modo que a distinção jurídica resulte leviana e injustificada, padecerá ela do vício da arbitrariedade, consistente na falta de *razoabilidade* e de *racionalidade*, vez que nem mesmo ao legislador legítimo, como mandatário da soberania popular, é dado discriminar injustificadamente entre pessoas, bens e interesses na sociedade política".[27]

Ritinha Stevenson Georgakilas, figura de relevo entre os jovens publicistas brasileiros, enfatiza esse ponto: "Em concreto, a finalidade (e não o vínculo de correlação) da norma discriminatória deverá ser pertinente, em função dos interesses constitucionalmente protegidos, visando ao bem público, à luz do texto constitucional e, eventualmente, até de valores vigentes no corpo social, ainda não consagrados por normas de Direito Positivo".[28]

Na mesma linha é o magistério de Celso Antônio Bandeira de Mello: "Não é qualquer diferença, conquanto real e logicamente explicável, que possui suficiência para discriminações legais. Não basta, pois, poder-se estabelecer racionalmente um nexo entre a diferença e um conseqüente tratamento diferenciado. Requer-se, demais disso, que o vínculo demonstrável seja constitucionalmente pertinente. É dizer: as vantagens calçadas em alguma peculiaridade distintiva hão de ser conferidas prestigiando situações, conotadas positivamente ou, quando menos, compatíveis com os interesses acolhidos no sistema constitucional".[29]

A discriminação procedida pelo legislador campineiro, não fosse estar calcada em diferença totalmente irrelevante, é não isonômica também porque dirigida a um fim constitucionalmente interditado, qual seja, o de pessoalizar a Administração.

21. Nessas condições, tornou-se simples responder à indagação que agora há pouco propus, sobre se era possível à lei conceder o benefício do "reenquadramento" apenas aos servidores que, quando de sua edição, estavam no exercício de cargos em comissão ou funções gratificadas, sabendo-se que igual vantagem não existe para a generalidade dos servidores.

A negativa se impõe com facilidade. Nem a data da edição da lei nem o período por ela demarcado podiam ser tomados como critério de desigualação dos servidores, porque, a toda evidência, não correspondiam a qualquer evento, a qualquer fato distintivo relevante. Assim, a desequiparação foi montada sobre o nada. Com ela, logrou-se atingir fim constitucionalmente vedado, qual seja, o de pessoalizar a Administração, beneficiando servidores pela mera circunstância de gozarem da confiança de certa pessoa, em vias de ser desapeada do poder.

22. Cumpre agora retomar a segunda questão. Seria admissível a lei determinar a automática ascensão de certos servidores em suas carreiras, pela circunstância de terem ocupado cargos comissionados ou funções gratificadas?

Anoto que a dúvida não se põe apenas ante a Lei 7.362/92, eis que alguns dos diplomas anteriores adotaram mecanismo semelhante. Destaco também que o problema a ser discutido não se liga à circunstância de a lei objeto da consulta haver contemplado apenas uma parcela dos servidores ocupantes de cargos ou funções de confiança. O ponto em aberto é saber se um servidor, por haver (em qualquer época) ocupado tais cargos ou fun-

27. Carlos Roberto de Siqueira Castro, *O Devido Processo Legal e a Razoabilidade das Leis na Nova Constituição do Brasil*, p. 157.

28. Ritinha S. Georgakilas, "Isonomia e igualdade material na Constituição brasileira", *RDP* 72/130.

29. C. A. Bandeira de Mello, ob. ult. cit., p. 54.

ções, pode gozar de um benefício dessa ordem.

Aqui, está-se diante de dúvida sobre a compatibilidade entre o *antecedente considerado*, ocupar cargo ou função de confiança, e o *conseqüente estabelecido*: ser reenquadrado na carreira original, progredindo nela até atingir os vencimentos recebidos pelo cargo ou função de confiança.

Não é preciso grande esforço para verificar a incongruência, a falta de conexão lógica entre um e outro, e, portanto, a irracionalidade da vinculação procedida.

Ora, o que motiva a incorporação de ganhos auferidos em cargos ou funções de confiança é — e isto veio adequadamente exposto na justificativa do projeto de lei — a necessidade de preservar uma situação econômica desfrutada pelo servidor por tempo razoável. À vista disso se admite que a lei permita a manutenção *dessa específica situação* econômica. Mas, se a lei, usando desse pretexto, abre automaticamente o caminho para benefícios outros, superiores, que nada têm a ver com o antecedente considerado, incide em visível ilogicidade.

E o que fez a lei em exame? Um exemplo hipotético facilita sua compreensão. Alguém ocupa o cargo efetivo de veterinário *I*, integrante de carreira composta de cinco níveis. Nesse cargo, é remunerado com *1*. Ascendendo pelas vias normais em sua carreira, elevaria sucessivamente sua remuneração para *2*, *3*, *4* e *5*, conforme fosse nomeado para os cargos de veterinário *II*, *III*, *IV* e *V*. Porém, vem a ocupar por 40 meses um cargo em comissão (chefe de gabinete, p. ex.) cujos vencimentos são de *5*. Com isso, adquire o direito de ser reposicionado em sua carreira, passando a veterinário *V*.

O que significa isso, em concreto? De um lado, que o servidor elevará seus ganhos automaticamente, toda vez que o legislador decidir revalorizar os vencimentos dos veterinários. Assim, se o Município constata que a remuneração dessa categoria tornou-se incompatível com a do mercado privado, e decide elevar o padrão do veterinário *V* para a importância equivalente a *10*, nosso servidor passará a ganhar *10*. Isso tudo por quê? Porque, durante 40 meses, ocupou um cargo de confiança em que recebia *5*!

É importante considerar que a revisão dos vencimentos das várias carreiras e cargos não se faz apenas através de aumentos gerais, iguais para todos, compensatórios da inflação. Faz-se também por razões específicas a cada cargo ou carreira. Assim, a eventual equivalência hoje existente entre a remuneração do cargo de chefe de gabinete e de veterinário V pode desaparecer mais adiante; é normal que desapareça.

De outra parte, quando um servidor é reenquadrado em sua carreira, galgando postos automaticamente, está sendo dispensado de atender requisitos para a investidura no grau mais elevado. Assim, pelo mecanismo previsto na Lei 7.362/92, o titular do cargo *A*, nível *I*, e que não tem título universitário será elevado para o nível *III* — de padrão salarial idêntico ao cargo de comissão que ocupou por alguns meses — embora o plano de cargos e salários exija o título acadêmico para esse nível. O mesmo se passa com as exigências relativas ao interstício, ao bom desempenho, à maturidade etc.: tudo isso é dispensado para o servidor que ocupou cargo ou função de confiança.

Ademais, como já disse, o sistema adotado pela lei importa permitir que a nova remuneração do servidor, resultante de seu "reenquadramento", seja tomada como base para vantagens outras, como os adicionais por tempo de serviço, as horas extraordinárias, a sexta-parte, e assim por diante.

Todos esses benefícios, aqui sumariamente expostos, advêm da mera circunstância de o servidor haver ocupado, por algum tempo, um cargo ou função de confiança. Mas, como ficou patente da demonstração supra, inexiste qualquer conexão lógica entre eles e o antecedente considerado para concedê-los. Por óbvio, se um servidor ocupa função gratificada por longo tempo e se a lei quer manter intocada sua situação patrimonial, deve, *apenas e tão-somente*, permitir-lhe a incorporação da específica vantagem estipendiária daí decorrente, mas não pode tomá-la como ponto de partida para benefícios outros, que nada têm a ver com o exercício de cargo ou função de confiança, tais como a ascensão funcional do servidor em sua carreira (e, em conseqüência, os aumentos reais a ela concedidos), as gratificações e adicionais em geral etc.

Se o fizer, além de lançar por terra o plano de carreira, exigido constitucionalmente (art. 39, *caput*), incidirá em desvio de poder e violará o princípio da igualdade, concedendo a um grupo de pessoas benefícios que não têm direta correspondência com o fator tomado para diferenciá-las de outras. Isto é evidente: fazer ascender em suas carreiras os servidores que ocuparam cargos ou funções de confiança é privilegiá-los em relação aos membros da mesma carreira que não tenham sido investidos em tais postos, sem que o benefício concedido (a ascensão automática) tenha qualquer vínculo racional e razoável com a diferença existente (exercer ou não cargo ou função de confiança).

Ao assim agir, o legislador campineiro incidiu na censura que, com toda propriedade, lançou a jurista mineira Cármen Lúcia Antunes Rocha: "Finalmente, há de se destacar que todos os direitos e deveres impostos pelo estatuto do servidor público devem ser aplicados igualmente a todos os que se encontrem na mesma condição e situação na Administração Pública, sendo inconstitucional a criação de benesses ou regalias que privilegiem determinados servidores sem qualquer razão lógica e correspondência direta entre o que se põe na norma e o que se pretende proteger, tutelar ou prover".[30]

A lei, como se vê, desprezou a igualdade proporcional, criando regra de distribuição de benefícios inigualitária, já que construída a partir de uma diferença entre servidores que, se existente, é totalmente *irrelevante em relação ao benefício concedido*. Ao consagrar a desproporcionalidade, afrontou o princípio constitucional da isonomia, tal como compreendido pela doutrina do mundo civilizado, como, com perfeito didatismo, expõe Félix Oppenheim: "Atualmente, a versão mais comum da igualdade proporcional é a seguinte: uma regra de distribuição é igualitária se, e apenas se, as diferenças na distribuição correspondem a diferenças relevantes das características pessoais; por outras palavras, se a característica especificada é relevante em relação ao gênero de benefícios ou encargos a distribuir. Sendo a idade e a cidadania relevantes com relação ao direito de voto, é igualitário limitar o privilégio aos cidadãos adultos. A riqueza é relevante para a imposição de impostos; portanto, o imposto fixo ou o imposto progressivo sobre a renda são igualitários. Inversamente, uma regra é inigualitária tanto se se baseia em diferenças de características não relevantes, como se não leva em conta as relevantes. Sexo, cor ou riqueza não são relevantes para o fato de votar; a limitação deste direito aos homens, ou aos brancos, ou aos proprietários, não é igualitária. A riqueza é relevante para a tributação; por conseguinte, o imposto indireto é inigualitário, pois impõe uma contribuição de igual medida aos adquirentes pobres e ricos".[31]

30. Cármen Lúcia Antunes Rocha, *O Princípio Constitucional de Igualdade*, p. 99.

31. Félix Oppenheim, *Dicionário de Política*, organizado por Norberto Bobbio, Nicola Matteucci e Gianfranco Pasquino, 2ª ed., Ed. Universidade de Brasília, 1986, verb. "Igualdade", p. 600.

Assim sendo, torna-se imperiosa a conclusão no sentido de que a Lei 7.362/92 jamais poderia ter determinado a automática ascensão de certos servidores em suas carreiras pelo mero fato de haverem ocupado cargos comissionados ou funções gratificadas. Poderia, sim, se quisesse preservar a situação econômica desses servidores — e desde que contemplasse todos eles, não apenas os que estivessem em exercício no dia 8.12.92 — admitir a incorporação aos vencimentos das vantagens estipendiárias, sem, no entanto, conceder vantagens outras, logicamente desconectadas da razão justificadora do tratamento especial.

23. Por fim, deixando a lei de exigir um tempo mínimo de exercício no cargo ou função para permitir a incorporação dos ganhos a ele correspondentes — eis que, como demonstrei anteriormente, um dia no posto era o bastante para a obtenção do benefício, desde que o servidor contasse com tempo anterior em cargos ou funções de confiança — incidiu mais uma vez em *desvio de poder*.

Ora, se a incorporação é justificada pela necessidade de preservar situação remuneratória que se manteve no tempo, é contraditório e irracional conduzir à manutenção de estipêndios recebidos por *prazo ínfimo*. A lógica do instituto impõe a fixação de prazo mínimo de exercício de *certa* função para a incorporação das *vantagens respectivas*. Como não o fez, o legislador local infirmou os próprios pressupostos que adotou para legislar, construindo situações normativas inaceitáveis, por não confortadas nas finalidades invocadas.

A lei, a pretexto de consolidar, de direito, uma situação econômica longamente mantida de fato, acabou por tornar intangíveis, para todo o sempre, inclusive as posições remuneratórias instantâneas. O produto legislativo é, portanto, oposto aos objetivos declarados por seu criador (os únicos, aliás, que poderia perseguir). Daí o visível desvio de poder, a macular de inconstitucionalidade a Lei 7.362/92.

24. Em suma, nada há a salvar na lei mencionada. Todos os seus dispositivos são inconstitucionais, por vício material.

O *caput* e o § 1º do art. 1º o são, seja porque beneficiaram apenas os servidores em exercício na data da lei, seja porque lhes concederam o reposicionamento em suas carreiras, violando duplamente os princípios da isonomia e da impessoalidade e incorrendo, por isso, em desvio de poder. O § 2º porque, ao permitir a incorporação de vencimentos recebidos por prazos insignificantes, negou as finalidades que a lei podia legitimamente buscar, incidindo novamente em desvio de poder. Os outros preceitos porque, derrubados os anteriores, perdem sentido ou utilidade.

Não há como cogitar da preservação da lei, aplicando-se suas vantagens aos servidores indevidamente excluídos delas e supostamente eliminando, com isso, a afronta ao princípio da igualdade. Desde logo, porque o vício da norma não decorre apenas da distribuição inigualitária, mas também da concessão de benesses ilegítimas (o reenquadramento e a preservação dos vencimentos de cargos ou funções ocupados por tempo ínfimo). De outro lado, porque, como já assentou o STF em sua Súmula 339, "não cabe ao Poder Judiciário, que não tem função legislativa, aumentar vencimentos de servidores públicos, sob fundamento de isonomia".[32]

32. Após defender a idéia de que a norma inigualitária não deve ser declarada inconstitucional quando seus benefícios puderem ser estendidos, por decisões judiciais tomadas caso a caso, às pessoas indevidamente excluídas, José Afonso da Silva lembra a impossibilidade de adotar essa solução relativamente aos vencimentos de servidores, em virtude da vedação reconhecida pela citada Súmula 339 (*Curso de Direito Constitucional Positivo*, 8ª ed., São Paulo, Malheiros Editores, 1992, p. 208).

VI — O vício formal do artigo 1º, § 1º

25. O § 1º do art. 1º da Lei municipal 7.362/92, surgido de emenda parlamentar, permitiu a incorporação proporcional das vantagens do cargo ou função de confiança aos servidores que, na data da lei, ainda não haviam completado o prazo de aquisição previsto no *caput* da norma.

Portanto, criou-se vantagem funcional não prevista no projeto original, dirigido apenas aos servidores que houvessem completado integralmente o prazo. Evidentemente, desse preceito decorrem despesas para o erário público, pois os servidores assim contemplados, ao deixarem os cargos ou funções que ocupavam, retornando a seus postos efetivos, terão direito à ascensão em suas carreiras, com os correspondentes vencimentos.

Nem se alegue que esses gastos já vinham sendo suportados pela Municipalidade, eis que os servidores beneficiados estavam no exercício dos cargos e funções cuja remuneração tiveram preservada. O argumento seria, com efeito, totalmente falso. A despesa gerada é nova e permanente. Nova, porque os cargos e funções de confiança continuaram a existir e serão providos com outros servidores, na dinâmica normal da Administração, enquanto os anteriores ocupantes carregarão, para seus postos de origem, as mesmas remunerações, elevando com elas as despesas do Município. Permanente, porque os ganhos ficaram incorporados aos vencimentos dos servidores.

É verdade que, pelo projeto do Executivo, a incorporação integral ocorreria com 20 meses de exercício, enquanto, em decorrência da emenda que sofreu também o *caput* do art. 1º, a lei acabou exigindo prazo maior, de 40 meses. Com isso, reduziu-se a despesa inicialmente prevista, pois, ao contrário da proposta original, pelo texto da lei os servidores com prazo de exercício na faixa de 20 a 39 meses não ganharam a incorporação integral. Mas, além de a lei ter concedido a esse grupo a incorporação proporcional — anulando em parte a economia gerada pela elevação do prazo — estendeu-a a todos os outros ocupantes de cargos ou funções de confiança, inclusive os que contassem apenas um mês de exercício, donde um novo acréscimo de despesas.

26. Segundo o art. 45, I, da Lei Orgânica do Município de Campinas, compete exclusivamente ao Prefeito a iniciativa dos projetos de lei que disponham sobre criação e extinção de cargos e funções na Administração direta e autárquica, bem como *a fixação da respectiva remuneração*.

Destarte, as leis versando sobre remuneração de servidores devem, necessariamente, partir da iniciativa do Chefe do Poder Executivo.

De outro lado, o art. 47 da mesma Lei Orgânica estabelece que "não será admitido o aumento da despesa prevista nos projetos de iniciativa exclusiva do Prefeito". Tem-se aí uma severa limitação ao poder de emendar desfrutado pelos parlamentares. Sem considerar outras vedações implícitas, constata-se que, de modo explícito, ficaram proibidas as emendas a projetos em matérias de iniciativa exclusiva do Prefeito sempre que importarem acrescer as despesas que deles decorreriam, se aprovados em sua feição original.

O dispositivo repete norma semelhante, contida no art. 63, I, da Constituição Nacional de 1988, que deu nova conformação ao poder parlamentar de emenda, eliminando a antiga vedação total,[33] mas preservando certos limites, coerentes com o princípio do equilíbrio orçamentário.[34]

33. No regime da Carta de 1946, o STF havia decidido que, "sendo o projeto de lei de iniciativa exclusiva do Presidente da República, não pode o Legislativo emendá-lo, porque a emenda é uma forma de iniciativa, ou um corolário dela" (*RDA* 28/51).

34. Sobre o tema, v. Pinto Ferreira, *Comentários à Constituição Brasileira*, v. 3º/301, Saraiva, 1992.

Como já destacado, o § 1º do art. 1º da lei gerou despesas não previstas na propositura encaminhada à Câmara de Campinas. Jamais poderia, portanto, ter surgido em virtude de emenda parlamentar. Conclui-se, de modo imediato, por sua ilegitimidade, por vício formal.

Irrelevante que o texto aprovado pela Câmara Municipal tenha merecido a sanção do Chefe do Poder Executivo, sem qualquer insurgência contra o vício que o maculava, pois, como reconhecido tranqüilamente por nossa doutrina e jurisprudência, a sanção não convalida o vício de iniciativa, que pode ser oportunamente argüido.[35]

VII — A lei inconstitucional e seu repúdio pelo Executivo

27. Considerando justamente todos os vícios de constitucionalidade da Lei 7.362, o Prefeito de Campinas editou o Dec. 11.084, de 27.1.93, proibindo sua execução pelos órgãos da Administração Municipal e determinando a anulação de ofício dos atos com base nela praticados.

A possibilidade de repúdio, pelo Poder Executivo, da lei que considere inconstitucional já foi objeto de intenso exame pela doutrina nacional. Defenderam-na eminentes Juristas, entre os quais Francisco Campos,[36] Caio Tácito,[37] Themístocles Brandão Cavalcanti,[38] Pontes de Miranda,[39] Mário Masagão,[40] Luís Roberto Barroso,[41] Orlando Miranda de Aragão,[42] L. C. de Miranda Lima[43] e Miguel Reale.[44] Combateram-na doutrinadores não menos ilustres, como Josaphat Marinho,[45] Alexandre Camanho de Assis,[46] Ruy Carlos de Barros Monteiro,[47] Cármen Lúcia Antunes Rocha,[48] Eros Grau[49] e Clenício da Silva Duarte.[50]

O certo é que o Judiciário brasileiro já tomou sua posição na matéria, sufragando o entendimento de que o Poder Executivo pode negar execução a lei por ele considerada como evidentemente inconstitucional. Entre as Cortes estaduais com jurisprudência assentada nesse sentido, cito o TJSP.[51] No excelso STF, as decisões consagrando a tese também são numerosas e vêm-se mantendo constantes no tempo.[52]

35. Cf. a posição do STF in *RTJ* 72/329 e 127/811.

36. Francisco Campos, *Direito Constitucional*, v. 1º/442, Freitas Bastos, 1956.

37. Caio Tácito, "Anulação de leis inconstitucionais", *RDA* 59/339.

38. Themístocles Cavalcanti, "Lei — Declaração de inconstitucionalidade pelo Poder Executivo", *RDA* 82/376.

39. Pontes de Miranda, *Comentários à Constituição de 1967*, t. III/598, Ed. RT, 1967.

40. Mário Masagão, *Curso de Direito Administrativo*, 6ª ed., Ed. RT, 1977, p. 147.

41. Luís Roberto Barroso, "Poder Executivo — Lei inconstitucional — Descumprimento", *RDA* 181-182/393.

42. Orlando Miranda de Aragão, "Inconstitucionalidade de lei — Não aplicação, por esse motivo, pelo Poder Executivo", *RDP* 26/68.

43. L. C. de Miranda Lima, "Funcionário público — Aposentadoria — Lei inconstitucional — Poder Executivo", *RDA* 81/466.

44. Miguel Reale, "Abuso do poder de legislar", *RDP* 39-40/80.

45. Josaphat Marinho, "Leis inconstitucionais e o Poder Executivo", *RDP* 71/51.

46. Alexandre Camanho de Assis, "Inconstitucionalidade de lei — Poder Executivo e repúdio da lei sob a alegação de inconstitucionalidade", *RDP* 91/117.

47. Ruy Carlos de Barros Monteiro, "O argumento de inconstitucionalidade e o repúdio da lei pelo Poder Executivo", *RF* 284/101.

48. Cármen Lúcia Antunes Rocha, *Constituição e Constitucionalidade*, Jurídicos Lê, 1991, p. 119.

49. Eros Grau, "Lei municipal inconstitucional", *RDP* 88/97.

50. Clenício da Silva Duarte, "Inconstitucionalidade de lei", *RDP* 2/150.

51. Cf. *RT* 323/340, 358/130, 372/166, 374/153, 384/91, 407/131 e *RDA* 56/295 e 85/212.

52. *RT* 316/545; *RDA* 59/338 e 97/116; *RTJ* 36/382, 41/669, 48/14 e 96/496.

Basta mencionar a ementa de julgamento tomado em 1979, quando nossa mais Alta Corte apreciou a constitucionalidade de decreto do Governador paulista determinando a não aplicação dos dispositivos de lei que, tendo sido por ele vetados por vício de iniciativa, viessem a ser promulgados em decorrência da rejeição do veto: "É constitucional decreto de chefe de Poder Executivo estadual que determina aos órgãos a ele subordinados que se abstenham da prática de atos que impliquem a execução de dispositivos legais vetados por falta de iniciativa exclusiva do Poder Executivo".[53]

É inobjetável, portanto, que o ilustre Prefeito de Campinas, ao negar, por decreto, aplicação à lei objeto da consulta utilizou poder tranqüilamente reconhecido ao Chefe do Executivo, em hipóteses tais.[54]

28. Observo que, no mesmo decreto, ficaram determinadas, à Secretaria Municipal de Negócios Jurídicos, providências para argüir a inconstitucionalidade da lei perante o Poder Judiciário.

Segundo meu particular ponto de vista, decorrendo os vícios materiais da lei da violação dos princípios da igualdade e da impessoalidade, consagrados nos arts. 5º, *caput*, e 37, *caput*, da Constituição Federal, a norma em causa é inconstitucional frente a esta Carta. De outra parte, o vício formal do § 1º do art. 1º da mesma lei resulta diretamente da inobservância do art. 47 da Lei Orgânica do Município.

O STF tem sólida jurisprudência entendendo inexistir, no sistema brasileiro, controle em tese, por via de ação, da constitucionalidade de lei municipal frente à Constituição Federal.[55] Por isso, aliás, suspendeu a vigência do inc. XI do art. 74 da Constituição paulista de 1989, que havia conferido ao Tribunal de Justiça competência para julgar representações de inconstitucionalidade de lei ou ato normativo municipal em face da Constituição Federal.[56] Assim, adotado o pressuposto de que a inconstitucionalidade da lei objeto da consulta deriva da violação da Carta Federal, concluiremos pela inviabilidade de sua argüição por via de ação direta. Também nada haveria a fazer com relação à ilegitimidade do § 1º do art. 1º da lei, visto que o vício, aqui, é por contrariedade com a Lei Orgânica, e também inexiste controle em tese da compatibilidade entre lei ordinária municipal e lei orgânica.

É esse, de fato, meu ponto de vista, segundo o qual, portanto, nenhuma providência suplementar haveria a ser tomada pelo Município.

29. Registro, porém, que, embora sem minha adesão, um outro entendimento poderá vir a ser acolhido, no sentido de que a lei em causa *também* é inconstitucional frente à Constituição do Estado de São Paulo, viabilizando, assim, seu controle

53. ReprInconst 980-SP, rel. Min. Moreira Alves, j. 21.11.79, maioria de votos, *RTJ* 96/496.

54. Embora meu entendimento a respeito dos lineamentos gerais do problema seja um tanto diverso do consagrado pelo STF — porquanto, por razões cujo desenvolvimento extrapolaria excessivamente os limites da consulta, não reconheço uma ampla faculdade de repúdio administrativo de lei inconstitucional — no caso em exame não hesito em afirmá-la, alinhando-me, no particular, às conclusões da jurisprudência que indiquei.

55. Para uma síntese a respeito do problema, consultar o julgamento de liminar na ADInconst 409, publicado na *RDA* 181-182/271. O desenvolvimento do assunto pode ser buscado em Gilmar Ferreira Mendes, "Controle de constitucionalidade das leis municipais em tese — Doutrina e jurisprudência", *RDP* 90/136.

56. ADInconst 347-SP, rel. Min. Moreira Alves, j. 15.8.90, votação unânime, *RTJ* 135/12.

pelo Tribunal de Justiça, com esteio no art. 74, VI, dessa Carta.[57]

Embora o princípio da igualdade não tenha sido expressamente inscrito na Constituição paulista, o da impessoalidade o foi (art. 111). Daí a idéia, que possivelmente se levantará, de argüir a inconstitucionalidade da lei objeto da consulta frente a essa norma. A mim não seduz a idéia. O princípio da impessoalidade obriga a todas as pessoas políticas por força da Carta Nacional, sendo irrelevante, por isso, que tenha ou não sido repetido na Lei Maior do Estado. Trata-se, inegavelmente, de norma nacional, para fins do controle direto da constitucionalidade das leis ordinárias. Admitir sua tutela pelo Tribunal de Justiça, a pretexto de cuidar-se também de princípio estadual, seria incidir na censura, já feita pelo STF, contra a outorga, aos tribunais estaduais, de competência que os sobreporia à mais Alta Corte, em matéria de interpretação e aplicação da Constituição da República.[58]

Também se poderia sustentar que o § 1º do art. 1º da Lei campineira 7.362/92 é inconstitucional frente à Constituição paulista, que, além de consagrar, em seu art. 5º, *caput*, o princípio da separação dos Poderes — que se teria por ferido pela emenda parlamentar violadora da iniciativa exclusiva do Chefe do Executivo — em seu art. 24, § 5º, 1, contém preceito idêntico ao do art. 47 da Lei Orgânica de Campinas.

Vejo duas dificuldades nesse ponto de vista. Em primeiro lugar, tanto o princípio da separação dos Poderes quanto a regra relativa às emendas em projetos de iniciativa exclusiva do Chefe do Executivo estão na Constituição Nacional, em seus arts. 2º e 63, I, donde a pertinência, também aqui, das observações que fiz ainda há pouco. Ademais, não creio que os preceitos contidos nos arts. 63, I, da Carta Federal e 24, § 5º, 1, da Carta paulista sejam expressivos de *princípios* que à Lei Orgânica Municipal cumprisse observar, em virtude do disposto no art. 29, *caput*, da Constituição da República. Entendo-os como meras regras sobre processo legislativo, que o legislador orgânico do Município poderia não acolher, sem com isso necessariamente comprometer a separação dos Poderes, em sua feição principiológica. Daí minha conclusão de que o art. 47 da Lei Orgânica de Campinas é regra meramente municipal, donde a ilegitimidade do § 1º do art. 1º da Lei 7.362/92 decorrer da incompatibilidade com ela, não com qualquer princípio ou regra contidos nas Cartas Nacional ou Estadual.

Reconheço, contudo, que a questão é tormentosa, inexistindo ainda definição jurisprudencial a respeito. Por isso, considerando o interesse da consulente em explo-

57. "Art. 74. Compete ao Tribunal de Justiça, além das atribuições previstas nesta Constituição, processar e julgar originariamente: ... VI — a representação de inconstitucionalidade de lei ou ato normativo estadual ou *municipal*, contestados em face desta Constituição, o pedido de intervenção em Município e ação de inconstitucionalidade por omissão, em face de preceito desta Constituição".

58. Consulte-se trecho do voto vencedor do Min. Celso de Mello, relator na ADInconst 409: "Das múltiplas e delicadas questões de ordem constitucional que podem emergir do preceito impugnado, há uma que se me afigura de notável relevância. Refiro-me ao problema da coisa julgada e da universalidade de sua eficácia. Atente-se à circunstância de que uma decisão eventualmente proferida pelo Tribunal de Justiça, ao apreciar, em sede jurisdicional concentrada, a legitimidade constitucional de lei ou ato normativo municipal perante a Constituição Federal, nos termos preconizados pela Carta estadual, geraria, essencialmente, pelos efeitos subordinantes e excludentes que pertinem à própria natureza da jurisdição constitucional concentrada, situação jurídica de todo incompatível com a posição institucional do STF, que se submeteria, inobstante sua condição de órgão maior incumbido do controle dos atos estatais em face da própria Carta Federal, à imperatividade dos pronunciamentos emanados de um órgão judiciário inferior" (*RDA* 181-182/273).

rar todos os caminhos que se apresentem para a eliminação de lei gravemente inconstitucional, cumprindo com isso seu indeclinável dever de velar pela ordem jurídica, não parecerá impróprio que argúa a inconstitucionalidade perante o TJSP, remetendo-lhe a solução da questão prejudicial aqui discutida. A legitimação para a propositura da ação direta de inconstitucionalidade de lei municipal frente à Constituição do Estado é conferida ao Prefeito Municipal pelo art. 90, II, da Constituição paulista.

VIII — Conclusão

30. À luz das considerações contidas neste parecer, à consulta respondo:

É inconstitucional a Lei do Município de Campinas 7.362, de 7.12.92, por afronta aos princípios da igualdade e da impessoalidade consagrados nos arts. 5º, *caput*, e 37, *caput*, da Constituição Federal. Ademais, é inválido o § 1º de seu art. 1º, por haver resultado de emenda parlamentar aprovada sem a observância do art. 47 da Lei Orgânica Municipal.

É válido o Dec. 11.084, de 27.1.93, do Prefeito de Campinas, que proibiu a execução da mencionada lei pela Administração Municipal.

É duvidoso o cabimento de ação direta de inconstitucionalidade dessa lei em face da Constituição do Estado de São Paulo. Porém, considerando a relevância do assunto, o Prefeito Municipal poderá, usando da faculdade que lhe confere o art. 90, II, da Carta paulista, suscitar a manifestação a respeito do TJSP.

É o meu parecer.

São Paulo, 18 de fevereiro de 1993.

ESTUDOS & COMENTÁRIOS

ESTÁGIO PROBATÓRIO DOS SERVIDORES PÚBLICOS

CARLOS ARI SUNDFELD

Professor Associado da Faculdade de Direito da Universidade Católica de São Paulo

I — Introdução

Diz o art. 41, *caput*, da Constituição Federal, literalmente, que "são estáveis, após dois anos de efetivo exercício, os servidores nomeados em virtude de concurso público".

A questão é saber, concretamente, como contar esse prazo de dois anos. A partir de quando se inicia? Pode ser computado, para esse efeito, tempo de serviço anterior à posse no cargo? Os dias não trabalhados são considerados de efetivo exercício?

Convém esclarecer que nem o Texto Constitucional, nem a lei do regime jurídico único federal (Lei 8.112, de 11.12.90), nem o Estatuto dos Funcionários Públicos Civis do Estado de São Paulo (Lei 10.261, de 28.10.68), contêm regras específicas a respeito. O que existe, nos três conjuntos normativos, são regras relativas à contagem de tempo de serviço em geral, para fins de aposentadoria e disponibilidade, adicionais por tempo de serviço etc., sem que haja expressa referência ao problema do estágio probatório.

Explica-se essa relativa despreocupação com o assunto, por parte dos legisladores. De um lado, com a circunstância de que a exigência de concurso público, conquanto antiga em nosso Direito, até há pouco tempo ainda era fortemente prejudicada pelo uso de alternativas, algumas lícitas a seu tempo, outras abertamente irregulares, que conduziam, na prática das coisas, à admissão livre. É o caso dos servidores celetistas, que se tornaram quase a regra nos diversos Municípios brasileiros e que, como se sabe, não adquiriam estabilidade. De outra parte, é recente a generalização, dentro do serviço público, da organização das carreiras. Por isso, o chamado estágio probatório não merecia, no mais das vezes, grande atenção, transcorrendo sem que o Poder Público cuidasse de avaliar os servidores.

Agora que o concurso público se impôs, não só como exigência formal, mas como experiência concreta, e tendo sido estruturadas múltiplas carreiras, levando a que seus órgãos dirigentes se preocupassem com o acompanhamento do trabalho do servidor recém-ingressado, cresce o interesse pelo estágio probatório e seus problemas jurídicos. Neste instante, sofre o aplicador com a escassez de doutrina e de jurisprudência e com a ausência de regras legais pensadas para solucionar as diversas questões envolvidas com o tema.

Diante disso, tem-se um único ponto de partida viável: esgotar todas as possibilidades de interpretação das normas constitucionais diretamente envolvidas. Isso não só porque a legislação é silente a respeito, mas sobretudo porque a imposição de dois anos de exercício para aquisição da estabilidade é constitucional, donde a inidoneidade de qualquer esforço exegético que tomasse em consideração apenas as eventuais regras legais.

II — Possíves interpretações do artigo 41, "caput", da Constituição

Como disse, foi o art. 41, *caput*, da Constituição que negou estabilidade ao servidor antes do segundo aniversário do exercício. Como todas as normas jurídicas, esta também há de ter alguma finalidade. O problema é que ela não está expressa no texto (como normalmente ocorre com as normas), donde as possíveis divergências em sua compreensão.

Ocorre imaginar que o condicionamento da estabilidade à passagem do biênio — e a conseqüente negativa do direito à estabilização imediata — tenha objetivado apenas conceder à Administração uma ampla liberdade de, no período, dispensar os servidores. Essa seria a finalidade da regra. Segundo essa visão, o biênio inicial teria sido definido como um momento de exceção à regra geral da estabilidade, que seria conatural à condição mesma de servidor. Nessa linha, seria correto dizer que a estabilidade não é algo adquirido como resultado de algum esforço, mas mera decorrência da passagem do tempo no calendário. Em outros termos: a estabilidade surgiria como a situação funcional padrão e desejável para todo servidor, *pelo mero fato de sê-lo*, tendo sido excepcionada, por certo período, em nome de algum interesse público justificador de um amplo poder de dispensa dos recém-admitidos.

Percebe-se intuitivamente que, se for essa realmente a finalidade da norma, o biênio deverá ser contado mais em função do calendário do que da vida funcional do servidor, resolvendo-se sempre em prol da estabilidade — isto é, da regra geral — as dúvidas eventualmente surgidas quanto ao modo de contagem.

Mas também é viável supor que a finalidade da norma seja outra. O constituinte pode ter querido permitir ao Estado a avaliação, durante certo tempo, do desempenho do servidor no concreto exercício do cargo, para confirmar as qualidades demonstradas no concurso público de que participou. Nessa visão, a estabilidade seria adquirida pelo servidor como resultado de sua adequada atuação no período, não como simples decorrência da passagem do tempo. O biênio inicial não seria um interregno de exceção à regra geral da estabilidade, e sim a época em que se poria à prova o servidor. Aprovado na avaliação, o interessado se habilitaria a permanecer nos quadros administrativos e, para esse efeito, adquiriria estabilidade. Vai implícita nessa construção a idéia de que, no curso dos dois anos, o Poder Público não é livre para dispensar o servidor; pode fazê-lo sim, mas apenas se o servidor não logra aprovação no verdadeiro exame prático a que se submete.

Caso seja correta essa trilha interpretativa, o cômputo do prazo de dois anos há de considerar mais a vida funcional do servidor do que a mera passagem do tempo, e as dúvidas quanto ao modo de contagem hão de privilegiar as soluções que conduzam à mais ampla avaliação do servidor, mesmo às custas do adiamento da aquisição da estabilidade.

Estamos diante de dois caminhos distintos e contrapostos para a compreensão do art. 41, *caput*, da Constituição. Toda a polêmica se resume, em essência, no fato de que os diferentes intérpretes, quando miram o preceito, visualizam nele finalidades diferentes. Assim, tomar partido no debate é escolher entre elas. Como fazê-lo?

Admito que opções da espécie freqüentemente derivam da mera vontade do exegeta. Se há dois caminhos de compreensão e o conjunto normativo não contém uma clara e inequívoca indicação em favor de um deles, não há, de fato, como evitá-lo. Talvez seja esse o caso, no tema objeto deste estudo. Se for, terei de, manejando os recursos sugeridos por meus padrões lógicos — e que certamente serão distintos dos conceitos de outros intérpretes — dar a minha opinião. Mas, antes de fazê-lo, devo perguntar se o texto da norma não me fornece algum indicativo.

III — A exigência de efetivo exercício

Observo que o art. 41 concede estabilidade após dois anos de *exercício*. Poderia ter dito: dois anos *após a nomeação, ou após a posse*. Se o tivesse feito, teria claramente tendido para o primeiro dos caminhos interpretativos que indiquei. Mas falou em exercício, a sugerir a exigência de concreto desempenho da função por dois anos como condição da estabilidade. Alguém poderá, contudo, objetar que a opção lingüística do constituinte não teve esse objetivo, mas apenas o de definir, como termo inicial do prazo de dois anos, a data em que o servidor entrar em exercício (e que, como se sabe, não coincide necessariamente com a data da nomeação ou da posse), sem que haja nisso qualquer referência à necessidade de que, para tornar-se estável, o servidor permaneça realmente em exercício. Por isso, seria admissível que o legislador instituísse hipóteses de exercício ficto, isto é, situações em que, embora o servidor não trabalhe efetivamente, será considerado como se em atividade estivesse.

Vejo, porém, que o preceito não se contentou em mencionar o simples exercício, mas considerou importante adjetivá-lo. De fato, falou em *efetivo* exercício. Noto que, em outras passagens, o constituinte omitiu essa referência. Quando trata da aposentadoria (art. 40), fala em *tempo de serviço* (não em tempo de serviço efetivo). Quando contrapõe o servidor aposentado ao que não o seja, define este último como servidor *em atividade* (art. 40, § 4º), não como servidor em efetiva atividade. Ao permitir o cômputo, para aposentadoria, do tempo de mandato eletivo de vereador não remunerado, contempla os que tenham *exercido* o mandato (ADCT, art. 8º, § 4º). Ao permitir a acumulação de postos de médico militar e de profissionais de saúde, fala dos cargos ou empregos que estivessem sendo *exercidos* (ADCT, art. 18, §§ 1º e 2º). Ao conceder estabilidade excepcional mencionou os servidores *em exercício* (ADCT, art. 19) e os juízes togados também *em exercício* (ADCT, art. 21).

Ao que me foi dado verificar, há, em todo o Texto Constitucional, somente mais uma referência ao desempenho efetivo da função: é a que se contém no art. 53, V, do "Ato das Disposições Constitucionais Transitórias", exigindo 25 anos de serviço *efetivo* para o ex-combatente aposentar-se, com proventos integrais, aos 25 anos de trabalho. A menção ao efetivo serviço parece ter sido claramente colocada para, em relação a essa aposentadoria excepcional, afastar a regra geral autorizadora da contagem de tempo de serviço prestado a outros entes públicos e privados (CF, arts. 40, § 3º, e 202, § 2º).

Constata-se, destarte, que a Constituição não usa injustificadamente a expressão *efetivo* para qualificar o exercício de função pública. Não se trata daqueles termos banalizados pela repetição constante e aleatória. Ao contrário, encontrâmo-lo por duas únicas vezes. Numa — a do art. 53, V, do ADCT — é patente haver sido usada para dizer algo juridicamente relevante. Será que, na outra — a do art. 41, *caput* — a expressão terá sido empregada para nada significar?

Convenha-se que isso não é provável. Como o emprego da palavra pelo constituinte foi muito seletivo, é idôneo partir do pressuposto de que, com sua inserção no preceito em causa, quis dizer que, para a aquisição da estabilidade, não bastaria estar o interessado há dois anos em exercício, tomado este último termo no sentido que normalmente lhe é atribuído. Seria preciso algo mais.

Que algo mais será esse? Bem, a palavra *efetivo* tem o sentido vernacular de *real*. Assim, efetivo exercício parece significar *exercício real*, contrapondo-se a exercício não real, fictício. Se isso for certo, teremos de concluir que a adjetivação contida na norma foi ali posta justamente para impedir o cômputo de tempo de exercício ficto, que se admite para outros fins (como para a aposentadoria, p. ex.).

Nessas condições, a literalidade do dispositivo parece conduzir à idéia de que a finalidade do prazo de dois anos anteriores à aquisição da estabilidade previsto no art. 41, *caput*, é de permitir a avaliação concreta do desempenho funcional do servidor, como figurado na primeira hipótese interpretativa que expus ainda há pouco.

Alguém impugnará essa conclusão lembrando que as leis relativas ao funcionalismo tradicionalmente definem como de efetivo exercício — portanto: usando a mesma expressão da Carta Nacional — períodos não trabalhados das mais diversas espécies. É o caso do Estatuto estadual paulista, em seu art. 78, segundo o qual "serão considerados como de efetivo exercício, para todos os efeitos legais, os dias em que o funcionário estiver afastado" em virtude de férias, licença-gestante, licença-prêmio, acidente em serviço etc. Dir-se-á, então, que o constituinte, ao falar em efetivo exercício, já levou em consideração a circunstância de que, em nossa tradição legislativa, efetivo exercício não se contrapõe a exercício ficto, ao contrário do que ocorre na linguagem comum. Daí a conclusão de que não seria contrário ao espírito do art. 41, *caput*, considerar como de efetivo exercício, para fins de integralização do prazo de dois anos, aquilo que o legislador definisse como tal.

Não me seduz essa idéia, e isso por duas razões. De um lado porque, como apontei anteriormente, o uso, pelo constituinte, da expressão *efetivo* para adjetivar o exercício foi eloqüente, destinando-se a diferenciá-lo do mero exercício. Não posso, por isso, ser aliciado por uma interpretação que conduza à assimilação dos conceitos de *exercício* e de *efetivo exercício*. De outra parte, há de se atentar que o Estatuto dos Funcionários diz serem *considerados* (a expressão não é minha, é da lei) como de efetivo exercício certos afastamentos justamente porque, em verdade, de efetivo exercício não se trata. Em outras palavras: a lei criou uma ficção, alterando o sentido comum da linguagem. Pôde fazê-lo — e aqui está um ponto decisivo — porque a Constituição não exigia que fosse de efetivo exercício o tempo computado para aposentadoria, adicional por tempo de servipo e outros direitos que motivaram a definição legal. Daí nada impedir que a lei contrariasse a realidade. Mas, no que tange ao tempo para aquisição da estabilidade, a Carta exige o efetivo exercício, e, sem violá-la, não se pode aceitar que o legislador, através de ficções arbitrariamente construídas, costeie a exigência constitucional. Em outros termos: se a Constituição usou de palavra com um sentido comum e se não deferiu expressamente à lei o poder de redefini-la — e mais: se o fez de modo eloqüente — deve-se entender que a interpretação do preceito em que inserida há de considerar o sentido comum.

IV — O sentido do estágio probatório

Assim sendo, sou forçado a admitir que a literalidade da norma constitucional é, de fato, um indicativo muito sério de que o constituinte quis fazer do biênio posterior ao ingresso um período de prova do servidor, como supus na primeira alternativa de interpretação formulada ao início. Por isso, estaria eliminada, aqui, a possibilidade de o intérprete, defrontando-se com as duas alternativas, escolher entre elas através de um ato quase volitivo.

Perceba-se que, nesta longa reflexão, após haver colocado — penso que de modo isento — as duas alternativas, encontrei na literalidade da norma um forte argumento em prol da primeira. Note-se que isso é novidade da Constituição de 1988. De fato, nem a Constituição de 1946 (art. 188), nem a de 1969 (art. 100), falavam em *efetivo exercício* ao delimitarem o tempo de trabalho exigido para aquisição da estabilidade; mencionavam apenas o *exercício*. Não obstante, a doutrina e a jurisprudência construídas antes da vigente Constituição também se inclinavam, com toda tranqüilidade, pela primeira alternativa.

A Súmula 21 do STF, editada ao tempo da Carta de 1946, dispôs que "funcionário em estágio probatório não pode ser exonerado nem demitido sem inquérito ou sem as formalidades legais de apuração de sua capacidade". Portanto, para nossa Suprema Corte, o biênio inicial é um período de estágio probatório, um período de apuração da capacidade do servidor.

O mesmo Tribunal, chamado a decidir sobre a possibilidade de a lei permitir, para fins de integralização do estágio probatório, a contagem de tempo anterior à nomeação, respondeu negativamente, porque isto importaria atentar contra a natureza e os objetivos do estágio (*RDP* 8/233 e *RTJ* 106/1.021). Disse o Ministro relator, Moreira Alves, em seu voto vencedor no RE 90.181-SC: "o estágio probatório é um *testing program*, servindo para verificar-se se o servidor ratifica, na prática, o requisito da aptidão para o exercício do cargo para o qual, mediante a aprovação no concurso, deu provas de capacidade intelectual" (*RTJ* 106/1.025). No mesmo sentido, Pontes de Miranda (*Comentários à Constituição de 1946*, 3ª ed., t. VI/341, Borsói, 1960).

Na doutrina é também pacífico esse modo de ver as coisas. Consultar, a respeito, Hely Lopes Meirelles (*Direito Administrativo Brasileiro*, 17ª ed., Malheiros Editores, 1992, p. 382), Diogo de Figueiredo Moreira Neto (*Curso de Direito Administrativo*, 10ª ed., Forense, 1992, p. 204), Celso Antônio Bandeira de Mello (*Regime Constitucional dos Servidores da Administração Direta e Indireta*, 2ª ed., Ed. RT, 1991, p. 122) e Adílson Abreu Dallari (*Regime Constitucional dos Servidores Públicos*, 2ª ed., Ed. RT, 1990, p. 81). Todos esses autores, colhidos ao acaso dentre tantos outros, vêem no período inicial de dois anos um tempo de estágio, de avaliação prática dos serviços do interessado.

Tais elementos de convicção me levam a afirmar que, no art. 41, *caput*, a Constituição impôs à Administração os deveres de: a) avaliar concretamente os trabalhos do servidor e b) fazê-lo por dois anos.

Se isso é verdade, há de seguir-se a constatação de que nem o legislador nem o administrador podem renunciar aos poderes conferidos para o cumprimento desse dever de avaliação. Destarte, seria afrontoso à Constituição: a) deixar de fazer a avaliação, concedendo a estabilidade imediata (o que ocorreria, em muitos casos, se admitida a contagem, como se prestado no estágio probatório, de tempo anterior de serviço, público ou privado); e b) diminuir o prazo de avaliação (o que ocorreria tanto se permitido o cômputo de tempo anterior, como se tolerada a integralização do estágio com períodos de afastamentos ocorridos após o ingresso). Em ambas as hipóteses, o interesse público, constitucionalmente qualificado, de que os servidores sejam avaliados de modo real por dois anos, como condição da aquisição de estabilidade, estaria sendo preterido em nome do interesse dos servidores beneficiados.

Daí a conclusão de que só podem ser computados, para fins de integralização do estágio probatório, os períodos de exercício real, efetivo, concreto, no específico cargo em que o servidor tenha sido admitido. Daí, também, a impossibilidade de cômputo de tempo de exercício ficto, mesmo que, para outros fins (como aposentadoria, adicional por tempo de serviço, férias etc.), o legislador o considere como de efetivo exercício.

Assim, não podem ser contados:

a) *Tempo de serviço prestado a outras entidades, públicas ou particulares* — pois, não correspondendo a exercício ocorrido na entidade que deve avaliar o interessado, sua consideração equivaleria a suprimir toda e qualquer avaliação.

b) *Tempo de serviço prestado à mesma entidade, em cargo diverso daquele a que se refere o estágio probatório* — pois, na avaliação, deve ser confrontada a qualificação do servidor para o exercício de cargo certo, ao qual concorreu, não para qualquer cargo (seria intolerável, realmente, confirmar alguém no cargo de Procurador do Estado apenas porque, anteriormente, provou bem na função de escriturário).

c) *Tempo de serviço prestado à mesma entidade, em função semelhante à do cargo objeto do estágio probatório, mas em condição jurídica distinta* (isto é, como temporário, prestador de serviço, celetista etc.) — pois a permanência durante esse lapso de tempo jamais pode ser considerada como reconhecimento da aptidão para aquisição de estabilidade, eis que esse efeito não derivava do exercício.

d) *Tempo de afastamento, licença ou ausência do cargo* — pois, nesse período, o servidor não está no efetivo exercício do cargo no qual deve ser avaliado.

V — O afastamento para exercício de mandato eletivo

A impossibilidade de cômputo dos períodos de afastamento, licença ou ausência coloca em jogo questão extremamente delicada: o que, para fins constitucionais, há de ser considerado como tempo de não exercício do cargo? Considerarei o problema logo a seguir. Antes, porém, devo examinar se os afastamentos determinados pela própria Constituição gozam de um regime jurídico distinto.

Diz o art. 38 de nossa Carta que serão afastados de seus postos os servidores eleitos para mandatos federais, estaduais e distritais (inc. I), para o cargo de Prefeito (inc. II) e para mandato de Vereador cujo exercício seja, por questão de horários, incompatível com a função pública (inc. III). Nesses casos, dispõe o inc. IV, o tempo de mandato "será contado para todos os efeitos legais, exceto para promoção por merecimento". Resultará disso que esse tempo é computável para fins de estágio probatório?

Em prol da resposta afirmativa podem ser elencados os seguintes argumentos:

a) A norma só exclui expressamente a promoção por merecimento, sendo inidôneo construir outras exceções por via interpretativa, eis que isso importaria usar a interpretação extensiva contra um direito constitucionalmente assegurado, quando se sabe que as restrições a direito se interpretam restritivamente.

b) O prejuízo decorrente da impossibilidade de cômputo do tempo de mandato como se de estágio probatório fosse corresponderia a uma pressão contra as candidaturas dos servidores públicos, atingindo um direito político fundamental.

c) Ficando suspenso o estágio probatório durante o mandato, o servidor sofreria prejuízos pecuniários (ex.: se a lei prevê a promoção automática quando do término do estágio, a não promoção significa a perda da remuneração correspondente ao cargo a que se ascenderia), quando o art. 38 teve o visível propósito de evitar prejuízos dessa ordem.

d) É frágil o argumento de que o tempo de afastamento não pode ser contado para o estágio probatório porque, nele, o servidor deve ser avaliado em exercício, já que, para outras vantagens também dependentes de alguma avaliação (como a licença-assiduidade, condicionada ao efetivo comparecimento ao serviço), a Constituição admite essa contagem.

A tais argumentos, pode-se responder como segue:

a) A impossibilidade de contar, para o estágio probatório, o tempo de afastamento para exercício de mandato não decorre de interpretação extensiva da exceção prevista no art. 38, mas sim da aplicação do art. 41, *caput*, que exige o efetivo exercício para aquisição da estabilidade. Como o art. 38 não excepcionou expressamente a regra deste último dispositivo, segue-se que ele deve ser aplicado mesmo para o afastamento destinado ao exercício de mandato político.

b) É exagerado afirmar que o servidor em estágio probatório vê ferido seu direito político apenas porque não será confirmado em seu cargo enquanto durar o afastamento. Há, decerto, algum prejuízo, mas este não é de monta suficiente a constranger a candidatura. A opção por uma carreira política, como todas as opções na vida, tem seus efeitos negativos sobre a situação pessoal anterior do interessado e o constituinte não pôde (nem quis) eliminá-los todos, tanto que negou a promoção por merecimento.

c) É certo que a impossibilidade de contar o tempo de afastamento político pode causar perdas pecuniárias, sobretudo indiretas. Mas é, também aqui, exagerado dizer que a Constituição quis impedir toda e qualquer perda. Tanto não o quis, que expressamente negou a promoção por merecimento, o que, obviamente, gera perda pecuniária.

d) Não é frágil o argumento de que o servidor deve ser avaliado no efetivo exercício do cargo, para nele ser confirmado. Essa exigência está expressa em norma constitucional e tem uma óbvia ligação com o interesse público de não estabilizar servidores cuja aptidão não tenha sido testada. Dispensar o efetivo exercício, para a hipótese, não é o mesmo que dispensá-lo para fins de concessão de licença-assiduidade. Esta última premia o *mero* exercício, que a presença comprova, sendo, portanto, indiferente que este se dê no cargo ou no Parlamento. Mas a estabilidade beneficia o servidor que demonstre qualificação para o cargo, e esta, por óbvio, não pode ser aquilatada fora dele.

Além desses argumentos-respostas, mais quatro podem ser utilizados para a negativa, a saber:

a) O primeiro é de ordem literal, e, por isso mesmo, mais frágil. O art. 38, IV, diz que o tempo de mandato será contado para "todos os efeitos legais". Não se fala em "efeitos constitucionais", donde não se poder vislumbar aqui a intenção de referir o efetivo exercício exigido por outra norma constitucional (art. 41, *caput*).

b) A norma ressalvou a promoção por merecimento justamente porque esta demanda a avaliação da qualidade dos serviços e é inviável avaliar serviços não prestados. É, portanto, razoável entender que no art. 38 não se contém a intenção de presumir a qualificação do servidor pelo mero fato de exercer mandato eletivo.

c) O objetivo do dispositivo foi evitar, tanto quando possível e compatível com outros valores constitucionais, que o servidor eleito tivesse prejuízos. Não há, nele, nem explícita nem implicitamente, a intenção de premiá-lo, estabelecendo situação de desigualdade entre ele e seus colegas. É razoável considerar o tempo de mandato como trabalhado, para fins de aposentadoria, p. ex., porque o parlamentar também trabalha (tanto que a inassiduidade é punida — CF, art. 55, III) e a aposentadoria é benefício decorrente do tempo de trabalho, não de sua qualidade. Mas considerar como qualificado um servidor que não exerça o cargo, mas função parlamentar (para a qual não se exige qualquer qualificação técnica ou profissional), é dispensá-lo do requisito de bem servir, premiando-o.

d) Se o servidor, assumindo mandato eletivo, fica afastado, deve-se entender impossível sua exoneração a partir de então (o que, para tais afastamentos, serve inclusive para evitar pressões indevidas sobre o eleito). Isso significaria, se o estágio não se suspendesse, uma indevida vantagem, totalmente contrária ao interesse público, impedindo até a dispensa em virtude de procedimento já realizado.

Diante disso tudo, concluo que o afastamento para exercício de mandato eletivo não pode ser tratado diferentemente dos demais, no que se refere à integralização do estágio probatório.

VI — O conceito de efetivo exercício

Caímos, agora, no tormentoso problema de saber o que se deve entender como período em que não ocorre o efetivo exercício, para fins de aplicação do art. 41, *caput*.

Alguém mais afoito diria que, se a estabilização depende de dois anos de efetivo exercício, o direito só seria conquistado após 730 dias de trabalho (cada ano, com exceção dos bissextos, tem 365 dias), contados um a um. Portanto, não seriam computáveis os fins-de-semana, os feriados, as férias etc. Penso que esse raciocínio seria impróprio. Veja-se que a Constituição demarcou o prazo em anos, não em meses ou em dias. Portanto, certamente considerou como suficiente para a avaliação o período de duas vezes um ano *normal* de trabalho. Ora, em um ano de trabalho normal não se trabalha nos dias de repouso semanal remunerado (CF, art. 7º, XV) e nos dias feriados, bem como no período de férias (CF, art. 7º, XVII). Perceba-se que esses eventos são comuns a todos os servidores e se verificam em condições de normalidade.

Porém, o constituinte, evidentemente, não pode ter computado, para demarcar o prazo, eventos específicos a certos servidores ou derivados de situações eventuais. É o caso das licenças ou afastamentos em virtude de casamento, falecimento de parentes, acidente ou doença, maternidade, paternidade, serviço militar, atividade política, prêmio por assiduidade, trato de interesses particulares, desempenho de mandato classista, afastamento de cônjuge, afastamento para servir a outro órgão ou entidade, exercício de mandato eletivo, e assim por diante.

Por certo, não seria afrontosa à Constituição uma lei permitindo o cômputo, para fins de estágio probatório, de períodos de ausência ao serviço, licença ou afastamentos em geral, desde que não superiores a um limite razoável, compatível com o prazo total do estágio. Pessoalmente, não consideraria desarrazoado um limite de um mês, p. ex. Não se estaria, na hipótese, reduzindo indiretamente o prazo constitucional do estágio probatório; estar-se-ia, apenas, reconhecendo que, em dois anos, é normal que, por fatores eventuais diversos, venha a ocorrer de um servidor não trabalhar por até um mês.

Mas não entendo possível considerar como de efetivo exercício as longas ausências, cujo importe acabe por suprimir significativa parcela do prazo constitucionalmente previsto para o estágio probatório. Assim, um afastamento de quatro meses, por mais relevante que seja seu fato gerador — a licença-gestante, p. ex. — não poderia ser relevado.

O grande problema, para a continuidade de nossas meditações, é que os estatutos dos funcionários públicos não tratam do assunto, impedindo o emprego daquele critério de razoabilidade que referi. Não há como, à míngua de previsão legislativa, construir genericamente, por via de interpretação, um limite quantitativo de ausências eventuais que se pudesse tomar como normal.

Por isso, tendo a afirmar que, afora as ausências que, desde logo, se podem tomar como normais (nos dias de descanso e feriado e nas férias regulamentares do respectivo exercício), todas as demais devem ser consideradas como períodos em que o servidor não está, para fins de estágio probatório, no efetivo exercício.

Algumas hipóteses demandam esclarecimentos.

O período de afastamento do cargo para exercício de outro, em comissão, em princípio não pode ser computado como de efetivo exercício, eis que a confirmação há de ocorrer no cargo primitivo e a avaliação, portanto, deve se referir a ele. Mas, se o servidor é nomeado para cargo em comissão cuja investidura seja reservada aos titulares do cargo efetivo em que deve ser confirmado, a situação é totalmente distinta. No caso, a avaliação do desempenho do interessado no cargo em comissão estará, por óbvio, considerando sua qualificação para o cargo efetivo.

O afastamento para missão ou estudo de interesse do serviço público, ou para participar de congressos e outros certames culturais, técnicos ou científicos, também não há de ser tomado como ausência de exercício, desde que a missão, o estudo ou o certame tenham ligação com as atribuições do cargo. Realmente, o servidor não exerce o cargo apenas cumprindo sua rotina de trabalho entre as paredes de sua repartição, mas também quando participa de atividades externas vinculadas às suas atribuições. Trata-se de um exercício, se se quiser, atípico, mas, inegavelmente, um efetivo exercício.

Entendo, também, que os dias de afastamento em virtude de trânsito também podem ser considerados de efetivo exercício, por se tratar de evento ligado ao exercício.

Em suma, não creio que se deva adotar, no conceito de efetivo exercício, um critério de tal modo restritivo que leve a confundi-lo com a mera rotina. Exercer um cargo é também deixar de cumprir atividades corriqueiras para desenvolver outras, desde que logicamente conectadas com o exercício ou as atribuições do cargo.

Mas não há como considerar de efetivo exercício os períodos em que o servidor, mesmo se por razões legítimas, deixa o desempenho do cargo para não trabalhar (caso da licença para tratamento de saúde, p. ex.) ou para desenvolver atividade totalmente estranha a ele (caso do afastamento para exercício de mandato parlamentar).

Se admitirmos o cômputo desses períodos como de estágio probatório, estaremos contrariando a exigência constitucional de que os servidores ingressados sejam submetidos, por dois anos, a uma avaliação de seu desempenho no cargo. Pior: se admitirmos o exercício ficto, teremos de aceitar, também, a presunção absoluta de que, no período a ele correspondente, o servidor exerceu adequadamente o seu cargo. Isso importaria, de um lado, a supressão da avaliação efetiva que a Constituição impôs e, de outro, a instauração de regra de profunda desigualdade: servidores que cumprissem inteiramente seu estágio probatório estariam sujeitos ao risco de ter seu desempenho avaliado negativamente, enquanto os afastados ganhariam automaticamente uma avaliação positiva.

DIREITO AO NOME (SENTIDOS DA LIBERDADE)

MARIA GARCIA
Professora Assistente de Direito Constitucional da Faculdade de Direito da Universidade Católica de São Paulo

A cidadania é um processo e representa o ápice do exercício da liberdade, porquanto "é o direito a ter direitos", na acepção de Hannah Arendt. Quais direitos? Todos os previstos na Constituição e deles decorrentes.

1. "O que é liberdade?" Hannah Arendt provoca esta questão, "uma empresa irrealizável", mostrando que, para a Política, o problema é crucial — e é o campo em que a liberdade sempre foi conhecida.

"Devemos ter sempre em mente, ao tratarmos do problema da liberdade, o problema da política e o fato do homem ser dotado com o dom da ação, pois ação e política, entre todas as capacidades e potencialidades da vida humana, são as únicas coisas que não poderíamos sequer conceber sem ao menos admitir a existência da liberdade e é difícil tocar em um problema político particular sem, implícita ou explicitamente, tocar em um problema da liberdade humana".

"Esta liberdade — que mesmo os que louvam a tirania necessitam levar em conta — prossegue — é o oposto da 'liberdade interior', o espaço interno no qual os homens podem fugir à *coerção* externa e sentir-se livres. Contudo, é o motivo pelo qual os homens convivem politicamente organizados, a *raison d'être* da política e seu domínio de experiência e ação."

A liberdade, como fato demonstrável portanto, e a política coincidem e são relacionadas uma à outra como dois lados da mesma matéria.

A seguir, Arendt unifica a idéia de liberdade com a idéia de ação: "Os homens *são* livres — assinala — enquanto agem, nem antes, nem depois; pois *ser* livre e agir são uma mesma coisa".

Mais: aludindo ao termo "político", no sentido da *polis* grega, na relação entre liberdade e política acresce a finalidade de estabelecer e manter um espaço em que a liberdade pudesse aparecer. "É este o âmbito em que a liberdade constitui uma realidade concreta, tangível em palavras que podemos escutar, em feitos que podem ser vistos e em eventos que são comentados, relembrados e transformados em estórias antes de se incorporarem por fim ao grande livro da história humana."

Montesquieu, ressalta, distinguiu expressamente a liberdade política da filosófica, "e a diferença consistia em que a filosofia não exige da liberdade mais que o exercício da vontade (*l'exercice de la volonté*), independentemente das circunstâncias e da consecução das metas que a vontade estabeleceu. A liberdade política, ao contrário, consiste em poder fazer o que se deve querer ('la liberté ne peut consister qu'a pouvoir faire ce que l'on doit vouloir') — a ênfase recai sobre *pouvoir*. Para Montesquieu como para os antigos era óbvio que um agente não podia ser chamado de livre quando lhe faltasse a capacidade para fazer — donde se torna irrelevante se essa falha é provocada por circunstâncias exteriores ou interiores".[1]

2. Ora, a Constituição Federal, no art. 5º, *caput*, assegura a inviolabilidade, à pessoa, dos direitos fundamentais concernentes à vida, à liberdade, à igualdade, à segurança e à propriedade.

Os direitos públicos subjetivos da *pessoa* incluem, na sua acepção, *os direitos da pessoa humana*. Investem-na, como explicita Manoel Gonçalves Ferreira Filho,[2] no *status libertatis*: as liberdades clássicas que a protegem do arbítrio do Estado; nos direitos da pessoa política (o *status activae civitatis*, a liberdade de participação, que lhe permite a prática da cidadania) e os direitos da *pessoa* social (o *status civitatis*: habilitam-na a exigir e a receber os serviços prestados pelo Estado).

É dessa dimensão do homem como pessoa humana e pessoa social que queremos ocupar-nos neste momento, e, nessa dimensão, um dos aspectos específicos do ser humano, *o direito ao próprio nome*.

3. O conceito civil: refere Washington de Barros Monteiro[3] que um dos atributos mais importantes da pessoa natural, ao lado da capacidade civil e do estado, é o nome.

E diz três frases definitivas a respeito: "O homem recebe-o ao nascer e conserva-o até a morte. Um e outro se encontram eterna e indissoluvelmente ligados. ... Em todos os momentos, em todos os atos jurídicos, o homem tem de apresentar-se com o nome que lhe foi atribuído e com que foi registrado".

Nessas afirmativas do preclaro Civilista encontra-se o fulcro daquilo que denominamos o avesso da liberdade individual, ficando ressaltado desde logo que *o nome nos foi atribuído*, ou seja, a vontade pessoal de cada um em nada atuou, nesse importante ato de nossa vida.

Tão importante, que a doutrina se desdobra na discussão da sua natureza jurídica, sendo para uns uma *forma de propriedade* (Cunha Gonçalves), para outros um *direito da personalidade*, exercitável *erga omnes* e cujo objeto é inestimável (Ferrara e Ruggiero); para outros, ainda, um *direito subjetivo extrapatrimonial*, de objeto imaterial. Mais: um *sinal distintivo da personalidade*, segundo Josserand.

Cabe deixar lembrado, de pronto, que o *nome* compõe-se de um *prenome* e do respectivo *apelido de família*, sendo o primeiro individual e podendo ser escolhido *ad libitum* dos interessados, sendo o segundo o sinal revelador da procedência da pessoa e servindo para indicar sua filiação, sua estirpe.

"A imprescindibilidade do nome — ensina o citado civilista[4] — foi reconhecida desde os mais remotos tempos: entre os gregos era único e individual. Cada pessoa tinha o próprio nome e não o transmitia aos descendentes. Entre os hebreus, era igualmente único, mas com o tempo, quando as tribos se multiplicaram, os indivíduos passaram a ser individualizados pelo seu nome ligado ao do genitor (José Bar Jacob — José, filho de Jacob). ... O so-

1. *Entre o Passado e o Futuro*, Perspectiva, 1972, pp. 188 e ss.
2. *Curso de Direito Constitucional*, Saraiva, 1978, n. 113.
3. *Curso de Direito Civil*, Saraiva, 1971, pp. 92 e ss.

4. Ob. cit., p. 93.

brenome, a princípio, era individual e não se transmitia hereditariamente. Depois, todavia, começou a passar de pai para filho. Esse o seu caráter na atualidade".

Importa-nos o *prenome*, entretanto — individual e escolhido para a pessoa, por outrem cuja vontade irá prevalecer, daí em diante, até a morte.

O *prenome será imutável*, decreta o art. 58 da Lei 6.015, de 31.12.73, a Lei de Registros Públicos. Recorrendo a Washington de Barros Monteiro,[5] verificamos a sua afirmação de que o dispositivo é curialmente salutar, justificando essa postura: "Não se admite que uma pessoa, registrada como Antônio, passe a chamar-se João. Semelhante mutação seria perigosa e altamente nociva aos interesses sociais". E, mais adiante, ao tratar das possibilidades legais de alteração do prenome (erro gráfico, irrisão etc.), afirma o citado civilista: "O objetivo do legislador é evitar que a pessoa, por malícia ou por capricho, esteja a todo instante a mudar de nome."

Cabe deixar destacado, portanto, que a interpretação predominante para o alcance de tal dispositivo seria a nocividade da mutação "aos interesses sociais", por alterações que pudessem ser efetuadas "a todo instante, por malícia ou capricho."

4. Os direitos da personalidade: tratando do conceito de direitos da personalidade, Sílvio Rodrigues[6] coloca entre eles, como inerentes à pessoa humana e a ela ligados de maneira perpétua e permanente, "não se podendo mesmo conceber um indivíduo que não tenha direito à vida, à liberdade física, ou intelectual, *a seu nome*, a seu corpo, à sua imagem e àquilo que ele crê ser a sua honra" (grifamos).

O reconhecimento dos direitos do homem, enfatiza, reconhecidos no campo do Direito Público, conduz à necessidade do seu reconhecimento no campo do Direito Privado, e lembra, a propósito do fundamento dos direitos da personalidade, a colocação do civilista espanhol Diego E. Canovas, procurando relacionar a proteção legislativa à Constituição Espanhola de 1978 e particularmente ao capítulo de proteção aos direitos do homem, capítulo que se encontra em termos mais ou menos parecidos na maioria das Cartas Constitucionais modernas. A regra constitucional invocada (art. 10, I), esclarece, é a que proclama que "a dignidade da pessoa, os direitos invioláveis a ela inerentes, o livre desenvolvimento da personalidade, o respeito à lei e aos direitos dos outros, constituem o fundamento da ordem política e da paz social".

Os *direitos da personalidade* incluem *o direito ao nome*, um direito inerente à pessoa, nele integrados, esclarece Sílvio Rodrigues, "o patronímico familiar, que ordinariamente representa uma herança que se transmite de pai a filho, ou é adquirido pela mulher através do casamento, e o prenome, que é atribuído à pessoa por ocasião da abertura de seu assento de nascimento e que é imutável".[7]

A personalidade, no entanto, envolve o indivíduo na sua plenitude física e psíquica.

Betti Katzenstein[8] observa que a definição de personaldiade varia muito. Alport e Vernon enumeram cerca de 50 definições diferentes.

Mário Wagner e Raquel Vieira da Cunha[9] colocam o conceito de *personalidade básica*. O tipo de personalidade bási-

5. Ob. cit., pp. 96 e 97.

6. Ciclo de Conferências sobre o Projeto do Código Civil, in *Revista do Advogado* 19/54 e ss.

7. Idem, p. 59, n. 7.

8. "A personalidade e a cultura", in *Psicologia Moderna*, Otto Klineberg et al., Agir Editora, 1953, p. 331.

9. Idem, pp. 448 e ss.

ca para qualquer sociedade é o da configuração de personalidade que é partilhado pela grande maioria dos membros da sociedade como resultado das primeiras experiências que tiveram em comum. Ela não corresponde à personalidade total do indivíduo, mas antes ao sistema projetivo ou, por outras palavras, aos sistemas de valores — atitudes que são básicas à configuração da personalidade do indivíduo.

Reconhecendo a dificuldade em traçar os limites do conceito de personalidade, Mira y Lopez[10] chega à conclusão de que ela representa a *estrutura e a silhueta psíquica individual*, ou seja, o modo de ser peculiar do Eu.

Cecília Whitacker Bergamini[11] destaca a amplitude desse conceito, em que a personalidade pode ser definida sob vários aspectos, dependendo do enfoque a partir do qual estamos estudando o ser humano. Assim, psicologicamente falando, personalidade é aquele conjunto de características próprias a cada um e que, sendo particulares, distinguem as pessoas entre si. Ressalta, entretanto, a afirmativa de Krech e Crutchfield sobre a importância de se compreender a personalidade como um todo, o indivíduo como uma entidade unificada, na medida em que reage ao ambiente e procura enfrentá-lo, portanto não só "os processos de percepção, aprendizagem, pensamento, emoção e motivação mas a pessoa que percebe, aprende, sente, pensa, age".

Se a personalidade assim pode ser compreendida e considerada, como valores, modo de ser do Eu, uma entidade unificada de interior e exterior, pensamento e ação — algo em si mesmo e em relação com os outros, agindo e interagindo — os direitos que defluem dessa personalidade fazem parte do seu todo, do patrimônio individual de cada um, e explicam essa personalidade também, em cada uma das suas facetas ou particularidades.

O prenome — o modo como o indivíduo é chamado, personalizado — deve corresponder ao seu interior, àquele pelo qual esse indivíduo "se chama", "chama a si próprio", "se reconhece" interiormente. Deverá existir uma adequação, uma conferência interior, a fim de que se conformem a aceitação e a unificação da personalidade. Se houver conflito e resistência, aquele ser que percebe, aprende, sente, pensa e age terá sua personalidade obstada no seu desenvolvimento, no seu modo de ser, na sua liberdade, que é desrespeitada e diminuída cada vez que pronunciado o nome não aceito, não querido, interiormente rejeitado.

Para um melhor exame da situação deve-se partir da preliminar básica e cêntrica de que *o prenome é sempre imposto*. Por ocasião do seu registro o indivíduo não tem possibilidade de manifestação e mais tarde, quando poderia fazê-lo, essa manifestação é-lhe negada por lei, em termos peremptórios e definitivos.

Essa vedação, que não leva em conta o direito fundamental da liberdade de, livremente e com autonomia, escolher o próprio nome, essa proibição quase absoluta que se impõe ao indivíduo mesmo ao atingir ampla capacidade jurídica e política para tantos inumeráveis atos da sua vida, fere, limita, obstaculiza e torna inexercitável, neste ponto, a liberdade inerente à sua plenitude física e psíquica.

5. *Os sentidos da liberdade*: como o de *vida*, os sentidos da *liberdade* vêm imantados de subjetividade e imprecisão e somente serão delineados caso a caso, nas várias possibilidades que circundam a personalidade humana: a opressão, a pena privativa, em relação a um deles, o aborto e a

10. *Psicologia Geral*, Melhoramentos, 1974, p. 246.

11. *Psicologia Aplicada à Administração de Empresas*, Atlas, 1976, pp. 49 e ss.

pena de morte em relação ao outro, para colocar apenas os seus aspectos ou antepa-ros máximos.

Assim é, na hipótese presente, a delimitação do direito fundamental à liberdade, num de seus elementos diacríticos — concernentes ao *direito ao nome*, não aquele imposto porém, e sim como objeto de uma ação consciente do próprio indivíduo.

Um dos sentidos da liberdade, conforme o pensamento de Hannah Arendt, vem acompanhado da idéia de *poder*, de *agir*, mais além da liberdade interior (*liberum arbitrium*), "pois *ser* livre e agir são uma mesma coisa".

Nessa liberdade de agir se compreendem o direito à própria identidade e a ação conseqüente a esse entendimento. Na identidade, o elemento primeiro e indispensável do *nome*, a primeira forma de identificação no relacionamento social, exteriorizando-se do "quem sou eu" interno psicofilosófico.

O direito ao nome — como vem assegurado, presentemente, na lei — não corresponde ao sentido de liberdade. É necessário que, ao atingir a maioridade civil, o indivíduo tenha pleno acesso às formas de atender a esse sentido da liberdade, tal como ocorre, em outras áreas do Direito, relativamente à vida pessoal de cada um.

Para que tal ocorra e a legislação infraconstitucional atenda a esse desiderato, o *direito de opção* deverá ficar disponível ao indivíduo que atinge a capacidade civil plena, precisamente o *direito ao prenome*, porque imposto atualmente, numa situação inconciliável com a liberdade de *ser* e de *agir*.

Estabelecida essa possibilidade, desnecessário enfatizar que, no exercício dessa opção, dessa escolha única e irretratável (e sujeita aos mesmos requisitos atuais da lei que proíbe sujeitar-se o seu portador à irrisão ou qualquer outro tipo de inibição pessoal), inexiste qualquer nocividade a interesses sociais, conforme se tem argumentado, imprecisa e genericamente, a fim de obstar a qualquer alteração.

Outrossim, o indivíduo que venha a prevalecer-se desse direito fundamental da sua personalidade arcará, evidentemente, com os ônus da alteração do seu nome, cumpridos os 21 anos de idade, todas as formalidades conseqüentes. Tais ônus, todavia, não podem constituir-se, por si mesmos, em óbices ao exercício do direito.

Verifica-se daí que os argumentos levantados geralmente não devem prevalecer sobre aquele direito constitucionalmente assegurado. Todos são casuísmos. Importa conferir ao direito de liberdade o seu sentido pleno, neste aspecto considerado: o sentido da liberdade é o sentido da realização da personalidade humana, em todas as suas possibilidades, física e psiquicamente integrada.

ESTUDOS & COMENTÁRIOS

DECLARAÇÃO DE INCONSTITUCIONALIDADE

ANTONIO CEZAR LIMA DA FONSECA
Promotor de Justiça no Rio Grande do Sul — Professor da Escola Superior do Ministério Público, do Estado do Rio Grande do Sul

Introdução

São inúmeros os trabalhos no campo constitucional que têm aflorado com o advento da Carta de 1988. Isso se deve, também e obviamente, ao novel Texto. Daí por que pouco há de novidade no tema que ora trazemos.

No entanto, ainda assim, suscitamos algumas polêmicas na seara da inconstitucionalidade das leis.

A Constituição é a Lei Fundamental, já o dizia Kelsen; é a lei superior a todas as demais; é o norte, pelo qual as demais leis devem se orientar.

A inconstitucionalidade, sabe-se, é toda ação ofensiva, ou omissão, total ou parcial, ao texto da Lei Fundamental. É comum referirmos que uma certa lei, vigente, é inconstitucional. Mas foi o gênio de Kelsen que nos demonstrou o equívoco dessa afirmativa, aliás, uma verdadeira *contradictio in adjecto*.[1]

A inconstitucionalidade, ainda, pode ser *formal*, quando as normas são criadas por autoridades incompetentes ou em desacordo com formalidades ou procedimentos exigidos pela Constituição; pode ser *material*, quando o conteúdo das leis contraria preceito ou princípio da Constituição.[2]

Quando se fala em Constituição, de outro lado, surge-nos, naturalmente, o Estado de Direito, que é aquele onde a Carta Maior nele tem sua plenitude; é onde aparecem os acertos e os desacertos do legislador ordinário. Na verdade, num Estado de Direito impede-se até o equívoco do legislador encarregado de mudar a própria Constituição, daí a importância da declaração de inconstitucionalidade.

Nosso trabalho, portanto, cinge-se ao estudo dessa forma de evitar, apontar, sustar os equívocos dos Poderes constituídos contra a Carta, que é o controle da constitucionalidade das leis. O estudo está dividido em duas partes: na primeira, veremos o controle em si considerado, seu surgimento, conceito, sistemas e formas de controle; na segunda parte analisaremos o controle no Direito brasileiro.

I — A declaração de inconstitucionalidade e o controle de constitucionalidade

A declaração de inconstitucionalidade e o controle de constitucionalidade são lados da mesma medalha. De um, decorre a ou-

1. *Teoria Pura do Direito*, 1ª ed., Martins Fontes, 1985, p. 287.

2. José Afonso da Silva, *Curso de Direito Constitucional Positivo*, 6ª ed. atual., Ed. RT, 1990, p. 46.

tra; do controle resulta a declaração. E o controle decorre da rigidez constitucional, como ensina Manoel Gonçalves Ferreira Filho.[3]

A expressão "declaração de inconstitucionalidade" não tem referência semântica muito precisa.[4]

Castro Nunes já dizia que a declaração de inconstitucionalidade é uma designação especial do desnível entre normas. Ao nos referirmos à nova lei que automaticamente revoga a anterior, supomos leis de "igual hierarquia, supomos um cotejo de leis do mesmo nível". Mas, se a questão está em saber se uma norma continua a viger em face de regras ou princípios de uma Constituição, "a esse desnível é que chamamos declaração de inconstitucionalidade".[5]

Tal declaração, doutrina Withaker, é de certo modo atividade elaboradora do Judiciário e derruba um ato do Poder Público, ou um diploma, por antagonizarem com o Texto Maior, formal ou substancialmente.[6]

A existência de um controle de constitucionalidade é inafastável numa sociedade que tem a Constituição como lei maior.

Na verdade, se se deseja que os preceitos da Constituição não sejam algo mais do que meras indicações legislativas, é necessário estabelecer um controle de constitucionalidade. Em não havendo tal controle, "con mayor o menor frecuencia se presentará el problema de la existencia de leyes pretendidamente inconstitucionales".[7]

Via de regra, são as expressões "controle de constitucionalidade das leis" ou "controle constitucional" utilizadas para nomear o fenômeno aqui tratado, sendo que a segunda expressão é a mais adequada no Direito Comparado.[8]

A Constituição Federal de 1988 bem como a do Estado do Rio Grande do Sul de 1989 não se furtaram em utilizar da expressão *declaração de inconstitucionalidade*, mesmo que, via de regra, os doutrinadores evitem-na. Assim, na Carta Federal: arts. 97, 102, III, *b*, 103, 2º; na Carta do Estado do Rio Grande do Sul nos arts. 53, XIII, 93, IX.

A) Conceito

A origem da teoria dos controles constitucionais geralmente é situada na doutrina dos americanos. Mauro Cappelletti demonstra que essa origem é mais remota, embora reconheça a importância daquela doutrina neste tema.

As técnicas de controle aparecem desde que o Estado se institucionalizou, pois se percebeu a necessidade de evitar a centralização do poder em mãos de poucas pessoas ou instituições.[9]

Em Esparta e em Atenas não havia uma Corte Constitucional. Na Grécia, qualquer cidadão podia apresentar a queixa contra a decisão do Conselho ou da Assembléia. Os autores, que bem trataram do tema, noticiam a existência de uma ação, a *grafé paranómon*, ou ação pública de ilegalidade (para Cappelletti), ou acusação de ilegalidade (para R. B. Repetto). Essa ação servia para conter o legislador imprudente. Aí

3. In *Curso de Direito Constitucional*, 17ª ed. atual., São Paulo, Saraiva, 1989, p. 30.

4. Paulo Luiz Neto Lobo, "O controle de constitucionalidade das leis e o direito adquirido", *RDC* 48/106, Ed. RT.

5. In *Teoria e Prática do Poder Judiciário*, 1ª ed., Rio, Forense, 1943, p. 603.

6. Fernando Withaker da Cunha, *Direito Constitucional do Brasil*, 1ª ed., Rio, Renovar, 1990, p. 299.

7. Raul Bertelsen Repetto, *Control de Constitucionalidad de la Ley*, 1ª ed., Editorial Jurídica de Chile, 1969, p. 21.

8. José Alfredo de Oliveira Baracho, *Processo Constitucional*, 1ª ed., Rio, Forense, 1984, p. 148.

9. Mauro Cappelletti, *O Controle Judicial de Constitucionalidade das Leis no Direito Comparado*, 1ª ed., Rio Grande do Sul, Fabris, 1984, p. 49.

se suspendia a entrada em vigor da lei, numa espécie de suspensão liminar da vigência da lei. Talvez esteja por aqui a origem das liminares no controle. Diz Reppetto que a lei era julgada exatamente como uma pessoa.[10]

Em Roma, seja na Realeza ou República, o Senado é quem detinha a competência confirmatória das decisões dos Comícios. O Senado confirmava as leis só depois de verificar se elas iriam ou não contra os costumes e, caso positivo, decidia se a revogação dos costumes seria justificada.[11]

No período medieval, as normas do Direito Positivo não podiam estar em contraste com as do Direito Natural.[12]

Na Inglaterra, também regia a superioridade do ordenamento jurídico o Direito Natural, sendo do jurista inglês Edward Coke (1552-1634) a formulação de que a lei devia subordinar-se ao *common law*. Eis as palavras de Coke: "Aparecem em nossos livros muitos casos em que o *common law* contrasta atos do Parlamento e julga-os totalmente írritos; pois, quando um ato do Parlamento é contrário ao direito humano e à razão, ou repugnante ou impossível de ser cumprido, o *common law* contrastá-lo-á e julgá-lo-á nulo".[13]

Na França, a questão da constitucionalidade aparece com intensidade no período revolucionário, sendo o Senado encarregado de velar pela regularidade das leis e atos administrativos.[14]

Nos Estados Unidos, embora o célebre caso Marbury x Madison tenha sido o coroamento da supremacia constitucional, "clássica e definitiva jurisprudência sobre o assunto", como diz José Baracho, foi a Carta da Pennsylvania de 1776, através de órgão especificamente criado, que tratou de controle de constitucionalidade[15] pela primeira vez.

Pode-se dizer, portanto, que o controle da constitucionalidade das leis é fruto de um ato amadurecido através de séculos de história: "história não apenas americana, mas universal".[16]

Então, à guisa de conceito, entendemos que controle de constitucionalidade "*é a verificação de adequação de um ato jurídico* (particularmente a lei) *à Constituição*", nas precisas palavras de Manoel Gonçalves Ferreira Filho.[17]

10. Ob. cit. pp. 37 e ss. V. também Cappelletti, ob. cit., p. 52.

11. Ronaldo Poletti, *Controle de Constitucionalidade das Leis*, 1ª ed., Forense, 1985, pp. 27 e ss.

12. Consoante doutrina Cappelletti, ob. cit. p. 52, a idéia do *jus naturale* na Idade Média tinha um lugar preeminente, sendo configurado como a norma superior, de "derivação divina" e inspiradora. Traz as palavras de Bataglini: "o ato soberano que tivesse infringido os limites postos pelo direito natural era declarado formalmente nulo, não vinculatório, tanto que o juiz competente para aplicar o direito era obrigado a considerar nulo (e por isto não obrigatório) seja o ato administrativo contrário ao direito (natural), seja a própria lei, que se encontrava em semelhante condição, mesmo que ela tivesse sido proclamada pelo Papa ou pelo Imperador". Os súditos, individualmente, estavam desobrigados ao dever de obediência em face do comando contrário ao direito natural, justificando-se, até, a resistência armada.

13. Brinton Coxe, *apud* Oswaldo Aranha Bandeira de Mello, *A Teoria das Constituições Rígidas*, 1ª ed., José Bushatsky, 1980, p. 106.

14. O Senado francês (*Sénat Conservateur*) era composto de 80 membros. Ao lado do *Conseil d'État*, do *Corps Législatif* e do *Tribunat*, compunha o processo legislativo pós-revolução.

15. Ob. cit., p. 150. O caso Marbury x Madison ocorreu em fevereiro de 1803. O cidadão William Marbury ingressou com uma ação originária na Suprema Corte Americana pedindo que esta compelisse o Secretário (Ministro) James Madison a lhe entregar o título de nomeação como Juiz. O Juiz John Marsal proclamou a Supremacia da Constituição. É de se consultar Lincoln Magalhães da Rocha, *A Constituição Americana*, p. 6.

16. Cappelletti, ob. cit., p. 63.

17. Ob. cit., p. 40.

B) Sistemas de controle

A palavra *sistema*, no campo jurídico, tem sido utilizada numa gama de acepções. Aqui, também, sistema tem sentido diverso daquele utilizado na Teoria Geral do Direito. É de Mario G. Losano a advertência: "Nella storia semantica del termine 'sistema', dunque, si incontreranno più filosofi e teologi che giuristi; o meglio, tenendo conto della mancanza di specializzazione degli studiosi dei secoli passati, si incontreranno più opere filosofiche che opere giuridiche".[18]

Portanto, sistema, aqui, está como *forma, modalidade ou meio.*

José Afonso da Silva aponta a existência de três espécies de sistema para o controle de constitucionalidade das leis: o *político*, o *jurisdicional* e o *misto*.[19]

Marcello Caetano não se utiliza dessa divisão, mas fala em *órgãos de fiscalização da constitucionalidade das leis,* apontando *órgãos políticos* e *jurisdicionais.*[20]

Gomes Canotilho menciona os *sujeitos do controlo: político* e *jurisdicional.*[21]

Preferimos a classificação do jurista brasileiro, porque nos parece mais abrangente.

O controle *político* é o que entrega a órgãos de natureza política o controle da constitucionalidade, tais como o Poder Legislativo, ou a um órgão especialmente criado para esse fim.[22] Segundo Canotilho, esse sistema também é designado por *sistema francês*,[23] pois a França é o país que "oferece os mais típicos e mais numerosos exemplos de um controle político".[24]

Doutrina Cappelletti que, usualmente, no sistema político, o controle, ao invés de ser posterior à elaboração da lei, é preventivo, "vale dizer, ocorre antes que a lei entre em vigor e, às vezes, se trata ainda de um controle com função meramente consultiva, isto é, função de um mero parecer".[25]

Michel Fabre, citado por Paulo Bonavides, identifica nesse controle duas categorias: um controle *prévio*, ou preventivo, que antecede à votação da lei; e um controle *a posteriori*, ou repressivo, que é feito após a votação da lei.[26]

No *jurisdicional*, o poder de controle é outorgado ao Poder Judiciário, ou suscitado ante um tribunal especial, como ensina José Baracho. É o *judicial review* do Direito norte-americano.

Tal sistema melhor se alinha com as Constituições rígidas, apesar de possuir "um grave problema teórico": o Judiciário, ao adquirir supremacia aos atos do Executivo e do Legislativo, está "tutelando o próprio Estado".[27]

É de Nagib Slaibi Filho a distinção entre controle jurisdicional e controle judicial, mas não vemos importância prática nessa sutil diferenciação, pois, com um ou

18. In *Sistema e Struttura nel Diritto*, v. I/5 e 6, Turim, G. Giappichelli Editore, 1968.
19. Ob. cit., p. 48.
20. In *Manual de Ciência Política e de Direito Constitucional*, 6ª ed., revista e ampliada, t. I/346, Coimbra, Almedina, 1989.
21. In *Direito Constitucional*, 5ª ed. refundida e aumentada, Coimbra, Almedina, 1991, pp. 978 e 979.
22. V. José Afonso da Silva, ob. cit., p. 48.
23. Ob. cit., p. 978.
24. Ob. cit., p. 26. O autor descreve com minúcias o processo que envolve o *Conseil Constitutionnel*, aduzindo que esse sistema insere-se no próprio *iter* da formação da lei na França, sendo "um ato", um "parecer vinculatório" no processo formativo da lei (ob. cit., p. 29).
25. Ob. cit., p. 26.
26. In *Direito Constitucional*, 2ª ed., Rio, Forense, 1986, p. 227. Regina Maria M. N. Ferrari (*Efeitos da Declaração de Inconstitucionalidade*), trazendo opiniões abalizadas, atesta a ineficácia desse tipo de controle, onde só se substitui a opinião política do órgão que elaborou o ato, sendo o controlador "um outro Legislativo" (p. 32).
27. Ob. cit., p. 227, in Paulo Bonavides.

outro, existe mesmo é a retirada da lei viciada do mundo jurídico.[28]

O controle jurisdicional faz-se por dois critérios, ou maneiras, ou modos: *via indireta*, por exceção; *via direta*, por ação.

O controle por via de exceção, ou difuso, ou incidental, ou indireto, ou norte-americano, ou jurisdição constitucional difusa, como o denominam os doutrinadores, tem sua origem nos Estados Unidos. A associação do sistema difuso ao constitucionalismo americano é justificada. Foi aí que, divergentemente da doutrina britânica da soberania do Parlamento, se desenvolveu a idéia de *higher law* como *background* do Direito Constitucional americano.[29]

Segundo James Grant, o controle difuso *foi uma contribuição das Américas à ciência política*.[30]

Há controle difuso quando a qualquer juiz é dado apreciar a alegação de inconstitucionalidade no bojo dos autos; todos os órgãos do Poder Judiciário podem declarar, incidentemente, em qualquer processo onde a questão for ventilada, a inconstitucionalidade de uma lei. É o que ocorre em nossas comarcas.

A questão da inconstitucionalidade é levantada, por via de incidente, como preliminar ou no próprio fundo, por ocasião e no decurso de um processo comum. Pode ser processo civil, penal ou administrativo,[31] e é discutida na medida em que seja *relevante* para a solução do caso concreto.

No controle indireto a declaração de inconstitucionalidade, pode-se dizer, é *a posteriori*. Diz-se que é por exceção, pois tem relação íntima com a resposta do réu, onde tal alegação vem deduzida. A norma é atacada *in concreto*, os seus efeitos são *inter partes*.

A jurisprudência nacional tem abrandado tal controle, admitindo, em certos casos, uma espécie de controle difuso via ação declaratória, ou mandado de segurança, mas para solucionar a controvérsia.

Tal modalidade não ficou isenta de críticas, pois alguns estudiosos vêem nela uma formação de insegurança nas relações sociais: possibilita que juízes da mesma comarca, em questão semelhante, decidam de modo diverso, com soluções até contrárias. Mas é, sem dúvida, a melhor forma de alcançar ao cidadão um meio de defesa contra a norma ofensiva ao Texto Magno.

No controle *concentrado*, ou por ação direta, ou de via principal, ou austríaco, como o denominam os doutrinadores, "as questões de inconstitucionalidade podem ser levantadas, a *título principal*, mediante processo constitucional autônomo".[32] O controle é deferido ao tribunal de cúpula do Poder Judiciário, federal ou estadual, conforme a origem da norma atacada. Pode, também, ser deferido a uma Corte Especial.[33]

Trata-se de controle direto porque exercido via de ação principal por parte especialmente designada (*rectius,* legitimada) pelo texto constitucional federal ou estadual. A norma é atacada *in abstracto* e quando declarada sua inconstitucionalidade forma-se uma decisão *erga omnes*, isto é, decisão que ampara todos aqueles que estão sob o manto da juridicidade federal ou estadual violada.

Essa forma de controle surgiu da Constituição austríaca, de 1920, sob a inspiração de Hans Kelsen.

28. In "O controle jurisdicional de constitucionalidade na nova Constituição", Seleções *COAD*, Abril/89, p. 3.
29. Canotilho, ob. cit., p. 979.
30. *Apud* Cappelletti, ob. cit., p. 46.
31. V. Gomes Canotilho, ob. cit., p. 981.
32. V. Canotilho, ob. cit., p. 983.
33. V. José Afonso da Silva, ob. cit., p. 48.

Essa modalidade não ficou imune à crítica: afasta do cidadão comum (não legitimado) a possibilidade de defender-se da norma írrita, contudo beneficia a todos, indistintamente.

Veremos tais controles detidamente quando tratarmos da questão junto ao Direito brasileiro.

No controle *misto*, certas categorias de leis são submetidas ao controle político e outras ao jurisdicional, consoante a classificação de José Afonso da Silva.[34]

Regina M. Ferrari, Professora da Universidade Federal do Paraná, bem apontou o equívoco de quem pretende ver no Brasil um sistema "misto, pelo fato da possibilidade prevista no art. 52, X, da CF, onde o Senado pode suspender a eficácia da lei declarada inconstitucional pelo Judiciário". Essa participação não caracteriza o sistema misto, "já que quem decide é o Poder Judiciário".[35]

Também inocorre sistema misto no controle prévio existente no Legislativo, quando, *v.g.*, controla Emenda Constitucional. Sabemos que alguns textos consagram *vedações circunstanciais* à reforma da ordem constitucional, nas palavras de Gilmar Ferreira Mendes.[36] São limites, previstos na Constituição, à eventual reforma. São normas supraconstitucionais, ou *cláusulas pétreas*, aquelas encarregadas de assegurar a integridade do Texto Maior.

Existe tal controle deferido pelo Regimento Interno do Congresso Nacional ao seu órgão dirigente, a impedir agressão às cláusulas pétreas. Só pode ser chamado de político por oposição ao controle judicial, mas não pertence ao sistema político ou misto.[37]

II — O controle de constitucionalidade no Direito brasileiro

O art. 15, VIII e IX, da Constituição do Império, março de 1824, dizia ser atribuição da Assembléia-Geral a interpretação, suspensão e revogação de leis, devendo velar na guarda da Constituição. Havia influência francesa nesse ponto e inexistia um controle jurisdicional.[38]

Mas foi sob a influência de Rui Barbosa e do constitucionalismo norte-americano que surgiu, no regime republicano, na Carta de 1890, um controle jurisdicional difuso.

A partir de então, novas Constituições aprimoraram o sistema, desde a introdução de *quorum* para a declaração (art. 179 da CF/34) até o surgimento da inconstitucionalidade "por omissão" (art. 103, § 2º, da CF/88).

Nesta segunda parte do estudo veremos esse controle nas Cartas Federal e do Estado do Rio Grande do Sul, em casuística, sendo que, após, serão apresentadas algumas questões relevantes e pertinentes ao tema, as quais dizemos polêmicas.

A) O controle nas Constituições Federal e do Estado do Rio Grande do Sul

No Brasil inexiste sistema político para o controle de constitucionalidade das leis. Inexiste sistema misto. Existe no Brasil o controle jurisdicional em suas formas concentrada e difusa: esta introduzida com a República e a Constituição de 24.2.1891 e

34. Ob. cit., p. 48.

35. In *Efeitos da Declaração de Inconstitucionalidade*, 2ª ed. atual., Ed. RT, 1990, p. 34.

36. In *Controle de Constitucionalidade, Aspectos Jurídicos e Políticos*, 1ª ed., São Paulo, Saraiva, 1990, pp. 95 e 96.

37. É de se conferir o artigo de Bonifácio de Andrada, "O controle da constitucionalidade na elaboração de Emenda Constitucional", com referência na bibliografia deste.

38. V. Gilmar F. Mendes, ob. cit., p. 169.

aquela adotada pela Emenda Constitucional 16/65 à CF de 1946.[39]

É de se observar que a CF de 1988 também trouxe inovações nesse campo, ampliando o controle concentrado e inserindo um controle pela omissão inconstitucional.

Pela forma concentrada, ao nível federal, as pessoas elencadas no *art. 103, I a IX*, da CF/88 podem ajuizar diretamente ação por inconstitucionalidade no STF. Aí cabe, como sabemos, o pedido de liminar, forte no *art. 102, I, "p"*, da CF/88, através do qual a autoridade judiciária pode sustar os efeitos da norma atacada.

Alguns doutrinadores denominam tal modalidade de *ação direta genérica*, para marcar a posição perante a ação *interventiva* e a *supridora de omissão*, que veremos a seguir.

A Constituição do Estado do Rio Grande do Sul (de 3.10.89-CERS) ampliou sobremodo a legitimação para essa ação direta, legitimando até o Titular da Defensoria Pública, algo que a Carta Federal não fez, embora pudesse fazê-lo, se assim entendesse necessário.

Parece-nos que o constituinte estadual extrapolou, transformando um meio excepcional de ataque à lei inconstitucional num meio quase comum. Claro, ampliando a legitimação, aumenta a possibilidade de ajuizamentos, com o conseqüente inchaço, pode-se dizer, das pautas do Tribunal. Também possibilita que entidades menos avisadas ataquem normas cuja constitucionalidade já está em discussão. Foi tão distante esse constituinte que permitiu a uma Mesa da Câmara Municipal a possibilidade de atacar a norma estadual, quando sabemos a carência jurídica de certos Municípios, onde não controlam sequer a legalidade das suas leis orgânicas.

Mas, com relação à Defensoria Pública, o fato é que, se o constituinte maior quisesse outorgar legitimidade à Instituição, teria feito. E por que não o fez? Porque entendeu que há havia legitimação suficiente, e já extensa, no próprio texto criado. Logo, inadequada a "criação" gaúcha.

Como se não bastasse, a Carta rio-grandense confere letigimidade às entidades de defesa do meio ambiente, dos direitos humanos e dos consumidores, de âmbito estadual ou nacional, legalmente constituídas (*art. 95, § 1º, VIII, da CERS/89*). Aí invadiu seara reservada ao Ministério Público. Ora, se a Instituição ministerial é encarregada (também) da defesa da ordem jurídica e dos interesses sociais individuais e indisponíveis, incluídos direitos do consumidor (art. 82, I, da Lei 8.078/90, atualmente e admitido antes), e o Procurador-Geral de Justiça já está legitimado à ação direta (*art. 95, § 1º, III, da CERS/89*), não vemos razão em "brindar" com aquela titularidade. Aqui, também, vale o argumento de que o legislador federal constituinte não reputou necessária a ampliação.

Ademais, a prática tem demonstrado que, ao final e ao cabo, são os Chefes do Ministério Público Federal e Estadual, com suas independência e garantias, quem acaba suscitando judicialmente tais questões.

A legitimação é igual para a inconstitucionalidade por omissão (*arts. 103 da CF e 95, §§ 1º e 2º, da CERS/89*).

A inconstitucionalidade, já se disse, pode ocorrer por ação ou por omissão. Na inconstitucionalidade por ação pode ocorrer argüição direta ou incidental. Na omissão discute-se a possibilidade de que tal argüição ocorra na via incidental, isto é, por exceção.

O argumento favorável a tal tese não é convincente, pois não vemos como possa alguém alegar o descumprimento de uma lei inexistente. Tal hipótese, s. m. j., é solucionada no campo do próprio processo:

39. É de se consultar o estudo de Célio Borja na obra *A Nova Ordem Constitucional*, Forense, com referência na bibliografia.

há falta de possibilidade jurídica ao pedido.

Ainda no campo da ação direta tem-se: a ação direta interventiva: a) federal, no Estado ou no Distrito Federal (art. 34, III, da CF/88) e a.1) federal, no Município do Distrito Federal, ambas de competência do STF (*art. 35 da CF/88*); b) estadual, em seus Municípios (*art. 35 da CF*), de competência do TJRS (*arts. 125, § 2º, da CF e 95, XII, "c", da CERS/89*).

São interventivas, pois se destinam a promover a intervenção federal ou estadual, conforme o caso, no Estado ou Município que descumprir preceito constitucional. É de se observar que na representação interventiva a questão de inconstitucionalidade é prejudicial, "se revogada a norma inconstitucional durante o processo o mesmo perderá seu objeto".[40]

Também uma espécie de ação direta, criação do novel texto de 1988, existe a ação que visa a declarar a inconstitucionalidade *por omissão*, ou *supridora de omissão*, como pretende Afonso da Silva. As omissões podem ser do legislador federal ou estadual, ou do administrador, que pode estar junto aos Poderes Executivo, Legislativo e até Judiciário (*arts. 103, § 2º, da CF e 95, XII, "d" da CERS*).

Outra espécie de controle criado pela Carta Federal de 1988 é o *descumprimento de preceito fundamental*, cuja argüição será "apreciada pelo STF, na forma da lei" (*art. 102, parágrafo único, da CF*). Como se vê, já está delimitada a esfera de julgamento: a competência é do STF, daí a inexistência de equivalente na órbita estadual. Por outro lado, *a lei* é que deverá regular seu processo, os efeitos da decisão, os legitimados — enfim, ao tratar dos assuntos polêmicos voltarei ao tema.

O STF, por seu turno, com a Carta de 1988, *tornou-se guardião da Constituição*. Daí que também controlará a constitucionalidade, via incidente, pelo *recurso extraordinário* (*art. 102, III, "a"*), com a possibilidade da extensão *erga omnes* dessa decisão, após a manifestação do Senado Federal (*art. 52, X, da CF*).

Ainda no Rio Grande do Sul, no caso de as Câmaras Separadas, ou os Grupos Cíveis, ou as Câmaras Reunidas do Tribunal de Justiça entenderem pela inconstitucionalidade de lei ou de ato do Poder Público, enviarão o processo ao Tribunal Pleno para a decisão do colegiado (*art. 175 do Regimento Interno do TJRS*), que só poderá ser apreciado pela maioria absoluta dos membros (*art. 97 da CF c/c art. 93, IX, da CERS*).

E qual o *rito* a ser adotado nas ações diretas de inconstitucionalidade, por ação ou omissão?

Duas leis regem o processo da inconstitucionalidade: Lei 4.337, de 1.6.64, e Lei 5.778, de 16.5.72.

O Ministério Público *sempre* deve ser ouvido, seja na ação direta, seja na via difusa. É interessante observar que, em alguns processos cíveis, sem a intervenção do agente ministerial, às vezes se decidem questões constitucionais. É de se corrigir tal equívoco. Pode ser até em uma ação de despejo, suscitada a *quaestio* constitucional, o julgador deve enviar o processo ao Ministério Público para sua manifestação, sem o quê se torna viciado irremediavelmente. O Tribunal, por seu turno, deve fiscalizar para que inocorram tais omissões, pois oriundas do Texto Maior (*art. 95, § 3º, da CERS*).

No que diz respeito ao Advogado-Geral da União ou ao Procurador-Geral do Estado do Rio Grande do Sul, quando os Tribunais respectivos, STF ou TJRS, apreciarem inconstitucionalidade, em tese, *são citados* para *defender* o ato impugnado (*arts. 103, § 3º, da CF e 95, § 4º, da CERS*).

A norma colocou em posição delicada os advogados do Estado, pois se obrigam a

40. V. Nagib Slaibi Filho, loc. cit. p. 6.

fazer verdadeiras peripécias jurídicas para *defender atos manifestamente inconstitucionais*. Aí aparece cada "tese jurídica" digna de nota. E isso porque, em tese, a norma se presume constitucional, logo, deve ser defendida.

Tal obrigatoriedade — de o Advogado-Geral defender a norma a qualquer custo — é, *data venia*, equivocada.

À evidência, o Advogado expõe-se em demasia, às vezes ao risível, pelas teses mirabolantes que precisa criar para defender um legislador, muitas vezes, suspeito.

A norma, aliás, já sofreu a devida crítica, pela pena excelente do Prof. Gilmar Mendes, para quem o dispositivo até parece ter criado um instituto novo: o Advogado da Inconstitucionalidade.[41]

Apesar da desaprovação, o STF já se posicionou na matéria: ao Advogado-Geral cabe promover a defesa da norma inconstitucional, pois erigido em "curador da presunção de constitucionalidade da lei" (in Ac. do Pleno do STF 72-1-ADInconst de 22.3.90, rel. Min. Sepúlveda Pertence, *DJU* 25.5.90, p. 4.603).

Ora, a presunção de constitucionalidade da lei, por ser uma presunção, uma *fictio iuris*, não é nem poderia ser absoluta. Como já diziam os antigos: se a Justiça é cega, não o podem ser os aplicadores e lidadores do Direito. Logo, exigir a defesa intransigente de dispositivos manifestamente inconstitucionais, insustentáveis, é submeter o Advogado-Geral ao ridículo, pois assina contra o Direito.

Outra forma interessante de controle constitucional, embora não discutida pela doutrina, surge-nos com a ação civil pública (*art. 129, III, da CF/88*).

Há nítido paralelo entre a ação direta de inconstitucionalidade e a ação civil pública, sendo que esta, às vezes, pode ingressar — e tem ingressado — na seara daquela. Pode acontecer de se obter em primeira instância, em determinado Estado da Federação, a suspensão liminar de certo dispositivo, em ação civil pública; pode até ocorrer de um juiz estadual suspender uma lei federal em sua comarca, por entender que fere interesses difusos ou coletivos. Tem-se o exemplo em São Paulo, quando, na comarca de Santos, o Ministério Público teve liminar na questão dos 147% incidentes em benefícios de acidentados do trabalho.

Há pouco tempo, também, o Ministério Público Federal demonstrou isso na questão dos depósitos bloqueados pelo famigerado "Plano Collor". Cada Estado decidia de certa maneira numa ação de interesse coletivo nacional.

Entendemos que a ação civil pública não se presta para tutelar, *in abstracto*, a questão constitucional e a de interesse coletivo ou difuso, quando aquela é desta prejudicial. Isso porque a questão preponderante é sempre constitucional. Ora, a admitir-se que um juiz de direito do Rio Grande do Sul, ou outro Estado, decida ação civil pública, cuja decisão possui efeitos *erga omnes*, é de se admitir que tal decisão valha para o interior do Piauí, *v.g.*, o que não permite a atual estrutura judicial do País.

Esse poblema também foi observado pelo eminente Procurador-Geral da República, Dr. Aristides Alvarenga, o qual, numa entrevista ao órgão de divulgação da Associação do Ministério Público Gaúcho (Jornal *Réplica*), teve similar pensar: "Entendo que a melhor forma de resolver entre um e outro (refere-se aos institutos ADInconst e ACP) é pela ação direta de inconstitucionalidade" (p. 6).

Como se vê, também por aí se têm controlado certas normas inconstitucionais.

41. Ob. cit., p. XXI.

B) Alguns aspectos polêmicos do controle de constitucionalidade das leis

Para concluir trazemos algumas questões interessantes, assim julgadas no decorrer do estudo, para aflorar o debate e cotejar opiniões porventura existentes.

Uma delas se origina no *quorum* para a declaração. Como já vimos, as Cartas Federal e Estadual exigem maioria absoluta dos membros do Tribunal para a declaração de inconstitucionalidade. Esse *quorum* na declaração de mera ilegalidade é prescindível, mas imprescindível para a inconstitucionalidade, consoante o ensinar de Pontes de Miranda.[42]

Também, não é preciso que todos os juízes estejam presentes, basta a maioria absoluta.[43]

Então, declarada a inconstitucionalidade, obedecido o *quorum* exigível, deve-se, sempre e sempre, providenciar o envio da lei ao Senado ou à Assembléia Legislativa?

Será que o Senado ou a Assembléia Legislativa, recebida a lei declarada contrária à Carta Magna, são obrigados a suspender-lhe a eficácia, sem possibilidade de discussão?

Na primeira questão entendemos que há de existir, à evidência, uma distinção. Em sendo a declaração pela via incidental, levada pelo recurso extraordinário, com decisão em concreto, eficácia *inter partes*, o Tribunal não tem o dever de levar a questão ao Senado ou à Assembléia Legislativa. Pode, porém, o Procurador-Geral da República, ou de Justiça, entender de encaminhar a decisão ao exame do Senado ou da Assembléia, para a suspensão da eficácia da lei.

Ocorre que o Ministério Público, defensor da ordem constitucional (*art. 127, caput, da CF*), pode entender relevante a decisão, para ser estendida *erga omnes*, evitando, assim, o ajuizamento de ação direta, com repetição de atos probatórios e de julgamento, o que viria em prejuízo da celeridade e economia processuais.

Em sendo a declaração fundada na via direta, sabemos, o presidente do STF e o do Tribunal de Justiça têm o *dever* de comunicar a decisão ao Poder Legislativo (art. 7º da Lei 4.337/64).

Com respeito à segunda questão, o jurista Min. Paulo Brossard de Souza Pinto, em laborioso trabalho, colacionou a opinião de vários e eminentes doutrinadores, alguns dos quais argumentavam que o Senado não era mero órgão carimbador das decisões do Poder Judiciário, daí por que podia examinar e quiçá negar a suspensão da eficácia.[44]

Pontes de Miranda dizia que o Senado tinha a faculdade de "negar a suspensão da eficácia da lei", sob pena de se interpretar "rebaixado à categoria de registro de títulos e documentos judiciais".[45]

Parece-nos que o Senado e a Assembléia Legislativa só têm a faculdade de discutir aspectos *formais* da decisão que lhes foi enviada, tal como o *quorum* da votação. O Poder Legislativo, s. m. j., não pode ficar discutindo entre seus membros se está correta a decisão, se a lei é ou não é inconstitucional, pois tal atribuição é do Poder Judiciário. É quem interpreta a Constituição e diz o Direito. Isso para não falar da ausência, no Poder Legislativo, de componentes que sejam técnicos em Direito e que estão a votar e a fazer as leis. Mesmo assessorados juridicamente, a decisão política não se confunde com a deci-

42. *Comentários à Constituição de 1967 com a Emenda n. de 1969*, 3ª ed., t. 3/607, Rio, Forense, 1987.

43. Ob. cit., p. 298.

44. In "O Senado e as leis inconstitucionais", *Revista de Informação Legislativa* 50/55.

45. Ob. cit., p. 623.

são jurídica. Ademais, convenhamos, a decisão pertence ao Poder Judiciário. De outra banda, os *membros* do Poder Legislativo já se pronunciaram na lei declarada inconstitucional, e não teria sentido nova pronúncia.

Assim, embora o Poder Legislativo não seja "carimbador" daquelas decisões, embora não seja cartório de registro, também não é o intérprete da Constituição. Tem uma competência e em seu exercício "cabe-lhe proceder com equilíbrio e isenção, sobretudo com prudência, como convém à tarefa delicada e relevante, assim para os indivíduos, como para a ordem jurídica", como conclui o Min. Paulo Brossard.[46]

Outra questão polêmica diz respeito à declaração de inconstitucionalidade da lei municipal que contraria preceito da Carta Federal.

Sabe-se, a inconstitucionalidade de lei municipal perante a Carta Estadual é deduzida no Tribunal de Justiça (*arts. 125, § 2º, da CF/88 e 95, XII, "d", da CE/89*).

Daí, considerando que a CF silencia quando a norma municipal contraria Lei Maior, os constituintes gaúchos resolveram inserir na Carta estadual (*art. 95, XII, "d"*) a possibilidade de a lei municipal, entendida inconstitucional frente à CF, ser atacada perante o Tribunal de Justiça. Com isso, ressuscitaram antiga polêmica, onde o anterior STF, até em decisão relativa ao Rio Grande do Sul, já havia se inclinado pela impossibilidade (*RE 91.740/80-RS, rel. Min. Moreira Alves*).

Agora, novamente, o atual STF concedeu liminar para suspender a eficácia do dispositivo, como pode se ver na revista *Lex-STF* 148/21. Portanto, não se pode argüir a inconstitucionalidade de lei municipal frente à Carta Federal na via direta.

Não sabemos como isso poderia ter sido evitado. Se o constituinte federal outorgasse ao STF tal competência, haveria o caos que redundaria em nova crise, em função do número de Municípios existente no País; se outorgasse o controle ao Tribunal de Justiça, estaria delegando funções indelegáveis, exclusivas do STF: guarda da Constituição.

Contudo, é de se notar o absurdo vigente: um munícipe, às vezes ignorante, no mais das vezes pobre, sem possibilidade econômica de recorrer a um causídico, fica sem proteção ao abuso do legislador municipal, que pode promulgar lei atentatória à Carta Federal. E pode exigir o cumprimento. Nesse ponto devemos concordar com a Profa. Fernanda Dias Menezes de Almeida: é preciso cortar esse mal pela raiz.[47]

Onde também se pode ver algum desajuste, já notado por constitucionalistas, diz respeito ao mandado de injunção e à inconstitucionalidade por omissão. Esta, já se disse, é novidade na nova Carta e surge de um não fazer, um não agir do legislador ou do administrador, estejam em quaisquer dos Poderes. É uma inação, uma inércia ou silêncio, que contraria o mandamento constitucional.

Sabemos que a Constituição não esgota, e nem poderia fazê-lo, a matéria nela contida. Deve, portanto, existir a atuação dos órgãos administrativos e dos Poderes para fazer valer, muitas vezes, certas normas constitucionais.

Quando os órgãos não atuam como determina a Constituição é que surge a inconstitucionalidade por omissão e a possibilidade de compeli-los a atuar, via ação direta, *in abstracto, a posteriori*. No Rio Grande do Sul há previsão de controle por omissão de leis estaduais e municipais (*art. 95, §§ 1º e 2º, da CERS*).

46. In loc. cit., p. 57.

47. In "O controle de constitucionalidade de leis municipais", *Revista de Informação Legislativa* 76/125 e ss., 1982.

Aqui aparece um problema: pode o Tribunal de Justiça julgar a inconstitucionalidade por omissão. A teor da Carta Estadual do Rio Grande do Sul, é possível. A Profa. Regina Ferrari entende que essa competência, na via direta, é reservada unicamente ao STF. Os Tribunais de Justiça só poderiam apreciar na via de defesa.[48]

Não concordamos. Primeiro porque inexiste proibição constitucional que vede, explícita ou implicitamente, a competência estadual nessa matéria; segundo, o *art. 125, § 2º, da CF* não faz distinção entre ação ou omissão. Ademais, a pretensão de se impedir que os tribunais estaduais auxiliem no controle de constitucionalidade das leis significa impor-se ao STF uma maior carga processual do que a já existente.

O mandado de injunção, na leitura inversa feita por Marcelo Figueiredo do *art. 5º, LXXI*: "O Poder Judiciário concederá ordem de injunção toda vez que, em razão de falta de norma jurídica, direito ou 'liberdade' constitucional não possa ser fruído, exercido, aproveitado pelo impetrante. ... O pressuposto da ação de injunção é exatamente a falta de regulamentação".[49]

Parece existir uma zona cinzenta entre tais institutos. Mas são diferentes.

No que diz respeito à legitimidade: na ação de inconstitucionalidade por omissão, ou supridora de norma, estão legitimados somente aqueles elencados no *art. 103 da CF*, ou no *art. 95, §§ 1º e 2º, da CERS*. No mandado de injunção, legitimado é todo aquele que tenha um interesse jurídico pessoal na edição da norma. Pode ser pessoa jurídica, despersonalizada, como o espólio, a herança jacente, a massa falida etc. Essa distinção foi bem enfocada pelo gaúcho Des. Rui Ruben Ruschel: na inconstitucionalidade por omissão se objetiva apreciar a ausência de lei ou ato normativo em tese; o mandado de injunção aprecia direito em concreto, negado por ausência de regulamentação; naquela, a sentença tem eficácia *erga omnes*; no mandado a eficácia é *inter partes*.[50]

O Juiz federal Adhemar Maciel apresenta inclusive exemplos para distinguir um e outro instituto.[51]

A seguinte ementa bem retrata a inconstitucionalidade por omissão: "A ação direta de inconstitucionalidde por omissão, de que trata o § 2º do art. 103 da nova CF, não é de ser proposta para que seja praticado determinado ato administrativo em caso concreto, mas sim visa a que seja expedido ato normativo que se torne necessário para o cumprimento de preceito constitucional que, sem ele, não poderia ser aplicado" (ADIconst 19, STF, rel. Min. Aldir Passarinho, *RDA* 175/81).

Para concluir, algumas palavras relativas ao descumprimento de preceito fundamental, também criação recente da nova Carta.

Parece-nos que preceito fundamental não pode ser utilizado como sinônimo de princípio fundamental e nem como garantia fundamental, expressões constantes dos títs. I e II da CF/88.

Realmente, a expressão *preceito fundamental*, como reconhece Afonso da Silva, é disposição *não muito bem redigida*. É mais ampla do que aparenta.

Para Célio Borja, a expressão abarca toda a prescrição que dá o sentido básico do regime constitucional, a autonomia dos Estados "e especialmente as designativas de direitos e garantias fundamentais".[52]

48. Ob. cit.

49. In *O Mandado de Injunção e a Inconstitucionalidade por Omissão*, São Paulo, RT, 1991, p. 33.

50. In "Contornos constitucionais do mandado de injunção", *Revista Ajuris* 45/37, Rio Grande do Sul.

51. In "Mandado de injunção e inconstitucionalidade por omissão", *RDP* 89/43 e ss., São Paulo.

52. Ob. cit., p. 193.

Os preceitos fundamentais, segundo nos parece, têm relação com as denominadas cláusulas de garantia, ou normas supraconstitucionais, ou cláusulas pétreas. Tais preceitos são bem mais amplos e englobam direitos fundamentais, garantias e princípios constitucionais básicos de um Estado de Direito: é *a forma de Estado; o voto direto e secreto, universal e periódico; a separação dos Poderes e os direitos e garantias individuais.*

Ocorre que em nosso País nem as cláusulas pétreas estão imunes ao ataque, como a experiência tem demonstrado. Aliás, basta ver-se a forma singular de convocação e formação da constituinte de 1988, onde os representantes continuaram no Poder. E é para resguardar a integridade da norma supraconstitucional o aparecimento da proteção ao preceito fundamental.

Outro aspecto nos leva à mesma conclusão. O Texto Maior serviu perfeitamente aos interesses do Estado de Direito, no que toca à proteção do direito e garantia fundamental.

Muitos institutos foram alargados e outros foram criados: mandado de segurança coletivo, inconstitucionalidade por omissão, mandado de injunção, *habeas data* etc. Não nos parece viável, portanto, que novo dispositivo viesse regular e proteger o suficientemente protegido.

Conclusão

Como vimos, o tema permite amplas indagações, maiores do que aquelas aqui consideradas.

Entre os temas também polêmicos, p. ex., deixamos de analisar os efeitos da sentença que declara a inconstitucionalidade, o que por si comporta uma monografia. Isso sem dizer que os demais poderiam ser mais aprofundados.

No Brasil, ultimamente, houve uma espécie de vulgarização do instituto de controle da constitucionalidade, tal a seqüência com que é afrontada a Carta Magna. Também em escala proporcional no Rio Grande do Sul, onde certo Município pretendia administrar com medidas provisórias e onde o governo estadual pretendia dar foros de Secretaria de Estado à Polícia Civil.

Há algum tempo, em entrevista ao jornal *Folha de S. Paulo*, um conhecido advogado referia a facilidade com que se advoga contra a União, tal o número de atos inconstitucionais.

Com a reforma dos Tribunais, com a criação de novos colegiados, pretendeu-se desafogar o STF, tornando-o guarda constitucional. Mas, na prática, estamos assistindo que o novel Tribunal caminha a passos largos para nova crise, tal o número de processos que por lá estão a chegar. Nesse ponto, urge uma revisão no acesso ao C. Tribunal.

Agora, com a integração da América Latina, do Cone Sul, com a conseqüente assinatura de leis e tratados internacionais, através do Mercosul, é tempo de se considerar a pretensão de M. Dumat, lembrado por Withaker, da criação de um controle internacional das leis nacionais, "quando estas estiverem em desacordo com o direito internacional".[53] Parece que assim se pode manter relacionamento de nação para nação, com a necessária harmonia e dentro de um Estado de Direito.

Bibliografia

BARACHO, José Alfredo de Oliveira. *Processo Constitucional.* 1ª ed. Rio, Forense, 1984, 408 pp.

BONAVIDES, Paulo. *Direito Constitucional.* 2ª ed. Rio, Forense, 1986, 361 pp.

CAETANO, Marcello. *Manual de Ciência Política e Direito Constitucional.* v. I. Coimbra, Almedina, 1989, 405 pp.

53. Ob. cit., p. 307.

CAMPANHOLE. *Constituições do Brasil.* Atlas, 1987, 726 pp.

CANOTILLO, J. J. Gomes. *Direito Constitucional.* 5ª ed. Coimbra, Almedina, 1991, 1.214 pp.

CAPPELLETTI, Mauro. *O Controle Judicial de Constitucionalidade das Leis no Direito Comparado.* 1ª ed., trad. de Aroldo Plínio Gonçalves. Porto Alegre, Fabris, 142 pp.

CAVALCANTI, Themístocles Brandão. *Do Controle de Constitucionalidade.* 1ª ed. Rio, Forense, 1966, 197 pp.

COOLEY, Thomas. *Princípios Gerais de Direito Constitucional dos Estados Unidos da América do Norte.* 2ª ed., trad. de Alcides Cruz. Ed. histórica, São Paulo, Ed. RT, 1982, 304 pp.

CUNHA, Fernando Withaker da. *Direito Constitucional do Brasil.* 1ª ed. Rio, Renovar, 1990, 384 pp.

FERRARI, Regina Maria Macedo Nery. *Efeitos da Declaração de Inconstitucionalidade.* 2ª ed. atual. São Paulo, Ed. RT, 1990, 190 pp.

FERREIRA FILHO, Manoel Gonçalves. *Curso de Direito Constitucional.* 17ª ed. São Paulo, Saraiva, 1989, 314 pp.

FIGUEIREDO, Marcelo. *O Mandado de Injunção e a Inconstitucionalidade por Omissão.* 1ª ed. São Paulo, Ed. RT, 1991, 88 pp.

KELSEN, Hans. *Teoria Pura do Direito.* 1ª ed., trad. de João Batista Machado. São Paulo, Martins Fontes, 371 pp.

LOSANO, Mario G. *Sistema e Struttura nel Diritto.* 1ª ed., v. I. Turim, G. Giappichelli Editore, 1968, 313 pp.

MELLO, Oswaldo Aranha Bandeira de. *Teoria das Constituições Rígidas.* 2ª ed. São Paulo, José Bushatsky, 1980, 248 pp.

MENDES, Gilmar Ferreira. *Controle de Constitucionalidade — Aspectos Jurídicos e Políticos.* 1ª ed. São Paulo, Saraiva, 1990, 371 pp.

NUNES, Castro. *Teoria e Prática do Poder Judiciário.* 1ª ed. Rio, Forense, 1943, 698 pp.

POLETTI, Ronaldo. *Controle da Constitucionalidade das Leis.* 1ª ed. Rio, Forense, 1985, 239 pp.

REPETTO, Raul Bertelsen. *Control de Constitucionalidad de La Ley.* 1ª ed. Santiago, Chile, Ed. Jurídica de Chile, 1969, 188 pp.

ROCHA, Lincoln Magalhães da. *A Constituição Americana. Dois Séculos de Direito Comparado.* 1ª ed. Trabalhistas, 1987, 155 pp.

SILVA, José Afonso da. *Curso de Direito Constitucional Positivo.* 6ª ed. atual. São Paulo, Ed. RT, 1990, 756 pp.

Artigos consultados

ALMEIDA, Fernanda Dias Menezes de. "O controle da constitucionalidade de leis municipais". *Revista de Informação Legislativa* 76/1982.

ANDRADA, Bonifácio de. "O controle da constitucionalidade na elaboração de emenda constitucional". *Arquivos do MJ* 1977.

BORJA, Célio. "O controle jurisdicional de constitucionalidade". *A Nova Ordem Constitucional.* 1ª ed. Rio, Forense, 1990, 591 pp.

COSTA, Dilvanir José da. "O controle constitucional e a autonomia dos Estados Federados". *RF* 83.

FERRAZ, Anna Cândida da Cunha. "Apontamentos sobre o controle de constitucionalidade". *Revista da PGESP* 34.

LOBO, Paulo Luiz Neto. "O controle de constitucionalidade das leis e o direito adquirido". *RDC* 48.

MACHADO, Marcia Rodrigues. "Inconstitucionalidade por omissão". *Revista da PGESP* 30.

MACIEL, Adhemar Ferreira. "Mandado de injunção e inconstitucionalidade por omissão. *RDP* 89".

PINTO, Paulo Brossard de Souza. "O Senado e as leis inconstitucionais". *Revista de Informação Legislativa* 50.

RUSCHEL, Rui Ruben. "Contornos constitucionais do mandado de injunção". *Revista Ajuris* 45.

SLAIBI FILHO, Nagib. "O controle jurisdicional de constitucionalidade". Seleções *COAD.* Abril/89.

VELLOSO, Carlos Mário da Silva. "Controle de constitucionalidade na Constituição brasileira de 1988". *RDP* 92.

Jurisprudência

Revista de Direito Administrativo (*RDA*) 175, FGV.

Revista de Jurisprudência do STF (Lex) 148/21.

ESTUDOS & COMENTÁRIOS

CONTRATOS INTERNACIONAIS — CARTAS DE INTENÇÃO NO PROCESSO FORMATIVO DA CONTRATAÇÃO INTERNACIONAL — GRAUS DE EFICÁCIA DOS CONTRATOS — RESPONSABILIDADE PRÉ-NEGOCIAL

JUDITH MARTINS-COSTA
Professora da Universidade Federal do Rio Grande do Sul

Introdução

Quem observar o que ocorre atualmente na prática do comércio internacional perceberá a expansão de tipos e formas vinculativas em tudo e por tudo diversos daqueles que poderiam ser agrupados sob o conceito tradicional de *contrato* — tal como advindo, este, do modelo posto pela codificação do século XIX — ao ponto de a doutrina apontar à visualização de uma nova *lex mercatoria*[1] a conformar regras e a criar modelos jurídicos à margem do Direito posto pelo Estado.

Por estas razões, o exame dos contratos internacionais não pode restar reduzido, como quer certa doutrina, apenas aos pontos tradicionalmente demarcados pela disciplina do Direito Internacional Privado, vale dizer, à sua relação a determinada ordem jurídica estatal ou interestatal ou ao critério meramente formal ou externo da internacionalidade. Isto porque, no quadro atualmente delineado, os contratos internacionais não se alocam apenas como relações de troca fundamentadas numa determinada noção de contrato que não é mais do que a de um contrato "comum" afetado pelo problema da estraneidade — exame para o qual bastaria determinar qual a lei aplicável à sua regência[2] — colocando, ao contrário, problemas de natureza mais complexa.

Com efeito, a análise do contrato internacional, em especial a de seu *processo formativo*, a partir de uma perspectiva excludente, teria o defeito de — ao par de descurar o exame dos aspectos *substanciais* do vínculo contratual operado em escala internacional — sobrevoar os dados, já por si complexos, da internacionalização econômica, jurídica e ideológica, de ignorar as singularidades do instável "meio ambiente" onde alocados tais ajustes, de esquecer a originalidade de seu próprio *objeto* — o qual abrange o vastíssimo

1. V., entre outros, René David, "Il Diritto del Commercio Internazionale: un nuovo compito per i legislatori nazionali o una nuova lex mercatoria?", *Riv. Dir. Civ.*, Parte Prima, 1976, p. 577.

2. Para estas observações, v. Bruno Oppetit, "Autour du contrat International", in *Droits* 12/107 e ss., 1990.

campo das operações de troca, de concessão de financiamentos, do intercâmbio tecnológico, dos serviços e da produção — e, bem assim, as peculiaridades de suas *partes* — além dos simples particulares, os Estados, entidades públicas, grupos multinacionais, empresas bi ou multinacionais.[3]

As questões aí envolvidas, para além do campo específico do Direito Internacional Privado ou o do Direito dos Negócios, propõem à Teoria Geral do Direito Privado renovadas indagações acerca do que se convencionou chamar de *teoria das fontes*, porquanto conduzem à constatação da formação, em muitos casos, de *vinculação jurídica* cuja gênese ancora em direitos de formação não estatal e de moldura não — ou ainda não — positivada.

Sabe-se que pelo menos uma (e talvez a principal) razão do desenvolvimento de tais figuras radica na necessidade, constatada agudamente nas relações internacionais, de ser mitigada a excessiva presença do Estado legislador, de modo a permitir a regulamentação autônoma das atividades econômicas privadas. A dinamização na escolha de soluções adequadas ao enfrentamento das questões postas diariamente pela prática dos negócios ditaria, por isso mesmo, as novas normas que se formam paralelamente às regras do *corpus* legislado em cada ordem estatal e mesmo das normas supranacionais.

No âmbito do Direito dos Contratos, como em nenhum outro, se percebe, portanto, uma nova realidade cuja análise requer a referência, ainda que preliminar, a alguns dos postulados advindos da teoria geral das fontes do negócio jurídico como marcos fixadores do instituto.

Tem-se por assente que os contratos — espécie por excelência do gênero *negócio jurídico* — se formam pelo encontro de duas declarações de vontade, uma que *oferta*, outra que *aceita*, ambas definidas sobre os "elementos" do negócio, as quais, expressando *consentimento*, se entrosam e entram no mundo jurídico de forma *imediata*.[4]

Esse esquema, facilmente caracterizado quando se trata das simples relações de troca, cotidianamente operadas, se mostrará, todavia, menos claro nas ocasiões em que o objeto de exame constituir uma relação jurídica que não suceda, abruptamente, ao *nada jurídico*, vale dizer, nas situações em que à conclusão do negócio anteceder uma longa *fase preparatória*[5] ou um complexo *processo genético*,[6] como comumente ocorre na negociação internacional.

O que significa este período preparatório, habitualmente complexo, onde as partes, desejando futuramente contratar, trocam cartas, emitem *telex, telefax*, telefonemas, estabelecem previamente pontos parciais do acordo a serem posteriormente ratificados? Estará tal período submerso no limbo de *não Direito* de que tratam os sociólogos?

Assinala com pertinência Guido Alpa que os vínculos estabelecidos nessa fase, alocados "antes" ou "ao lado" dos contratos propriamente ditos, se inserem na tendência observada nas relações comerciais de conferir valor jurídico aos chamados

3. Idem, p. 108.

4. V., nesta matéria, o ensinamento de Pontes de Miranda. Quanto às categorias da proposta e da aceitação, *Tratado de Direito Privado*, ts. III e XXXVIII. V., igualmente, Clóvis do Couto e Silva, "Para uma história dos conceitos no Direito Civil e no Direito Processual Civil: a atualidade do pensamento de Otto Karlowa e de Oskar Bullow", *RePro* 37/238 e ss., em especial p. 250 no que concerne à elaboração da teoria do negócio jurídico e sua configuração atual.

5. É o que sucede nos contratos de *engeneering*, nos *contracts to make contract* que antecedem os financiamentos internacionais, nos de fornecimento de matérias-primas e de tecnologia, só para citar alguns dos exemplos mais corriqueiros.

6. A expressão é de Mário Júlio de Almeida Costa, *Direito das Obrigações*, 5ª ed., Coimbra, Almedina, 1991, p. 235.

contactos — tratativas, protocolos, *pourparlers*, negociações preliminares, *instructions to proceed*, cartas de intenção, *gentlemen's agreement* e outros — figuras ou meios de viabilização da circulação econômica de bens que têm como efeito, para o que aqui concerne, o aumento de deveres a cargo dos envolvidos e o conseqüente estabelecimento, *pari passu*, de novos tipos de garantias.[7]

Aos juristas, além do exame dos motivos de tal fenômeno se põe a questão de saber se essas novas figuras conduzem a uma verdadeira *vinculação jurídica*, mesmo que ainda em estado embrionário,[8] dotadas, portanto, da eficácia e coercibilidade próprias à instância do mundo jurídico, ou se os seus efeitos estão, ao contrário, confinados tão-somente ao universo dos princípios morais, das promessas sem valor jurídico *para as quais a violação não conduz necessariamente à sanção*.[9]

Por isto mesmo, nos diferentes sistemas jurídicos se observa atualmente, ao par da extrema atenção à fase que precede a conclusão do contrato e aos diferentes meios encontrados para garantir as obrigações assumidas, o debate acerca dos *diferentes graus de eficácia* dessas figuras.

A questão subjacente ao presente estudo consiste, pois, na fixação do *momento* em que se verifica a vinculação jurídica de índole obrigacional, discernindo-a daquela caracterizadamente *negocial*. Do seu estabelecimento defluirá, por conseqüência, o exame dos *efeitos* decorrentes da vinculação estabelecida no período preparatório ou antecedente à formação do vínculo contratual no âmbito dos negócios internacionais, examinando-se aí a *responsabilidade pré-negocial*.

I — As condições necessárias ao estabelecimento de vinculação jurídica negocial e pré-negocial

Se o contrato é, segundo repetida lição, o acordo entre duas ou mais declarações de vontade, opostas e convergentes, para a produção de efeitos jurídicos,[10] será possível afirmar a existência de efeitos jurídicos *antes* de existir contrato?

Para a resposta a esta indagação será necessário saber como atualmente a doutrina e a jurisprudência tratam a questão, isto é, se consideram — como os juristas do *ius commune* e os praxistas do século XVII — que as promessas e os tratos anteriores à conclusão do acordo são meros *pacta nuda*, desprovidos de ação[11] — ou se, superando tal entendimento, admitem o reconhecimento de certos *degraus de eficácia* ainda enquanto o negócio não se concluiu. Será conveniente, para tanto, referir brevemente os pressupostos da vinculação negocial (a) para examinar, após, a natureza da relação que decorre das tratativas, em especial da troca de cartas de intenção (b).

7. In "Le contract "individuel" et sa définition", *Rev. Int. Droit Comp.*, 1988, pp. 327 e ss.

8. Idem, p. 334.

9. Idem, ibidem. V., igualmente, Konrad Zweigert, "Du sérieux de la promesse", *Rev. Int. Droit Comp.*, 1964, pp. 33 e ss.

10. Em linhas gerais, estes traços demarcariam a mais ampla definição de contrato passível de ser deduzida dos sistemas jurídicos de tradição romano-germânica. Para o exame das diferentes definições v. Guido Alpa, ob. cit., pp. 329 e ss.

11. Mesmo assim, houve, no passado, pensadores como Hugo Grotius, que perceberam nas promessas uma *estrutura escalonada*: no primeiro escalão estaria a comunicação de mero plano futuro de atuação; no segundo, a "declaração-compromisso" de comportamento futuro, ou *pollicitatio*; no terceiro, a decisão voluntária de transferência, para outrem, de um direito. O fundamento da vinculabilidade das promessas residiria no próprio proponente e na sua liberdade, reconhecida como um "direito natural". Não por acaso, nessa época se constroem os fundamentos do conceito de *direito subjetivo* (v. Menezes Cordeiro, *Da Boa-Fé no Direito Civil*, v. I/216, Coimbra, Almedina, 1984, e Francesco Calasso, *Il Negozio Giuridico*, Milão, Giuffrè, 1959, pp. 281 e ss.).

a) As categorias da proposta e da aceitação

Não se discute que nos negócios jurídicos há, sempre, manifestação ou declaração de *vontade*, por vezes considerada "elemento" do negócio,[12] por vezes tida como sua "gênese",[13] sendo habitualmente sublinhado o seu papel no que concerne à distinção entre os negócios jurídicos em geral e os demais atos jurídicos do tipo principal de negócio — o *contrato* — cujo conteúdo se tem como fixado precisamente por ela.[14]

É também consabido que, quando essa declaração de vontade deve dirigir-se a alguém, que a recebe, diz-se *vontade receptícia*, o elemento "recepção" sendo essencial à *eficácia* da declaração, porque é justamente o que vai "colar" no negócio as duas declarações — a que oferece, ou propõe, e a que aceita[15] — *de modo que é pela proposta que a vontade alcança o outro pólo da relação jurídica*. Por isso, aliás, bem critica Pontes de Miranda os que afirmam que, pelo fato de a proposta poder não ser aceita — perdendo, então, a *eficácia* — não constitui, a mesma, negócio jurídico: pelo contrário, esclarece, mesmo *antes* da aceitação a oferta válida entra no mundo jurídico, tanto que pode ser revogada.[16]

Todavia, como a formação do negócio jurídico exige que as duas declarações de vontade se soldem, bilateralizando a relação, os efeitos jurídicos se operam nas duas esferas: quem aceita também exprime vontade, uma e outra devendo ser convergentes quanto aos efeitos buscados. Daí por que no suporte fático do negócio jurídico bilateral dever haver a coincidência de vontades: esta ocorrendo, o ato existindo e sendo válido, o negócio bilateral se forma e entra no mundo jurídico, ocorrendo precisamente neste momento a *vinculação negocial* que dá vida ao contrato.[17] A aceitação jurídica é, pois, o ato que, encontrando a oferta, por a ela corresponder, tem por efeito dar nascimento ao contrato.

Diversamente, se se tratar de proposição a que falte tal *suscetibilidade de ser aceita*,[18] não há proposta no sentido jurídico. Assim, se alguém propõe a aquisição de um bem mas omite a referência ao preço a pagar, não há, rigorosamente, "oferta". Poderá aí estar configurado um *trato* ou uma "proposta a receber proposta". Todavia, embora não se configure, nesse es-

12. Da copiosa bibliografia sobre o tema v., no concernente à formação histórica, Alfred Rieg, "Le rôle de la volonté dans la formation de l'acte juridique d'après les doctrines allemandes di XIXeme siècle", *Archives de Philosophie du Droit*, 1957, p. 2, e o meu estudo "Crise e modificação da noção de contrato no Direito brasileiro", *Revista Direito do Consumidor* 3, São Paulo, Ed. RT, 1992. Na bibliografia brasileira atualizada, Clóvis do Couto e Silva, "Para uma história dos conceitos no Direito Civil e no Direito Processual Civil — A atualidade do pensamento de Otto Karlowa e de Oskar Bullow" cit., supra, em especial no que concerne às observações acerca dos diferentes graus de valorização do ordenamento jurídico aos atos dos particulares; do mesmo autor, v. *A Obrigação como Processo*, pp. 84-88.

13. Por todos, Emilio Betti, *Teoria Geral do Negócio Jurídico*, v. I, trad. de Fernando de Miranda, Coimbra, 1969.

14. V., além dos autores citados, as referências consignadas por José Carlos Moreira Alves, em especial em *A Parte Geral do Projeto do Código Civil Brasileiro*, São Paulo, 1986, p. 99, nota ao pé de página.

15. Cf. Pontes de Miranda, *Tratado* cit., t. III. Todavia, assinala Clóvis do Couto e Silva não ser importante o modo como se exterioriza a vontade, "se através de declaração ou de fato concludente", porquanto está superado, hoje, "o entendimento daqueles que exigiam, para caracterizar o negócio jurídico, a declaração de vontade", embora a necessidade da caracterização de "vontade claramente exteriorizada, perceptível, inequívoca" (v. *A Obrigação como Processo* cit., p. 202).

16. "O negócio jurídico bilateral solda dois negócios jurídicos que se destinavam a isto (oferta, aceitação). Por isto há efeitos próprios, típicos, da bilateralidade do negócio" (Pontes de Miranda, ob. cit., § 278, 4).

17. Idem, §§ 278, 5, e 282, 1.

18. Idem, § 282, 1.

tágio, *vinculação contratual*, remanesce ainda parte da questão preliminarmente posta: as proposições realizadas por figurantes de um futuro contrato conduzem, ou não, a certo tipo de *vinculação jurídica*?

Do extenso rol das figuras habitualmente utilizadas na fase preparatória no comércio internacional, se observará, através do exame das *cartas de intenção*, a ocorrência, ou não, do vínculo.

b) A relação jurídica de trato estabelecida mediante a troca de cartas de intenção

As dificuldades que se põem no mundo dos negócios internacionais à conclusão de um contrato[19] decorrem dos mais variados fatores: as oscilações cambiais, a modificação, por vezes brusca, nas políticas nacionais, vicissitudes de ordem estritamente política — interna e externamente consideradas — fatores econômicos os mais diversos, constituem óbices para cuja superação as partes se valem, no período da negociação, da troca de correspondência[20] mediante a qual vão concertando, paulatinamente, o futuro negócio. Em especial as relações comerciais operadas em espaço político não homogêneo, e em presença de uma ordem jurídica e econômica não unitária, requerem dos juristas e negociadores um grande esforço de consolidação dos pontos já acordados ou em vias de acordo e, portanto, o período da negociação é marcado pela redação e troca de documentos onde é necessário demarcar com precisão a *significação* e o *valor jurídico* de tais documentos, para evitar conflitos futuros.

No entanto, nem sempre tal precisão se verifica. A expressão "cartas de intenção" ou "cartas de princípios" denota uma variada gama de acepções, podendo ser concebida como: a) meio de comunicar informações; b) meio para disciplinar as fases do processo de negociação; c) memorando acerca de pontos já fixados entre as partes[21] ou, ainda, d) o próprio contrato já perfeito e concluído, considerado "falsamente" como carta de intenção.[22]

A função primordial desses instrumentos, extremamente difundidos no âmbito do Direito dos negócios por influência do *sistema da "common law"*, consiste na utilidade de serem fixados pontos ou "partes" sobre os quais os futuros contratantes já entraram em acordo, evitando-se a vinculação direta e definitiva a um arranjo de interesses que ainda é precário, isto é, não definitivo, porquanto as partes, nessa fase, ainda não dispõem de todos os dados necessários ao alcance da *determinabilidade integral* do conteúdo do contrato: a sua utilidade provém, p. ex., da possibilidade que assegura ao destinatário de obter prioridade em financiamentos concedidos por terceiros ou em instituições oficiais.[23]

O que ocorre, na verdade, é a modernização da antiga *punctação* mediante a sua inserção na chamada "formação progressi-

19. Visualizem-se, p. ex., o tempo e a complexidade que envolvem um contrato de compra e venda de aeronaves para ter-se em conta as dificuldades de ser alcançado de imediato um acordo sobre todos os pontos objeto do negócio. Assim, também, a compra e venda de petróleo, ou as *cadeias de contratos* por vezes ocorrentes na exportação de alimentos.

20. As cartas que compõem essa correspondência são conhecidas sob o nome de *intent letters* nos países da *common law*, *lettres d'intention* no Direito francês, *lettere di intenzione* na Itália.

21. No Direito Continental europeu essa acepção é concebida como "minuta" ou "punctação".

22. V. Guido Alpa, "Le contrat "individuel" et sa définition" cit., p. 338. Os dois primeiros sentidos do termo, acima indicados, caracterizam verdadeiras cartas de intenção; o terceiro, como visto, aproxima-se da punctação, a qual se assemelha ao contrato preliminar, e o quarto concerne ao caráter exaustivo do conteúdo do acordo, delineando propriamente um contrato.

23. Nesse sentido, Fernando Pessoa Jorge, "A formação do contrato à face do novo Código Civil português", *RF* 294/56.

va" do contrato. Todavia, não se está, ainda, diante do *pré-contrato* ou *contrato preliminar*, figura, como se sabe, de cunho nitidamente contratual, resultante do acordo de vontades para a produção de efeito jurídico determinado, o qual é, justamente, o de *criar obrigação de fazer*, vale dizer, a obrigação de contratar.[24]

Conhecido sob várias denominações no Direito Comparado — *Vorvertrag, contratto preliminare, avant-contrat, contrato preliminar*[25] — o pré-contrato tem por escopo conduzir à conclusão de um segundo contrato, dito "definitivo". Por isto, a responsabilidade que decorre da lesão ao pactuado é, nitidamente, *responsabilidade contratual*, na medida em que as partes, ou ao menos uma delas, contraíram a obrigação de, no futuro, firmar o contrato definitivo.[26]

Por estas razões, a distinção entre as duas figuras — pré-contrato e cartas de intenção — é tão relevante quanto tormentosa: os efeitos de um e de outras serão completamente diversos, mas, em grande parte dos casos, só o exame da situação concreta permitirá a correta qualificação.

Em linhas gerais é possível afirmar que as cartas de intenção não constituem, em regra, obrigação de fazer, de concluir contrato. Tanto é assim que habitualmente se fazem acompanhar da expressão "sem compromisso" ou "sujeito a confirmação". Nestas circunstâncias, *não há proposta no sentido jurídico, porque no suporte fático não entra a vontade de produzir efeito de vinculação*, devendo, contudo, a qualificação jurídica adequada ser aferida após o exame punctual dos termos do documento, porquanto, se definidos *res, pretium* e *condictiones*, poderá configurar-se o contrato, *ex vi* dos arts. 191 do Código Comercial brasileiro e 639 do Código de Processo Civil: nessa matéria, como bem afirmou o Min. José Carlos Moreira Alves em acórdão conhecido, de pouco importa o *nomen juris* dado pelas partes — simples minuta, carta de intenções ou carta de princípios — na medida em que "se se passa uma minuta completa sobre todos os pontos do contrato, ao menos sobre todos os pontos principais, podendo os outros ser supridos por disposições legais, e as partes a aprovam, e se, de acordo com a lei ou a vontade das partes, não tenha que ser

24. V., na doutrina brasileira, o excelente estudo de Walmor Francke, "Notas sobre o pré-contrato", *Revista Jurídica* 49/49 e ss.

25. Talvez o ordenamento jurídico que melhor tenha desenvolvido o instituto seja o alemão, que tipificou o *Vorvertrag* como o contrato que contém a obrigação de concluir um outro, de sorte que, segundo a célebre formulação de Degenkolb, "a obrigação derivante do contrato preliminar será o encontro de declarações de vontade que se completarão reciprocamente sobre um itinerário determinado". Consoante o BGB, o *Vorvertrag* é considerado "promessa obrigatória", com a única particularidade de a obrigação vir estabelecida por meio do § 894 ZPO (para estas observações consultei Renato Speciale, "Il *Vorvertrag* nell'ambito del contratto", *Riv. Dir. Civ.*, 1986, Parte Prima, pp. 45 e ss.). Outros ordenamentos consignam a regra de a promessa só adquirir *eficácia* quando contiver todos os elementos do futuro contrato: assim, no Direito anglo-americano ocorre a necessidade da *consideration*, e no Direito Continental europeu — especialmente na França e na itália — adota-se o exame da *causa*. Em tema de Direito Comparado, no entanto, o essencial é atentar para o exame casuístico de cada uma das figuras consideradas. Isto porque, como bem adverte Guido Alpa, o que na Itália é considerado *contratto preliminare*, com conteúdo completo e perfeito, muitas vezes, na *common law* corresponde a figuras diversas, próximas da idéia de um contrato incompleto por falta de *consideration*. Na Alemanha, além do mais, observa-se a tendência à fuga do *Vorvertrag*, tido como demasiadamente vinculativo e limitativo para as operações comerciais, buscando-se, em contrapartida, novas figuras que permitam às partes uma margem de manobra mais ampla (v. Alpa, "Le contrat "individuel" et sa définition" cit., p. 339).

26. Para o exame, no Direito francês, da natureza da responsabilidade decorrente da realização de contratos preliminares, destinados a preparar o contrato definitivo, v. Joanna Schmidt-Szalewki, "La période précontractuelle en Droit français, *Revue Internationale de Droit Comparé* 2/545, 1990, em especial p. 555.

dada ao contrato forma *ad solemnitatem*, firma-se entre eles vínculo obrigatório".[27]

Como se pode observar, a grande dificuldade está em verificar se a carta de intenção, por seu texto, exprime a intenção de concluir contrato ou se o seu conteúdo já é bastante para formá-lo.

Alguns sistemas jurídicos, como o inglês, contêm regra no sentido de que prevalece, sempre, a vontade das partes, de maneira que, consignado no acordo que o mesmo não tem efeito obrigacional, os Tribunais hesitam em reconhecer um poder de obrigar que as próprias partes não reconheceram. Todavia, embora a intenção de criar vinculação jurídica dependa da vontade das partes em admitir ou excluir o caráter obrigacional das afirmações trocadas, pode a mesma restar deduzida da "suficiência objetiva" do acordo concluído, desde que o mesmo seja completo (ou "suficientemente" completo), digno de ser protegido e "suficientemente inteligível".[28]

Assim ocorreu num caso judicial considerado verdadeiro *leading case*, o já clássico acórdão proferido no caso *Rose and Frank "versus" Crompton Bros*, de 1923: os demandantes, ingleses, haviam firmado com os demandados, norte-americanos, um acordo, por carta, pelo qual os ingleses enviariam à América estoques de papel pintado. No acordo, denominado *intent letter*, estatuía-se que as partes não pretendiam, de forma alguma, vincular-se juridicamente. Todavia, em decorrência da carta, foram enviadas três remessas de papel, que os norte-americanos retiraram do porto e venderam aos seus clientes. Instados a pagar, refugiaram-se na cláusula do acordo que o declarava não obrigatório. Decidiu o Tribunal que, na espécie, uma ordem executada constituía "um perfeito contrato de venda", reconhecendo efeitos contratuais.[29]

No Direito norte-americano, diferentemente, os Tribunais controlam a intenção das partes:[30] se estas excluem a intenção de criar vínculos contratuais, os juízes respeitam essa intenção. É que é incisiva, naquele país, a fórmula de que o contrato é uma operação de *self-government*, fórmula, esta, indicativa da consideração da iniciativa contratual como um instrumento de tráfico de riqueza em função do livre jogo da autonomia privada — *freedom of contract*, ao qual corresponde uma carga de riscos em princípio infensa aos mecanismos de redistribuição dos riscos.

Como conseqüência, as partes podem romper as tratativas sem restarem submetidas a um juízo de responsabilidade pelos danos eventualmente causados pelo rompimento.[31] Inadmite-se, contudo, pelas regras da *equity*, um comportamento contrário aos próprios atos. Neste particular, as regras de *estoppel*, embora constituam regras de prova, alcançam a proteção da confiança na declaração de vontade: o declarante resta *estopped*, por uma presunção absoluta, para impugnar as declarações

27. V. RE 88.716-RJ, STF, 2ª T., rel. Min. Moreira Alves, *RTJ* 92/250 e ss., onde estabelecida a distinção entre "minuta" ou "protocolo de intenções" e pré-contrato, firmando-se a orientação de ser essencial ao contrato preliminar que contenha "todos os elementos do contrato definitivo ... não obrigando o mero acordo preliminar que não contemple a vontade de se obrigar". No mesmo acórdão, contudo, votou vencido o Min. João Leitão de Abreu, que conferia à espécie interpretação mais flexível, acolhendo a tese de tratar-se, o caso examinado, de verdadeiro contrato preliminar, em razão da determinabilidade real e/ou potencial das cláusulas essenciais (v., em especial, pp. 298 e ss.).

28. Cf. Guido Alpa, ob. cit., p. 334.

29. Kings Bench Division (1923) ZKB 261, *apud* Guido Alpa, ob. cit., p. 335.

30. Assim Oppetit, ob. cit., p. 109.

31. Nesse sentido Mario Bessone, *"Unilateral mistake* e teoria del contratto nell esperienza nord-americana", *Rivista del Diritto Commerciale*, 1970, pp. 248 e ss., em especial p. 252.

inequívocas que decidiram a outra parte a concluir o contrato.[32]

Na venda internacional de mercadorias (bens móveis), pelo fato de os Estados Unidos serem signatários da Convenção de Viena de 1980, alguns traços do sistema civilista contagiam essa matéria. A Convenção adota, p. ex., o sistema civilista da oferta e não utiliza a noção de *consideration* como critério do caráter executório da proposição de contratar,[33] restando afastada, pois, neste particular, uma peculiaridade dos sistemas da *common law* em matéria contratual.[34]

Observa-se, pois, que, nas relações comerciais, de forma especial naquelas operadas a nível internacional, o formalismo e a fechada definição de "tipos" jurídicos constituem espécimes em extinção.[35] O renascimento da *lex mercatoria*, por seu turno, conduz a uma série de debates ancorados em razões de fundo político, na medida em que a recusa ao chamamento das regras seguras do Direito estatal poderia conduzir ao predomínio da "lei das multinacionais". Todavia, bem observa Bruno Oppetit que, se não mitificada também a *lex mercatoria*, isto é, se não considerada ela própria um sistema jurídico completo, suficiente de per si, absorvente dos princípios do Direito Internacional Privado, e se, ao contrário, for a mesma alocada em seu próprio terreno — que é o da juridicidade e o da teoria das fontes do Direito — não haverá por que considerá-la sob a perspectiva de um positivismo estatal ultradogmático: neste campo, a perspectiva do *pluralismo jurídico* tem um importante papel a desempenhar, de modo que o processo formativo da contratação internacional obedecerá aos usos[36] cuja realidade é atestada pelos práticos e pelas autoridades, corporativas ou jurisdicionais, do comércio internacional e, inclusive, dos Estados envolvidos.[37]

Os usos comerciais em vigor atestam, em paralelo ao fenômeno de declínio do formalismo, a planificação progressiva das relações contratuais fundadas no *dever de agir com boa-fé e correção*,[38] o qual cons-

32. Cf. Joseph Esser, *Principio y Norma en la Elaboración Jurisprudencial del Derecho*, trad. de Eduardo Valenti Fiol, Barcelona, 1961, p. 42; F. Kessler e E. Fine, "*Culpa in contrahendo* in good faith, and freedom of contract: a comparative study", *Harward Law Review*, 77, 3, p. 401, e D. K. Allen, *Pre-Contractual Liability*. Segundo esse autor, a *estoppel* é em geral vista como uma "rule of evidence thought it has substantive elements as well". Existem diferentes modalidades, como a *estoppel by representation*, a *promissory estoppel* e a *proprietary estoppel* (v. pp. 93 e 94).

33. Cf. Jean Thieffy, "Les nouvelles règles de la vente internationale", in *Droit et Pratique du Commerce International*, 15, 3, 1989, p. 377.

34. Sobre a comparação entre as noções de *causa* e *consideration* v. Fábio Siebeneichler de Andrade, "Causa e *consideration*", *Revista Ajuris* 53/276, Porto Alegre, 1991.

35. V. o estudo de Giuseppe Benedetti, "La categoria generale del contratto", *Rivista di Diritto Civile* 6/649 e ss., 1991, em especial pp. 683 e 684, onde abordada a técnica empregada pela Convenção de Viena de 1980 sobre a compra e venda internacional, a qual, como é sabido, não apresenta definições exaustivas nem tipifica os institutos que regula, deixando margem, em sua aplicação, a um raciocínio de tipo *problemático*, e não sistemático. Ainda sobre a técnica utilizada na Convenção, Jean Thiffey, ob. cit., p. 375, e Philippe Kahn, "Convention de Vienne du 11 avril 1980. Caractères et domaine d'application", mesma *Revista*, pp. 385 e ss.

36. Exemplo deste tratamento é dado por acórdão da Câmara de Comércio Internacional francesa datado de 1989 (affaire 5904), assim ementado: "Détermination de la loi applicable — Choix des parties dans le contrat limité à des dispositions nationales administratives — Système de droit incomplet — Accord des parties pour l'application des principes et usages généraux et normaux du commerce international — *Lex mercatoria*, complément de la loi du contrat — Application du droit français à la détermination du taux d'intérets — *Lex fuori* — Obligation principale en franc français" (in *Journal du Droit International*, 1989, II, p. 1.107).

37. Ob. cit., p. 112.

38. Guido Alpa, ob. cit., p. 337. Refere o autor exaustiva pesquisa comandada por S. Macaulay ("Non-contractual relations in business: a preliminary study", 28 *Am. Sic. Rev.*, 1963, pp. 55 e ss.), a qual "avait remarqué la disparition du formalisme dans les rapports contractuels entre chefs d'enterprise, la planification progressive des rapports même entre enterprises, la survie de praxis enracinées, fondées sur la bonne foi et sur la correction", porquanto "les

titui princípio jurídico fundamental, esteja posto de forma explícita ou implícita nos ordenamentos.[39] Em matéria de venda internacional de bens móveis a própria Convenção de Viena contém diretiva de interpretação que remete diretamente ao *standard* do comportamento conforme à boa-fé.[40]

É justamente o princípio da boa-fé, perspectivado em sua feição *objetiva*, como convém ao campo das relações de Direito Obrigacional, que, em certas hipóteses, imporá às partes que pretendem concluir contrato — e, por isso, desenvolvem tratativas — uma série de deveres situados ainda no campo pré-negocial. Para assinalar tais deveres parece relevante examinar, inicialmente, os efeitos jurídicos que podem decorrer da troca de cartas de intenção.

II — Os efeitos decorrentes da vinculação estabelecida mediante a troca de cartas de intenção

Dos diferentes planos através dos quais podem ser examinados os atos jurídicos — o da sua existência, validade e eficácia — somente este último pode ser mensurado por graus. Há, portanto, *eficácia plena*, que diz respeito à integralidade dos efeitos decorrentes de um negócio jurídico,[41] e uma *eficácia de primeiro grau*,[42] que sugere mesmo se o negócio enquanto tal não se concluiu.

Essa produção de feitos parciais não deriva da vontade humana, mas encontra fundamento na incidência de princípios jurídicos de *valor*, considerados fundamentais. No Direito das Obrigações tais efeitos decorrerão em especial da incidência do princípio da boa-fé, em atenção à tutela da confiança, de onde decorrem os deveres de agir com lealdade e de respeito aos usos do tráfico jurídico. Serão examinados, portanto, à luz deste princípio, os efeitos que decorrem do fato da dação de cartas de intenção (a) e os casos em que a interrupção das tratativas negociais pode resultar em responsabilidade civil (b).

a) Cartas de intenção e eficácia de primeiro grau

Inspirada em fontes e elementos alcançados pela Sociologia, vem a melhor doutrina procurando desenhar *fattispecie* o mais possível abrangente no que concerne ao fenômeno do nascimento de direitos e deveres, de modo a situar ponto geral suscetível de englobar unitariamente os efeitos de direito e suas fontes: daí decorre a proposição da categoria dogmática do *contacto social*,[43] a qual adota, como ponto de

hommes d'affaires préfèrent souvent se reposer sur la parole de gentilhomme dans une courte lettre, avec une poignée de main, sur la "commune honnêteté", même quand la négotiation comporte des risques consistants".

39. V., em especial, Clóvis do Couto e Silva, *A Obrigação como Processo* cit., pp. 29 e ss., e "O princípio da boa-fé no Direito brasileiro e português", *Estudos de Direito Civil Brasileiro e Português*, São Paulo, Ed. RT, 1980.

40. Assim a disposição do art. 7º, segundo o qual "pour l'interpretation de la présente Convention, il será tenu compte de son caractère international et de la necessité de promouvoir l'uniformité de son application, *ainsi que d'assurer le respect de la bonne foi dans le commerce international*" (grifei).

41. V. Pontes de Miranda, *Tratado de Direito Privado*, t. IV.

42. Utilizo esta expressão como contraponto à idéia de eficácia plena, onde a totalidade das possibilidades de graduação está preenchida. Na "eficácia de primeiro grau" não se configuram todos os efeitos que podem decorrer de um negócio, mas apenas parte deles, os quais se verificam na hipótese de lesão ao princípio da boa-fé, daí surgindo a responsabilidade.

43. Assim, Clóvis do Couto e Silva, in *Principes Fondamentales de la Responsabilité Civile en Droit Brésilien et Comparé (Cours Fait à là Faculté de Droit et de Sciences Politiques de Saint Maur)*, Porto Alegre, 1988, datilografado.

referência, as categorias sociológicas da *proximidade* e da *distância* — tratadas na Teoria da Associação — para, escalonando *os graus de contacto que se formam na vida social*, mensurar os efeitos de direito decorrentes desse contacto.

Segundo tal teoria, o contacto mais distante é o mero fato de viver em sociedade, em "associação". O grau mais próximo é justamente o *contrato*, "forma voluntária, qualificada, do contacto social".[44] Entre esses dois pontos se verifica uma série de graus intermediários de contacto, ocorrendo entre todos os graus uma certa unidade, geradora de efeitos também, e proporcionalmente, mensuráveis por graus os quais se refletem no *iter* formativo da relação jurídica obrigacional. Para que esta se crie e se desenvolva, as pessoas entram em contacto, vale dizer, se relacionam, e, na medida em que esta relação é reconhecida pelo Direito, se transforma em relação jurídica, estejam em sua base atos jurídicos lícitos ou atos ilícitos ou o simples *fato* de se estabelecer a relação.

O "contacto" mantido na fase pré-negocial dá lugar à formação de um vínculo que não é igual àquele decorrente do simples fato de viver em sociedade. Como bem refere Mota Pinto, "entrando em negociações, sai-se do círculo dos deveres gerais humanos para penetrar no mundo dos direitos relativos".[45] Entra-se, portanto, no espaço das relações obrigacionais, uma vez considerado que, "ao lado das obrigações que entroncam numa vontade real de certos efeitos (negócio jurídico), ou numa vontade normal (quase-negócio jurídico), ou que resultam dum facto ilícito, outras há, que a lei estabelece para a tutela de interesses públicos relevantes sem curar da intenção dos particulares".[46] Justamente aí se aloca a *proteção da confiança de cada uma das partes nas proposições da outra*, a qual resta situada como "substracto teleológico da eficácia *ex lege*".[47]

Como se observa, tais relações, não sendo idênticas àquelas que defluem do simples fato de viver em sociedade, também não são tipicamente negociais, porque a ordem jurídica poderá prescindir de considerações acerca da volição dos particulares. Constituem, pois, "relações contratuais fáticas" ou "atos existenciais",[48] os quais podem restar caracterizados em período anterior ou mesmo independente da celebração de qualquer negócio jurídico, como ocorre no caso da responsabilidade pré-negocial.[49]

Como é intuitivo, tal concepção se vincula à visualização da relação obrigacional como um *processo*, um suceder de fases

44. Idem, pp. 9 e 10.

45. In "A responsabilidade pré-negocial pela não conclusão dos contratos", *Boletim da Faculdade de Direito da Universidade de Coimbra*, 1966, *supl.* XIV, p. 151. Em relação ao Direito Civil alemão, também Harm Peter Westermann acentua a tendência "a uma valoração justa dos interesses em um contacto social", tendência que, no seu entender, conduziu "à invenção do instituto jurídico" da *culpa in contrahendo* (v. *Código Civil Alemão — Direito das Obrigações — Parte Geral*, trad. de Armindo Edgar Laux, Porto Alegre, Sérgio Antônio Fabris Editor, 1983, p. 109).

46. Mota Pinto, ob. cit., pp. 151 e 152.

47. Idem, ibidem.

48. Esta última expressão é utilizada por Clóvis do Couto e Silva (V. "O princípio da boa-fé no Direito brasileiro e português" cit., p. 55).

49. V. Mário Júlio de Almeida Costa, "Aspectos modernos do Direito das Obrigações", in *Estudos de Direito Civil Brasileiro e Português* cit., p. 83. Lembrando que a doutrina das "relações contratuais de fato" está ainda longe de obter consenso unânime, refere o autor que "as melhores soluções que aconselhariam essa doutrina podem ser conseguidas, respectivamente: com base nos ditames da boa-fé que presidem às negociações e à formação do contrato, configurando a responsabilidade pré-contratual, que se consagra (no Projeto do Código Civil Brasileiro, art. 421) em termos expressos e amplos ...; e com apoio nos próprios princípios da ineficácia ou invalidade dos negócios jurídicos, enquanto se considerem suscetíveis de permitir, excepcionalmente, a persistência de determinados efeitos de natureza negocial".

ou planos polarizado pelo adimplemento,[50] um vínculo dinâmico, portanto, que não se esgota na mera soma de suas obrigações principais — o crédito e o débito — mas *que se expande inclusive às fases prévias à avença e pós-extintiva*, em razão particularmente da incidência do princípio da boa-fé objetiva em tanto que matriz de deveres de conduta que atingem ambos os partícipes da relação.[51]

Nesta perspectiva, muito embora a troca de cartas de intenção não gere vinculação *negocial* — porquanto ainda aí não configuradas proposta e aceitação — podem as mesmas restar situadas como fontes de vinculação jurídica *obrigacional*, gerando, portanto, *deveres*[52] e *responsabilidades*: somente quando se têm presentes a concepção dinâmica da relação obrigacional e a força da incidência do princípio da boa-fé objetiva será possível compreender a relevância, para a dogmática obrigacional, da noção de *contacto social* como fonte genérica de deveres que se alocam nos planos pré e pós-obrigacional.[53]

Entre os deveres que defluem do princípio da boa-fé objetiva está o da manutenção de um comportamento leal e coerente — o que implica a aplicação da máxima *venire contra factum proprium* — o de informar com correção e a rejeição do abuso de direito, implicando a boa-fé objetiva cabal limitação do exercício de direitos abusivos, os quais, entre nós, contrariam inclusive o valor maior da solidariedade da vida social (CF, art. 3º, I).

Na fase prévia à da efetiva constituição da avença a boa-fé fundamentará o instituto da *responsabilidade pré-negocial,* feição atual da antiga teoria da *culpa in contrahendo*,[54] campo de particular relevância nos contratos internacionais em razão, justamente, do longo processo formativo que costuma caracterizar tais negócios: a ruptura das tratativas, consubstanciadas mediante a troca de cartas de intenção e acordos preliminares, pode conduzir ao dever de indenizar o participante das negociações pelas despesas realizadas em função da expectativa legítima em concluir o contrato. Do mesmo modo conduzirá ao dever ressarcitório o fato de um dos partícipes da relação pré-negocial não informar com correção sobre pontos relevantes à conclusão do futuro contrato.

50. Cf. Clóvis do Couto e Silva, *A Obrigação como Processo* cit., p. 12. Na doutrina estrangeira, v. K. Larenz, *Derecho de Obligaciones*, t. I/37, como segue: "... entendemos la relación de obligación no solo como hace la ley (p. ej. en el pár. 362) es decir, como la relación de prestación aislada (crédito y deber de prestación), *sino como la relación jurídica total* ...".

51. V. Clóvis do Couto e Silva, "O princípio da boa-fé no Direito brasileiro e português" cit., e *A Obrigação como Processo*, em especial pp. 29 e ss. Também Ernesto Wayar, *Derecho Civil — Obligaciones*, t. I, Buenos Aires, 1990.

52. Segundo Luis Díez-Picazo, "el deber jurídico es la necesidad en que la persona se encuentra de adoptar una determinada conducta o un cierto comportamiento en cuanto están previstos como necesarios para el orden jurídico", encontrando-se a idéia de dever sempre conexionada à de responsabilidade (in *Sistema de Derecho Civil*, I/233, Madri, 1990). No que concerne aos deveres jurídicos que defluem do princípio da boa-fé objetiva, anota Clóvis do Couto e Silva que este, em relação ao Direito das Obrigações, "manifesta-se como máxima objetiva que determina o aumento de deveres, além daqueles que a convenção explicitamente constitui", operando, nos negócios bilaterais, "como mandamento de consideração", porquanto "o interesse conferido a cada participante da relação jurídica (*mea res agitur*) encontra sua fronteira nos interesses do outro figurante, dignos de serem protegidos" (in *A Obrigação como Processo* cit., pp. 29 e ss.).

53. Clóvis do Couto e Silva, *Principes Fondamentales de la Responsabilité Civile en Droit Brésilien et Comparé* cit., p. 27.

54. Atualmente, a doutrina opõe-se à estreiteza da denominação *culpa in contrahendo*, porquanto o instituto não se limita aos fatos lesivos meramente culposos, podendo exigir-se o dolo, e, como bem acentua Mário Júlio de Almeida Costa, "nem mesmo se circunscreve às áreas da culpa em sentido lato, pois é possível a existência de responsabilidade pré-negocial objectiva, designadamente devida a fato de outrem" (in *Direito das Obrigações* cit., p. 236, nota 2). Para as várias interpretações do texto original de Jhering, v. Menezes Cordeiro, ob. cit., pp. 527 e ss.

b) A configuração da responsabilidade pré-negocial

Como assinala Marina Arietti ao indicar os mais valiosos estudos produzidos na Itália, França e Alemanha nos últimos 10 anos acerca da responsabilidade pré-contratual ou pré-negocial, o período que vai do início da década de 80 aos nossos dias se caracteriza por um renovado interesse da matéria,[55] tratada pioneiramente por Jhering em ensaio célebre.[56] Hoje se compreende que o instituto tem um alargado campo,[57] estendendo-se a responsabilidade para além da hipótese do dever de declarar as causas de invalidade do futuro contrato[58] para abranger também danos decorrentes do processo formativo por infringência aos deveres de *comunicação* ou *informação*, de *custódia*, de *segredo* e os de *conservação*[59] e ainda as situações em que não se tenha celebrado nenhum negócio por ruptura da fase negociatória ou decisória.[60]

Com efeito, em tema de recesso na fase das tratativas negociais, constitui, na Itália, "opinião generalizada que do dever pré-contratual de boa-fé decorre a obrigação de não interromper as negociações preliminares sem justa causa",[61] firmando-se a jurisprudência no sentido de que, para surgir a responsabilidade pré-negocial, são necessários a razoável confiança da parte — isto é, do participante nas tratativas — na futura conclusão do contrato, a ausência de um *justificado motivo* para a ruptura e o dano decorrente da interrupção das negociações,[62] motivo, este, a ter o seu qualificativo averiguado sempre nas *concretas circunstâncias do caso*.[63]

A questão da indenizabilidade do dano decorrente da interrupção das tratativas coloca importante tema de reflexão que

55. "Responsabilità precontrattuale (Sintesi di informazione)", *Rivista di Diritto Civile*, 1991, 6, Parte Prima, p. 729.

56. "*Culpa in contrahendo* oder Schadensersatz bei nichtingen oder nicht zur Perfection gelangten Vertragen" (in *Jherings Iarbucher*, 4, 1861, pp. 1 e ss., e in *Gesammelte Aufsatze*, I, Ierna, 1881, pp. 327 e ss. Para estas referências consultei F. Benatti, *A Responsabilidade Pré-Contratual*, trad. de A. Vera Jardim e Miguel Caeiro, Coimbra, 1970, p. 13, nota 9; Mario Bessone, "Rapporto precontrattuale e doveri di correttezza", *Rivista Trimestrale di Diritto e Procedura Civile*, 1972, p. 1.010, nota 103; e Mário Júlio de Almeida Costa, *Direito das Obrigações* cit., pp. 238 e ss.).

57. "A responsabilidade *in contrahendo* abrange uma multiplicidade de fenômenos demasiado complexa para se compaginar com o sintetismo dum dever único", afirma Mota Pinto, segundo o qual a diversidade dos deveres que daí decorrem radica na diversidade do comportamento a que as partes estão adstritas em cada um deles, na diversidade do nexo de imputação exigível para que a sua violação importe responsabilidade e, por fim, na diversidade das sanções que a lei faz corresponder a essas violações, configurando tal responsabilidade "um conceito compósito, uma abstracção doutrinal, um resumo de várias obrigações individualizadas pelo seu regime" (ob. cit., p. 158).

58. A questão debatida por Jhering fundava-se na hipótese de um sujeito dar causa, por culpa sua, à nulidade de um contrato, devendo então ressarcir o dano que a outra parte havia sofrido por haver confiado na validade do contrato. Para a análise dos fundamentos originalmente postos por Jhering, v. Menezes Cordeiro, ob. cit., pp. 530 e ss.

59. V. F. Benatti, ob. cit., pp. 47-102, e Westermann, ob. cit., pp. 111 e ss. A doutrina italiana acolhe os três primeiros; o dever de conservação da integridade física da contraparte (*Sorgfaltspflicht*) é tratado pelos autores alemães, sendo célebre a jurisprudência do *Reichsgericht* acerca do "caso dos rolos de linóleo" (*Linoleumsfall*, RGZ 78, 239). Assinala Arietti que a jurisprudência italiana mais recente tem conferido particular atenção aos deveres de informação diversos daqueles relativos à comunicação sobre as causas de invalidade do contrato (ob. cit., p. 731).

60. Assim, Mário Júlio de Almeida Costa, *Direito das Obrigações* cit., p. 239.

61. F. Benatti, ob. cit., p. 65, e Mário Bessone, ob. cit., p. 1.007.

62. V. Marina Arietti, ob. cit., p. 731.

63. Segundo Mario Bessone, em matéria de ruptura das negociações "il giudizio necessario per stabilire se vi fossero aspettative altru meritevoli di considerazione si risolve nell'apprezzamento delle circostanze (che concorrono ad indicare lo stadio raggiunto dalla tratative), al fine di accertare se le aparenze create da una parte fossero tali da giustificare le iniciative (quindi, le spese) operate dall'altra" ("Rapporto precontrattuale" cit., p. 1.004).

adentra o campo da política do Direito, e que é o de saber até que ponto o princípio da autonomia ou liberdade contratual — que justificaria a decisão de não contratar, isto é, de interromper as tratativas — estaria sendo ferido. Argumenta-se, em favor da indenizabilidade do dano, que a garantia de um indiscriminado poder de interromper as tratativas acabaria por privilegiar os que operam no mercado de modo desleal ou pouco racional,[64] questão que se coloca com particular agudeza no mercado internacional em razão de suas implicações políticas, para além das econômicas. No entanto, o exercício da liberdade que se traduz na ruptura das tratativas pode, efetivamente, causar dano ao partícipe por privá-lo de ganhos legitimamente esperados, ocasionando, ainda, o prejuízo pelas despesas já realizadas em função do futuro contrato, o que conduz diretamente à violação da *justiça substancial*.

Hoje se sustenta, em oposição ao modelo restritivo dos códigos oitocentistas, a conveniência da utilização de expressões — ditas "cláusulas gerais"[65] — onde se possa considerar admitida a garantia da boa-fé objetiva dos futuros contraentes na fase antenegocial:[66] as codificações mais recentes, tais como o já citado Código italiano (arts. 1.337 e 1.338), o Código Civil português (art. 227, n. 1), o Código grego (arts. 197 e 198) e o Projeto de Código Civil brasileiro (arts. 421 e 422) incluem tais disposições.[67]

Por isso, nos diferentes sistemas jurídicos se observa a intervenção do Direito na relação pré-negocial a fim de salvaguardar a harmonia entre o princípio da liberdade e o da tutela da confiança legítima.[68] Mesmo na ausência de regras codificadas, cada ordenamento exprime semelhantes *linhas de tendência*,[69] às quais subjaz a consideração de que o controle das tratativas, baseado na tutela da confiança e dos deveres de comportamento que integram a disciplina normativa considerada em suas finalidades, se impõe à verdadeira "mística" da autonomia privada segundo a qual o rompimento das negociações não constituiria mais do que o exercício de direito potestativo não sindicável pela autoridade pública.[70]

Mesmo na tradição da *common law*, onde vige com acentuada força, como acima visto, a fórmula do *self-government* em matéria contratual, certas regras, fundadas no dever de negociar *in good faith*, conduzem a resultados semelhantes aos alcançados nos sistemas civilísticos pela doutrina da *culpa in contrahendo*. Em trabalho famoso, Friederich Kessler e Edith Fine demonstraram como as noções de boa-fé e os usos do tráfico leal ("good faith and fair dealing") afetam as negociações preliminares através das doutrinas da *negligence*, *estoppel* e da *implied contract*.[71] Estudos mais recentes têm-se ocupado especificamente da questão da *precontractual liability* no Direito norte-americano e discutido as suas bases, seja nas teorias do injusti-

64. Assim, Mario Bessone, "Rapporto precontrattuale" cit., p. 974.

65. Escrevi sobre o tema em "As cláusulas gerais como fatores de mobilidade do sistema jurídico", *Revista de Informação Legislativa* 112/13, Brasília, 1991.

66. V. Menezes Cordeiro, ob. cit., pp. 546 e ss.

67. Assim, Mário Júlio de Almeida Costa, *Direito das Obrigações* cit., p. 239.

68. Para o exame dos diferentes sistemas europeus v. Mario Bessone, "Rapporto precontrattuale", e, ainda, "*Unilateral mistake* e teoria del contratto nell'esperienza nord-americana" cit.; e Menezes Cordeiro, ob. cit., pp. 530-545.

69. Assim Bessone, "Rapporto precontrattuale" cit., p. 965.

70. V. a arguta observação de Esser no que concerne à evolução da jurisprudência alemã sobre o tema (ob. cit., pp. 209-211). Reportando-se ao mesmo tema, Menezes Cordeiro, ob. cit., pp. 530-552.

71. Ob. cit., em especial pp. 412 e ss., onde anotado: "Modern contract law has gone far in reconciling freedom of contract and the "police of certainty" of transactions with the dictates of good faith and business convenience".

ficado enriquecimento (*unjust enrichment*), erro na representação (*misrepresentation*), promessa específica (*specific promise*), seja na existência de um dever ou de uma obrigação geral de conduta (*general obligation*) fundada na boa-fé, como consta especificamente de regras postas no *American Uniform Commercial Code* e do *Restatement (Second) of Contracts*.[72]

Similar panorama pode ser observado na Inglaterra, onde as normas referentes à responsabilidade pré-negocial resultam da confluência de regras de *common law*, *equity* e dos *statutes*. Mesmo em caráter excepcional, aceita-se, em determinadas circunstâncias, a configuração da responsabilidade ainda que às negociações não tenha se seguido o contrato.[73]

Foi, no entanto, nos sistemas civilísticos que a doutrina melhor se desenvolveu. No Código Civil alemão inexiste norma similar à do citado art. 1.337 do Código italiano. Mesmo assim, certas regras de Direito Obrigacional dão suporte ao desenvolvimento de um amplo quadro de responsabilidade pré-negocial,[74] deduzindo a jurisprudência uma "relação obrigacional autônoma", complementar ao Direito escrito, que decorre da "força compromissadora do *contacto social*, de uma responsabilidade por *confiança iludida*, ou de uma *relação obrigacional sem obrigação primária de prestação*".[75] Isto porque considera-se que, em matéria de direito de dano, é imprescindível o "exame dos fins do complexo normativo da lei".[76]

Por estes caminhos, embora não reconheça o BGB uma proposição jurídica genérica no sentido de que a mera entabulação de relações contratuais fundamente obrigações de proteção em favor do parceiro das negociações, se admite que "mesmo sem uma base legal positiva é de reconhecer-se que, segundo a boa-fé, o parceiro contratual, também antes da celebração do contrato, tem uma posição diferente daquela do *quivis ex populo*, cujos bens jurídicos os §§ 823 e ss. protegem".[77] A natureza da responsabilidade é, contudo, considerada contratual porquanto assim se pretende conferir maior garantia ao lesado, embora boa parte da doutrina venha acenando à configuração de uma "terceira causa" de responsabilidade, independente das duas causas tradicionais.

Na França, carente o Código Civil de norma com a amplitude da cláusula geral contida no art. 1.337 do Código Civil italiano,[78] a ruptura injustificada das negociações ocasiona, ainda assim, responsabilidade civil indenizável sob a forma da responsabilidade delitual, podendo o dano ser caracterizado, inclusive, pela *perda de uma chance*, vale dizer, pela perda de outras ocasiões de concluir contratos similares ou complementares ou pela não realização dos benefícios que haviam sido procurados no contrato não realizado.[79]

72. Nesse sentido, os §§ 1-203 do UCC ("obligation of good faith in ... performance or enforcement) e 205 (RC) ("duty of good faith and fair dealing in performance and enforcements"), consoante anota E. Allan Farnsworth, in "Negotiation of contracts and pre-contractual liability: general report", in *Mélanges en l'Honneur d'Alfred E. von Overbeck*, Suiça, Éditions Universitaires Fribourg, 1990, p. 656, em especial p. 665.

73. Assim, D. K. Allen, *Pre-Contractual Liability* cit., p. 96.

74. Assim os §§ 122, 123 e 307 do BGB, que, interpretados em consonância à cláusula geral da boa-fé do § 242, permitem aos juízes o controle sobre o comportamento observado no curso das tratativas.

75. Cf. Westermann, ob. cit., p. 110, grifos do autor. Também Esser, ob. cit., p. 210.

76. Assim Harm Peter Westermann, ob. cit., p. 127.

77. Idem, p. 110.

78. Afirma Bessone que "la genericità della formula dell'art. 1.337 è infatti il prezzo che la norma paga per assicurare al rinvio a *buona fede* il senso di una clausola generale, *operativa anche nella zona dei casi che la serie delle norme di specie lascia scoperta*" (in "Rapporto precontrattuale e doveri di correttezza" cit., p. 983).

79. Cf. Joanna Schmidt-Szalewski, ob. cit., p. 549. A *perte d'une chance* não constitui uma certeza, mas uma probabilidade. Para obviar o requisito "certeza", essencial à configuração da responsabilidade

No sistema do Código Civil português tais casos são regulados, também sob a forma da responsabilidade delitual, pelo art. 227, explicitamente fundado, como se viu, no dever de agir segundo a boa-fé,[80] aplicando-se a esta responsabilidade, na forma do art. 45, a lei do Estado onde decorreu a principal atividade causadora do prejuízo ou, em caso de responsabilidade por omissão, a lei do lugar onde o responsável deveria ter agido. Na hipótese de a lei do país onde ocorreu a atividade não o considerar responsável, e assim considerar a lei do Estado onde produzido o efeito lesivo, esta última será então a aplicável (art. 45, 2ª alínea).

O fundamento das regras postas no Código português reside nos cânones da lealdade e probidade, tutelando-se "diretamente a fundada confiança de cada uma das partes em que a outra conduza as negociações segundo a boa-fé",[81] considerando-se para tal que "o alicerce teleológico desta disciplina ultrapassa a mera consideração dos interesses particulares em causa", porquanto "avulta, com especial evidência, *a preocupação de defesa dos valores sociais e da facilidade do comécio jurídico*"[82] (grifos meus).

Na Argentina, a vigente redação do art. 1.198 do Código Civil permite concluir pelo acolhimento expresso do princípio da boa-fé. Tanto é assim que decisão de 1986 da *Cámara Nacional de lo Cível*, de Buenos Aires, sustenta que "a boa-fé, princípio superior e geral de todo o ordenamento social e jurídico organizado, deve alocar-se como valor fundamental na hierarquia dos valores jurídicos" (de modo que) "essa diretiva impõe aos sujeitos o dever de proceder, *tanto no desenvolvimento das relações jurídicas* como na celebração, interpretação e execução dos negócios jurídicos, com retidão e honradez".[83]

Assinala, neste particular, Carlos Alberto Ghersi que este artigo juntamente com o art. 902 do mesmo Código constituem normas que permitem ao jurista analisar a conduta das partes *antes*, *durante* e *depois* do acontecimento dos atos ou fatos jurídicos e das relações emanadas, assim como as circunstâncias fáticas que os rodearam.[84] Uma das conseqüências da incidência do princípio na relação obrigacional perspectivada como um processo — perspectiva também acolhida doutrinariamente naquele sistema jurídico[85] — está, justamente, em que, "na retirada intempestiva dos tratos preparatórios à formação de qualquer ato jurídico, a parte (oferta) ou as partes (preliminares do contrato) devem conduzir-se com a diligência e a consideração que é de ser esperada segundo a boa-fé que deve reinar nas negociações".[86]

civil, a jurisprudência entende que o prejudicado deve provar que existia uma "probabilité raisonnable pour la réalisation de la chance", considerando-se, ainda, o grau de avanço das tratativas para decidir "si la perspective de gain mérite d'être au moins partiellement prise en consideration pour évaluer l'indemnité". V., da mesma autora, "La sanction de la faute précontractuelle", *Revue Trimestrelle de Droit Civil*, 1976, pp. 46 e ss.

80. "Quem negocia com outrem para a conclusão de um contrato deve, tanto nos preliminares como na formação dele, proceder segundo as regras da boa-fé, sob pena de responder pelos danos que culposamente causar à outra parte". V., a propósito, as observações de Clóvis do Couto e Silva, "O princípio da boa-fé no Direito brasileiro e português" cit., pp. 66 e 67, e, de Mário Júlio de Almeida Costa, *Direito das Obrigações* cit., pp. 240 e ss.

81. Cf. Mário Júlio de Almeida Costa, *Direito das Obrigações* cit., pp. 237 e 238.

82. Idem, p. 238.

83. Decisão de 25.12.86, Sala G, in *Jurisprudencia Argentina, 1986, III, Sínteses*, trad. e grifos meus.

84. In *Contratos Civiles y Comerciales — Parte General y Especial*, Buenos Aires, Editorial Astrea, 1990, p. 27. Também comentando a importância do princípio: Luís Andorno e Roque Garrido, *Reformas al Código Civil*, 2ª ed., Buenos Aires, 1971, em especial pp. 310 e ss.

85. V., ainda, Ernesto Wayar, *Derecho Civil — Obligaciones*, Buenos Aires, Depalma, 1990, em especial pp. 27 e ss.

86. Carlos Alberto Ghersi, ob. cit., p. 28 (traduzi).

No sistema brasileiro a responsabilidade pré-negocial segue, como na maioria dos sistemas jurídicos, o modelo da responsabilidade delitual. Embora não especificamente regulada no Código Civil,[87] entende-se que o instituto encontra ampla guarida na cláusula geral do art. 159 do Código Civil,[88] indenizando-se os gastos feitos para a realização do negócio.[89] No âmbito das relações jurídicas de consumo a responsabilidade pré-negocial vem caracterizada precipuamente pela dação de informações incorretas ou não correspondentes ao bem efetivamente ofertado. O caráter objetivo da responsabilidade aí configurada decorre da norma do art. 30, *podendo a indenização ultrapassar o interesse negativo*: é o que se deduz da regra do art. 35, II, da Lei 8.078/90, o qual rompe com a sistemática tradicional na matéria,[90] porquanto a contratação aí operada se rege não só pelo princípio da boa-fé (art. 4º, III) mas, igualmente, pelo *princípio da vulnerabilidade do consumidor* (art. 4º, I), o que conduz ao aumento substancial da tutela.

Contudo, para além da discussão acerca da natureza da responsabilidade — se constituiria, ou não, um *tertium genus* ao lado da responsabilidade contratual e da extracontratual — o certo é que, entre nós, não se pode falar em responsabilidade derivada de lesão a contrato se ainda não se formou o contrato. Por igual, não se deve imaginar uma suposta "pré-eficácia" do contrato, pois este ou se concluiu pela colagem das declarações de vontade negocial, ou não se concluiu: o que há, na fase das tratativas, é *relação jurídica de trato* e o dever jurídico — conectado à responsabilidade — é o dever de agir conforme à boa-fé, o qual decorre da juridicização de valores éticos incorporados pelo ordenamento em matéria obrigacional.

87. O Projeto de Código Civil contém, no art. 421, disposição específica.

88. V. Clóvis do Couto e Silva, *Principes Fondamentales de la Responsabilité Civile en Droit Brésilien et Comparé* cit., e Almiro do Couto e Silva, "Responsabilidade do Estado e problemas jurídicos decorrentes do planejamento", *RDP* 65/29 e ss., São Paulo, Ed. RT.

89. Assim o magistério do STF in *RTJ* 13/278.

90. Examinei este assunto em trabalho apresentado no seminário sobre o Código de Defesa do Consumidor, Goiânia, agosto/92, a ser publicado.

Conclusão

No universo das relações comerciais, o qual se espraia em uma economia fundada no crédito, onde a moeda é um valor marcado pela instabilidade e as regras econômicas se interacionam diretamente com as vicissitudes da ordem política, a atuação dos que se envolvem em negociações visando a contratar requer o estabelecimento de um padrão mínimo de previsão e segurança que permita a planificação das operações negociais.

A feição hoje requerida à teoria das fontes das obrigações e o reconhecimento dos efeitos de direito que decorrem do vínculo obrigacional se encontram, em inúmeras situações, constrangidos pelas ultrapassadas amarras de um modelo proposto e construído para a utilidade de uma organização social em tudo e por tudo diversa da nossa: o século XIX, onde finalizada a elaboração dos grandes modelos jurídicos incorporados pelos códigos, foi marcado pela riqueza fundada na propriedade imobiliária, pela nacionalização da economia, pela estabilidade da moeda e pela quase-intransponível cisão entre Estado e Sociedade, Direito e Moral. Mostra-se por isso mais do que conveniente o endosso à doutrina dos mais diferentes países que vêm propondo o deslocamento do eixo central da teoria das obrigações da tutela da vontade à tutela da confiança.

Ao par das singularidades contidas nos diferentes ordenamentos nacionais e mesmo para além das convenções que estabelecem, em certos setores, regras uniformes, se observa a tendência à *unificação de soluções jurídicas*, ao menos no que concerne ao aspecto substancial dos problemas postos. Tal tendência não se deve ao acaso e as coincidências existentes podem ser creditadas à existência de circunstâncias sociais e culturais assemelhadas: muitas vezes as práticas e as soluções são comuns, inobstante a discrepância entre os conceitos e figuras dogmáticas nacionais, o que Esser atribui à crescente aproximação dos *standards* sociais e às idéias de valor subjacentes a cada ordenamento.[91]

Na Europa comunitária o Tribunal supranacional e a Arbitragem Internacional desempenham relevantíssimo papel no que tange à formulação e consolidação de princípios unitários. A realidade do MERCOSUL é diversa; contudo, a relativa similaridade dos ordenamentos jurídicos do Brasil, Argentina, Uruguai e Paraguai — quanto mais não seja em razão de suas fontes históricas e de sua estrutura codificada — poderá tornar menos árdua a tarefa de harmonização dos princípios e regras incidentes à fase pré-negocial dos contratos. Nesse sentido, a previsão, contida no Tratado de Assunção, para que em novo tratado sejam postas as estruturas necessárias à sua estruturação poderia ensejar a elaboração de *diretiva* que, aproveitando o fundo comum a essas tradições, consiga, harmonizando-as, conduzir à unificação das soluções na matéria.

Porto Alegre, setembro de 1992.

Bibliografia

ALLEN, D. K. "Pre-contractual liability". *United Kingdom Comparative and Common Law — Studies for the XIIIth International Congress of Comparative Law* 10/90. Londres, 1990.

ALMEIDA COSTA, Mário Júlio. "Aspectos modernos do Direito das Obrigações". *Estudos de Direito Civil Brasileiro e Português*. São Paulo, Ed. RT, 1986.

— *Direito das Obrigações*. Coimbra, Livraria Almedina, 1991.

ANDORNO, L., e GARRIDO, R. *Reformas al Código Civil*. 2ª ed. Buenos Aires, 1971.

ALPA, Guido. "Le contrat "individuel" et sa définition". *Revue Internationale de Droit Comparé*. 1988, p. 327.

ARIETTI, Marina. "Responsabilità precontrattuale (Sintesi di informazione)". *Rivista di Diritto Civile*, 1991, 6, p. 729.

BENATTI, F. *A Responsablidade Pré-Contratual*. Trad. de A. Vera Jardim e Miguel Caeiro. Coimbra, 1970.

BENEDETTI, Giuseppe. "La categoria generale del contratto". *Rivista di Diritto Civile*, 6, 1991, p. 649.

BESSONE, Mario. "Rapporto precontrattuale e doveri di correttezza". *Rivista Trimestrale de Diritto e Procedura Civile*. 1972, p. 962.

— "*Unilateral mistake* e teoria del contratto nell'esperienza nord-americana", *Rivista di Diritto Commerciale*. 1970, 1, p. 248.

BETTI, Emilio. *Teoria Geral do Negócio Jurídico*. Trad. de Fernando de Miranda. Coimbra, 1969.

CALASSO, Francesco. *Il Negozio Giuridico*. Milão, Giuffrè Editore, 1959.

COUTO E SILVA, Almiro. "Responsabilidade do Estado e problemas jurídicos decorrentes do planejamento". *RDP* 65/29. São Paulo, Ed. RT.

COUTO E SILVA, Clóvis. "Para uma história dos conceitos em Direito Civil e em Direito Processual Civil: a atualidade do pensamento de Otto Karlowa e de Oskar Bullow". *RePro* 37/238.

— *A Obrigação como Processo*. São Paulo, José Bushatsky Editor, 1976.

— "O princípio da boa-fé no Direito brasileiro e português. *Estudos de Direito Civil Brasileiro e Português*". São Paulo, Ed. RT, 1986.

— *Principes Fondamentales de la Responsabilité Civile en Droit Brésilien et Comparé* (Cours fait à la Faculté de Droit et de Sciences Politiques de St. Maur). Porto Alegre, 1988, datilografado.

DAVID, René. "Il Diritto del Commercio Internazionale: un nuovo compito per i legislatori nazionali o una nuova *lex mercatoria?*". *Rivista di Diritto Civile*. 1976, Parte Prima, p. 577.

DIEZ-PICAZO, Luíz. *Sistema de Derecho Civil*. T. I. Madri, 1990.

ESSER, Joseph. *Principio y Norma en la Elaboración Jurisprudencial del Derecho*. Trad. de Eduardo Valenti Fiol. Barcelona, 1961.

FARNSWORTH, E. Allan. "Negotiation of contracts and precontractual liability: general report". *Mélanges en l'Honneur d'Alfred E. von*

91. Ob. cit., p. 426.

Overbeck. Friburgo, Éditions Universitaires Fribourg, 1990, p. 747.

FRANCKE, Walmor. "Notas sobre o pré-contrato". *Revista Jurídica* 49/49.

GHERSI, Carlos Alberto. *Contratos Civiles y Comerciales — Parte General y Especial*. Buenos Aires, Editorial Astrea, 1990.

JORGE, Fernando Pessoa."A formação do contrato à face do novo Código Civil português". *RF* 294/56.

KAHN, Philippe. "Convention de Viene du 11 avril 1980. Caractères et domaine d'aplication". *Droit et Pratique du Commerce International*. 15, 3, 1989, p. 385.

—"Les principes généraux du Droit devant les arbitres du commerce international". *Journal du Droit International*. 2, 1989, p. 305.

KESSLER, F., e FINE, Edith. "*Culpa in contrahendo*, bargaining in good faith and freedom of contract: a comparative study". *Harward Law Review*. 1977, p. 401.

LARENZ, Karl. *Derecho de Obligaciones*, T. I. Trad. de Jaime Santos Priz. Madri, Editorial Revista de Derecho Privado, 1958.

MARTINS-COSTA, Judith. "Crise e modificação da noção de contrato no Direito brasileiro". *Revista Dir. do Consumidor* 3. São Paulo, 1992.

MENEZES CORDEIRO, A. M. *Da Boa-Fé no Direito Civil*. Coimbra, Livraria Almedina, 1986.

MOREIRA, ALVES, José Carlos. *A Parte Geral do Projeto do Código Civil Brasileiro*. São Paulo, Ed. RT, 1986.

MOTA PINTO, Carlos Alberto. "A responsabilidade pré-negocial pela não conclusão dos contratos". *Boletim da Faculdade de Direito da Universidade de Coimbra*. 1966, Supl. XIV.

OPPETIT, Bruno. "Autour du contrat international". *Droits* 12/107. 1990.

PONTES DE MIRANDA. *Tratado de Direito Privado*. Ts. III, IV e XXXVIII.

SCHMIDT-SZALEWSKI, Joanna. "La période précontractuelle en Droit français". *Revue Internationale de Droit Comparé* 2/545. 1990.

SPECIALE, Renato. "Il *Vorvertrag* nell'ambito del contratto.". *Rivista di Diritto Civile*. 1986, Parte Prima, p. 45.

THIEFFY, Jean. "Les nouvelles règles de la vente internationale". *Droit et Pratique du Commerce International*. 15, 3, 1989, p. 369.

WAYAR, Ernesto. *Derecho Civil. Obligaciones*. T. I. Buenos Aires, Editorial Depalma, 1990.

WENGLER, Wilhelm. "Les principes généraux du Droit en tant que loi du contrat". *Revue Critique du Droit International Privé*. 1982, p. 17.

WESTERMANN, Harm Peter. *Código Civil Alemão — Direito das Obrigações — Parte Geral*. Trad. de Armindo Edgar Laux. Porto Alegre, Sérgio Antônio Fabris Editor, 1983.

ZWEIGERT, Konrad. "Du sérieux de la promesse". *Revue Internationale de Droit Comparé*. 1964, p. 33.

ESTUDOS & COMENTÁRIOS

RESPONSABILIDADE ADMINISTRATIVA E "IMPEACHMENT"

SÉRGIO SÉRVULO DA CUNHA
Advogado em Santos (SP)

1. Responsabilidade do agente público

Mede-se a responsabilidade de quem exerce função pública em cotejo com os princípios estruturadores da atividade pública.

Curiosa palavra essa: responsabilidade,[1] sobre a qual os dicionaristas só conseguem falar com petição de princípio, isto é, usando, na definição, o que se pretende definir. Sendo a *sponsio* (de *spondeo, ere*) uma promessa ou voto religioso, *re-spondere* significava "a atitude, a resposta da deidade ante o voto".[2]

A Constituição de 1988, em seu art. 37, enuncia alguns princípios estruturadores da atividade pública: "A Administração Pública direta, indireta ou fundacional, de qualquer dos Poderes da União, dos Estados, do Distrito Federal e dos Municípios obedecerá aos princípios de legalidade, impessoalidade, moralidade, publicidade e, também, ao seguinte: ...".

O § 4º desse artigo, por sua vez, estabelece a sanção aplicável, a exercentes de função pública, em caso de improbidade administrativa: "Os atos de improbidade administrativa importarão a suspensão dos direitos políticos, a perda da função pública, a indisponibilidade dos bens e o ressarcimento ao erário, na forma e gradação previstas em lei, sem prejuízo da ação penal cabível".

O que se entende por *improbidade*? Temos aí um conceito jurídico indeterminado ou aberto.[3] Seu conteúdo será o do linguajar comum — tal como concretizado na decisão que se venha a tomar num caso individual — ou o definido em normas infraconstitucionais.

1. Hart ilustra os vários sentidos da palavra "responsabilidade" nesse texto do seu *Punishment and Responsability*, Oxford, Clarendon Press, 1968, p. 211: "Como capitão de um barco, "X" era responsável pela segurança de seus passageiros e carga. Em sua última viagem embriagava-se todas as noites e foi responsável pela perda do barco com tudo que transportava. Dizia-se que estava louco, mas os médicos julgaram-no responsável pelos seus atos. Durante a viagem, "X" comportou-se irresponsavelmente, e vários incidentes da sua carreira demonstraram que não era uma pessoa responsável. O capitão sempre sustentou que tempestades excepcionais foram as responsáveis pela perda do barco, mas no processo que se instaurou foi julgado responsável pela perda de vidas e bens. Ele ainda vive, e é moralmente responsável pela morte de muitas mulheres e crianças".

2. Eduardo J. Couture, *Vocabulário Jurídico*, ed. Depalma, 1976.

3. Eros Roberto Grau sustenta inexistirem conceitos indeterminados: "a indeterminação não é dos conceitos, mas sim de suas expressões, isto é, de seus termos" ("Poder discricionário", *RDP* 93/41, jan.-mar./90).

Há lei dizendo, p. ex., que o servidor público deve "manter conduta compatível com a moralidade administrativa" (Lei 8.112, de 11.12.90, art. 116, IX). Mas, com isso, nada se avançou no tocante à determinação do conceito. A mesma lei, entretanto, ao estabelecer o que é proibido ao servidor, veda-lhe, entre outros procedimentos, "manter sob sua chefia imediata, em cargo ou função de confiança, cônjuge, companheiro ou parente até o segundo grau civil"; "valer-se do cargo para lograr proveito pessoal ou de outrem, em detrimento da dignidade da função pública"; "receber propina, comissão, presente ou vantagem de qualquer espécie, em razão de suas atribuições" (art. 117, VIII, IX e XII).

A Lei 8.429, de 2.6.92, "independentemente das sanções penais, civis e administrativas previstas na legislação específica", estabelece penas de conteúdo patrimonial, pecuniário, político e administrativo, aplicáveis ao agente público responsável por ato de improbidade. Essa lei descreve os vários tipos de atos de improbidade, que classifica em três categorias: os que "importam enriquecimento ilícito", os que "causam prejuízo ao erário" e os que "atentam contra os princípios da Administração Pública".

É digna de nota a terceira categoria, que, segundo a definição legal, compreende "qualquer ação ou omissão que viole os deveres de honestidade, imparcialidade, legalidade e lealdade às instituições, e notadamente: I — praticar ato visando fim proibido em lei ou regulamento ou diverso daquele previsto na regra de competência; II — retardar ou deixar de praticar, indevidamente, ato de ofício; III — ....".

A elasticidade da determinação legal, aqui, ajusta-se à referência de Tércio Sampaio Ferraz Jr.: "A definição jurídica oscila entre o aspecto onomasiológico da palavra (o uso corrente da palavra para a designação do fato) e o aspecto semasiológico (a sua significação normativa). Os dois aspectos podem coincidir, embora nem sempre isso ocorra" (*Função Social da Dogmática Jurídica*, Ed. RT, 1980, p. 150).

A Lei 8.429/92 chama-nos a atenção em outros aspectos: a) considera agente público todo aquele que exerce — ainda que transitoriamente ou sem remuneração — por eleição, nomeação, designação, contratação ou qualquer outra forma de investidura ou vínculo, mandato, cargo, emprego ou função nas entidades que menciona (art. 2º); b) alcança também aqueles que, mesmo não sendo agentes públicos, induzam o ato de improbidade, concorram para sua prática, ou dele se beneficiem de qualquer forma, direta ou indireta (art. 3º).

Uma última observação, quanto ao conceito de improbidade. Figuras ensejadoras de responsabilidade administrativa, civil ou penal, mesmo não utilizando expressamente esse termo, podem incluir-se em sua extensão. É o que acontece, p. ex., com os tipos penais da prevaricação, da concussão, da corrupção passiva etc.

A improbidade não é o único vício ensejador da responsabilização administrativa, salvo se qualificarmos todos os deveres do agente público sob o elastério da Lei 8.429/92.

2. Processo administrativo disciplinar

Pode haver ato, praticado por agente público, que configura ilícito civil ou criminal. Responde o servidor, nesse caso, perante a jurisdição civil ou criminal. Se o ato — sendo ou não ilícito em outro campo — constitui infração administrativa, responde ele perante a jurisdição administrativa. Esta opera nos estritos limites da relação Administração-agente público, e o poder punitivo decorre dessa relação, diferentemente do que ocorre com os ilícitos penais, em que o poder punitivo decorre do *imperium* geral, ou soberania.

A responsabilização administrativa efetua-se mediante um processo, chamado disciplinar, que no plano federal vem regulado nos arts. 143 a 182 da Lei 8.112/90. A penalidade é aplicada: a) tratando-se de destituição de cargo em comissão, pela autoridade que houver feito a nomeação; b) pelo chefe da repartição e outras autoridades, na forma dos respectivos regulamentos, no caso de pena leve (advertência ou suspensão de até 30 dias); c) por autoridade de hierarquia mais elevada, sendo a suspensão por prazo superior a 30 dias; e d) pelo Presidente da República, pelo Procurador-Geral da República, pelos Presidentes dos Tribunais e das Casas do Poder Legislativo, quando se tratar de pena grave (demissão, cassação, aposentadoria ou disponibilidade) relativa a servidor vinculado ao respectivo Poder, órgão ou entidade (Lei 8.112/90, art. 141).

Nunca, ao que se saiba, levantou-se questão indagando se o processo disciplinar é administrativo, ou se é jurídico; a alternativa, ou oposição, não faz sentido. O processo disciplinar, que processo administrativo é, constrói-se e desenrola-se segundo as normas jurídicas, entre elas as do contraditório e da ampla defesa. Por isso é processo. E é administrativo porque se contém, em seu curso e efeitos, na esfera administrativa.

Algumas regras da Lei 8.112/90 — que se reproduzem a nível de Estados e Municípios — reclamam atenção. Uma delas, a do art. 147: "Como medida cautelar e a fim de que o servidor não venha a influir na apuração da irregularidade, a autoridade instauradora do processo disciplinar poderá determinar o seu afastamento do exercício do cargo, pelo prazo de até sessenta dias, sem prejuízo da remuneração".

Não se perca também o art. 172:

"O servidor que responder a processo disciplinar só poderá ser exonerado a pedido, ou aposentado voluntariamente, após a conclusão do processo e o cumprimento da penalidade, acaso aplicada.

"Parágrafo único. Ocorrida a exoneração de que trata o parágrafo único, inciso I do art. 34, o ato será convertido em demissão, se for o caso."

A doutrina nacional reconhece a possibilidade de controle jurisdicional dos atos da Administração Pública: "Esta, como órgão ativo do Estado, tem freqüentes oportunidades de contato com o indivíduo, nas quais lhe pode violar os direitos, por abuso ou erro na aplicação de lei. Tal sistema de controle é o meio prático de contê-la na ordem jurídica, de modo a assegurar ao indivíduo o pleno exercício dos seus direitos" (Miguel Seabra Fagundes, *O Controle dos Atos Administrativos pelo Poder Judiciário*, 4ª ed., Forense, 1967, pp. 113 e 114).

Também a jurisprudência brasileira reconhece a possibilidade de controle jurisdicional de punições disciplinares, em caso de: a) incompetência da autoridade; b) inobservância de formalidades essenciais e c) ilegalidade da sanção. Cabe reproduzir, aqui, parte de decisão paradigmática (STF, MS 20.999, Pleno, v.u., rel. Min. Celso de Mello):

"A impugnação judicial de ato disciplinar, mediante utilização do remédio constitucional do mandado de segurança, legitima-se em face de três situações possíveis, decorrentes da (1) incompetência da autoridade, (2) inobservância das formalidades essenciais e (3) ilegalidade da sanção disciplinar (*RTJ* 49/621, 79/318; *RDA* 130/186; *RF* 114/68, 227/204, 229/221, 231/210, 235/199).

"...

"O que os juízes e Tribunais não podem examinar, nesse tema, são a conveniência, a utilidade, a oportunidade e a necessidade da punição disciplinar (*RTJ* 100/1.381)."

Conclui esse acórdão — após longa excursão na matéria e exame da doutrina — ser vedado ao Judiciário, nessa âmbito, "o exame do mérito da decisão administrativa, por tratar-se de elemento temático inerente ao poder discricionário da Administração Pública (Diógenes Gasparini, *Direito Administrativo*, p. 386, 1989, Saraiva)".

Como se vê, nessa decisão se entrelaçam os conceitos de mérito e de poder discricionário. É como se o mérito da demanda, em tais casos, coincidisse com o núcleo do ato impugnado, nos limites da sua discricionariedade. Buscar o entendimento dessa jurisprudência através do conceito de "mérito", considerado abstrata e isoladamente, não nos permitiria grandes progressos (v., a propósito, o estudo de Cândido Rangel Dinamarco, "O conceito de mérito em processo civil", *RePro* 34/20-46, abril-junho/84).

3. Responsabilização do agente político

As normas acima referidas são normas gerais, aplicáveis a todos os agentes públicos. Há, entretanto, em nosso ordenamento jurídico, normas especiais relativas aos agentes políticos.

Agente político é o agente público que, no exercício da sua função, não se subordina a nenhuma outra autoridade, senão à da lei. Ou, por outra, é aquele cuja discricionariedade só encontra limite na lei, não na discricionariedade de outrem.[4]

Conforme o Poder e o nível federativo, distribuem-se as normas, especiais, de responsabilidade administrativa dos agentes políticos; elas se encontram basicamente nas leis orgânicas municipais, nas Constituições estaduais, na Constituição da República e em leis complementares, como, p. ex., na Lei Complementar 35, de 14.3.79 (que trata da responsabilidade administrativa dos juízes e continua em vigor, em grande parte, enquanto não se edita o Estatuto da Magistratura Nacional).

Uma dificuldade se apresenta, de início, no momento de se dispor a respeito: visto inexistir superior hierárquico acima do agente político, quem deverá julgá-lo e aplicar-lhe sanção?

Escrevendo em 1957,[5] afirmava Hely Lopes Meirelles que a responsabilidade administrativa do prefeito "entrosa-se com o caráter político de suas funções, e, por isso mesmo, sua apreciação é entregue à Câmara como corporação político-representativa do Município" (*Direito Municipal Brasileiro*, v. 2/559, Ed. RT). A 3ª edição dessa obra (Ed. RT, 1977) aduzia: "Responsabilidade político-administrativa é a que resulta da violação de deveres éticos e funcionais de agentes políticos eleitos, que a lei especial indica e sanciona com a cassação do mandato. Essa responsabilidade é independente de qualquer outra e deriva de infrações político-administrativas apuradas e julgadas pela corporação legislativa da entidade estatal a que pertence o acusado, na forma procedimental e regimental estabelecida para o colegiado julgador".

Ao julgar o prefeito por infração político-administrativa a Câmara Municipal não se transforma em órgão judiciário, assim como não o faz a autoridade administrativa ao punir funcionário público; exerce funções político-administrativas; e segue, nesse julgamento, as formas próprias às suas deliberações, salvo naquilo em que esteja vinculada, de modo diferente, à lei e ao regimento interno. Trata-se do julgamento de um agente político por infrações político-administrativas, realizado por um

4. Esse critério exclui, da categoria de agentes políticos, Ministros e Secretários de Estado, que nela costumam ser incluídos; eles são agentes de confiança, aos quais podem ser estendidas, eventualmente, as regras de responsabilização dos agentes políticos.

5. Na vigência plena do Dec.-lei 201/67, que dispunha sobre a responsabilidade de prefeitos e vereadores.

órgão político, nos limites definidos pela lei.

A Lei 1.079, de 10.4.50, dispondo sobre a responsabilidade do Presidente da República, Ministros de Estado, Ministros do STF e Procurador-Geral da República, incumbiu o Senado do respectivo julgamento.[6]

Quanto ao Presidente da República, diz essa lei, em seu art. 33: "No caso de condenação, o Senado por iniciativa do Presidente fixará o prazo de inabilitação do condenado para o exercício de qualquer função pública...".

E, no art. 34: "Proferida a sentença condenatória o acusado estará, *ipso facto*, destituído do cargo".

Uma interpretação gramatical — ou fotográfica — desses artigos levaria à conclusão de que o objeto principal da condenação é a inabilitação para o exercício de função pública, em razão do quê, *ipso facto*, fica o condenado destituído do cargo. Sabemos, porém, que a ordem de distribuição dos preceitos no texto legal e sua literalidade são meros indicativos, insuficientes para desvendar seu alcance. O método gramatical de interpretação — que a doutrina qualificou como "empirismo ingênuo" — já era denunciado por Celso, para quem "scire leges non hoc est, verba earum tenere, sed vim ac potestatem" (*Dig.* 1.3.17).

4. *Responsabilização do Presidente da República*

A Constituição de 1988, em seu art. 85, responsabiliza o Presidente por atos que atentem contra ela própria, e especialmente contra: "... V — a probidade na Administração".

Esse dispositivo guarda nexo com o art. 37, já mencionado, e com seu § 4º, cuja menção repetimos: "Os atos de improbidade administrativa importarão a perda dos direitos políticos, a perda da função pública, a indisponibilidade dos bens e o ressarcimento ao erário, na forma e gradação previstas na lei, sem prejuízo da ação penal cabível".

Essas são as medidas aplicáveis ao agente público por atos de improbidade, salvo o caso de norma constitucional especial que haja disposto de modo diverso. A elas sujeitam-se os agentes políticos, a não ser que, a seu respeito, a Constituição disponha de modo diferente.

Isso acontece com relação ao Presidente da República: a medida de perda dos direitos políticos limitou-se, no seu caso, à outra, menos extensa, de inabilitação para o exercício de função pública, pelo prazo de oito anos (art. 52, parágrafo único): "... limitando-se a condenação ... à perda do cargo, com inabilitação, por oito anos, para o exercício de função pública, com prejuízo das demais sanções cabíveis".

A referência expressa à perda do cargo, em tal contexto, não é necessária para que isso ocorra efetivamente, em caso de condenação. Porque a perda do cargo decorre, necessariamente, da inabilitação para o exercício de função pública. O que se objetiva, ao condenar agente político por improbidade, é afastar a fonte potencial de dano que sua presença significa para a Administração. Esse

6. Na inclusão dos Ministros de Estado seguiu-se também a tradição imperial. Como anota Paulo Brossard, sendo o Imperador politicamente irresponsável, a primeira lei de responsabilidade brasileira cuidou desses auxiliares do governo: "Na mesma sessão de 9 de maio, a segunda que realizava a Câmara dos Deputados, foi eleita a Comissão Especial, de cujos trabalhos resultaram dois projetos, um referente à responsabilidade de todos os servidores públicos, outro que a circunscrevia aos Ministros e Conselheiros de Estado" (*O "Impeachment"*, 2ª ed., Saraiva, 1992, p. 51).

Nos termos da Constituição de 1946, os Ministros de Estado seriam julgados pelo Senado nos crimes de responsabilidade conexos com os do Presidente da República (art. 62).

afastamento é imediato. Não se poderia aguardar o término do mandato para, a partir daí, contar-se o prazo da inabilitação. Donde se vê que a medida de inabilitação implica perda do cargo, e a referência a esta é expletiva, se não de caráter executório, tal como no art. 34 da Lei 1.079/50: "Proferida a sentença condenatória o acusado estará, *ipso facto*, destituído do cargo".

Em outros termos: com a condenação, o acusado perderá o cargo. Os constitucionalistas da República Velha diziam, sem outra explicação, que a renúncia do Presidente punha fim ao processo. Mas não poderiam dizer de outro modo, pois havia clara e expressa disposição legal nesse sentido. Era o art. 3º do Dec. 27, de 7.1.1892: "O processo de que trata esta lei só poderá ser intentado durante o período presidencial e cessará quando o Presidente, por qualquer motivo, deixar definitivamente o exercício do cargo".

5. Justiciabilidade das questões políticas[7]

Em seus *Comentários à Constituição Federal Brasileira* (Rio, F. Briguiet e Cia., 1924), João Barbalho lembrava o preâmbulo da lei que organizou a Justiça Federal: "A Magistratura federal ... não desce jamais a imiscuir-se nas questões políticas".

E acrescentava: "Deste feitio considerada a função constitucional do Poder Judiciário, vê-se que este no jogo do sistema não embaraça o funcionamento dos outros, não os prejudica, nem pode anulá-los ou absorvê-los" (pp. 297 e 298).

A doutrina compartilhava esse entendimento, baseado na rígida separação de Poderes: "Não é republicano atribuir a última palavra sobre as expressões da vontade popular, traduzidas no voto ou em atos dos mandatários das turbas sem caráter individual, sobre as questões políticas em sua essência e nos seus fins, a uma corporação de indivíduos não eleitos e, ainda mais, vitalícios e, portanto, absolutamente independentes da opinião pública" (Carlos Maximiliano, *Comentários à Constituição Brasileira*, Livr. Globo, 1929, p. 632).

Outra razão para que o Judiciário não se imiscuísse nas questões políticas estava em que nelas não se cuidava de "interesse privado" (Paulo M. de Lacerda, *Princípios de Direito Constitucional Brasileiro*, v. 2/482, Rio, Liv. Azevedo Ed.). Era difundida essa referência a interesses privados ou direitos individuais, reiteração, talvez, da sentença de Marshall, em Marbury *v.* Madison: "O tribunal tem competência somente para decidir acerca de direitos individuais...".

Rui Barbosa apropriou-se da expressão, e virou-a como um aríete para o outro campo: "De um lado, estão os grandes poderes do Estado, com as suas atribuições determinadas em textos formais. De outro, os *direitos do indivíduo*, com as suas garantias expressas em disposições taxativas. Em meio a uma e outra parte, a Constituição interpretada pela justiça, para evitar entre os direitos e os poderes as colisões possíveis" ("Atos inconstitucionais do Congresso e do Executivo", *apud* Aurelino Leal, *Teoria e Prática da Constituição Federal*, Briguiet, 1925, p. 77).[8]

7. O Ato Institucional 5, de 13.12.68, dispunha, em seu art. 11: "Excluem-se de qualquer apreciação judicial todos os atos praticados de acordo com este Ato Institucional e seus Atos Complementares, bem como os respectivos efeitos". Por sua vez, o art. 68 da Constituição de 1934 dizia: "É vedado ao Poder Judiciário conhecer de questões exclusivamente políticas". Embora os dois preceitos excluam determinadas matérias da apreciação do Poder Judiciário, há diferença substantiva entre ambos. É sob o prisma do segundo — a normalidade do funcionamento do Judiciário, no Estado de Direito — que tratamos o tema.

8. Leda B. Rodrigues descreve o julgamento, em abril de 1892, do *habeas corpus* impetrado por Rui Barbosa em favor de E. Wandenkolk e outros presos políticos: "os casos que, se por um lado tocam a interesses políticos, por outro envolvem direitos individuais, não podem ser defesos à intervenção dos tribunais, amparo da liberdade pessoal contra as invasões

Pedro Lessa, repassando os argumentos de Rui e a jurisprudência norte-americana, remata: "Quais são as questões exclusivamente políticas? As que se resolvem com faculdades meramente políticas, por meio de poderes exclusivamente políticos, isto é, que não têm como termos correlativos direitos encarnados nas pessoas, singulares ou coletivas, sobre que tais poderes se exercem. Quando à função de um poder, Executivo ou Legislativo, não corresponde, ou, antes, não se opõe um direito, de uma pessoa, física ou moral, que a ação desse poder interessa, um tal poder pressupõe evidentemente o arbítrio da autoridade, em que reside. É um poder discricionário, que portanto não pode ser restringido pela interferência de outro. Poder meramente político é um poder discricionário" (*Do Poder Judiciário*, Livr. Francisco Alves, 1905, p. 59).

É o que se continha, aliás, no texto de Marshall, decorrendo as diferenças de entendimento da ênfase posta em uma ou outra de suas expressões:

"O tribunal tem competência somente para decidir acerca de direitos individuais, e nenhuma para examinar o modo por que o Executivo ou os funcionários dele dependentes desempenham seus deveres em tudo o que respeita à faculdade discricionária.

"Questões por sua natureza política ou submetidas ao juízo prudencial do Executivo pela Constituição e pelas leis, nunca poderão ser ventiladas neste tribunal."

Fixou-se, assim, um entendimento que identifica as "questões políticas" com as matérias discricionárias (ou "livres", no dizer de Jellinek).[9] Esse acordo pragmático, que parte da consideração da lei para a elaboração do conceito, afasta indagações de maior amplitude sobre a natureza do "político" e suas relações com a função judiciária;[10] satisfaz também quando à questão política se dá o nome de "questão *interna corporis*". "O que se tem reputado *interna corporis* de modo a afastar o controle jurisdicional" — disse o então Procurador-Geral Eleitoral Sepúlveda Pertence — é a aplicação *in concreto* das normas de procedimento das Casas Legislativas pelos respectivos órgãos diretores. ... Ora, dispensa demonstração que a competência das Câmaras para a elaboração dos seus regimentos internos está materialmente limitada pela Constituição, em particular, pelas normas constitucionais sobre o processo legislativo...".[11]

Análoga à temática das "questões políticas" é a que se desenvolveu quanto aos "atos de governo" ("atos de Estado", "atos de autoridade", "atos soberanos"), designação sob a qual se percebe com mais clareza os temas do controle (a) da constitucionalidade dos atos da Administração, (b) da constitucionalidade das leis.

O debate sobre as "questões políticas", ocorrido sob a primeira Constituição repu-

do Executivo". A Corte decidiu que não era "da índole do STF envolver-se nas funções políticas do Poder Executivo ou Legislativo"; "ainda quando na situação criada pelo estado de sítio estejam ou possam estar envolvidos alguns direitos individuais, esta circunstância não habilita o Poder Judicial a intervir para nulificar as medidas de segurança decretadas pelo Presidente da República, visto ser impossível isolar esses direitos da questão política, que os envolve e compreende..." (*Hist. do STF*, Rio, 1965, pp. 18 e ss.).

9. "Essa atividade livre se encontra em todas as funções materiais do Estado que apareceram separadamente na história. Nenhuma é possível sem ela;... Um Estado com um governo que agisse somente segundo as leis não seria possível politicamente. Sobre a direção da atividade que dá ao Estado o governo, jamais pode decidir uma regra de direito" (cf. *Teoría General del Estado*, trad. da 2ª ed. alemã, ed. Albatros, 1981).

10. V., a propósito, Kelsen, "Wer soll der Hütter der Verfassung sein?", *Die Justiz*, 1930-31, Heft 11-12, Bd. VI, 576-628; G. Leibholz, *Problemas Fundamentales de la Democracia Moderna*, Madri, Instituto de Estudios Políticos, 1971, pp. 149-150, 154-155.

11. Parecer sobre "Voto de liderança", 2.9.85, *RDP* 92/116 (v. tb. *RDP* 76/57).

blicana, refletiu-se no art. 68 da Constituição de 1934, e mais tarde, de forma diversa, no art. 141, § 4º, da Constituição de 1946: "A lei não poderá excluir da apreciação do Poder Judiciário qualquer lesão de direito individual".[12] O preceito, que parece dirigido ao legislador ordinário, tem conteúdo mais amplo. Regra constitucional vedando apreciação, pelo Judiciário, de lesão a direito individual colidiria com o Estado de Direito; reduziria a Constituição às dimensões de um "ato institucional" (v. nota 7, supra), ainda que os tribunais lhe dessem aplicação. Cortes que aplicam regras contrárias ao Estado de Direito dificilmente podem ser chamadas Cortes de Direito.

Coube ao Senado, pela Constituição de 1946, "suspender a execução, no todo ou em parte, de lei ou decreto declarados inconstitucionais por decisão definitiva do STF". O controle difuso de constitucionalidade — permitido em caso de direito individual ofendido, e inoponível à lei em tese — alcançava, por essa via, *status* universalizante. O controle já não se limitava ao ato administrativo, desconforme à Constituição, que feria direito individual, ou aos efeitos da norma com relação a um indivíduo; alcançava o próprio ato normativo; exercia-se sobre ato legislativo, considerado como a manifestação própria e específica do Poder Legislativo. Entregava-se à Suprema Corte, aí, a supremacia quanto à guarda da Lei Fundamental.

Sob a Ordenação de 1967/69 outorgou-se ao STF competência para processar e julgar, originariamente, representação do Procurador-Geral da República por inconstitucionalidade. O âmbito do controle alargou-se, sob essa via, para a inconstitucionalidade de lei em tese, independentemente de lesão concreta a direito individual.

Seabra Fagundes, na obra já referida, apontava *duas exceções* "ao monopólio jurisdicional do Poder Judiciário, no que concerne à matéria contenciosa administrativa. A primeira diz respeito aos crimes de responsabilidade do Presidente da República, dos Ministros de Estado, quando conexos com os desses, e dos Ministros do STF. O seu julgamento competirá ao Congresso". Acrescentava: "ao julgar por crimes de responsabilidade o Presidente da República, Ministros de Estado, o Procurador-Geral da República e Ministros do STF, exerce o Senado função tipicamente judicante. O mesmo é de dizer da Câmara dos Deputados, quando atua na fase preliminar do processo de responsabilidade do Chefe do Poder Executivo ou de Ministro de Estado (equivalente à de pronúncia no processo penal comum) para declarar procedente ou improcedente a acusação. Pelo seu caráter eminentemente político, não deixa o juízo de responsabilidade de se exercer através de um verdadeiro julgamento, com apuração do fato (delito), aplicação do Direito (pena ou absolvição) e

12. No Direito inglês, regras que excluem o controle judicial são conhecidas como *ouster clauses*; a jurisprudência inglesa tem resistido a essas regras desde o século XVII, utilizando vários expedientes: "Sometimes when Parliament gives power to a public authority there is a provision in the empowering statute limiting or excluding the jurisdiction of the courts to review the acts and decisions of the authority. Such a provision is often known as an "ouster clause" (because it ousts the jurisdiction of the courts). However, just as the courts have adopted a policy of opposition to provisions in subordinate legislation that oust their jurisdiction, so have they also attempted wherever possible to restrict the effect of ouster clauses in statutes. This tradition of opposition to ouster clauses dates back to the seventeenth century and is still very strong today. Various techniques are used to evade the effect of such clauses: in some cases the courts have been prepared to ignore them in a rather blatant manner; in others subtle linguistic arguments have been put into service in an attempt to show that they do not really mean what they say. One form of ouster clause that was once fairly common is known as a finality clause. It reads: "Any decision of... shall be final". This clause has long been treated by the courts as not preventing judicial review; it merely takes away a right of appeal" (T. C. Hartley e J. A. Griffith, *Government and Law*, 2ª ed., Londres, Weidenfeld and Nicolson, 1981, pp. 364 e 365).

irretratabilidade de efeitos (coisa julgada)" (ob. cit., pp. 139 e 140).

Contudo, no julgamento do MS 21.564-0, impetrado pelo Presidente Fernando Collor contra ato da Mesa da Câmara no curso da fase autorizatória do processo de *impeachment*, o STF conheceu da matéria e concedeu a segurança em parte, por entender ferido direito individual. A maioria qualificada (2/3) exigida para as decisões terminativas, no curso desses processos, não significa que estejam autorizados, deputados ou senadores, a desdenhar da lei no exercício de sua função judicante. Essa poderia ser a decisão mesmo que se tratasse de processo de responsabilização de Ministro do próprio STF. Vereadores julgam vereadores por infrações políticas, deputados a deputados, senadores a senadores. A evolução constitucional brasileira mostra que não se pode subtrair, ao Judiciário, o conhecimento de ação versando sobre lesão a direito individual. Cabe ao interessado, nesse caso, usando a via própria, demonstrar a ocorrência de lesão; o que equivale a demonstrar, na hipótese em discussão, que o Senado feriu norma jurídica vinculante de sua atividade.

Santos, 26 de fevereiro de 1993.

ÉTICA DEMOCRÁTICA: A CONSTITUIÇÃO DE 1988

EDUARDO SILVA COSTA
Advogado da Rede Ferroviária Federal em Salvador (Bahia)

Uma boa Constituição dará como resultado a formação moral do povo. (Kant)

Considerações preliminares

O sentimento de frustração, e muitas vezes de desencanto, que experimentam várias camadas sociais em face da pouca eficácia ou também da ineficácia das leis deve-se a um sem-número de fatores. Não se pretende, aqui, esmiuçá-los; uma breve referência satisfaz ao âmbito deste trabalho. Deve-se assinalar, porém, que tal sentimento é compartido pela *intelligentsia* jurídica, se assim se pode dizer. De vez em quando, juristas de prol erguem a voz para deblaterar contra a impotência das leis, a quase-inocuidade destas em frente de realidades que não se transmudam pelo advento de novas normas etc. Semelhante clamor, acompanhado de inevitável desencanto, irrompe de toda sorte de camadas sociais, camadas sem a responsabilidade intelectual dos juristas, mas repassadas de idéias negativas quanto à ação do discurso legal.

Assim, desde que ingressam no mundo jurídico, as leis são objeto de controvérsia, não tanto pelo seu conteúdo quanto por sua existência mesma. Aliás, antes de ingressarem no mundo jurídico, quando ainda em gestação, as leis já se vêem vivamente discutidas, o que atesta o caráter polêmico de seu ser. É que, sendo um produto cultural, elas surgem como resposta a necessidades e aspirações de um dado momento histórico e traduzem, por isso, interesses desiguais, quase sempre contrapostos.

Poder-se-ia também dizer que o questionamento permanente em que são envolvidas as leis está estreitamente associado à natureza dúplice do ser humano. Este traz em si a contradição em todos os atos da vida, chegando muitas vezes a contradizer-se a si mesmo. No mesmo instante em que deseja, repudia; ao tempo em que afirma, nega. Então, ao cuidar da norma que vai regular a sua conduta em múltiplos aspectos, o ser humano sente-se como desafiado. Querendo-a, empenha-se para vê-la afirmada; depois, dispõe-se contra ela, passa a increpá-la de inútil, achando-a inane diante da realidade.

Talvez a circunstância de significarem as leis a forma mais apurada de normatização das relações humanas, a racionalização por excelência da convivência entre os homens, explique esse sentimento ambivalente de que se está cogitando. Sendo expressão de necessidades e aspirações, as leis assumem o caráter de impessoalidade, generalidade e abstração para adquirirem a força de que precisam para valer e impor-se com o mínimo de eficácia. Mas, por isso mesmo, elas não se fazem compreendidas pelos destinatários de seu comando.

Daí, de tal incompreensão, elas deixam de ter a recepção desejável na comunidade, assim como nos indivíduos. E, conseqüentemente, a função pedagógica de que se revestem estiola-se.

A função pedagógica das Leis

É certo que a função pedagógica, insita na norma legal, tem relevância no ordenamento jurídico de natureza democrática. Em um ordenamento autocrático, sustentador de regime político totalitário ou ditatorial, as leis são impostas por um processo "de cima para baixo", como se costuma dizer, e aí não há propriamente que falar em função pedagógica. Em verdade, o que ocorre nos regimes ditatoriais ou, mais extensivamente, nos regimes totalitários é a utilização da lei para engrandecer o Estado e nulificar o indivíduo. É só o Estado nos regimes totalitários que deve contar como importante na realidade social. É só o interesse de uma classe, embora se expressando ideologicamente por ideais prestigiosos, como a liberdade, que vale como autênticos simulacros de poder, que sobreleva na realização normativa.

Ora, o poder fechado, porque é incontrastável, não só dispõe facilmente do aparato necessário à elaboração legislativa, como sabe de antemão que a dominação pelo comando legal se faz pronta, operando-se sem resistência a aceitação dos ditames. Aí não há papel pedagógico da norma: ela atua mais como instrumento intimidatório, sempre represador de impulsos do indivíduo como ser livre. Porque inibe, em vez de liberar, o conformismo se dá com o mínimo de dificuldade. Os agentes emissores da norma, nesses regimes de poder fechado, têm-se como moralizadores da vida pública e privada, e nessa condição são pródigos em inculcar na consciência coletiva a vocação transcendental do bem em que se julgam investidos como senhores deste.

Nessa linha de incidência da norma legal, o que importa aos detentores do poder não é o desenvolvimento dos indivíduos, o gozo de suas faculdades, a prática de direitos do cidadão, como ser político e social, a integração dele em grupos profissionais, comunitários, de defesa de classe. Basta que o comando expresso na norma seja "obedecido", para que se conclua pela excelência do regime. Os possíveis conflitos, os dissensos de opinião, inevitáveis em toda comunidade, são classificados como patológicos e tratados com a severidade comportável. Em tudo, o que se busca é o máximo de uniformidade, a conquista da aderência passiva a todo transe.

Enquanto isso, nos regimes democráticos a lei tem um papel e uma função que podem parecer mais um experimento malogrado do que uma força respeitada. É que neles não se intenta através da prática legal a coesão, que seria obtida pela sanção coercitiva. Ao contrário dos regimes fechados, que dispõem da lei com vista à conformidade dos cidadãos aos fins do poder, a homogeneidade utópica, os regimes abertos servem-se da lei para que se acentuem a diversidade e a heterogeneidade dos cidadãos, e também dos grupos. Em vez de conformidade, sentido de divergência. Ao invés de ter a lei como meio de ajustamento aos interesses do poder, meio de estruturação dos interesses individuais e coletivos.

Dado tal caráter, as leis têm nos regimes abertos um sentido bastante diverso do que lhes é dado nos outros regimes. Elas têm o sentido da função pedagógica, ausente nos regimes fechados. O que importa dizer, dotam-se de um sentido que permite aos destinatários delas expandirem-se nos seus direitos, aglutinando-se os fins individuais aos coletivos; o pressuposto indispensável da ação individual e a realizabilidade do interesse possível na forma coletiva de ação. As leis se caracterizando antes como ponto de partida do que síntese consumada, de modo que a sua finalidade seja o aperfeiçoamento dos valores e interesses legítimos.

Importa, contudo, que essa função pedagógica da lei se harmonize invariavelmente com o caráter democrático do regime, a fim de dar-lhe consecução aos objetivos, a norma significando um poderoso instrumento de consolidação do processo democrático de governo, do Estado, assim como da sociedade. Só nessa perspectiva a lei deve encarar-se valorativamente. Como instrumento de repressão, já se salientou, ela fortalece as cidadelas do poder, e tão-só.

Daí talvez que os espíritos mais sôfregos e os desavisados ponham-se perante as novas conquistas normativas ora com descrença, ora com desdém. Para eles, é como se as leis novas devessem ter efeitos fulminantes sobre comportamentos e práticas sociais há muito arraigadas. Quando se sabe que a mudança de comportamento, a transformação de velhas práticas, exige esforço, consubstanciado na preparação de uma nova mentalidade, diferente, consoante a qual se tenham presentes os benefícios, tanto individuais como coletivos, da nova estrutura normativa. Em suma, é preciso que os destinatários das novas normas se vão compenetrando de que estas encerram uma ética específica — a ética democrática, e que doravante é a esta que se deve adesão, esta é que se deve praticar no quotidiano da vida.

A presença da ética

Se a democracia é um método político, e não um fim em si mesma, como afirma Schumpter em *Capitalismo, Socialismo e Democracia*, torna-se imperioso que os preceitos legais que visam a sedimentá-la sejam repassados de sentido ético. Assim é que se encerra nas diversas normas constitutivas do ordenamento jurídico um conteúdo ético democrático, informador de toda a vida política e civil da realidade social. Desde que o Direito se realiza tendo em vista a idéia do bem-estar social, as leis que lhe dão expressão acodem às necessidades e aspirações mais prementes em uma dada situação histórica. Necessidades e aspirações que se institucionalizam normativamente dotadas de uma ética que se cristalizou na vida quotidiana por força de embates de natureza social, cultural e especialmente econômica. Essa ética só podia ser a ética democrática, e que vai encontrar a sua sede normativa na Lei Maior, a Constituição.

Convém, pois, definir a Constituição brasileira atual como o ápice da conformação normativa da ética democrática. Ela significa a ruptura de todos os antigos princípios e preceitos que comandavam a nossa vida política, para dar lugar a um Direito novo, portador da idéia-força democrática, da ética democrática, em suma. A partir de agora, é a ética democrática que passa a condicionar e regular a conduta não só do poder em várias de suas manifestações, como das instituições, do mesmo modo que da sociedade civil e também dos indivíduos nas suas inter-relações.

Dir-se-ia que toda norma de Direito é uma norma ética, e, por isso, seria de somenos importância realçar o caráter ético da nova estrutura jurídica a partir da Constituição de 5.10.88. Mas, a par da caracterização do Direito como norma ética, importa salientar que a transmutação operada pela nova Lei Fundamental se configura como democrática na mais ampla dimensão. De fato, agora temos um complexo normativo que, construído com a substância da ética democrática, se estende à totalidade da vida social, isto é, essa ética enlaça a Sociedade e o Estado. Um complexo normativo que se elaborou sob a inspiração do postulado democrático e com a finalidade de estruturar na conformidade da ética democrática as relações de vida na sociedade global.

Tem-se, aí, um ponto de partida para uma tentativa de diferenciação da nossa atual Constituição das outras que a antecederam. O que é, igualmente, como se lembrou antes, uma marca da ruptura que a Lei Maior produziu em relação ao ordenamento jurídico até então vigente. Tal mudança não pode deixar de ser enfatizada, não apenas para se afirmar uma verdade histórica, mas também para dar maior consistência ao sentimento de civismo democrático, pressuposto indeclinável de êxito de uma nova ordem política. Tal enfatização é tanto mais necessária quando se depara amiúde com afirmações desalentadoras, emanadas de espíritos lúcidos e preocupados com os descaminhos a que governantes pouco ciosos de seu mandato conduzem a Nação. Encontra-se como exemplo o seguinte lance: "Essa ilusão do "império da lei", que se encontra desmentida pela prática corrente, deita suas raízes na tradição jurídica positiva brasileira. As considerações de caráter moral não entram nas decisões do poder e proclama-se a ilusão de que a lei pode vingar sem penetrar na consciência moral" (artigo de Vicente Barreto sob o título "Triste fim de um país imoral", publicado no suplemento "Idéias — Ensaios" do *Jornal do Brasil* de 15.9.91).

É certo que, assim como o articulista, outros intelectuais são presas de igual temor, acometidos de idêntico desencanto. Há, porém, um acento negativista em tais comentos: o descrédito do papel da lei, da função basicamente pedagógica que ela assume na tessitura do processo democrático. É essa função que faz transfundir o preceito em conduta, a norma em ação. Claro que tal transfusão não se processa instantaneamente, com o só advento da norma. Para tanto, devem concorrer muitos meios persuasivos, o mais relevante dos quais é o da educação.

Ainda é de notar que a realidade normativa, criada pela Constituição de 1988, está sendo gradativamente implementada, está aos poucos ganhando espaço nas instituições, vem-se inoculando na consciência coletiva com firmeza. E não se pode ter uma expectativa de êxitos retumbantes, como se pudesse erigir um novo edifício sem o trabalho preliminar de proceder a fundações sólidas. Exatamente estas é que importam e são as que mais demandam tempo, relativamente. Se assim se dá em uma realidade física, que dizer em uma realidade normativa?

Nos nossos dias, na realidade normativa dos países de regime democrático, em que o Brasil passou a se alinhar com o advento da Constituição de 1988, o Direito conquista uma nova função, a que Norberto Bobbio denomina promocional, e que consiste, nas palavras do jusfilósofo italiano, em dar "vita a una tecnica ... di propulsione di atti considerati socialmente utili" (*Della Strutura alla Funzione — Nuovi Studi di Teoria del Diritto*, Edizioni di Comunità, 1977, p. 34). No caso do Brasil, a técnica propulsionadora de atos socialmente úteis, em que se converteu o Direito, há de ir ao encontro da necessidade que tem o ordenamento jurídico de sua realização democrática.

O influxo da ética democrática na sociedade e no Estado

Observe Luhmann que "a sociedade não pode ser reconstruída apenas a partir de sua constituição jurídica" (*Sociologia do Direito*, v. 2º/121, Tempo Brasileiro, 1985), por isso mesmo "é necessária a atuação conjunta de uma multiplicidade de sistemas para que novas estruturas se traduzam no comportamento correspondente" (ob. cit., p. 138). Uma observação procedente, e que se completa com a explicação dada pelo mesmo autor da finalidade das mudanças jurídicas, as quais, segundo ele, "têm em vista motivar atores específicos a mudanças de expectativas ou de comportamento, e de resto absorver as repercussões da mudança" (p. 140).

Os "atores específicos", a que alude Luhmann, são, além dos cidadãos individualmente considerados, a sociedade e o Estado. Em razão disso é que a Constituição brasileira contém no seu texto vários dispositivos que fazem da tríade cidadãos/ sociedade/Estado objeto de sua incidência. A Constituição criou um plexo de deveres para cometê-los à sociedade em enlace com o Estado, ou mesmo cometendo-os a todos — cidadãos, Estado, sociedade. Por exemplo, o art. 205, que proclama: "A educação, direito de todos e dever do Estado e da família, será promovida e incentivada com a colaboração da sociedade...".

Como outro, visível no art. 225: "Todos têm direito ao meio ambiente ecologicamente equilibrado, bem de uso comum do povo e essencial à sadia qualidade de vida, impondo-se ao Poder Público e à coletividade o dever de defendê-lo e preservá-lo para as presentes e futuras gerações".

Ou também no art. 227: "É dever da família, da sociedade e do Estado assegurar à criança e ao adolescente, com absoluta prioridade, o direito à vida, à saúde, à alimentação, à educação, ao lazer, à profissionalização, à cultura, à dignidade, ao respeito, à liberdade e à convivência familiar e comunitária, além de colocá-los a salvo de toda forma de negligência, discriminação, exploração, violência, crueldade e opressão".

E de igual modo no art. 230: "A família, a sociedade e o Estado têm o dever de amparar as pessoas idosas, assegurando sua participação na comunidade, defendendo sua dignidade e bem-estar e garantindo-lhes o direito à vida".

Evidencia-se destes exemplos que há uma "conexão de sentido" normativo que faz da sociedade, do Estado, dos cidadãos, uma autêntica unidade, todos aglutinados para execução de pontos e tarefas priorizados na Constituição. Isso ocorre porque a nossa Lei Suprema resulta de uma nova fase de Estado — o Estado Democrático de Direito, como, aliás, está inscrito no art. 1º: "A República Federativa do Brasil ... constitui-se em Estado Democrático de Direito...".

Estado Democrático de Direito que vem a ser no plano normativo equivalente a Estado do Bem-Estar Social, ou simplesmente Estado Social, no plano sócio-político. Um Estado que representa um avanço signifivativo em relação ao Estado de Direito e que é sintetizado por Tércio Sampaio Ferraz Júnior com as seguintes palavras: "O Estado de Direito é um Estado fechado dentro da Constituição, ele não se expande e ele está separado da Sociedade. A sociedade é uma coisa e o Estado é outra. O Estado do Bem-Estar Social não vive esta separação em relação à sociedade; a sociedade não é uma outra coisa para ele, ao contrário ele atua na sociedade e tem a incumbência de atuar com a sociedade" ("Eficácia das Constituições", *RDP* 95/225 — jul.-set./90).

Ora, na passagem de Estado de Direito para Estado Democrático de Direito, há de fazer-se atuar um novo modelo de comportamento, que, por sua vez, vai haurir na ética democrática toda a sua energia, todo o seu vigor. A ética democrática é que vai informar e conformar o arcabouço político-jurídico do Estado Democrático de Direito, de modo que se tornem efetivos os valores e princípios da democracia contemporânea. Então, já não se cuida tão-somente de dispor sobre os limites da ação do Estado, de conter os seus órgãos de atuação, para que não exorbitem da competência que lhes é demarcada. Agora, há algo mais, há também uma vinculação a fins promocionais, se assim se pode dizer. O Estado vincula-se a mandamentos que têm uma direção, um sentido positivo, na acepção da "procura existencial", isto é, consoante elucida M. García-Pelayo, o Estado responsável pela "procura existencial". É o Estado a que se atribui "la corrección de los efectos disfuncionales de la sociedad industrial competitiva", o que "no es sólo una exigência ética, sino también una necesidad histórica" (*Las Trans-*

formaciones del Estado Contemporáneo, Alianza Editorial, 1977, p. 15).

Justamente porque o conceito é do Estado do Bem-Estar ou Estado do Bem-Estar Social, produz-se uma interação Estado e sociedade, por via da qual os dois sistemas — o estatal e o social — "fuertemente interrelacionados entre sí" — passam a ser "partes de un metasistema" (García-Pelayo, ob. cit., p. 25). Tal inter-relação não se dá, é bem de ver, sem a existência de um modelo diretivo, que se incrusta no próprio complexo normativo a comandar-lhe todos os preceitos. Estado e sociedade, pois, inter-relacionados na tarefa de atender às necessidades da vida contemporânea.

Exigindo-se a observância de uma ética — a ética democrática — o que se está a exigir é que na generalidade da vida social impere o "ato objetivamente justo", aquele que a sabedoria de Bertrand Russel em *Os Elementos da Ética* define como "o que dentre todos os atos possíveis terá provavelmente as melhores conseqüências". O que se busca, conseqüentemente, por meio da norma constitucional, é efetivar no mundo das relações sociais um padrão ético de natureza democrática. E essa, sem dúvida, é uma das mais relevantes conquistas da Constituição de 5.10.88. A Constituição como momento maior de imposição legal de fins éticos, fins éticos democráticos.

O Texto Constitucional

"A história real do desenvolvimento do Direito sempre exigiu uma luta para afirmar-se, luta que, na realidade, é pela criação de um novo costume" (Gramsci).

No intento de positivar os valores que a sociedade brasileira, através de seus mais representativos setores, reputou relevantes, a Constituição de 1988 enuncia vários preceitos, que ilustram o quadro do ideário configurador da ética democrática. Citam-se, aqui, alguns artigos em que se encerram tais enunciados, muitos deles objeto de vivas discussões quanto à sua eficácia imediata. Não obstante as dúvidas que os cercam no respeitante à sua factibilidade, eles são partes indissociáveis do sistema construído pela Constituição com vista à realização do seu destino. De resto, a Constituição, como Lei Maior, há de ser compreendida na sua totalidade, na sua "conexão de sentido", e nela, no seu corpo, não se pode respigar esta ou aquela partícula para extrair a falsa conclusão de que o conjunto é inconsistente, inapto a gerar os efeitos pretendidos por este conjunto. Ademais, como ressaltou Gomes Canotilho, "a unidade do documento constitucional implica que todas as normas contidas numa Constituição formal têm igual dignidade" (*Constituição Dirigente e Vinculação do Legislador*, Coimbra, 1982, p. 146).

Além disso, o argumento de que algumas disposições do texto constitucional padecem de fragilidade ou até de inanidade eficacial, digamos assim, tem um vício ideológico palpável. Ou, se se preferir, há um tom que não deixa de ser capcioso, em que se comprazem mentalidades de gosto e preferências antidemocráticas, todas elas naturalmente inclinadas a renegar as conquistas políticas, sociais e jurídicas, e fomentadoras de opinião que tende a desprestigiar a Constituição.

Deste modo, por mais que um cânon, um preceito constitucional, apresente características aparentemente idealistas, ele não pode considerar-se despiciendo, como se a sua formulação fosse destituída até de validade. Todos os preceitos constitucionais se entretecem para formar a "unidade do documento constitucional", de que fala Gomes Canotilho. Por isso mesmo, as palavras desse documento, sem exceção, concorrem significativamente para a sua compreensão e devem ser valoradas apropriadamente não só na interpretação como na aplicação dele.

Discorrendo sobre a "força normativa da Constituição", Konrad Hesse oferece considerações pertinentes a este tópico e que devem, assim, ser transcritas. Diz ele: "La Constitución jurídica misma es capaz de convertirse en fuerza actuante cuando se situa en la disposición individual del presente. Verdad es que por si sola no realiza nada sino que unicamente plantea una tarea. Pero se vuelve fuerza cuando dicha tarea es asumida... cuando se está decidido a imponer ese orden frente a cualquier cuestionamento o ataque en base a circunstanciales consideraciones de utilidad" (*Escritos de Derecho Constitucional*, ed. Centro de Estudios Constitucionales, 1983, pp. 70 e 71).

E, mais adiante, rematando o pensamento acima: "El desarollo óptimo de la fuerza normativa de la Constitución no es solamente una cuestión de contenido sino no menos una cuestión de *praxis* constitucional. En este sentido resulta fundamental esa actitud por parte de todos los que participan en la vida constitucional que antes designé como la 'voluntad de Constitución'" (ob. cit., p. 73).

As considerações de Konrad Hesse demonstram que a Constituição arrosta também um desafio, melhor, um duplo desafio: o de vencer as resistências dos que se empenham em embaraçar-lhe a existência, com artifícios vários, e o de vencer a inércia dos que não acreditam na sua força e por isso não se fazem penetrar da "vontade de Constituição". Um duplo desafio que as Constituições de feitio democrático, como a nossa, devem vencer, mediante o concurso de todos os interessados na sua permanência e desenvolvimento. Para tanto, importa que se dê ênfase sobretudo aos preceitos de que se procura infirmar a importância e o vigor na tessitura da Constituição. Preceitos que são vivificadores dos objetivos e fins da Lei Fundamental e que compõem como elementos básicos a estrutura desta.

Tenham-se presentes, a título de exemplos, o art. 3º, que trata dos "objetivos fundamentais da República Federativa do Brasil"; o art. 5º, com todo o elenco de direitos, individuais e coletivos; o art. 6º, referente aos direitos sociais; o art. 37, que abriga os princípios que devem reger "a Administração Pública direta, indireta ou fundacional de qualquer dos Poderes da União, dos Estados, do Distrito Federal e dos Municípios", e à luz do qual Seabra Fagundes pôde afirmar: "No contexto do Direito Constitucional Positivo brasileiro hoje o Judiciário examina discricionariamente a moralidade do ato normativo sem estar restrito à normatividade em torno do ato" (*RDP* 94/174 e 175, abril-junho/90).

E ainda: as atribuições de competência do Tribunal de Contas da União, alinhadas no art. 71; as "funções institucionais do Ministério Público, contempladas no art. 129, e que vêm tendo grande desenvolvimento por parte da ação admirável da Procuradoria-Geral da República — uma vigorosa e persuasiva forma pedagógica de fortalecimento do sentimento e convicção democráticos; as disposições concernentes à seguridade social, compreendendo a saúde, Previdência Social e Assistência Social, que são objeto dos arts. 196 a 204; os dispositivos acerca do meio ambiente — art. 225; a normatização da família, os direitos da criança, do adolescente e do idoso, de que cuidam os arts. 226 a 230; e, por fim, os direitos do índio, fixados nos arts. 231 e 232.

Em todos esses preceitos se distingue o sentido de construção de uma nova ordem social, de um novo padrão de vida política, o objetivo de se dotar a Administração Pública em toda a sua extensão de um novo estilo de atuação. E tudo em consonância com a ética democrática, de que inúmeras normas são autêntico transunto. O que é uma conquista, alta e meritória, do constituinte brasileiro, impõe-se afirmar. Nesse ponto, aliás, a Constituição brasileira leva a palma no contexto das Constituições contemporâneas, trazendo uma contribuição inovadora, valorosa para a teoria do Direito Constitucional.

No estudo que dedicou às relações entre Democracia e Direito, à interpenetração de um no outro, Jerome Hall precisa que: "O Direito das sociedades democráticas distingue-se do de outros regimes políticos pelo fato de representar a elevação dos valores no mais alto grau" (*Democracia e Direito*, Zahar Editores, s/d, p. 82).

Afirmação que leva o autor a, mais adiante, formular, com aparente exagero, a tese de que, "em sentido mais profundo, a ordem jurídica nos ajuda a todos a encontrar a solução adequada dos problemas morais e a agir corretamente" (p. 87).

Exagero só aparente, porquanto há coerência na conclusão. Por "representar a elevação dos valores ao mais alto grau", o Direito das sociedades democráticas conduz a uma compreensão da vida, seja nas relações interindividuais, seja nas relações intergrupais, quer nas relações dos indivíduos com os grupos, quer nas relações individuais e de grupos com o Estado, no sentido da solidariedade, com a busca de objetivos do bem comum. Cada um co-responsável pela realização de fins que a todos aproveitam. Só o método democrático garante a consecução desses objetivos, valendo-se do Direito para normatizar a conduta. Ao mesmo tempo, o Direito assume o caráter democrático, de modo que a partir dos seus preceitos se proceda a uma reelaboração da consciência coletiva, à reformulação de estimativas individuais, em suma, à revaloração de comportamentos. Aí, o Direito é indubitavelmente um inestimável agente pedagógico para a mudança que se debuxou na Constituição. Então, a expectativa em relação à Constituição, como marco de reconstrução social e política brasileira, é que, norma a princípio, ela passe a prática social e, por fim, se cristalize como costume, um costume democrático perene.

Maio, 1992.

REVISÃO CONSTITUCIONAL: QUESTÃO POLÍTICA OU QUESTÃO JURÍDICA?

CARLOS EDUARDO CAPUTO BASTOS
Advogado em Brasília — Conselheiro da OAB/DF e Secretário do Instituto dos Advogados do Distrito Federal

1. Muito se tem discutido sobre a revisão constitucional de que trata o art. 3º do "Ato das Disposições Constitucionais Transitórias". É fato, entretanto, que as discussões em torno do tema têm-se concentrado no que concerne à oportunidade da data de sua realização. Nesse diapasão, há os que defendem uma antecipação da revisão para este ano; há outros que entendem que a revisão somente poderá acontecer após o plebiscito, que definirá a forma e o sistema de governo (Monarquia e República, Parlamentarismo e Presidencialismo). Há, finalmente, os que defendem posição intermediária entre essas correntes, propondo que a revisão aconteça em 1992, para não atropelar o começo ou término da legislatura que se instalou em 1º de fevereiro do corrente.

2. Ocorre, porém, que o tema em foco, pela riqueza de sua manifestação, desafia exame e apreciação sob outros ângulos, entre os quais, por evidente, se inclui o estritamente jurídico.

3. Nessa linha de raciocínio, e partindo do pressuposto de que a Constituição é um documento jurídico, é de se assinalar, entretanto, que não se pode excluir a especialíssima circunstância de seu conteúdo eminentemente político, vale dizer, ao se optar por esta ou aquela disciplina, *v.g.*, a separação dos Poderes, o legislador constituinte não estava diante de uma questão jurídica, mas, por óbvio, de uma opção política.

No mesmo sentido, quando se abriu a oportunidade de o povo, mediante plebiscito, no pleno exercício da cidadania, eleger a forma e o sistema de governo, não se teve em mente uma questão jurídica. O que se quis, numa das raras oportunidades de prática da democracia direta, foi retornar ao povo o seu poder de optar, politicamente, pela configuração e organização do Estado brasileiro.

A essa opção, por certo, deve preceder ampla discussão no âmbito da sociedade, até mesmo para que o cidadão possa se inteirar, ao máximo possível, das vantagens e desvantagens políticas, jurídicas, sociais e econômicas, e, ainda, das conseqüências que advirão da sua opção.

Para tanto, todos devem concorrer. Os partidos políticos, os sindicatos, os órgãos de classe, dentre os quais, principalmente, a Ordem dos Advogados do Brasil, pois a partir da opção popular segue-se, inexoravelmente, o trabalho de disciplina do que for deliberado. Aqui, nesse diapasão, o Direito é, indubitavelmente, o reflexo do fato social e político. Num primeiro momento, a tarefa disciplinadora terá, como artífice, o legislador. Posteriormente, será o trabalho conjugado dos advogados, dos membros do Ministério Público e do Poder Judiciário que dará vida ao texto, delineando-lhe o contexto.

4. Se é certo, porém, que o texto constitucional consubstancia um conjunto de opções políticas, não menos certo, por sua vez, que a sua aplicação — *no plano da eficácia* — está indissoluvelmente ligada ao âmbito, aí, sim, das questões jurídicas. Sutil ou não, a distinção revela campo fértil para o mister dos hermeneutas e agentes aplicadores do Direito. A norma constitucional é fruto da negociação política e conseqüência natural da interlocução e interação dos representantes populares. A dificuldade de compreender o tema reside, exatamente, no momento em que a norma deixa de existir abstratamente e passa a incidir sobre as relações sociais. É, repita-se, a partir daí que a norma deixa de ser obra e propriedade do legislador, para se tornar obra e propriedade da sociedade e, principalmente, dos interlocutores da administração da justiça. Em outras palavras, ao fim do processo legislativo, é como se a norma adquirisse maioridade e passasse a ter vida própria. Não estaria mais, por conseguinte, sob o influxo do seu criador, nem mesmo no que respeita à sua vontade, a chamada *mens legislatoris*.

5. Breve consideração à parte, deve-se ponderar, sem qualquer receio de dúvida, que os debates em torno da revisão *não* estão delimitados e/ou restritos a uma leitura gramatical do texto. Fora a tarefa de interpretação tão singela, prescindir-se-ia da colaboração dos advogados. Ao revés, entretanto, a discussão em torno da revisão há de merecer a necessária influência dos princípios informadores do Direito, em especial do Direito Constitucional.

6. A revisão, no que concerne ao seu conteúdo e amplitude, não pode ser apreciada como uma questão política. Esta se consubstancia e se exaure no tocante à opção popular plebiscitária. Aqui, sim, no que se refere ao plebiscito, a questão é, exclusivamente, política, vale dizer, quando o povo definir a forma e o sistema de governo, terá agido politicamente, terá realizado uma opção política.

Diferentemente, quando o legislador revisional proceder à adaptação do texto, já não estará agindo por opção política, não podendo contrariar a vontade popular emanada do plebiscito. O trabalho de revisão terá o escopo de adaptar, no texto constitucional, a conclusão plebiscitária. E esta tarefa, por certo, sofrerá controle judicial rígido, na medida em que o processo de adaptação revela questão jurídica, particularmente no que pertine à extensão das modificações introduzidas. Em síntese, o delineamento, o contorno dos limites e o cerne das modificações a serem, eventualmente, introduzidas é trabalho que vai ocupar os juristas, pois, repita-se, é uma questão exclusivamente jurídica.

7. Pelas manifestações de que se tem notícia, não é esse o espírito que tem orientado os partícipes do debate. Ao contrário, o que se verifica é uma verdadeira compulsão modificativa do texto constitucional em vigor.

É verdade que se ouvirmos, de per si, cada qual dos segmentos sociais, haveremos de ouvir críticas e vontade de mudar essa ou aquela norma, essa ou aquela disciplina. Nós, advogados, p. ex., gostaríamos de explicitar o nosso espaço constitucional. Para isso, entretanto, não é necessário esperar a revisão. Basta que se submeta ao processo de emenda, tal qual prescreve o art. 60 da Constituição Federal.

Daí por que é digna de registro a preocupação do Prof. Geraldo Ataliba quando, em recente artigo, defendeu que as modificações constitucionais devem se *limitar* às questões secundárias, vale dizer, o processo de revisão deverá, tão-somente, *adaptar* o Texto Magno ao resultado do plebiscito popular, relativamente à forma e ao sistema de governo.

No mesmo sentido, merece registro a advertência de Diogo Figueiredo em trabalho encaminhado pelo Instituto dos Advogados Brasileiros, quando assinala que a extensão substantiva dos poderes revisionais limita-se ao resultado do plebiscito sobre forma e sistema de governo, pois *não é para emendar*, mas para *rever*, que foram eleitos os congressistas de 1993.

8. Diante dessas considerações, nossa conclusão é no sentido de que: a) a revisão de que trata o art. 3º do ADCT é restrita, quanto ao conteúdo, à definição de forma e sistema de governo; b) as demais modificações que se queira introduzir no texto constitucional devem observar o procedimento próprio, qual seja, o regime de emenda (art. 60 da CF).

A justificativa, com apoio em Canotilho, é a da superioridade da função constituinte em relação à função de revisão constitucional. O Congresso, com poderes de revisão, não pode se sobrepor ao Congresso com poderes constituintes, senão através de procedimento próprio e com observância de *quorum* qualificado, à semelhança do processo constituinte. Embora alguns questionem se a Constituição Federal de 1988 é ou não fruto de poder constituinte originário, a razão há de ser defendida no sentido de que, originário ou não, típico ou não, as modificações ao texto devem respeitar as limitações por ele (texto) impostas.

Ademais, se entendermos em sentido contrário, teríamos que passar, necessariamente, pela incômoda discussão em torno da possibilidade de se modificar, até mesmo, aquelas matérias que, até hoje, não foram disciplinadas pelo legislador ordinário, como se fosse possível rever aquilo que sequer foi implementado!

Finalmente, é de se concluir que a questão do conteúdo e da amplitude da revisão constitucional é uma questão jurídica, e, como tal, passará presumivelmente pelo Poder Judiciário, a indicar a imensa responsabilidade dos advogados no trato com o tema, seja pela sua relevância, seja pelo seu compromisso institucional.

ESTUDOS & COMENTÁRIOS

HONORÁRIOS ADVOCATÍCIOS EM MANDADO DE SEGURANÇA — CABIMENTO

(Comentário a Decisão do STJ)

MARCELO FIGUEIREDO

Professor Assistente de Direito Constitucional da Universidade Católica de São Paulo

O Superior Tribunal de Justiça por sua Primeira Turma no Recurso Especial n. 15.468-0-RS,[1] Relator o Ministro Cesar Rocha, por maioria, decidiu cabível condenação em honorários advocatícios em mandado de segurança. Acompanham o Relator os Ministros Garcia Vieira, Gomes de Barros, vencidos os senhores Ministros Demócrito Reinaldo e Milton Pereira.

A decisão da Corte federal que tem por competência constitucional fixar o entendimento do Direito federal (CF, art. 105, inciso III, alínea "c") corrobora o entendimento do Primeiro Grupo de Câmaras Cíveis do Tribunal de Justiça do Estado do Rio Grande do Sul, que igualmente concedeu a segurança, condenando o impetrado a honorários advocatícios (R. Especial n. 15.468-0-RS, julgado em 11 de novembro de 1992, publicado no *DJU* de 12 de abril de 1993).

A decisão, sem dúvida alguma, é importantíssima por várias razões. A principal mudança de entendimento indica a ineficácia do conteúdo da Súmula 512 do Supremo Tribunal Federal: "Não cabe condenação em honorários de advogado na ação de mandado de segurança". Como muito bem anotado pelo Relator, com a promulgação da Constituição de 1988, houve o deslocamento do Supremo Tribunal Federal para o Superior Tribunal de Justiça da competência para apreciar definitivamente a matéria.

Louve-se a pesquisa do Relator na elaboração de seu voto condutor. Acompanham seu entendimento no ângulo doutrinário (conforme é possível constatar da leitura do voto): Pontes de Miranda, Hely Lopes Meirelles, Barbosa Moreira, Yussef Said Cahali, Maurilio Wagner de Paula Reis, Sálvio de Figueiredo Teixeira, Nelson Sampaio e Celso Bastos. Como fundamento jurisprudencial apóia-se o Relator em Djaci Falcão e Oscar Corrêa.

O mesmo não se diga da conclusão da ementa — item IV — quando S. Exa. afirma que a condenação do vencido nas parcelas da sucumbência é a solução mais conveniente, na medida em que, por um lado, refreia o uso impertinente do "mandamus" pelo particular e, de outro, estimula a autoridade a decidir, de modo mais reflexivo. Não vislumbramos correlação obrigatória entre ambos os comportamentos. É certo e desejável que as autoridades administrativas reflitam diante dos comandos do ordenamento e persigam a legalidade e o Estado Democrático de Direito (art. 1º "in fine" da CF) a qualquer custo. De ou-

1. V. o acórdão referido, a seguir, na sessão "Jurisprudência".

tro lado, não se deve afirmar que a sucumbência tenha caráter sancionatório no sentido empregado. É dizer, não deve (ou deveria) o administrado assustar-se com a sucumbência. Ao contrário, a simples ameaça de lesão ou lesão, com amparo no Texto Magno (art. 5º, inciso XXXV) é suficiente à defesa por intermédio da garantia do "writ". Tal temor não deve, em absoluto, afastá-lo do objetivo de coartar ilegalidades (sentido amplo) e buscar a preservação de seu direito "in natura". Certeza da decisão (procedência ou improcedência) da ordem é questão a ser analisada em cada caso concreto. Condenar o vencido na sucumbência é, sem dúvida, medida de Justiça, sobretudo porque o Estado deve reparar integralmente os custos que a parte vencedora teve de despender. É o princípio geral de direito que informa as relações constitucionais-processuais.

O tema é polêmico como bem ressalta J. M. Othon Sidou. Resume o apontado professor a controvérsia:

"As opiniões, ao propósito, são divergentes, encorpadas pela autoridade dos doutrinadores. Há os que inadmitem o pouso da onerosa figura no campo da garantia. E há os que entendem prevalecer o gravame em caso de sucumbimento da autoridade coatora, não porém em caso de ser vencido o impetrante.

"Os que impugnam a sucumbência em mandado de segurança assentam o peso de seu contra-argumento na peculiaridade da ação, traduzida numa garantia constitucional que não pode nem deve ser confundida com a ação civil comum.

"...

"Em sentido oposto, o Des. Barbosa Moreira, demonstrando a insubsistência da Súmula 512, pelo menos quanto aos suportes em que se esteia, afirma de modo imperativo que, sendo o mandado de segurança uma ação na qual há vencedor e vencido, não procede razão para afastá-lo das normas gerais do Código Processual, a não ser naquilo em que sua natureza o exigir. Na mesma linha Celso Barbi" (*As garantias ativas dos Direitos Coletivos segundo a nova Constituição*, Forense, Rio, 3ª ed., 1989, pp. 245/246).

Muito embora a decisão comentada seja precursora, se cotejada com a combatida Súmula 512, ainda é prematura uma análise do comportamento da jurisprudência da Corte. Aguardemos a posição plenária ou de sua maioria. De nossa parte cremos irrespondível a advertência de Adilson de Abreu Dallari a respeito do tema, no sentido de que parece um ato de justiça a fixação de honorários no mandado de segurança. Mas, ao mesmo tempo, a fixação poderia ser um empecilho ao exercício de um direito constitucionalmente assegurado. Seria então mais conveniente deslocar o problema para a responsabilidade civil do Estado. Tese em que tem a companhia de Michel Temer e Celso Bastos (cf. *Curso de Mandado de Segurança*, coordenação de Celso Antônio Bandeira de Mello, Ed. RT, São Paulo, 1986, p. 50).

No mesmo sentido (honorários sucumbenciais teriam cunho indenizatório) o pensamento de Sérgio Ferraz manifestado em recente trabalho (*Mandado de Segurança* (*individual e coletivo*). *Aspectos polêmicos*, Malheiros Editores, 1992, p. 133).

Conciliadas assim as duas situações — ausência de obstáculo ao exercício da garantia constitucional aliada à possibilidade da condenação da verba honorária de sucumbência se vencida a Administração — parece ser a solução mais adequada. Aguardemos novas manifestações jurisprudenciais que preservem o exercício da garantia do mandado de segurança.

JURISPRUDÊNCIA

SUPREMO TRIBUNAL FEDERAL

Ementa: Constitucional Civil. Responsabilidade Civil do Estado. CF 1967, art. 107; CF 1988, art. 37, § 6º.

I. A responsabilidade civil do Estado, responsabilidade objetiva, com base no risco administrativo, que admite pesquisa em torno da culpa do particular, para o fim de abrandar ou mesmo excluir a responsabilidade estatal, ocorre, em síntese, diante dos seguintes requisitos: a) do dano; b) da ação administrativa; c) e desde que haja nexo causal entre o dano e a ação administrativa. A consideração no sentido da licitude da ação administrativa é irrelevante, pois o que interessa, é isto: sofrendo o particular um prejuízo, em razão da atuação estatal, regular ou irregular, no interesse da coletividade, é devida a indenização, que se assenta no princípio da igualdade dos ônus e encargos sociais.

II. Ação de indenização movida por particular contra o Município, em virtude dos prejuízos decorrentes da construção de viaduto. Procedência da ação.

III. R.E. conhecido e provido.

Recurso Extraordinário N. 113.587-5
Origem: São Paulo
Relator: Ministro Carlos Velloso
Recorrentes: José Carlos Deluca Magalhães e S/Mulher
Recorrida: Prefeitura Municipal de São Paulo
***DJU* de 3.3.92**

ACÓRDÃO

Vistos, relatados e discutidos estes autos, acordam os Ministros do Supremo Tribunal Federal, em Segunda Turma, na conformidade da ata do julgamento e das notas taquigráficas, por decisão unânime, conhecer do recurso e lhe dar provimento, nos termos do voto do Sr. Ministro Relator.

Brasília, 18 de fevereiro de 1992 — Néri da Silveira (Presidente) — Carlos Velloso (Relator).

RELATÓRIO

O Sr. Ministro Carlos Velloso: Trata-se de recurso extraordinário fundado no art. 119, III, "a", da Constituição pretérita, em que se alega ofensa ao art. 107 da Carta então vigente, cumulado com argüição de relevância, que veio a ser rejeitada.

Cuidam os autos de ação ordinária de indenização contra o Município de São Paulo, em razão da construção de viaduto, que teria provocado poluição sonora, visual e ambiental, com a conseqüente desvalorização do imóvel residencial de propriedade dos recorrentes.

A Oitava Câmara Civil do Egrégio Tribunal de Justiça do Estado de São Paulo, por maioria de votos, negou provimento ao apelo dos ora recorrentes contra a sentença de primeiro grau (fls. 188/191) que julgara improcedente a ação. Também por maioria de votos foram rejeitados os embargos infringentes interpostos.

O voto condutor resumiu assim os fundamentos do acórdão que rejeitou os embargos infringentes:

> "Houve prejuízo; mas b) não decorreu de ato ilícito; c) tendo decorrido de atividade administrativa lícita, objetivou o interesse da coletividade, interesse presumido e ínsito ao tipo de conglomerado humano constituído no grande centro; d) não afetou singularmente a uma pessoa ou a um pequeno grupo de pessoas; e) não existe o menor indício de que a obra pudesse ter sido desnecessária ou que

aquilo a que objetivava pudesse vir a ser obtido por outras vias menos onerosas; f) não se constitui o prejuízo em fato anômalo no grande centro urbano, onde zoneamentos são modificados, bairros envelhecem rapidamente, moradias são derrubadas, novas zonas residenciais surgem, numa modificação contínua e incessante; e g) não há conflito entre interesses privados, mas entre um interesse privado e um interesse público, com primazia para este."

No recurso extraordinário alega-se que o acórdão recorrido contrariou o disposto no art. 107 da Constituição de 1967, "que é auto-aplicável, e que serviu de fundamento para o ajuizamento da ação, o qual consagra o princípio da responsabilidade objetiva do Estado". Dizem os recorrentes que, a teor do mencionado art. 107, quando se constrói uma obra pública em benefício da coletividade e dela decorre uma diminuição no patrimônio individual, nasce uma responsabilidade de indenizar. Trata-se de critério de estrita justiça, que é reflexo do princípio da igualdade dos ônus e encargos sociais. Ressaltam que o aresto questionado, não obstante reconhecer expressamente a ocorrência de prejuízo aos recorrentes, negou-lhes a indenização postulada, com base em alegações irrelevantes. Não se cogita de questionar o poder-dever ao Município de realizar obras públicas de interesse da coletividade, mas sempre que tais obras ocasionarem dano ao particular, está o Poder Público obrigado a indenizá-lo, "por seu ato positivo perturbador, como unificador dos interesses públicos, em assegurando-se a ordem, mediante igualdade de repartição, entre os beneficiados dos encargos sociais".

Apesar de ter o seu processamento indeferido pela decisão do eminente 3º Vice-Presidente do Tribunal de Justiça (fls. 305/309), o recurso extraordinário subiu a esta Corte, em virtude de despacho exarado no agravo regimental no Ag. 114.637-1-SP (AgRg).

A douta Procuradoria-Geral da República, através de parecer da Subprocuradora-Geral Anadyr de Mendonça Rodrigues, manifestou-se pelo conhecimento e provimento do recurso.

É o relatório.

VOTO

O Sr. Ministro Carlos Velloso (Relator): Trata-se, como vimos de ver, de ação de indenização contra o Município de São Paulo, por ter este construído um viaduto que teria provocado poluição sonora, visual e ambiental, com a conseqüente desvalorização do imóvel residencial de propriedade dos recorrentes. O acórdão recorrido, que versou a matéria constitucional objeto do presente recurso, negou a indenização, não obstante reconhecer a existência do prejuízo. As razões do acórdão foram assim sintetizadas no corpo deste:

"(...)

Ou em síntese: a) houve prejuízo; mas b) não decorreu do ato ilícito; c) tendo decorrido de atividade administrativa lícita, objetivou o interesse da coletividade, interesse presumido e ínsito ao tipo de conglomerado humano constituído no grande centro; d) não afetou singularmente a uma pessoa ou a um pequeno grupo de pessoas; e) não existe o menor indício de que a obra pudesse ter sido desnecessária ou que aquilo a que objetivava pudesse vir a ser obtido por outras vias menos onerosas; f) não se constituiu o prejuízo em fato anômalo no grande centro urbano, onde zoneamentos são modificados, bairros envelhecem rapidamente, moradias são derrubadas, novas zonas residenciais surgem, numa modificação contínua e incessante; e g) não há conflito entre interesses privados, mas entre um interesse privado e um interesse público, com primazia para este." (fls. 280)

Nas razões do recurso extraordinário, sustentaram os recorrentes:

"5. Como se verifica, apesar de reconhecer expressamente o prejuízo acarretado para os recorrentes, o V. Acórdão recorrido, com base em inúmeras alegações irrelevantes, nega-lhes indenização, violando, assim, o disposto no art. 107 da Constituição Federal, que consagra o princípio da responsabilidade objetiva do Estado.

6. Não se nega ao Poder Público o poder-dever de realizar obras públicas,

de interesse da coletividade, entre as quais se inclue o Viaduto Ary Torres, destinado a equacionar o sistema viário da região. Mas, face ao disposto no art. 107 da Constituição Federal, toda vez que o Estado, através de uma ação lícita, em seu próprio interesse ou da coletividade, ocasionar dano ao particular, está obrigado a indenizá-lo, "por seu ato positivo perturbador, como unificador dos interesses públicos, em assegurando-se a ordem, mediante igualdade de repartição, entre os beneficiados dos encargos sociais" (*Da Responsabilidade Extracontratual da Administração Pública,* de Weida Zancaner Brunini, Prefácio, p. 10).

7. Hely Lopes Meirelles, em sua obra *Direito Administrativo Brasileiro,* Editora Revista dos Tribunais, 9ª Edição, p. 544, ao tratar da Responsabilidade Civil da Administração, comentando o art. 107 da Constituição Federal, afirma:

> 'Quanto às lesões a terceiros, ocasionadas pela obra em si mesma, ou seja por sua natureza, localização, extensão ou duração prejudicial ao particular, a Administração Pública que a planejou responde objetivamente, sem indagação de culpa de sua parte.'

8. No caso vertente, reconheceu o V. Acórdão recorrido o nexo causal entre a ação estatal e o dano sofrido pelos recorrentes, reconhecendo a ocorrência do prejuízo. E contrariamente ao afirmado no V. Acórdão recorrido, a ação estatal afetou apenas um pequeno grupo de pessoas (os proprietários de imóveis na quadra situada na Av. Alcides Sangirardi, em frente ao viaduto). E mesmo que tivesse, a título de argumentação, afetado todo o bairro, não deixaria de ter afetado apenas um grupo de pessoas. E à toda evidência, o dano foi anormal, excedendo os incômodos provenientes da vida societária, eis que, consoante bem salientou o Desembargador Arthur de Godoy, em sua declaração de voto vencido, "a cidade é feita primordialmente para residir, não para trafegar. E consiste distorção pensar-se, em linha de normalidade, que o núcleo habitacional deva sujeitar-se às condições da corrente viária a ser instalada, ao invés de impor suas exigências a esta. (fl. 286)." (fls. 294/295).

Posta assim a questão, estou em que o acórdão recorrido tratou mal o princípio da responsabilidade objetiva do Estado, inscrito no art. 107 da Carta Política de 1967, e que a Constituição vigente consagra no art. 37, § 6º.

Em trabalho doutrinário que escrevi sobre o Tema ("Responsabilidade Civil do Estado", *Rev. de Informação Legislativa,* 96/233), lembrei que a teoria do risco administrativo fez surgir a responsabilidade objetiva do Estado. Segundo essa teoria, o dano sofrido pelo indivíduo deve ser visualizado como conseqüência do funcionamento do serviço público, não importando se esse funcionamento foi bom ou mau. Importa, sim, a relação de causalidade entre o dano e o ato do agente público. É que, segundo a lição de Caio Mário da Silva Pereira, com apoio em Amaro Cavalcanti, Pedro Lessa, Aguiar Dias, Orozimbo Nonato e Mazeaud et Mazeaud, positivado o dano, "o princípio da igualdade dos ônus e dos encargos exige a reparação. Não deve um cidadão sofrer as conseqüências do dano. Se o funcionamento do serviço público, independentemente da verificação de sua qualidade, teve como conseqüência causar dano ao indivíduo, a forma democrática de distribuir por todos a respectiva conseqüência conduz à imposição à pessoa jurídica do dever de reparar o prejuízo, e, pois, em face de um dano, é necessário e suficiente que se demonstre o nexo de causalidade entre o ato administrativo e o prejuízo causado". (Caio Mário da Silva Pereira, *Instituições de Direito Civil,* Forense, 1961, I/466, n. 116). George Vedel leciona que o dano causado pela Administração ao particular "é uma espécie de encargo público que não deve recair sobre uma só pessoa, mas que deve ser repartido por todos, o que se faz pela indenização da vítima, cujo ônus definitivo, por via do imposto, cabe aos contribuintes". (G. Vedel e P. Delvolve, *Droit Administratif,* Presses Universitaires de France, 9ª ed., 1984, pp. 448-449). Para L. Duguit, a atividade do Estado se exerce no interesse de toda a coletividade; as cargas que dela resultam não devem pesar mais fortemente sobre uns e menos sobre outros. Se, da intervenção do Estado, assim da atividade estatal, resulta prejuízo para alguns, a coletividade deve repará-lo, exista ou não exista culpa por parte dos agentes públicos. É que o Estado é, de um certo modo, assegurador daquilo que se denomina, freqüentemente, de risco social, ou o risco resultante da atividade social traduzida pela intervenção do Estado. (L. Duguit, *Las Transformaciones del Derecho Publico,* Madri, 2ª ed., pp. 306 e ss.).

Na linha das opiniões acima indicadas, as lições de Celso Antônio Bandeira de Mello (*Elementos de Direito Administrativo*, Ed. Revista dos Tribunais, 1980, pp. 252-253), Yussef Said Cahali (*Responsabilidade Civil do Estado,* Ed. Revista dos Tribunais, 1982) e Weida Zancaner Brunini (*Da Responsabilidade Extracontratual da Administração Pública,* Ed. Revista dos Tribunais., 1981).

Pode-se afirmar, em síntese, que a responsabilidade civil do Estado, responsabilidade objetiva, com base no risco administrativo, que admite pesquisa em torno da culpa da vítima, para o fim de abrandar ou mesmo excluir a responsabilidade do Estado, ocorre, em síntese, vale repetir, diante dos seguintes requisitos: a) do dano; b) da ação administrativa; c) e desde que haja nexo causal entre o dano e a ação administrativa.

Ora, o acórdão recorrido deixa expresso que os requisitos acima indicados estão presentes, no caso.

Todavia, negou a reparação do dano, assentando o entendimento sobre os fundamentos sintetizados à fl. 280, já transcritos neste voto e que são os seguintes: a) o prejuízo não decorreu de ato ilícito. O argumento, entretanto, não tem procedência. É que a responsabilidade objetiva do poder público, com base na teoria do risco administrativo, não exige que a ação administrativa causadora do dano seja ilícita. Celso Antônio Bandeira de Mello, ao examinar o fundamento da responsabilidade do Estado, não obstante entender que ele se biparte — pois, "no caso de comportamento ilícitos, comissivos ou omissivos, o dever de reparar o dano é contrapartida da violação da legalidade" — deixa claro, no que concerne aos atos lícitos, que "o fundamento da responsabilidade estatal é a idéia de igualdade dos cidadãos perante os encargos públicos", repartindo-se os "ônus provenientes dos atos lesivos, evitando que alguns suportem prejuízos ocorridos por ocasião do exercício de atividade desempenhada no interesse de todos". (Celso Antônio Bandeira de Mello, ob. cit., p. 260). A lição, bem se vê, está na linha das opiniões anteriormente invocadas. Argumenta, ainda, o acórdão, que c) tendo o prejuízo "decorrido de atividade administrativa lícita, objetivou o interesse da coletividade, interesse presumido e ínsito ao tipo de conglomerado humano constituído no grande centro". O raciocínio esboroa-se, entretanto, "data venia", frente às lições transcritas. Vale invocar Pedro Lessa: "desde que um particular sofre um prejuízo, em conseqüência do funcionamento (regular ou irregular, pouco importa) de um serviço organizado no interesse de todos, a indenização é devida. Aí temos um corolário lógico do princípio da igualdade dos ônus e encargos sociais". (Pedro Lessa, *Do Poder Judiciário,* pp. 163 e 165). Diz mais o acórdão: d) o prejuízo não teria afetado "singularmente a uma pessoa ou a um pequeno grupo de pessoas", que e) "não existe o menor indício de que a obra pudesse ser desnecessária ou que aquilo a que objetivava pudesse vir a ser obtido por outras vias menos onerosas", que f) "não se constitui o prejuízo em fato anômalo no grande centro urbano, onde zoneamentos são modificados, bairros envelhecem rapidamente, moradias são derrubadas, novas zonas residenciais surgem, numa modificação contínua e incessante" e que g) "não há conflito entre interesses privados, mas entre um interesse privado e um interesse público, com primazia para este".

Os argumentos acima transcritos ou são irrelevantes, diante da doutrina da responsabilidade objetiva do Estado, com base na teoria do risco administrativo, ou provam demais.

Parece-me induvidoso que o viaduto, cuja construção se fez por exigência do interesse público, afetou o grupo de pessoas ou o grupo de imóveis situados em frente ao mesmo viaduto. E, conforme sustentam, com propriedade, os recorrentes, "mesmo que tivesse, a título de argumentação, afetado todo o bairro, não deixaria de ter afetado apenas um grupo de pessoas". E, parece-me induvidoso, outrossim, que o dano foi anormal, mesmo considerado o grande centro urbano onde ocorreu. Vale, no ponto, invocar o voto vencido, do Desembargador Arthur de Godoy, no julgamento da apelação, que, com propriedade, argumentou:

"(...)

2. No caso, inegável foi o detrimento para o imóvel residencial de propriedade e uso dos demandantes, em razão da construção do viaduto Ary Torres que, a partir da sua via marginal esquerda, transpõe o Rio Pinheiros, endereçando-se para a Avenida dos Bandeirantes, como segmento do anel viário da cidade.

É que, implantado sobre terrenos antes edificados do bairro, a obra, em seu trecho inicial já em elevação, se colocou a uma distância de quarenta metros do imóvel. E, atraindo enorme fluxo de veículos, importou em aumentar o nível de ruído, no local do prédio, a limites excedentes da normalidade. Isso além de tornar devassada a residência, à observação lançada do piso mais elevado do viaduto.

Esse estado traduziu uma sensível piora, em relação à situação anterior do bem. E pela consideração especialmente de que, localizado em via então tranqüila, estava antes separado da via marginal do rio por uma quadra totalmente edificada, enquanto agora se expõe à proximidade frontal com o viaduto.

A própria pista marginal, ainda agora, suporta um trânsito muito menos ruidoso, para os imóveis colocados com igual afastamento, em relação àquele que antes se situava o prédio dos demandantes. Não cabendo a consideração de que essa condição se modificaria, pelo incremento do trânsito na região, se esse fator, na mesma medida, é também verdadeiro para o tráfico sobre o viaduto construído." (fls. 240/241)

No julgamento dos embargos infringentes, o eminente magistrado, ainda vencido, declarou:

"1. Estampada nos doutos votos vencedores, há, por certo, uma triste lição de desesperança.

Assim a de que, oprimido pelo crescimento desordenado da metrópole, o seu morador deve suportar docilmente os incômodos e desvantagens das obras de melhoria viária, ainda a custo da perda de toda a privacidade e sossego de sua moradia.

Ou seja, em nome da necessidade ou do simples interesse social, deve sucumbir, sem nenhuma compensação, ao traço da pena do tecnocrata, que, insensível, procura a linha mais curta entre os pontos visados, passando por sobre as casas sem habitantes, do desenho da planta sobre a sua prancheta.

Mas tudo, "data venia", a partir de uma perspectiva que não se justifica, sob qualquer ângulo." (fls. 286)

Ao fim e ao cabo, o que deve ser reafirmado é que o acórdão, que decide soberanamente a respeito dos fatos, deixou expresso que a obra pública causou dano aos recorrentes, causou-lhes prejuízo e que há relação de causalidade entre o dano e a ação administrativa. Isto é, na verdade, o quanto basta, no caso, para que o poder público seja compelido a reparar o dano que causou. E porque o acórdão assim não procedeu, violou o que dispunha o art. 107 da Constituição pretérita, ou art. 37, § 6º, da Constituição vigente.

Do exposto, conheço do recurso e dou-lhe provimento, pelo que julgo procedente a ação, condenada a recorrida nos termos do voto vencido do eminente Desembargador Arthur de Godoy, proferido no julgamento da apelação (fls. 240/242).

VOTO

O Senhor Ministro Marco Aurélio: Senhor Presidente, acompanho o nobre Relator, pelos fundamentos lançados por S. Exª., e consigno que, na hipótese de não ser possível a construção sem a demolição do imóvel, dá-se a desapropriação. Pela mesma razão, se com a construção chega-se à diminuição substancial do valor do imóvel, deve, da mesma forma, o Estado indenizar. O prejuízo, aí, para o particular, é evidente. Caso valorização houvesse, certamente adviria até cobrança da contribuição de melhoria. Logo, ocorrendo o inverso — o dano — como aliás foi comprovado mediante laudo pericial existente nos autos, deve ser paga a indenização.

Acompanho S. Exa., cumprimentando-o pela profundidade do voto.

VOTO

O Senhor Ministro Paulo Brossard: O eminente Relator demonstrou, com clareza e precisão, a procedência da ação, aliás, na linha da doutrina e da jurisprudência. No caso de decorrer, de uma obra pública, dano a alguém, não se pergunta se a obra é lícita ou não. Pode ser lícita. Presume-se até que seja lícita. Mas não pode lesar o patrimônio alheio, sem conseqüência.

Não hesito em acompanhar o eminente Relator.

Extrato de Ata

RE 113.587-5 - SP

Rel.: Ministro Carlos Velloso. Rectes.: José Carlos Deluca Magalhães e s/mulher (Adv.: Roberto Elias Cury). Recda.: Prefeitura Municipal de São Paulo (Adv.: José Roberto Barbosa Júnior).

Decisão: Por unanimidade, a Turma conheceu do recurso e lhe deu provimento, nos termos do voto do Sr. Ministro Relator. Ausente, ocasionalmente, o Sr. Min. Célio Borja. 2ª Turma. 18.2.92.

Presidência do Senhor Ministro Néri da Silveira. Presentes à sessão os Senhores Ministros Célio Borja, Paulo Brossard, Carlos Velloso e Marco Aurélio.

Subprocuradora-Geral da República, a Dra. Odília Ferreira de Luz Oliveira.

José Wilson Aragão, Secretário.

JURISPRUDÊNCIA

Supremo Tribunal Federal

Ementa: 1. Mandado de segurança. Cabimento. Ato de autoridade. Dispensa de servidor público por decreto presidencial.

A atividade estatal é sempre pública, ainda que inserida em relações de direito privado e sobre elas irradiando efeitos; sendo, pois, ato de autoridade, o decreto presidencial que dispensa servidor público, embora regido pela legislação trabalhista, a sua desconstituição pode ser postulada em mandado de segurança.

2. Mandado de segurança: legitimação passiva do Presidente da República, se a questionada dispensa do impetrante foi objeto de decreto, que o arrolou nominalmente entre os dispensados, reduzindo-se o ato subseqüente de rescisão do contrato de trabalho a mera execução material de ordem concreta do Chefe do Governo.

3. S.T.F. Competência. Mandado de segurança contra ato do Presidente da República, embora versando matéria trabalhista.

A competência originária para julgar mandado de segurança é determinada segundo a hierarquia da autoridade coatora e não, segundo a natureza da relação jurídica alcançada pelo ato coator.

À competência do Supremo Tribunal Federal, órgão solitário de cúpula do Poder Judiciário Nacional, não se pode opor a competência especializada, "ratione materiae", dos seus diversos ramos.

4. Mandado de segurança: direito líquido e certo: prova pré-constituída dos fatos, que, nas circunstâncias do caso, o silêncio da autoridade coatora não dispensa.

Fundado o pedido de mandado de segurança na estabilidade dos dirigentes sindicais (CF, art. 8º, VIII), cumpria ao impetrante fazer prova da atualidade do seu mandato sindical, ao tempo do ato coator; inexistente a prova do fundamento do pedido, não o supre a falta de contestação da autoridade coatora, ao menos no caso em que não cabe presumir o conhecimento, de sua parte, do fato alegado.

Mandado de Segurança N. 21.109-1 - Distrito Federal
Impetrante: Francisco de Assis Sabino Dantas
Impetrado: Presidente da República
***DJU* de 19.2.93**

ACÓRDÃO

Vistos, relatados e discutidos estes autos, acordam os Ministros do Supremo Tribunal Federal, em sessão plenária, na conformidade da ata do julgamento e das notas taquigráficas, por unanimidade de votos, em rejeitar as preliminares; por maiorida dos votos, em indeferir o mandado de segurança por iliquidez do direito e, por unanimidade de votos, em ressalvar as vias ordinárias ao impetrante.

Brasília, 8 de maio de 1991 — Sydney Sanches (Presidente) — Sepúlveda Pertence (Relator).

RELATÓRIO

O Sr. Ministro Sepúlveda Pertence: Ao deferir a liminar, resumi a impetração nos termos seguintes:

> "Francisco de Assis Sabino Dantas requer mandado de segurança, com pedido de liminar, contra o ato do Senhor Presidente da República (D. 99.208, 12.4.90, *DOU* 17.4.90 - f. 18) que, juntamente com numerosos servidores públicos e com base no art. 52 da Med. Prov. n. 150/90, o dispensou da Função de Assessoramento Superior, que exercia, desde 12.3.87, mediante contrato individual de trabalho por tempo indeterminado, firmado com a União, através do antigo Ministério da Reforma e do Desenvolvimento Agrário (f. 10 e ss.).

Recorda e petição que, prevista e autorizada pelo art. 128 do Dl 200/67, a função de Assessoramento Superior (FAS) foi regulamentada pelo D. 75.627/75, que dispôs:

> "Artigo 1º - Para atender ao desenvolvimento de trabalhos caracterizados pelo alto nível de especificidade, complexidade e responsabilidade, os Ministros de Estado e dirigentes de órgãos integrantes da Presidência da República poderão dispor de funções de assessoramento, de grau superior, a serem preenchidas na conformidade deste Decreto.
>
> ....
>
> Artigo 2º - O aproveitamento do serviço dos assessores de que trata este Decreto far-se-á mediante contrato individual de trabalho, por prazo indeterminado, de acordo com a legislação trabalhista, ou mediante designação, quando se tratar de servidor público, ou de sociedade de economia mista, empresa pública ou fundação instituída pelo poder público".

"Portanto", aduz, "a Função de Assessoramento Superior é um emprego público, formalizado através de contrato de trabalho por prazo indeterminado."

"O trabalhador que ocupa esta função" — prossegue a inicial — "não é titular de um cargo demissível *ad nutum*. Sua situação funcional é a de empregado da Administração, que está sujeito às regras do Fundo de Garantia por Tempo de Serviço, situação completamente distinta da correspondente ao cargo de confiança demissível *ad nutum*".

Ocorre que o impetrante, desde 27.9.88, é o Secretário Geral do Sindicato dos Servidores Públicos do Distrito Federal - SINDSEP (fls. 27).

Donde, alega, estar protegido contra a dispensa pela estabilidade provisória assegurada no art. 543 CLT e atualmente consagrada pela própria Constituição de 1988, *verbis:*

> "Art. 8º. É livre a associação profissional ou sindical, observado o seguinte:
>
> ....
>
> VIII. É vedada a dispensa do empregado sindicalizado a partir do registro da candidatura a cargo de direção ou representação sindical e, se eleito, ainda que suplente, até um ano após o final do mandato, salvo se cometer falta grave nos termos da lei."

Pede, a final, a concessão de segurança para anular o ato presidencial questionado e a concessão de liminar, que lhe suste os efeitos."

2. À guisa de informações, o Senhor Vice-Presidente da República, no exercício da Presidência, encaminhou as da Consultoria Geral da República, de sua vez, acompanhadas de manifestação do Sr. Secretário da Administração Federal (fls. 38/47).

3. O trabalho de Consultor Geral da República, da lavra do Il. Consultor Alexandre Camanho de Assis, e aprovado pelo d. titular do órgão, é do seguinte teor (fls. 40):

"Na trilha da orientação da Consultoria Geral da República (informações CR/AA-5/90, no MS 21.101-6-DF, sob a relatoria do Ministro Celso de Mello), terá repontado duvidosa a legitimidade do Presidente da República para esse feito. O Decreto 99.208, com efeito, tão só aludiu à dispensa da FAS como consectário da extinção dos Ministérios; o que efetivamente *dispensa o empregado* — nos termos do artigo 8º — VIII da Constituição — é a rescisão de contrato, que não é feita pelo Presidente, mas por autoridade administrativa outra. Daí que contra este preposto cabe medida judicial, e não ao Presidente da República, sendo este ilegítimo para compor a demanda no pólo passivo.

Ademais, sendo *celetista* o vínculo, afigura-se clara a imprestabilidade do mandado de segurança para apresentar ao Judiciário a pretensão do autor: seu encaminhamento haveria de dar-se por *reclamação* trabalhista, sendo, a questão, um dissídio individual conseqüente de relação de trabalho fundamentada na CLT. Laboral a lide, não há porque entender o mandado de segurança substitutivo de reclamação trabalhista, como já disse o Supremo (RMS 13.191-RJ, sob a relatoria do saudoso Ministro Vilas

Boas), e restou sumulado no antigo Tribunal Federal de Recursos (Enunciado n. 195: "o mandado de segurança não é meio processual idôneo para dirimir litígios trabalhistas"). É que o ato impugnado não se traduz como conduta privativa de autoridade pública — o que autorizaria o mandado, pelo artigo 5º — LXIX da Constituição —, mas de empregador, a reclamar o rito trabalhista.

E, de resto, pelo já exposto, parece de árdua verificação a competência do Supremo para a controvérsia, à luz do artigo 114 da Carta da República. Por ele, toda demanda de cunho trabalhista — inclusive as que envolvam a União — devem ser endereçadas à Justiça do Trabalho, não se abrindo qualquer possibilidade de outorgar ao Supremo Tribunal o poder de apreciar situações desse molde.

III

As preliminares ora argüidas estariam a sugerir a remessa da lide à Justiça própria. Se, entretanto, quedarem superados tais óbices ao seguimento da causa, parece haver, no mérito, algo singular: o fundamento jurídico da impetração — e isso repontará na evidência de ter-se o Ministro relator atendido incontinenti o pedido, sem averiguação imediata da propriedade do instrumento e do foro — é imponderável. A vedação de que trata o artigo 8º — VIII da Constituição da República é peremptória, nada havendo de excepcional nos estritos limites da situação posta à mesa que permita, a qualquer título, tangenciar a disposição constituicional. Cuida-se, com efeito, de situação *singularíssima*, incomunicável subjetivamente, a que o *foro competente* haverá de propor desfecho atento à excepcionalidade que se faz presente à questão."

4. De seu turno, demora-se o Sr. Secretário da Administração Federal na análise da legislação pertinente para sustentar que, às Funções de Assessoramento Superior-FAS, se aplica o art. 19, § 2º, ADCT, que exclui da estabilidade extraordinária concedida no *caput*, os ocupantes de funções de confiança; e, quanto à invocada estabilidade sindical, aduz (f. 46):

"Por outro lado, determina a Constituição, em seu art. 37, inciso II, que "a investidura em cargo ou emprego público depende de aprovação prévia em concurso público de prova ou de prova e títulos".

Mencionado art. 37, inciso II, da atual Lei Maior inviabiliza, de modo definitivo, a pretensão do Autor, pois:

a) foi admitido para exercer Função de Assessoramento Superior, com base no Decreto n. 75.627, de 18 de abril de 1975. Essa função, consoante exposto, caracteriza-se como de confiança. Tal característica não é elidida pela assinatura do contrato de trabalho, que é celebrado por força do art. 2º do Decreto n. 75.627, citado. Não só em relação a essas funções verificam-se vinculações empregatícias temporárias, assim como as investiduras em funções de confiança pertencentes ao Grupo de Direção e Assessoramento Superiores, previstos na Lei 5.645/70;

b) as atribuições relativas às funções FAS não são especificadas explicitamente em quaisquer normas, o que autoriza a ilação de que abrangem as atividades consideradas de assessoramento, dentre as quais também se inscrevem as jurídicas;

c) a investidura precária e transitória em FAS subsiste mesmo que o impetrante não tenha se vinculado diretamente à pessoa do Ministro de Estado, posto que a natureza dessas funções emana da lei. Acresce que o assessoramento aos Ministros de Estado, pode prescindir de uma vinculação funcional direta a essa autoridade assessorada;

d) a indeterminação do prazo de contratação dos ocupantes de FAS não é de molde a transmudar sua característica de função de confiança. Aliás essa indeterminação de prazo harmoniza-se com a transitoriedade da investidura, que não pressupõe, por si só, pré-determinação de prazo. O provimento subsiste pelo tempo que a autoridade competente entenda conveniente.

Sobejamente provado que as Funções de Assessoramento Superior-FAS são de "confiança", cujos ocupantes são incontestavelmente demissíveis *ad nutum*, sem possibilidade alguma de nelas adquirirem estabilidade não há como, por questão de coerência, imaginar-se que ela seria transmitida ao impetrante em razão de mandato sindical.

Fatalmente o elemento subjetivo da "confiança", imanentes das Funções-FAS, estaria afetado pelas partes contratantes, pois, como óbvio, as atividades de sindicalista nem sempre se coadunariam com os interesses da Administração Pública, até mesmo quando o dirigente sindical viesse ocupar cargo/emprego permanente, quanto mais sendo ele ocupante de função de confiança, cujo provimento é de caráter precário, demissível *ad nutum*."

5. À vista de reclamação do impetrante, de 17.8.90 (fls. 51), foram solicitadas informações sobre o não cumprimento da liminar, deferida havia quase três meses (fls. 56). Respondeu o Senhor Presidente da República, dando contas das providências tomadas, por intermédio do Senhor Consultor Geral, para a execução da ordem, afinal acatada.

6. Pelo Ministério Público Federal, com aprovação do Em. Procurador-Geral da República, opinou a Ilma. Subprocuradora-Geral Profª Odylia da Luz Oliveira.

7. O parecer refuta as preliminares argüidas nas informações presidenciais e, no mérito, opina pela denegação da segurança, nos termos seguintes (fls. 75):

"III

Não procede a argumentação da inicial relativa à natureza das FAS's, na verdade simples funções de confiança, como se demonstra nas informações.

Se assim não fosse, a admissão do impetrante, feita sem concurso, seria nula, porque a Constituição anterior já exigia esse procedimento seletivo como regra, só excepcionada no caso de cargos em comissão e de expressa previsão em lei. No caso das FAS's não há lei, porque a admissão dos ocupantes de tais funções é regulada por simples decreto regulamentar; o Decreto-lei n. 200, de 25 de fevereiro de 1967, nada contém a respeito.

Portanto, ou se trata de mera função de confiança, sendo a designação e a dispensa do ocupante atos expedidos no exercício do poder discricionário, ou não se trata e, assim, a designação do impetrante sem concurso é ato inválido, que não gera nenhum direito.

Igualmente, é descabida a invocação do art. 19 do Ato das Disposições Constitucionais Transitórias, seja em razão do disposto em seu § 2º, seja porque o impetrante só foi admitido em 1987.

IV

Da mesma forma, não cabe invocar os arts. 8º, inc. VIII, da Constituição, e 543, § 3º, da CLT.

A norma da lei trabalhista, isoladamente considerada, não se destina aos servidores públicos, cuja sindicalização era expressamente vedada à época de sua expedição.

Resta assim, examinar se a Constituição ampara o impetrante.

Entendo que não.

É certo que nem todas as normas constitucionais que favorecem os trabalhadores em geral aplicam-se aos servidores públicos. Caso contrário, seria inútil a regra do art. 39, § 2º, quanto aos direitos e benefícios previstos no art. 7º.

Aos arts. 8º e 9º, não remete nenhum dos dispositivos que determinam o regime jurídico dos servidores públicos. Isso não significa a aplicação automática aos servidores, mas exatamente o contrário. Justifico.

Da mesma forma que o direito de greve (art. 37, inc. VII), o direito à sindicalização é assegurado aos servidores públicos por norma *especial* (art. 37, inc. VI), que não contempla a estabilidade provisória e agasta a incidência da regra geral.

No caso, embora os servidores públicos tenham direito à sindicalização, não gozam da garantia da estabilidade provisória, por falta de previsão constitucional. Entendo que de nada serve a lei ordinária, porque a Constituição, sem dúvida, trata de modo diverso os servidores públicos e os trabalhadores em geral.

Justifica-se esse tratamento diferenciado ante os princípios específicos reguladores da atividade pública, principalmente o que determina a supremacia do interesse público sobre o interesse privado.

A estabilidade provisória do trabalhador comum sem dúvida alguma satisfaz um interesse meramente *privado,* ainda que coletivo e não individual e, por isso, não pode beneficiar os servidores públicos, a não ser que assim dispusesse norma constitucional expressa, inexistente, no caso. A esse interesse privado, sobrepõe-se o interesse público, representado pela necessidade de assegurar o adequado desempenho da atividade do Estado. Daí deriva, inclusive, o regime jurídico especial dos servidores públicos, distinto daquele dos trabalhadores comuns, tanto que regulado por normas constitucionais específicas (veja-se, a propósito, o art. 39, *caput*).

O caso dos autos ilustra exemplarmente o que se afirmou, ante suas peculiaridades. O impetrante ocupava função de confiança em órgão que foi *extinto* e, por isso, conferir-lhe estabilidade implicaria, para o Estado, a absurda obrigação de manter alguém ocupando função pública esvaziada de qualquer atribuição, porque inserida em órgão que deixara de existir e isso com ônus nada desprezíveis para os cofres públicos, abastecidos pelos contribuintes. Ainda mais: dada a possibilidade de sucessivas reeleições do servidor público, tal situação poderia subsistir indefinidamente.

Tudo em nome da satisfação de um interesse privado.

Por isso, adotada a tese do impetrante, estar-se-ia privilegiando tal interesse em desfavor do interesse público, numa flagrante inversão de um dos princípios fundamentais de nosso ordenamento jurídico.

V

Cabe ainda uma observação, a ser considerada se esse Tribunal julgar que a estabilidade sindical se estende aos servidores públicos.

Compete ao autor, sem dúvida, provar os pressupostos e requisitos do direito que alega ter. E como o mandado de segurança não comporta fase probatória autônoma, deve fazê-lo com a inicial.

O impetrante, porém, não provou fato indispensável: a condição de dirigente regularmente eleito para exercer funções diretivas em sindicato legalmente constituído.

Em setembro de 1988, em assembléia geral, foi ratificada a fundação do Sindicato dos Servidores Públicos Federais no Distrito Federal e reafirmada (*sic*) sua diretoria, cabendo ao impetrante a função de secretário geral, sem indicação do prazo do mandato (fls. 27).

Ocorre, porém, que nessa data ainda não vigia a Constituição atual, que é de 5 de outubro e, assim, continuava vedada a sindicalização dos servidores públicos; além disso, a criação de sindicatos obedecia a procedimento legalmente *previsto* e não observado, no caso. Portanto, está comprovada nos autos apenas a escolha do impetrante para a diretoria de uma simples associação, faltando a indispensável prova de eventual ratificação ou repetição da escolha, depois da constituição regular do sindicato, em novembro, com o registro no órgão próprio (fls. 27 v.), já na vigência da Carta atual."

É o relatório.

VOTO

O Sr. Ministro Sepúlveda Pertence (Relator):

I

Rejeito a preliminar de descabimento de mandado de segurança contra ato do Presidente da República que dispensa servidor público regido pela legislação do trabalho.

2. Em caso similar, preliminar igual foi repelida pelo Tribunal, com base em parecer da Procuradoria-Geral, vazado nos mesmos termos do que se transcreveu no relatório (MS 21.101, 19.9.90, Celso de Mello, *DJ* 15.3.91).

3. Não participei do julgamento do precedente, mas o acolho sem vacilação.

4. Trata-se, à evidência, de ato de autoridade. Não importa que seja de ordem privada o direito alegadamente atingido à manutenção do vínculo trabalhista com a União.

5. Em voto proferido no RE 116.419, sustentei que, superada a vetusta teoria da dupla personalidade do Estado, a atividade estatal é sempre pública, ainda quando inserida em relações de direito privado e sobre elas irradiando efeitos.

6. Na ocasião, invoquei Agustin Gordilho (*apud* Toshio Mukai, *Direito Administrativo e Empresas do Estado,* 1984, p. 36), quando acentua que "a administração é sempre pessoa de direito público, que realiza operações públicas, com fins públicos e dentre dos princípios e das formas de direito público, ainda que revista seus atos com formas que são comuns ao direito privado e use dos meios que este autorize e para objetos análogos"; e prossegui lembrando a observação de Lafayette Pondé ("Sobre o Campo de Aplicação do Direito Administrativo", em *Direito Administrativo Aplicado e Comparado,* I/105, 114), de que "a vontade da Administração é formada sempre mediante um processo de direito público, ainda quando os efeitos do seu ato sejam definidos pelo direito privado". "Da mesma forma que a vontade dos indivíduos não se altera, qualquer que seja o regime jurídico regulador dos seus efeitos" — continua o autor —, "também a vontade da Administração é sempre obtida mediante o processo estabelecido na lei de sua organização. Esta lei especifica o órgão competente para expressar a vontade pública, os poderes desse órgão, o modo de exercício desses poderes, os requisitos e formalidades de sua atuação".

7. "Na atividade da Administração" — conclue Pondé — "a norma externa (norma de relação) é que pode ser de direito privado ou de direito administrativo. Mas a norma interna (norma de ação) é sempre, por definição, uma norma de direito público, pois dispõe sobre o funcionamento mesmo do Estado."

II

8. Repilo igualmente a pretendida ilegitimidade passiva do Presidente da República para responder à impetração.

9. A dispensa do impetrante foi objeto de decreto presidencial de eficácia concreta e imediata, cujo anexo arrola nominalmente o autor entre os dispensados.

10. Reporto-me também no ponto à decisão, sobre alegação idêntica, no referido MS 21.101, consubstanciada no voto condutor do Em. Ministro Celso de Mello, onde se assentou corretamente, e com pertinência à eficácia, que "a deliberação constante dos decretos presidenciais, ora questionados, no contexto em que foram editados, não admite oposição ou contrariedade por parte de qualquer Ministro de Estado, ou outro qualquer agente público do Poder Executivo da União, circunstância em que revela, na matéria, absoluta inexistência de poder decisório desse qualificado auxiliar do Presidente da República, a afastar, portanto, a alegação de que o ato impugnável seria, não o ato presidencial efetivamente concretizador da dispensa ocorrida, mas o próprio ato material de rescisão do contrato individual de trabalho que constitui, como evidenciado, mera e necessária conseqüência emanada da ordem consubstanciada nos decretos do Presidente da República".

III

11. Também sem consistência alguma a preliminar de incompetência do Supremo Tribunal, suscitada, a pretexto do art. 114 CF, porque se cuidaria de lide de natureza trabalhista.

12. A competência originária para julgar mandado de segurança é determinada, na escala constitucional, segundo a hierarquia da autoridade coatora e não, segundo a natureza da relação jurídica alcançada pelo ato coator.

13. De resto, é elementar que, à competência constitucional desta Corte, órgão solitário de cúpula do Poder Judiciário Nacional, não se pode opor a competência especializada *ratione materiae* dos seus diversos ramos.

IV

14. No mérito, observo de logo que a exclusiva razão de pedir é a estabilidade sindical do impetrante.

15. A inicial esclarece que o impetrante foi admitido em 1987 e, por isso, a alusão incidente ao art. 19 ADCT não teve a pretensão de erigir em segundo fundamento do pedido a estabilidade extraordinária nele concedida a servidores com mais de cinco anos de exercício, ao tempo da Constituição. Impertinente, assim, no ponto, a invocação do precedente que negou referida estabilidade extraordinária a titular de FAS, reputada função de confiança.

V

16. Nas informações ou no parecer duas objeções são suscitadas contra a alegada estabilidade sindical do impetrante: primeiro, o cuidar-se de sindicato de servidores públicos, segundo, o tratar-se de titular de função de confiança.

17. São ambas sérias, mas não conduzem, *data venia,* com a simplicidade pretendida, à denegação da segurança, apenas, tornam complexa a questão jurídica da causa.

18. Mas, como é sabido, a complexidade da questão jurídica não afasta o cabimento do mandado de segurança.

19. Não obstante, no caso concreto, lamentavelmente, dada a sua relevância constitucional, não será possível deslindá-la.

20. Pressuposto, sim, da segurança, é a liquidez e a certeza do direito subjetivo que se pretende violado ou ameaçado.

21. Cuida-se, como faz pouco reafirmado pela Corte (AgRg MS 21.243, Plen., 11.9.90; AgRg MS 21.188, Plen., de 7.11.90; RE 117.396, 1ª T., 20.11.90), de requisito de ordem puramente processual, cuja satisfação não pende da verificação da existência do direito alegado — que é questão de mérito —, mas, apenas da prova pré-constituída e inequívoca dos supostos de fato da pretensão ajuizada.

22. Na espécie, todavia, como acentuou a Procuradoria-Geral, o impetrante não fez prova do fato essencial, do qual resultaria, em tese, o direito que postula: a titularidade do mandato sindical, ao tempo do decreto que o dispensou da função pública.

23. No ponto, os três únicos fatos são comprovados pela instrução documental do pedido:

a) que, em 27.9.88, em assembléia geral, reafirmou-se a criação do Sindicato dos Servidores Públicos Federais no Distrito Federal, aprovando-se os respectivos estatutos, cujo teor, entretanto, a ata não contém (fls. 27);

b) que, na mesma assembléia, ficou reafirmada a diretoria do SINDSEP, ocupando o impetrante a Secretaria Geral (fls.27);

c) que a ata da assembléia geral foi registrada e arquivada no Registro de Pessoas Jurídicas, em 25.11.88 (fls. 27 v.).

23. Objeta, contudo, o parecer do Ministério Público Federal (fls. 79):

> "Ocorre, porém, que nessa data" (a da Assembléia, de 27.9.88), "ainda não vigia a Constituição, atual, que é de 5 de outubro e, assim, continuava vedada a sindicalização dos servidores públicos; além disso, a criação de sindicatos obedecia a procedimento legalmente previsto e não observado, no caso. Portanto, está comprovada nos autos apenas a escolha do impetrante para a diretoria de uma simples associação, faltando a indispensável prova de eventual ratificação ou repetição da escolha depois da constituição regular do sindicato, em novembro, com o registro no órgão próprio (fls. 27 V.), já na vigência da Carta atual."

24. De minha parte, *data venia*, não afastaria tão radicalmente a validade do ato constitutivo do Sindicato, que, embora realizado às vésperas da promulgação da nova Constituição, fez-se, declaradamente, com vistas à sua próxima vigência, quando se procederia ao registro (fl. 27); nem me pare-

ce decisivo — dada a incerteza que ainda reina a propósito, na Administração e não obstante o meu voto no MI 144, de 9.8.90 — , que o ato constitutivo se tenha arquivado no Registro de Pessoas Jurídicas e não no Ministério do Trabalho.

24. O que me parece incontornável é a ausência de prova da atualidade do mandato do impetrante, ao tempo do ato coator. Não a demonstra a eleição do requerente, em setembro de 1988, dado que não se trouxe aos autos o teor dos estatutos, para que se verificasse a duração do mandato; nem a supre a comunicação do próprio impetrante, em 14.3.90, à Diretoria de Pessoal do Ministério da Agricultura, de ainda encontrar-se investido na Secretaria Geral do Sindicato (fl. 12).

25. A característica procedimental do mandado de segurança é a falta de dilação probatória: donde, toda a prova dos fatos constitutivos da pretensão deve fazer-se por meio de documentos, trazidos com a inicial.

26. No caso, nem aproveita ao requerente a inexistência de contestação do fato, nas informações da autoridade coatora.

27. Já é de si discutível, dada a referida exigência de liquidez e certeza do direito pretendido, que, em mandado de segurança, o silêncio das informações sobre o fato alegado, supra a falta de prova documental dele: precedentes da Casa o contestam.

28. De minha parte, creio que a questão há de ser enfrentada à vista do caso concreto.

29. Na espécie, duas circunstâncias levam-me a considerar irrelevante a falta de contestação do fato nas informações.

30. Registrado o Sindicato do impetrante no Registro Civil de Pessoas Jurídicas, não se há de presumir que o Presidente da República, nem a Administração Federal, que S. Exa. chefia, tivessem em seu poder elementos para confirmar ou negar a investidura do requerente no cargo de direção sindical.

31. Por outro lado, as informações se limitaram a suscitar teses jurídicas que, segundo o raciocínio nelas desenvolvido, bastariam ao indeferimento da segurança, ainda que verdadeira a investidura sindical alegada: portanto, era-lhes ocioso levantar questão de fato.

32. Desse modo, não demonstradas a liquidez e certeza da pretensão deduzida, indefiro o mandado de segurança, com ressalva das vias ordinárias: é o meu voto.

VOTO

O Sr. Ministro Marco Aurélio: Senhor Presidente, acompanho S. Exa., O Ministro Relator, na rejeição da preliminar. Entendo cabível o presente mandado de segurança, já que está dirigido contra ato de autoridade, pouco importando que tenhamos, no tocante à matéria de fundo, o envolvimento do Direito do Trabalho.

O eminente Relator detectou a inexistência da prova da eleição para o cargo sindical. Detectou, creio, mais do que isto: a inexistência da prova de que, à época do ato, o impetrante estivesse no gozo do mandato ou ainda no período de um ano, de que cogita a Lei, após o término do mandato, relativamente à garantia de emprego. Dir-se-á: mas não houve impugnação por parte da Autoridade que prestou as informações no processo. As informações não consubstanciam um ônus processual, não consubstanciam, em si, ou não têm contornos de verdadeira contestação ao pedido formulado na inicial, tanto assim que a a Lei 1.533 cogita expressamente da ciência da impetração à autoridade impetrada para que preste informações, não aludindo, portanto, à impugnação, à contestação.

Apontou o ilustre advogado, da tribuna, que estaríamos, no caso concreto, diante da comunicação de que cogita o § 5º do artigo 543 da Consolidação das Leis do Trabalho e isto geraria, por si só, a prova do mandato sindical. Creio que não procede a articulação, porquanto o preceito legal, ao aludir à comunicação, revela que deve ocorrer pela entidade sindical e não por aquele que foi eleito. Poderíamos, ainda, cogitar da valia dessa ciência. Indaga-se, então: a simples comunicação, aí, teria o efeito maior de tornar incontroverso o exercício do mandato sindical, a investidura nesse mandato sindical? A meu ver, *data venia*, não.

Já estava pronto, e com olhos simpáticos, a debruçar-me sobre o Decreto 75.627 para apreciar a controvérsia sob o ângulo da contratação inicial, sob a égide da Consolidação das Leis do Trabalho e, portanto, sob o ângulo da existência de um contrato individual de trabalho a sugerir a própria figura do empregado de que cogita o artigo 8º da Constituição Federal.

Não veria, inclusive, já como que adiantando o entendimento, empecilho no fato de o artigo que cogita do servidor público não fazer remissão ao artigo 8º, mas, pelo quadro revelado pelos presentes autos, não temos campo propício ao exame dessa matéria, porquanto não houve a comprovação da existência do mandato ou de se encontrar o impetrante, à época do ato atacado, no período de um ano em relação ao qual a lei cogita da garantia do emprego.

Acompanho o eminente Relator, denegando a segurança.

VOTO

O Sr. Ministro Carlos Velloso: Sr. Presidente, no que toca à preliminar de cabimento do *writ*, acompanho o eminente Ministro Relator.

No T.F.R., que editou súmula no sentido de que o mandado de segurança não seria meio processual adequado para dirimir litígios trabalhistas, votava eu no sentido de que, estabelecendo a Constituição competência originária da Corte para julgar mandado de segurança contra ato de Ministro de Estado, se o ato administrativo praticado pelo Ministro fosse de índole trabalhista, este fato não tinha o condão de afastar a competência constitucional da Corte. O ato poderia, então, ser objeto de mandado de segurança originário. O entendimento em sentido contrário seria meramente preconceituoso, *data venia*. Hoje, a Constituição estabelece que compete ao S.T.J. processar e julgar, originariamente, os mandados de segurança contra ato de Ministro de Estado (CF, art. 105, I, *b*). Ao S.T.F. compete processar e julgar, originariamente, o mandado de segurança contra atos do Presidente da República, das Mesas da Câmara dos Deputados e do Senado Federal, do Tribunal de Contas da União, do Procurador-Geral da República e do próprio S.T.F. (CF, art. 102, I, *d*). Assim, sendo o ato da lavra do Presidente da República, compete ao S.T.F., originariamente, processar e julgar o *writ*.

O Sr. Ministro Sepúlveda Perternce (Relator): A Consultoria desdobra seu argumento, dizendo: "ainda assim seria incompetente o Supremo Tribunal Federal". Ora, à competência do Supremo Tribunal Federal não se pode opor a competência das justiças especializadas.

O Sr. Ministro Carlos Velloso: É um ato de autoridade, e a Constituição diz que pode sofrer a censura judicial, através do mandado de segurança, na Corte Suprema.

O Sr. Ministro Sepúlveda Pertence (Relator): Há mais, a reclamação trabalhista, normalmente ou é de natureza indenizatória ou é de cobrança de prestação devida, para o que o mandado de segurança não se presta.

O Sr. Ministro Carlos Velloso: Sr. Presidente, os fatos que podem dar nascimento ao direito subjetivo — o direito subjetivo decorre de uma relação fático-jurídica, fatos-direito objetivo — devem estar comprovados com a inicial do mandado de segurança, e esta prova é documental. O caso sob julgamento, entretanto, é peculiar, ou a prova apresenta peculiaridades. Dadas tais peculiaridades, tenho que os fatos que dariam nascimento ao direito subjetivo são incontroversos.

Tal como ressaltou o Sr. Ministro Relator, com a honestidade intelectual que o caracteriza, há, aqui, apenas uma divergência na interpretação da prova, ou uma divergência na qualificação jurídica da prova. É conferir: à fl. 27 há uma ata que dá notícia de uma assembléia realizada em 27.9.88, que criou o Sindicato dos Servidores Públicos do Distrito Federal, na qual está expresso que o impetrante foi eleito secretário-geral do mesmo sindicato. Esse documento, com as suas firmas devidamente reconhecidas, foi levado ao Registro Civil das Pessoas Jurídicas, em 25.11.88, quando já vigente a Constituição de 1988. Na verdade, lavra uma certa divergência na jurisprudência a respeito das formalidades na criação do sindicato. Entendo que o registro deve ser feito no Ministério do Trabalho e, neste sentido, votei no Superior Tribunal de Justiça, por mais de uma vez. Extraio esse entendimento do que está posto no art. 8º, incisos I e II, da Constituição Federal. Há decisões do S.T.J., entretanto, no sentido de que basta o registro no Cartório das Pessoas Jurídicas. Essa divergência jurisprudencial o Supremo Tribunal ainda não resolveu e a questão está posta na Corte Suprema. O Sr. Ministro Sepúlveda Pertence já votou no sentido do registro no Ministério do Trabalho. O meu voto está, pois, na linha do de S. Exa.

Continuo: há um documento, devidamente registrado, que faz prova no sentido de que o Sindicato existe e o impetrante foi eleito.

O Sr. Ministro Marco Aurélio: V. Exa. poderia informar-me se há referência, nessa ata, ao mandato?

O Sr. Ministro Carlos Velloso: Não há referência ao tempo do mandato, mas a C.L.T. fixa em três anos a duração do mandato (CLT, art. 515, *b*).

O Sr. Ministro Marco Aurélio: Aí é que está o problema. Ele se refere a determinados cargos, e este de secretário não está nominado no preceito.

Sempre se entendeu, pelo menos no âmbito da Justiça do Trabalho, nessas questões alusivas à estabilidade, que não é suficiente, para alcançar-se a garantia de emprego, o fato de se eleger determinada pessoa, vinculada ao sindicato, para um cargo qualquer; é preciso que o cargo seja de diretoria, e assim seja nominado.

O Sr. Ministro Carlos Velloso: Mas, aqui, está expresso: ele ocupa um dos cargos mais importantes da diretoria, que é o de secretário-geral do sindicato. Está à fls. 27:

> "assim constituída: Presidente, Maria Laura Sales Pinheiro; Vice-Presidente, Francisco Chagas Machado Filho; Secretário-Geral, Francisco de Assis Sabino Dantas;..."

Data venia, estaríamos sendo muito rigorosos em não considerar o cargo de Secretário-Geral como integrante da diretoria: ou se fica com o argumento do Sr. Ministro Sepúlveda Pertence, ou não se pode colocar em dúvida esse tipo de investidura.

A Consolidação das Leis do Trabalho é expressa, bem lembrou da tribuna o eminente advogado: "Duração de três anos para o mandato da diretoria". (CLT, art. 515, *b*).

Penso que as normas de direito positivo, que não conflitam com a liberdade sindical posta na Constituição de 88, foram por esta recepcionadas. O sindicato foi criado aí: "Aos 27 dias do mês de setembro... (lê fl. 27) ... ratificação com vistas à legalização do Sindicato dos Servidores Públicos no Distrito Federal..."

Até a Constituição de 5 de outubro de 1988, não era possível a sindicalização do servidor público. Existia uma associação. Ratificou-se, então, em termos de sindicato:

> "Ratificação com vistas à legalização do Sindicato dos Servidores Públicos Federais no Distrito Federal das decisões do primeiro e segundo Congresso dos Servidores Públicos..." e segue-se: "a) criação do Sindicato dos Servidores Públicos Federais no Distrito Federal;"

Está expresso aqui:

> "a) criação do Sindicato; b) aprovação dos Estatutos do Sindicato; c) fixação da contribuição sindical; d) eleição da diretoria." — não havia atentado para esta disposição constante da ata: "eleição de diretoria"... e) assuntos gerais. A Assembléia teve início às dezenove horas... (lê fls. 27)... Foi feita a apresentação da diretoria..."

Está expresso, eminente Ministro Marco Aurélio, "diretoria".

O Sr. Ministro Marco Aurélio: Quantos foram os eleitos: Mais de sete? O art. 522, que cogita desses cargos, aponta o máximo de sete e o mínimo de três.

O Sr. Ministro Carlos Velloso: Se existirem mais de sete, ele está entre os sete; é o terceiro.

O Sr. Ministro Sepúlveda Pertence (Relator): Sr. Ministro Carlos Velloso, não queria discutir, até porque confesso que o fato de não poder julgar o mérito desse mandado de segurança me deixou um pouco frustrado, porque jmá o havia estudado. Mas gostaria de pedir a atenção de V. Exa.

Depois de reafirmar a criação do Sindicato, diz a ata que:

"Foi feita a apresentação da diretoria e sem nenhum voto contra ou abstenção foi reafirmada a diretoria..."

O Estatuto terá dado continuidade àquele mandato que começou antes, ou começou aí um novo período?

O Sr. Ministro Carlos Velloso: Sem nenhuma impugnação. Outra coisa, Sr. Ministro, que me impressiona: a ata foi registrada, também, no Registro de Títulos e Documentos.

Convém registrar: não seria porque os servidores usaram a palavra ratificada, ou reafirmada, por eleita, ou reeleita, que vamos ser mais realistas que o rei e dizer que o sindicato não tem uma diretoria, certo que essa diretoria não foi impugnada por ninguém, que tem mandato certo, por força da lei, de 3 anos.

Sr. Presidente, nas informações nada se impugna, no ponto. O Sr. Presidente da República, por seus assessores jurídicos, aceita, tranqüilamente, o pressuposto de que o impetrante é um sindicalista, membro da diretoria de um sindicato. Isso é inegável. Não há uma palavra sequer impugnando o sindicato, impugnando a investidura.

Existe uma comunicação do impetrante nos autos, à sua repartição, dizendo que foi eleito membro do sindicato, que leio, à fls. 12:

> "Venho por meio deste comunicar oficialmente a este Departamento de Pessoal que, aos vinte e sete dias do mês de setembro de mil novecentos e oitenta e oito, no Edifício Venâncio Quarto, salas cento e treze a cento e quinze, conforme edital (em anexo) publicado no Diário Oficial da União no dia vinte e três de setembro de mil novecentos e oitenta e oito, fui eleito Secretário-Geral do Sindicato dos Servidores Públicos Federais no DF gozando, portanto, da estabilidade prevista no Art. 8º, inciso VIII, da Constituição Federal.
>
> Recebi dia 14.3.90.
> Ana Cristina F. Santos Jacinto
> Secretária - DF."

Não há nenhuma palavra que conteste essa prova documental, que está nos autos e que foi levada ao conhecimento do Sr. Presidente da República, do Consultor Geral da República e do Secretário da Administração. Nenhuma dessas autoridades colocou em dúvida a investidura do impetrante.

Penso, Sr. Presidente, com a vênia do Sr. Ministro Relator, que não seria possível indeferir-se o mandado de segurança ao argumento de inexistência de direito líquido e certo, porque controvertidos os fatos. Ao contrário, Sr. Presidente, com a devida vênia, tenho como incontroversos os fatos. Assim, divergindo de S. Exa., conheço do mandado de segurança.

VOTO

O Sr. Ministro Néri da Silveira: Sr. Presidente. Com a devida vênia da maioria que já se constituiu, acompanho o voto do Sr. Ministro Carlos Velloso.

Também entendo que não há controvérsia alguma, ou dúvida, a respeito da investidura do impetrante como dirigente sindical, ocupante do cargo de Secretário-Geral do Sindicato dos Servidores Públicos do Distrito Federal. Penso que a prova documental que trouxe aos autos, com a inicial, é suficiente, não só no que concerne à realização da eleição e à confirmação dessa Diretoria, mas, ainda, quanto à comunicação oportuna que fez referente à investidura.

VOTO

O Sr. Ministro Moreira Alves: Sr. Presidente, a prova pré-constituída em mandado de segurança é uma exigência que a lei faz acertadamente, pois o mandado de segurança se destina a tutelar direito subjetivo líquido e certo.

No caso, se estamos tendo necessidade de interpretar a prova, é porque, evidentemente, não é ela capaz de estabelecer, sem controvérsia, a certeza dos fatos, de que decorre a certeza e liquidez do direito alegado.

Portanto, Sr. Presidente, fico na preliminar de que, no caso, os fatos não são incontroversos.

Conseqüentemente, acompanho o eminente Relator.

Extrato de Ata

MS 21.109-1 - DF
Rel.: Min. Sepúlveda Pertence. Impte.:

Francisco de Assis Sabino Dantas (Adv.: Júlio Cesar Borges de Resende e outros). Impdo.: Presidente da República.

Decisão: Por votação unânime, o Tribunal, rejeitou as preliminares e por maioria de votos indeferiu o mandado de segurança por iliqüidez do direito, vencidos os Ministros Carlos Velloso e Néri da Silveira, que afastavam essa prejudicial de mérito. Ainda, à unanimidade, o Tribunal ressalvou as vias ordinárias ao impetrante. Votou o Presidente. Falaram: pelo impetrante o Dr. Ulisses Borges de Rezende e pelo Ministério Público Federal, o Dr. Aristides Junqueira Alvarenga. Plenário, 8.5.91.

Presidência do Senhor Ministro Sydney Sanches, Vice-Presidente no exercício da Presidência. Presentes à sessão os Senhores Ministros Moreira Alves, Néri da Silveira, Octavio Gallotti, Célio Borja, Paulo Brossard, Sepúlveda Pertence, Carlos Velloso e Marco Aurélio. Ausente, justificadamente, o Sr. Ministro Celso de Mello.

Procurador-Geral da República, Dr. Aristides Junqueira Alvarenga.

Luiz Tomimatsu, Secretário.

JURISPRUDÊNCIA

SUPERIOR TRIBUNAL DE JUSTIÇA

Ementa: Processual Civil. Mandado de Segurança. Honorários Advocatícios. Cabimento. Entendimento Majoritário. Interpretação do Enunciado n. 512 da Súmula da Jurisprudência predominante no Colendo Supremo Tribunal Federal.

I - Coisa essencialmente viva, o Direito ultrapassa os limites interpretativos que vão se tornando tradicionais, para, atualizando o conteúdo da Lei, buscar no domínio axiológico o seu sentido finalístico, através de encadeamentos visualizadores do que seja justo e razoável.

II - O ato de aplicar a lei ao caso concreto não se resume à subsunção à pragmática das sentenças judiciais anteriores mas que se tenha também como presentes os ensinamentos relevantes da doutrina científica do Direito, fonte subsidiária e elemento revalorizador de todos os julgados.

III - A Lei do mandado de segurança não contém nenhum dispositivo que restrinja, explicitamente, a aplicação do princípio da sucumbência. Não é lógico nem é justo que o impetrante vitorioso na contenda, depois de ter direito líquido e certo agredido, após passar por todos os conhecidos e naturais aborrecimentos, sempre presentes, ínsitos mesmos, em todas as pelejas judiciais, ainda sofra uma diminuição patrimonial, tendo que arrostar com a remuneração do trabalho do seu patrono.

IV - Condenar o vencido de todas as parcelas da sucumbência, é, sem dúvida, a solução mais conveniente, na medida em que, por um lado, refreia o uso impertinente do "mandamus" pelo particular, e, por outro lado, estimula a autoridade a decidir, em instâncias administrativas, de modo mais refletido, sobre postulações eventualmente envolventes de direito líquido e certo.

V - Recurso conhecido e improvido.

Relator: Exmo. Sr. Ministro Cesar Rocha
Recorrente: Estado do Rio Grande do Sul
Recorrida: Ivete Pereira Teixeira
J: 11.11.92 - *DJU* de 12.4.93

ACÓRDÃO

Vistos, relatados e discutidos estes autos, acordam os Ministros da Primeira Turma do Superior Tribunal de Justiça, na conformidade dos votos e das notas taquigráficas a seguir, por maioria, vencidos os Srs. Ministros Demócrito Reinaldo e Milton Pereira, negar provimento ao recurso. Participaram do julgamento os Srs. Ministros Garcia Vieira, Demócrito Reinaldo, Gomes de Barros e Milton Pereira.

Brasília, 11 de novembro de 1992 — Ministro Garcia Vieira (Presidente) — Ministro Cesar Rocha (Relator).

RELATÓRIO

O Sr. Ministro Cesar Rocha: Cuida-se de mandado de segurança impetrado por Ivete Pereira Teixeira contra ato do Sr. Secretário de Estado de Recursos Humanos e Modernização Administrativa que declarou sem efeito a sua nomeação, após regular aprovação em concurso público, por ter ultrapassado o limite de idade.

O Primeiro Grupo de Câmaras Cíveis do Tribunal de Justiça do Estado, por unanimidade de votos, concedeu a segurança, e, por maioria (quatro votos a três), condenou a honorários.

Inconformado, o Estado do Rio Grande do Sul recorre especialmente da parte do acórdão que estabeleceu a condenação em honorários, com fundamento na alínea "c" do permissivo constitucional, alegando divergência com o Enunciado n. 512 da Súmula do Supremo Tribunal Federal.

O recurso mereceu seguimento na origem, consignando-se a frontal contrariedade da decisão recorrida com a orientação sumulada, subindo os autos.

Recurso extraordinário também admitido na origem.

O Ministério Público Federal emitiu parecer pelo improvimento do recurso, à luz da jurisprudência desta Corte que seria no sentido da inconstitucionalidade da exigência do limite de idade para ingresso no serviço público.

É o relatório.

VOTO

O Exmo. Sr. Ministro Cesar Rocha: Sobre o tema já proferi voto-vista no REsp n. 6.860-RS em cujo julgado esta Egrégia Primeira Turma entendeu, por maioria, pela procedência da condenação de honorários em mandado de segurança.

Ali, deixei explicitado que acolho com respeitosa reverência os entendimentos cristalizados por súmulas do Egrégio Supremo Tribunal Federal.

Todavia, sempre inquietou-me o comando emergente da Súmula 512 do Pretório Excelso, segundo a qual "não cabe condenação em honorários de advogado na ação de mandado de segurança".

A doutrina, pelos mais prestigiados, lança-se, em grande escala, contra a exclusão da verba em exame.

Deve-se, inicialmente, ter em conta a observação de Chiovenda (in *Instituições de Direito Processual*, vol. III, p. 285, na remissão feita por Luiz Carlos de Potilho, in *RP* 246/221), ao cuidar do princípio da sucumbência, para quem "o fundamento dessa condenação é o fato objetivo da derrota, e a justificação desse instituto está em que a atuação da lei não deve representar uma diminuição patrimonial para a parte a cujo favor se efetiva; por ser interesse do Estado que o emprego do processo não se resolva em prejuízo de quem tem razão e por ser, de outro turno, interesse do comércio jurídico que os direitos tenham um valor tanto quanto possível, nítido e constante".

Essa, por certo, a motivação que teve o legislador da Lei Civil Adjetiva vigente, na dicção do seu art. 20, ao impor ao vencido pagar ao vencedor as despesas que antecipou e os honorários advocatícios.

Em comento a tal dispositivo, o mestre Pontes de Miranda (in *Comentários ao Código de Processo Civil,* Tomo 1, p. 416) leciona que "hoje não há qualquer especialização de ações para que incida o art. 20. Não importa se a ação é declaratória, constitutiva positiva ou negativa, condenatória, mandamental ou executiva. Não mais se limita a sanção às ações do ato ilícito absoluto ou relativo. Pressuposto necessário é um só: ter havido perda da causa, pelo autor, ou pelo réu, ou quem quer que seja perdente".

O sempre lembrado Hely Lopes Meirelles (in *Mandado de Segurança, Ação Popular, Ação Civil Pública, Mandado de Injunção, Habeas Data*, p. 65), afirma, enfaticamente, que "na sentença, o juiz deverá decidir sobre o pedido na inicial, condenando o vencido nas custas e honorários advocatícios, consoante determina o art. 20 do Código de Processo Civil, que firmou o princípio da sucumbência, em substituição ao da culpa ou dolo processual. Desde que o mandado de segurança é uma causa, vale dizer, uma ação civil, impõe-me a condenação do vencido em honorários. Não importa que o rito dessa ação seja especial, mesmo porque, nas demais ações especiais, o princípio da sucumbência vem sendo aplicado sem restrições. Não vemos razão para a exclusão dessa verba pela jurisprudência dominante (STF, Súmula 512), aliás contrariada em recentes acórdãos do Tribunal de Justiça do Estado do Rio de Janeiro e do Estado do Rio Grande do Sul.

No mesmo diapasão, a voz de Barbosa Moreira (in *Direito Processual Civil*, p. 246), que ainda na vigência do Código de 1939 já entendia que "não nos constando a existência de outros argumentos com que se pudesse impugnar a incidência do art. 64 do mandado de segurança, recapitulemos: se esse processo especial se rege subsidiariamente pelas normas codificadas; se nele existe ação e, 'a fortiori', causa; se há partes e, por conseguinte, parte vencedora e parte vencida, ambas representadas por advogados — então é insustentável a proposição segundo a qual descabe, aí, a condenação em honorários".

Yussef Saida Cahali (in *Honorários Advocatícios*, pp. 734/735), persegue a mesma linha de compreensão, quando afirma que "no mandado de segurança há partes, autor e réu, com denominações diferentes, mas nessa posição. No mandado de segurança há relação processual que se completa com a notificação da autoridade coatora. No mandado de segurança, como toda e qualquer ação, admite-se a intervenção assistencial, da autoridade pública, do poder público, e necessariamente do terceiro interessado. Há uma lesão a direito líquido e certo, instaurando-se uma controvérsia, que não se esgota na declaração da ilegalidade do ato, dotada a sentença de certa executoriedade, ainda que restrita. No plano jurídico-processual, não há distinção entre ação fundada em direito privado ou pela ação fundada em direito público, quando se cuida de reparação de direito individual. A ação sempre é um direito público, direito subjetivo público dirigido contra o Estado, a fim de obter, através do órgão jurisdicional, a justa composição da lide. E isto somente pode ser obtido, como nas ações em geral, por intermédio de profissional habilitado (CPC, art. 36), à diferença, portanto, do que ocorre com o habeas corpus, para cuja impetração é dispensável a outorga de mandato a advogado constituído. Encerrando a lide, a sentença final ou é favorável ou é desfavorável à parte. A parte a quem a sentença favorece é vencedora. A parte a quem a sentença não favorece, ou cuja pretensão deixou de acolher, é vencida. De modo que, aqui, a parte vencida, na técnica da nossa moderna legislação processual, é aquela que não obteve sentença favorável, mas que obteve uma sentença contrária. E estes conceitos se ajustam tanto ao impetrante como à autoridade impetrada. Nem encontra óbice a esse entendimento o fato de poder limitar-se a intervenção da autoridade coatora às informações administrativas, pois estas até mesmo podem ter sido omitidas, o que não se impede, como no caso da revelia, de reconhecimento de pretensão resistida".

O Prof. Maurilio Wagner de Paula Reis, em trabalho intitulado "Os honorários na ação de mandado de segurança" (in *Mandados de Segurança e de Injunção,* coordenado pelo eminente Ministro Sálvio de Figueiredo, p. 332), anota um dado a mais pois que "não se pode olvidar o art. 37, parag. 6º, da Constituição de 1988 — as pessoas jurídicas de direito público e as de direito privado prestadoras de serviços públicos respondem pelos danos que seus agentes, nessa qualidade, causem a terceiros. Ora, no momento em que o terceiro tem que se valer do Judiciário para assegurar direito líquido e certo, é evidente que a autoridade coatora está a lhe causar dano".

Na mesma linha Celso Ribeiro Bastos (in *Do Mandado de Segurança,* 2ª ed., Saraiva, 1982, pp. 20/21) quando leciona que "a nossa posição é no sentido de que o mandado de segurança se submete ao princípio da sucumbência. A razão é que embora a Lei n. 1.533 alije o Código de Processo Civil, nas matérias por ela reguladas, nela nada consta acerca de honorários advocatícios, pelo que tem-se que necessariamente aplicar à espécie as leis genéricas do processo civil. Assim já devia ser antes mesmo do atual Código de Processo Civil. Não cremos que ele tenha inovado o tema. A referência freqüente feita pela jurisprudência ao surgimento do novo Código afigura-se-nos mais como um pretexto para ensejar a correção de um entendimento cujo desacerto já se fazia patente do que o reflexo de uma autêntica alteração do direito objetivo. Sobre ser juridicamente a tese correta, a condenação em honorários é também a solução mais conveniente. Por um lado, reprime a utilização abusiva da medida. De outra parte, restaura um princípio básico de injustiça, segundo o qual ninguém deve arcar com os ônus decorrentes da ilegalidade alheia. O vencedor da segurança já se viu forçado a recorrer ao Judiciário para fazer valer um direito seu, líquido e certo. Os incômodos dessa iniciativa já são em si mesmos injustificados e irreparados. Como fazê-los arcar ainda com as despesas com o seu patrono?".

Outros e outros doutrinadores, igualmente de reconhecido saber, perfilam nessa mesma corrente.

Ademais, deve-se sublinhar que o tema inquieta igualmente a jurisprudência pois que são numerosos os julgados demonstradores de inconformismo com a sobredita Súmula 512.

Aliás, como lembra Yussef Said Cahali, em sua obra indicada (p. 734), "a simples insistência com que nossos Tribunais têm sido continuamente provocados para manifestação a respeito dos honorários advocatícios em mandado de segurança já revela a ânsia revisionista projetada pela insatisfação do critério jurisprudencial que tem prevalecido".

Devo assinalar que os eminentes Ministros Djaci Falcão e Oscar Correia, igualmente guardavam o convencimento pessoal da aplicação de honorários de sucumbência em mandado de segurança, apenas se conformavam ao comando do verbete indicado.

Se maior rebeldia não se constata é porque, certamente, a simples existência da préfalada Súmula já inibe o magistrado para não se lançar contra ela e formular novas reflexões sobre o tema.

Mas, aqui e agora, não é o caso, visto que, como afirmei acima, a ordem constitucional instalada em 1988, deslocou, para esta Colenda Corte, a competência para apreciar, em definitivo, a matéria, por isso não devendo, necessária ou simplesmente recepcionar a jurisprudência do Egrégio Supremo Tribunal Federal do tempo em que a ele estava destinado o deslinde final das questões infraconstitucionais, por mais se reconheça — como reconheço — sabedoria e juridicidade nas suas decisões.

Entendo, por luzes que me foram trazidas pelo ilustre Prof. Napoleão Nunes Maia Filho, que a atividade judicante importa em que se entenda que o processo judicial não encerra surpresas sucessivas, como um jogo aleatório e misterioso, pois é uma atividade conseqüente e previsível, dentro de segura orientação e de constante evolução.

Todavia, como coisa essencialmente viva, o Direito ultrapassa os limites intepretativos que vão se tornando tradicionais, para atualizar o conteúdo da Lei, buscar no domínio axiológico o seu sentido finalístico, através de encadeamentos visualizadores do que seja justo e razoável.

O saudoso Professor Nelson Sampaio, lecionava que as decisões judiciais devem evoluir constantemente, referindo, é certo, os casos pretéritos, mas operando passagem à renovação judicial do Direito, sem contudo, abrir a porta ao arbítrio judicial.

O ato de aplicar a lei ao caso concreto não se resume à subsunção à pragmática das sentenças judiciais anteriores mas que se tenha também como presentes os ensinamentos relevantes da doutrina científica do Direito, fonte subsidiária e elemento revalorizador de todos os julgados.

Através de tais operações, não tomará o Juiz liberdades permissivas com a Lei, decidindo contra o seu comando, mas, ao estabelecer, em atividade recriadora, a norma regente do caso concreto, dentre as várias opções interpretativas que se oferecerem ao seu espírito, escolherá aquela que mais completamente realize o ideal do justo.

Com efeito, não veja na lei do mandado de segurança nenhum dispositivo que restrinja, explicitamente, a aplicação do princípio da sucumbência. A sua exclusão decorre da criação doutrinária que afasta — e a meu sentir, erroneamente — a aplicação da regra geral contida no Código de Processo Civil. A perda da causa é o único pressuposto para que seja imposta a condenação da verba cogitada, não mais sendo ela resultante de culpa ou dolo processual.

Não é lógico nem é justo que o vitorioso na contenda, depois de ter direito líquido e certo agredido, após passar por todos os conhecidos e naturais aborrecimentos, senão vexames, sempre presentes, ínsitos mesmos, em todas as pelejas judiciais, ainda sobre uma diminuição patrimonial, tendo que arrostar com a remuneração do trabalho do seu patrono.

Ademais, condenar o vencido em todas as parcelas da sucumbência, é, sem dúvida, a solução mais conveniente, na medida em que, por um lado, refreia o uso impertinente do "mandamus" pelo particular, e, por outro, estimula a autoridade a decidir, em instâncias administrativas, de modo mais refletido, sobre postulações eventualmente envolventes de direito líquido e certo.

Com tais considerações, conheço do recurso para lhe negar provimento, mantendo a verba honorária estabelecida pelo julgado sob exame.

VOTO

O Sr. Ministro Garcia Vieira: Estou de inteiro acordo com o E. Ministro Relator e, nesse sentido, já votei por várias vezes. Farei juntar cópia do meu voto.

Entendo que no mandado de segurança incidem, também, os honorários de advogado e não está mais em vigor a Súmula n. 512 do STF.

ADENDO AO VOTO

O Sr. Ministro Garcia Vieira: Sr. Presidente, também quero acrescentar a concessão com referência ao honorário de advogado e farei juntar cópia de um artigo que tenho a respeito.

VOTO

O Sr. Ministro Garcia Vieira (Relator): Sr. Presidente: Quando o artigo 20 do CPC determina a condenação do vencido a pagar ao vencedor os honorários advocatícios, não abre qualquer exceção para o mandado de segurança que é ação, conforme conceitua a esmagadora maioria da doutrina e reconhece o próprio C. Supremo Tribunal, na Súmula 512. Nele, como em qualquer outra ação, existem partes. A Lei 1.533/51, no artigo 10 fala em solicitação da parte. Havendo parte, existirá vencedor e vencido e a sentença, obrigatoriamente, deverá condenar este nos honorários de advogado. Hoje é tranqüilo, entre nossos mais respeitados doutrinadores, o entendimento de que são devidos os honorários advocatícios na ação de mandado de segurança. Pontes de Miranda com todo peso de sua autoridade, em seus *Comentários ao Código de Processo Civil,* 1ª ed., 1974, ensina que:

> "Hoje não há qualquer especialização de ações para que incida o art. 20. Não importa se a ação é declaratória, constitutiva, positiva ou negativa condenatória, mandamental ou executiva. Não mais se limita a sanção às ações do ato ilícito absoluto ou relativo. Pressuposto necessário é um só: ter havido perda da causa, pelo autor, ou pelo réu, ou quem quer que seja perdente." (fls. 416)

Para Hely Lopes Meirelles, in *Mandado de Segurança, Ação Popular, Ação Civil Pública, Mandado de Injunção e "Habeas Data"*, 12ª ed., 1988, p. 65:

> "Desde que o mandado de segurança é uma *causa,* vale dizer, uma *ação civil,* impõe-se a condenação do vencido em honorários. Não importa que o rito dessa ação seja especial, mesmo porque, nas demais ações especiais, o princípio da sucumbência vem sendo aplicado sem restrições. Não vemos razão para a exclusão dessa verba pela jurisprudência dominante (STF, Súmula 512), aliás, contrariada em recentes acórdãos do Tribunal de Justiça do Estado do Rio de Janeiro e do Estado do Rio Grande do Sul."

Celso Ribeiro Bastos, no seu livro *Do Mandado de Segurança,* 2ª ed., 1982, esclarece que:

> "A nossa posição é no sentido de que o mandado de segurança se submete ao princípio da sucumbência. A razão é que embora a Lei n. 1.533 alije o Código de Processo Civil, nas matérias por ela reguladas, nela nada consta acerca de honorários advocatícios, pelo que tem-se que necessariamente aplicar à espécie as leis genéricas do processo civil."

Entende o emérito Professor Celso Agrícola Barbi, em seus *Comentários ao Código de Processo Civil,* vol. I, 4ª ed., 1986, que:

> "Realmente, sendo o mandado de segurança uma ação, em que há vencedor e vencido, não encontramos razões para afastá-lo das normas gerais do Código, a não ser naquilo em que sua natureza o exigir. A simples circunstância de estar ele regulado em lei especial não é decisiva, porque se lhe aplicam inúmeras regras gerais do Código, mesmo porque, se assim não fosse, seria necessário fazer um Código apenas para os processos de mandado de segurança." (p. 197).

Giuseppe Chiovenda em *Instituições de Direito Processual Civil,* vol. III, 2ª ed., 1945, tradução Guimarães Menegale, p. 285:

> "O fundamento dessa condenação é o fato *objetivo* da derrota."

No mesmo sentido Sérgio Sahione Fadel, *Código de Processo Civil Comentado,* vol. I, 7ª ed., 1988, pp. 95/96 e José Carlos Barbosa Moreira, em excelente artigo publicado na *Revista de Direito da Procuradoria Geral,* vol. 23 e na *RT* 418. Este conceituado Mestre examinou com profundidade e rebateu um por um, os principais argumentos contrários à aplicação na ação de mandado de segurança dos princípios da sucumbência. Realmente, não procede a assertiva de que, sendo o mandado de segurança regido por leis especiais, não lhe são aplicáveis as disposições do art. 20 do CPC. O próprio Código, art. 273, manda aplicar, subsidiariamente, ao procedimento especial, as disposições gerais do procedimento ordinário e a todas as causas o procedimento comum, salvo disposição em contrário do Código ou da Lei Especial (art. 271). As normas contidas no Código representam fonte subsidiária para os procedimentos especiais e a estes são aplicáveis em tudo que não contrariar o procedimento específico. Para Barbosa Moreira, ob. cit. pp. 52/53.

> "... as normas do Código constituem fonte subsidiária da disciplina de qualquer processo especial, regulado por lei anterior ou posterior a ele, e incidem em tudo que não contrarie o regime específico traçado pelo diploma pertinente. O direito processual civil cristalizado no Código é *direito processual civil comum*, que só cede ante a existência de regra peculiar a tal ou qual processo, mas que cobre toda a área deixada em branco pela regulamentação específica, na medida em que seja com esta compatível. E isso independentemente de remissão expressa..."

Lembra ele a Súmula n. 519 de nossa Excelsa Corte que determinou a aplicação aos executivos ficais, então regidos pelo Decreto-lei 960, o princípio da sucumbência, quando esta norma legal nada dispunha a respeito da condenação em honorários de advogado.

O argumento de que no mandado de segurança não há parte é improcedente porque, como já vimos, ele é a ação e nele existe parte e a própria Lei n. 1.533, em seu artigo 10, fala em *parte*. As partes são o impetrante, o impetrado, o Ministério Público, os litisconsortes e os assistentes. Assim ensina Hely Lopes Meirelles, ob. cit. p. 30 e Barbosa Moreira, ob. cit. p. 53, deixa este bem claro que:

> "*Partes*, em qualquer processo, são aquele que pede e aquele em face de quem se pode — num e noutro caso, em nome próprio — a tutela jurisdicional do Estado. No processo do mandado de segurança, parte ativa é o impetrante, sem dúvida alguma; parte passiva, de acordo com a doutrina prevalecente, é a pessoa jurídica (de direito público, as mais das vezes) em cujos quadros se insere a autoridade dita coatora."

É irrelevante que seja parte passiva a autoridade coatora ou a pessoa jurídica, ou ambas, porque sempre haverá a parte passiva para suportar os ônus da sucumbência quando vencida.

O argumento, às vezes usado, de que no mandado de segurança não atua o "advogado" da entidade contra a qual se dirige a impetração também não procede, porque esta, através de advogado, procurador ou assistente jurídico, pode acompanhar todo o processo e até recorrer. Seu representante terá sempre oportunidade de requerer e demonstrar a improcedência do pedido. É irrelevante o fato de já receber o representante salário ou vencimento, como servidor, da pessoa jurídica e, como tal, não poderia receber honorários advocatícios pelos serviços. Caso este argumento fosse válido para o mandado de segurança, seria também para qualquer ação onde fosse parte qualquer pessoa jurídica ou quando a parte fosse alguém que paga o advogado, em prestações sucessivas e periódicas, como lembra Barbosa Moreira, ob. cit. p. 56.

Dizer que a cobrança de honorários de advogado em mandado de segurança inibiria de vir à juízo aqueles detentores de direito líquido e certo é desconhecer o que acontece na realidade. Quem de fato tem a seu lado o bom direito não terá nenhuma dúvida de pleiteá-la porque estará sempre convicto de que será o vencedor da demanda. Ao contrário, a aplicação no mandado de segurança da sucumbência fará com que haja menos ações temerárias e destituídas de qualquer fundamento. Quem não tem direito pensará duas vezes, antes de ajuizar a ação, com medo da sucumbência.

O último argumento também usado é o de que sendo o mandado de segurança uma garantia constitucional, irmã do "Habeas Corpus", a ele não se aplicaria a condenação em honorários de advogado. Para a impetração do H.C. sequer é ncessária a constituição de advogado.

Ora, o Habeas Corpus é regulado pelo processo penal e o mandado de segurança pelo processo civil e, por isso, não se aplica ao primeiro a sucumbência do art. 20 do CPC.

Na ação civil pública e, na ação popular, ambas de índole constitucional, é prevista a condenação em honorários advocatícios, até do autor. A Lei n. 7.347, de 24.7.85, que regula a primeira em seu artigo 17, determina que:

"Art. 17. O Juiz condenará a associação autora a pagar ao réu os honorários advocatícios arbitrados na conformidade do § 4º do art. 20 da Lei n. 5.869, de 11 de janeiro de 1973 — Código de Processo Civil, quando reconhecer que a pretensão é manifestamente infundada."

Theotônio Negrão no seu *Código de Processo Civil,* 20ª ed. atualizada até 8.1.90, p. 497, esclarece que:

"Se a ação foi julgada procedente, o réu será condenado a pagar honorários de advogado nos termos do art. 20 do CPC."

A Lei n. 4.717, de 29.6.65, da ação popular, em seu artigo 12, estabelece que:

"Art. 12. A sentença incluirá sempre, na condenação dos réus, o pagamento ao autor, das custas e demais despesas judiciais e extrajudiciais, diretamente relacionadas com a ação e comprovadas, bem como o dos honorários de advogado."

Theotônio Negrão, ob. cit. p. 515, acentua que:

"Os honorários são devidos ainda que o ato impugnado tenha sido revogado" (*RDA*, 123/290 - maioria de votos).

A vigente Constituição Federal, no seu artigo 5º, LXXIII, prevê a condenação do autor da ação popular nas penas da sucumbência, quando comprovada a má-fé e nada dispõe sobre a condenação ou não do réu, nos honorários de advogado. Como esta condenação é prevista pelo artigo 12 da citada Lei 4.717/65, houve o fenômeno da recepção. Assim, é a própria Constituição que permite a condenação do autor ou do réu, em honorários advocatícios na ação popular e na ação civil.

Com todo o respeito à nossa Suprema Corte, ousamos discordar da citada Súmula 512, editada há mais de 21 anos, já à época com sérias resistências dos votos vencidos dos Eminentes Ministros Amaral Santos, Relator, Adauto Cardoso, Djaci Falcão e Aliomar Baleeiro, conforme se verifica na sua decisão plenária no RE n. 61.097-SP (*RTJ* 51/805), que serviu de base à súmula.

É inegável já existir fundadas reações da doutrina e da jurisprudência ao princípio estabelecido na referida súmula. Existem decisões dos Tribunais de Justiça, conforme se verifica no *Código de Processo Civil Anotado* de Alexandre de Paula, vol. I, 3ª ed., recente, p. 197. O extinto TFR na AMS n. 81.566-RJ, Rel. Eminente Min. Washington Bolívar, *DJ* de 21.5.79, entendendo ser cabível a condenação no mandado de segurança, de honorários de advogado. Igual decisão foi proferida na AMS n. 82.113-MG, com o mesmo Relator, *DJ* de 20.6.79.

Ninguém nega às súmulas a sua importância, mas elas não são intocáveis e imutáveis. Se o Direito é essencialmente dinâmico elas podem e devem ser revistas, principalmente, quando como no caso, a doutrina, em uníssono, assim o entende.

Por estar convicto de ser o mandado de segurança uma ação civil, uma causa com partes onde, com a sentença, haverá sempre vencido e vencedor, não tenho dúvida de se aplicar a ele a condenação em honorários advocatícios, mesmo porque, quando no artigo 20, § 4º, o legislador fala em condenação da Fazenda Pública em honorários de advogado, não faz qualquer ressalva e muito menos para a ação de mandado de segurança.

Tem razão Barbosa Moreira quando afirma que:

"Se esse processo especial se rege subsidiariamente pelas normas codificadas; se nele existe ação e, *a fortiori,* causa; se há partes e, por conseguinte, parte vencedora e parte vencida, ambas representadas por advogados — então é insustentável a proposição segundo a qual descabe, aí, a condenação em honorários. Ela parece refletir unicamente a subsistência mal disfarçada, e a esta altura incompreensível, de velhos preconceitos que se costumavam opor ao reconhecimento da cidadania processual do mandado de segurança" (pp. 58/59).

VOTO-VENCIDO

O Sr. Ministro Demócrito Reinaldo: Sr. Presidente, o meu ponto de vista é conhecido. Tenho manifestado reiteradamente o meu apoio à Súmula n. 512, do Egrégio Supremo Tribunal Federal, mesmo porque o mandado de segurança tem procedimento disciplinado em lei específica, a de n. 1.553/51, e não faz nenhuma referência à condenação em honorários advocatícios. O STF, através de sua jurisprudência sumulada, tem estreitado, em vezes seguidas, a discussão de certas matérias, no âmbito do mandado de segurança, em descompasso com a Lei n. 1.553. Ao mandado de segurança, não se pode aplicar, subsidiariamente, o Código de Processo Civil.

O que se aplica, ao mandado de segurança, são os princípios de processo civil.

Com vênia do Nobre Relator e V. Exa., dou provimento ao recurso para excluir a condenação.

É como voto.

VOTO

O Sr. Ministro Humberto Gomes de Barros: Sr. Presidente, peço vênia ao Eminente Ministro Demócrito Reinaldo para acompanhar o Eminente Relator.

VOTO-VENCIDO

O Sr. Ministro Milton Pereira: Sr. Presidente. Peço vênia ao eminente Ministro Relator para acompanhar o voto do eminente Ministro Demócrito Reinaldo.

Certidão de Julgamento
REsp 15.468-0-RS
Julgado: 11.11.92
Relator: Exmo. Sr. Ministro Cesar Rocha
Presidente da Sessão: Exmo. Sr. Ministro Garcia Vieira
Subprocurador-Geral da República: Exma. Sra. Dra. Edylcea Tavares N. de Paula
Secretária: Maria do Carmo Pedrosa Moura
Recte: Estado do Rio Grande do Sul
Adv: Ricardo Koch
Recdo: Ivete Pereira Teixeira
Adv: Eduardo Marioti e outros

Certifico que a Egrégia Primeira Turma ao apreciar o processo em epígrafe, em sessão realizada nesta data, proferiu a seguinte decisão:

A Turma, por maioria, vencidos os Exmos. Srs. Ministros Demócrito Reinaldo e Milton Pereira, negou provimento ao recurso.

Participaram do julgamento: os Exmos. Srs. Ministros Garcia Vieira, Demócrito Reinaldo, Gomes de Barros e Milton Pereira.

O referido é verdade. Dou fé. Brasília, 11 de novembro de 1992.

JURISPRUDÊNCIA

SUPERIOR TRIBUNAL DE JUSTIÇA

Ementa: Mandado de Segurança — Trabalho da Mulher. O princípio da igualdade veda distinção entre homem e mulher. Só se justificam as diferenças resultantes da natureza. Não é o caso de condições do trabalho. Distingüir a esse fundamento resulta prejuízo na disputa do mercado de trabalho, o que afeta a isonomia.

Recurso Especial n. 70 — RJ — (89.0008291-4)
Relator: O Exmo. Sr. Ministro Vicente Cernicchiaro
Recorrente: Banco Econômico S/A.
Recorrido: União Federal
Advogado: Dr. Joseval Siqueira
***DJU* de 25.9.89**

ACÓRDÃO

Vistos e relatados estes autos em que são partes as acima indicadas;

Decide a Segunda Turma do Superior Tribunal de Justiça, por unanimidade, conhecer do recurso e ao mesmo dar provimento, na forma do relatório e notas taquigráficas constantes dos autos, que ficam fazendo parte integrante do presente julgado. Custas como de lei.

Brasília, 21 de agosto de 1989 — Ministro Carlos Velloso (Presidente) — Ministro Luiz Vicente Cernicchiaro (Relator).

RELATÓRIO

O Sr. Ministro Vicente Cernicchiaro (Relator): O presente recurso tem origem em mandado de segurança, impetrado pelo ora recorrente, contra ato do Sr. Delegado Regional do Trabalho, por ter sido autuado sob alegação de que empregava mulheres trabalhando em jornada superior a 8 horas diárias.

Sentença de 1º grau (fls. 32/33) denegando a segurança.

Parecer do Ministério Público (fls. 46/48), pela manutenção da sentença.

Apreciando o feito, o extinto Tribunal Federal de Recursos (fl. 77), por unanimidade, negou provimento à apelação, lavrando a seguinte ementa:

> "Mandado de Segurança. Bancários. Prorrogação da Jornada de Trabalho da Mulher. A legislação Trabalhista dá tratamento diferenciado ao Trabalho da mulher, estabelecendo restrições que revestem o caráter de imposição excepcional. A prorrogação da jornada de trabalho da mulher bancária somente poderá ocorrer nos casos em que a lei permitir, e obedecidas as condições por ela estatuídas.
>
> — CLT, artigo 373.
>
> — Apelação improvida."

Recurso extraordinário (fls. 79/84), citando voto do Sr. Ministro Armando Rolemberg.

A União Federal impugnando o recurso extraordinário (fls. 107/109).

Despacho não admitindo o recurso (fls. 111/112).

Parecer da Subprocuradoria-Geral da República (fls. 125/127), pelo conhecimento e provimento do então recurso extraordinário.

Em apenso, agravo de instrumento contra despacho (fls. 111/112) que não admitiu o Recurso Extraordinário.

É o relatório.

VOTO — CONHECIMENTO

O Sr. Ministro Luiz Vicente Cernicchiaro (Relator): O Recurso Extraordinário foi interposto, ao fundamento da alínea *a*, ítem III, do art. 119 da Constituição da República revogada.

O Egrégio Supremo Tribunal Federal deu provimento ao Agravo de Instrumento para mandar subir o recurso.

Com a criação do Superior Tribunal de Justiça, deslocou-se a competência, por força do disposto no art. 104, III, a da Lei Maior de outubro de 1988.

O Recorrente indica os artigos 58, 59, 224, 225, 373 e 374 da Consolidação das Leis do Trabalho como objeto de negativa de vigência pelo acórdão recorrido.

Trata-se, não obstante a relação de Direito do Trabalho invocado, de mandado de segurança, cuja competência se fixa pela natureza jurídica da autoridade apontada como coatora.

Tais pormenores definem a competência de turma integrante da Seção de Direito Público. Ademais, o recorrente descreve fato que, em tese, pode receber tratamento normativo diverso do consagrado no v. acórdão.

Conheço do recurso.

MÉRITO

O Supremo Tribunal Federal firmou entendimento na matéria, como notícia o douto parecer do Ministério Público, reproduzindo decisão de que foi Relator o eminente Ministro Carlos Madeira:

"O eminente Ministro Carlos Madeira assim entendeu, com aceitação igualmente unânime:

"A nova redação do art. 374, pelo Decreto-lei n. 229, de 1967, exclui a possibilidade do acordo individual para a prorrogação habitual.

O acréscimo de horas da jornada de trabalho da mulher, independentemente de acréscimo salarial, só pode ser feito por convenção ou acordo coletivo, desde que o excesso de horas em um dia seja compensado pela diminuição em outro, de modo a ser observado o limite da jornada semanal de trabalho da mulher.

Mas a prorrogação sujeita a convenção ou acordo coletivo, é a que independe de acréscimo salarial. Havendo este, não há cuidar da assistência do órgão de classe.

Ora, a empregada do estabelecimento bancário, recebe adicional de 20% sobre as duas horas de prorrogação.

Leio o texto do art. 374 da CLT:

"Art. 374. A duração normal do trabalho da mulher poderá ser no máximo elevado de 2 (duas) horas, independentemente de acréscimo salarial, mediante convenção ou acordo coletivo nos termos do Título VI desta Consolidação, desde que o excesso de horas em um dia seja compensado pela diminuição em outro, de modo a ser observado o limite de 48 (quarenta e oito) horas semanais ou outro inferior legalmente fixado."

No acórdão paradigma, da lavra do eminente Ministro Décio Miranda, "empregador e empregada haviam ajustado individualmente entre si, o que teria apoio no art. 59 desta Consolidação, a aplicação da jornada diária de trabalho, das 2as às 6as feiras, para compensar folga aos sábados". É o que se lê no relatório.

No seu voto, disse o ilustre Relator:

"No art. 374 da CLT, entretanto, é a própria lei que permite a majoração da jornada do trabalho feminino, desde que seja compensada por jornadas menores em outros dias, observado o máximo de 48 horas semanais; o que o artigo impugnado não admite é que a mulher decida, por si só, da aceitação da jornada especial que a própria lei admite. Depende, para isso, de convenção ou acordo coletivo."

(*RTJ* 109 pp. 615 e 620).

A espécie examinada no RE 94.257-RS, portanto, cuida de prorrogação independente de acréscimo salarial, mas somente possível mediante acordo ou convenção coletiva. No caso ora sob exame, trata-se de prorrogação com acréscimo salarial, que a lei fez depender de convenção ou acordo coletivo.

Não há, dessa forma, o dissídio jurisprudencial vislumbrado pela recorrente." (fls. 126/7).

No Egrégio Tribunal Federal de Recursos, a tese mereceu acolhimento, de que é exemplo a AMS n. 92.763-RS, de que foi Relator o ilustre Ministro Armando Rolemberg. A ementa é a seguinte:

"Bancárias. Jornada de Trabalho. Não é possível ter-se como contrária à lei a prorrogação do trabalho de bancárias, de seis para oito horas por dia, durante cinco dias, eis que, de acordo com os arts. 373 e 374 da CLT, a duração do trabalho da mulher é de oito horas diárias, podendo ser elevada por mais duas horas, desde que observado o limite de quarenta e oito horas semanais." (fls. 85).

O Senhor Ministro Carlos Velloso bate no mesmo diapasão, o que faz certo a AMS n. 104.602-RJ. Esta é a ementa:

"Trabalho. Bancário. Mulher-Bancária. Jornada de Trabalho: Prorrogação. CLT, artigos 59, 224, 225, 373 e 374.

I. Possibilidade de a jornada diária de trabalho da mulher-bancária ser prorrogada até 8 (oito) horas diárias, não excedendo de 40 (quarenta) horas semanais (CLT, art. 225), desde que observado o disposto no art. 59, "caput", § 1º, CLT. Inaplicabilidade da regra inscrita no art. 374, CLT.

II. Recurso provido. Segurança concedida." (fls. 96).

Estou de acordo com a tese consagrada, notadamente porque a igualdade jurídica entre o homem e a mulher implica mesmos direitos e mesmas obrigações. E mais. A proteção do trabalho da mulher, cada vez incentivada, repele qualquer distinção.

É certo, devem-se considerar as diferenças da própria natureza. Esse o único limite. Fora daí, ingressa-se, às vezes inconscientemente, mercê de nossa cultura, no âmbito da distinção em razão do sexo.

No caso dos autos, o tema é restrito à anuência da mulher à prorrogação da jornada de trabalho. Evidentemente, se impuser condições diferentes da que ocorreu com o homem, será prejudicada, gerando como conseqüência perda na disputa de conquista do mercado de trabalho.

A lei ordinária subordina-se aos princípios gerais do direito, notadamente quando incorporados pela Constituição (art. 5º, I). Inexistindo imposição resultante das características de ser mulher, ilegal é o tratamento diferenciado. No caso dos autos, o direito em debate não tem essa origem. Situa-se apenas no âmbito de conquista de direitos do trabalhador. Pouco importa ser homem ou mulher.

Dou provimento ao recurso.

VOTO

O Exmo. Sr. Ministro Carlos M. Velloso: Estou de acordo com o voto do Sr. Ministro Relator, que ressalta a jurisprudência do Tribunal Federal de Recursos, que resultou na Súmula 226-TFR.

Farei anexar cópia do voto que proferi no Incidente de Uniformização de Jurisprudência na Apelação em Mandado de Segurança n. 99.130 — RJ, que resultou na referida Súmula 226.

Com essas breves considerações, conheço do recurso e dou-lhe provimento, exatamente como faz o eminente Sr. Ministro Relator.

VOTO

O Exmo. Sr. Ministro Carlos M. Velloso: Na AMS n. 104.602-RJ, por mim relatada, a Egrégia 4ª Turma decidiu:

"Trabalho. Bancário. Mulher-Bancária. Jornada de Trabalho: Prorrogação. CLT, arts. 59, 224, 225, 373 e 374.

I. Possibilidade de a jornada diária de trabalho da mulher-bancária ser prorrogada até 8 (oito) horas diárias, não excedendo de 40 (quarenta) horas semanais (CLT, art. 225), desde que observado o disposto no art. 59, "caput", § 1º, CLT. Inaplicabilidade da regra inscrita no art. 374, CLT.

II. Recurso provido. Segurança concedida."

No voto que proferi por ocasião do julgamento da citada AMS n. 104.602-RJ, disse eu:

"A questão é esta: o impetrante, um estabelecimento bancário, foi autuado por infração ao art. 224, c.c. o art. 374, ambos da CLT, porque mantinha empregadas suas trabalhando em jornadas de trabalho superiores a seis horas, sem haver convenção ou acordo coletivo.

Sustenta o impetrante, entretanto, ser ele titular do direito subjetivo de acordar com suas empregadas-mulheres a prorrogação da jornada de trabalho, desde que não ultrapasse o teto de 48 horas semanais de trabalho.

A sentença decidiu assim a questão:

"— Na inicial, é desenvolvida uma robusta argumentação a respeito da juridicidade da prorrogação habitual de jornada diária do empregado bancário, de seis para oito horas, dês que pago o devido adicional. *Maxima concessa venia*, entanto, aquela argumentação não se ajusta ao caso *sub judice*, mas tão somente à hipótese de trabalho de bancários *homens e maiores*, o que vale dizer que não se ajusta à hipótese de trabalho de bancários *mulheres* ou *menores*.

— Realmente, as normas jurídicas laborais possuem caráter eminentemente protecionista.

— Ora, a duração normal do trabalho, para os empregados em qualquer atividade privada, não pode exceder de oito horas diárias, dês que não fixado expressamente outro limite (CLT, artigo 58). Para os bancários, tal limite foi fixado em apenas seis horas diárias (CLT, artigo 224, *caput*), limite esse ao qual não se atrelam os exercentes de funções de confiança com gratificação não inferior a um terço do salário básico (CLT, art. 224, § 2º), além de ser permitida, para os demais, a prorrogação da jornada até oito horas diárias, se observados os preceitos gerais sobre a duração do trabalho (CLT, artigo 225), o que significa que, para tal prorrogação, se impõe acordo escrito ou contrato coletivo e remuneração da hora suplementar com vinte por cento de acréscimo, no mínimo, sobre a remuneração da hora normal (CLT, art. 59, *caput* e § 1º). Tais preceitos especiais se aplicam a bancários *homens e maiores*.

— No que concerne, entanto, ao trabalho dos bancários *mulheres ou menores*, há pequenas variantes.

— É que a duração normal diária do trabalho dos bancários foi fixada em seis horas, de modo que, se tratando de bancários mulheres ou menores, dita jornada normal de seis horas poderá vir a ser elevada, no máximo de duas horas, mas tão somente mediante convenção ou acordo coletivo e com uma compensação que não chegue a alterar a carga horária semanal de trinta horas (CLT, arts. 224, *caput*, 374, *in fine*, e 413, inc. I, *in fine*), vez que, em tais hipóteses, merecem prevalecer as regras específicas (CLT, arts. 372 e 411).

— *In casu*, o demandante mantém suas empregadas laborando em jornadas diárias superiores a seis horas, não comprova a existência de convenção ou acordo coletivo a respeito e o excesso de horas de um dia não é compensado pela diminuição em outro, com observância do limite máximo de trinta horas semanais (CLT, arts. 372 e 374, *in fine*).

— A propósito, em pleito judicial promovido pelo BRADESCO, já assentou o Egrégio Tribunal Federal de Recursos:

"Mandado de segurança. Bancários. Prorrogação de jornada de trabalho de mulheres e menores. A legislação trabalhista dá tratamento diferenciado ao trabalho da mulher e do menor, estabelecendo restrições que revestem o caráter de imposição excepcional. A prorrogação de jornada de trabalho da mulher e do menor bancários somente poderá ocorrer nos casos em que a lei permitir e obedecidas as condições por ela estatuídas. CLT, arts. 373 e 413. Apelação improvida."

(TFR — 6ª Turma. AMS n. 91.600-RJ. Rel. Min. Miguel Jerônimo Ferrante, acórdão de 14.9.83, *DJU* de 20.10.83, p. 16.217).

— Submetido, portanto, o ato administrativo impugnado ao controle judicial e não evidenciada a indigitada injuridicidade, impõe-se a denegação do pretendido "writ of mandamus", com a conseqüente insubsistência da providência vestibularmente deferida."

....

(fls. 41/43).

Examinemos a questão.

A regra é no sentido de que a duração normal do trabalho não excederá de oito horas diárias, desde que não seja fixado expressamente outro limite (CLT, art. 58). Tratando-se de *bancário*, a lei fixou limite diferente: a jornada de trabalho diária do bancário é de seis horas contínuas nos dias úteis, com exceção dos sábados, perfazendo um total de 30 (trinta) horas por semana (CLT, art. 224), observada a ressalva do § 2º do mesmo artigo 224. Admite a CLT, ademais, que a duração normal do trabalho do bancário possa ser excepcionalmente prorrogada até oito horas diárias, não excedendo de 40 (quarenta) horas semanais, observados os preceitos gerais sobre duração do trabalho (CLT, art. 225), vale dizer, observado o disposto no art. 59, CLT.

Quanto ao trabalho das mulheres, todavia, a questão apresenta peculiaridades.

É que os preceitos que regulam o trabalho masculino são aplicáveis ao trabalho feminino, naquilo em que não colidirem com a proteção especial (CLT, artigo 372).

Estabelecem os arts. 373 e 374, CLT:

"Art. 373. A duração normal de trabalho da mulher será de oito horas diárias, exceto nos casos para os quais for fixada duração inferior."

"Art. 374. A duração normal diária do trabalho da mulher poderá ser no máximo elevada de 2 (duas) horas, independentemente de acréscimo salarial, mediante convenção ou acordo coletivo nos termos do Título VI desta Consolidação, desde que o excesso de horas em um dia seja compensado pela diminuição em outro, de modo a ser observado o limite de 48 (quarenta e oito) horas semanais ou outro inferior legalmente fixado."

Estabelece a lei, então:

a) que a duração do trabalho da mulher será de oito horas diárias, exceto nos casos para os quais for fixada duração inferior (CLT, art. 373). Tratando-se de *bancário*, a duração é de seis horas diárias, perfazendo um total de 30 (trinta) horas semanais (CLT, art. 224);

b) essa jornada diária de 6 (seis) horas poderá ser elevada de 2 (duas) horas, independentemente de acréscimo salarial, mediante convenção ou acordo coletivo, desde que o excesso de horas em um dia seja compensado pela diminuição em outro, de modo a ser observado o limite de 30 (trinta) horas por semana (CLT, arts. 374 e 224).

A disposição inscrita no art. 374, CLT, adaptada para a mulher-bancária (letra "b", suso), diz respeito ao acréscimo de 2 (horas) à jornada de trabalho, *independentemente de acréscimo salarial*.

Indaga-se, agora: se a duração normal de trabalho da mulher bancária for acrescida de 2 (duas) horas, não excedendo a 40 (quarenta) horas semanais (CLT, art. 225), com observância do disposto no art. 59, CLT, vale dizer, com os acréscimos salariais respectivos, aplicar-se-ia a norma do art. 374, CLT?

Penso que não.

É que a norma do art. 374, CLT, conforme vimos, diz respeito ao acréscimo de 2 (duas) horas à jornada de trabalho da mulher, independentemente de acréscimo salarial. Ora, se a jornada de trabalho da mulher é prorrogada até 8 (oito) horas diárias, não excedendo de 40 (quarenta) horas semanais (CLT, art. 225), com observância do disposto no art. 59, CLT, vale dizer, com o pagamento das horas extras acrescidas de pelo menos 20% (vinte por cento), não há que se falar na exigência inscrita no art. 374, CLT — exigência de convenção ou acordo coletivo. Em caso assim, basta o acordo escrito entre empregador e empregado (CLT, art. 59, *caput*). É claro que a exigência inscrita no artigo 375, CLT, é sempre necessária. No caso, todavia, não foi ela trazida ao debate.

Essa interpretação parece-me a melhor, diante do princípio isonômico consagrado na Constituição (C.F., art. 153, § 1º), certo que esta não admite diferença de salários e de critério de admissões por motivo de sexo (C.F., art. 165, III). A interpretação da CLT, que leva à proteção excessiva da mulher-trabalhadora, acaba agindo em sentido contrário: a mulher acaba sendo discriminada, preferindo-se o trabalho masculino; de outro lado, deixa ela de perceber acréscimo salarial que ela, de regra, deseja, porque dele necessita. Ademais, num século em que se prega a igualdade absoluta entre o homem e a mulher, é pelo menos fora de moda uma interpretação que, a pretexto de proteger a mulher que trabalha, discrimine o trabalho desta.

Do exposto, dou provimento ao apelo e concedo a segurança."

Levada a questão à apreciação do Egrégio Supremo Tribunal Federal, no RE n. 106.224-RJ, Relator o Sr. Ministro Rafael Mayer, a Corte Suprema ratificou o nosso entendimento, em acórdão que porta a seguinte ementa:

"Ementa: *Bancário. Prorrogação de horário. Mulher. Art. 374 da CLT (inaplicação).*

A norma do art. 374 da CLT, pertinente à compensação do acréscimo da jornada do trabalho da mulher, mediante autorização em acordo ou convenção coletiva, não tem aplicabilidade à hipótese de prorrogação do horário bancário, nos termos do art. 225 da CLT, mediante acordo individual por escrito.

Recurso Extraordinário não conhecido."

É possível, pois, ser prorrogada a jornada de trabalho da mulher bancária, até 8 (oito) horas diárias, não excedendo de 40 (quarenta) horas semanais (CLT, 225), desde que observado o disposto no art. 59, *caput*, § 1º, CLT. Ou, noutras palavras: a norma do art. 374, CLT, que diz respeito à compensação do acréscimo da jornada de trabalho da mulher, mediante autorização em acordo ou convenção coletiva, não tem aplicabilidade à hipótese de prorrogação do horário bancário, nos termos do art. 225, CLT, mediante acordo individual por escrito (CLT, art. 59), do qual conste a importância da remuneração da hora suplementar, que será, pelo menos, 20% (vinte por cento) superior à da hora normal (§ 1º do art. 59, CLT).

Meu voto, pois, é no sentido de uniformizar a jurisprudência no sentido do decidido pelas Egrégias 4ª e 5ª Turmas, na linha do *leading case*, AMS 104.602-RJ, da 4ª Turma.

"Proponho que a matéria seja assim sumulada:

Tratando-se de prorrogação da jornada de trabalho da mulher-bancária, até oito horas diárias, não excedente de quarenta horas semanais (CLT, art. 225), com observância do disposto no art. 59 e seu § 1º da CLT, não tem aplicação a regra do art. 374 da CLT.

Referência: Consolidação das Leis do Trabalho, artigos 59, § 1º, 225 e 374.

IUJ na AMS n. 99.130-RJ, 2ª Seção, em 9.4.86."

É como voto, Senhor Presidente.

Extrato da minuta

REs n. 70 — RJ — (89.0008291-4) — Relator: O Exmo. Sr. Ministro Vicente Cernicchiaro. Recorrente: Banco Econômico S/A. Recorrido: União Federal. Advogado: Dr. Joseval Siqueira.

Decisão: A Turma, por unanimidade, conheceu do recurso e ao mesmo deu provimento. (2ª Turma — em 21.8.89)

Participaram do julgamento os Srs. Ministros Carlos Velloso e Ilmar Galvão.

Impedidos os Srs. Ministros Miguel Ferrante e Américo Luz.

Presidiu o julgamento o Exmo. Sr. Ministro Carlos Velloso.

Antonio Torreão Braz Filho, Assessor.